学术名家文丛

《云南文库》编委会

《云南文库·学术名家文丛》编委会

学术名家文丛

蔡家麒学术文选

蔡家麒　著

雲南大學出版社
雲南人民出版社

作者简介

蔡家麒，江苏南京人，1935 年 12 月生。民族学、宗教学硕士生导师，研究员。1960 年毕业于北京大学历史系世界史专业。曾在北京中国科学院民族研究所内蒙古少数民族社会历史调查组、云南省民族研究所、云南民族大学等从事研究与教学工作。1958 年开始民族学田野调查研究，先后在甘肃、青海、内蒙古和云南等民族地区对保安族、鄂伦春族、独龙族、景颇族、傈僳族和彝族等做过长期的田野调查。曾任云南省民族研究所副所长、中国民族学会理事、云南大学客座教授、云南省政协第七届委员，现任云南省文史研究馆馆员等职。出版专著《论原始宗教》（云南民族出版社 1988 年版）、《藏彝走廊中的独龙族社会历史考察》（民族出版社 2008 年版）、《田野拾遗——文化人类学随笔》（云南教育出版社 2009 年版），合作出版《萨满教研究》（上海人民出版社 1985 年版）、《中国原始宗教研究资料丛编》（上海人民出版社 1993 年版）等，发表文化人类学、宗教人类学和影视人类学论文与田野报告 80 余篇。

总　序

中共云南省委书记 李纪恒

“盖文章，经国之大业，不朽之盛事。”一部承载责任与使命的好作品，必将是一部千古不朽的立言典范，也必将是一部历久弥新的传世教科书。千百年来特别是明代以来，许多贤人君子和名人大家在广袤的云岭大地耕耘、思考和写作，留下了闪光的足迹和丰厚的作品，足以飨及后进，启迪晚辈。在搜集、遴选和整理云南明代以来学术大家、学术名家著作的基础上，由云南宣传部门牵头推出了《云南文库》，这一丛书的面世诚为云南学术研究和出版界之盛事。

编纂《云南文库》是传承云南地域文明、提高云南文化自觉的有益尝试。“七彩云南”这片神奇的土地孕育了对中国乃至世界文明都有重要影响的古人类，造就了云南文化的丰厚积淀，从而构成了博大精深的云南文化艺术宝库。作为中华文化圈、印度文化圈和东南亚文化圈的交汇地，云南自古以来都不缺乏学贯中西的大师和博古通今的大家，从来都不缺乏魅力四射的光辉著作和壮美奇绝的文化遗存。其中，许多学术作品都凝聚了深邃的思想和超凡的智慧，体现了鲜明的地域特色和民族特色，彰显了有云南自身特点的知识谱系和学术传统。今天，我们将历史长河中的明珠拾起，用心记载云南学术史上的灿烂篇章，正是为了守护云南优秀的地域文化，为了汲取进一步繁荣发展云南哲学社会科学的养分和动力，进而筑牢云南文化自信的根基。

编纂《云南文库》是树立云南文化品牌、增强云南文化影响力的重要举措。云南文化是中华文化的有机组成部分，其悠久的历史文化、多彩的民族文化、独特的生态文化、包容的宗教文化，已经成为文化百花园中一枝流光溢彩、香飘四海的奇葩。千百年来，云南学者中英奇瑰伟之士以及众多寓居云南的外省学者念兹在兹，深植于云南沃土，扎根于传统文化，不懈探索、勤奋撰述，留下了一批经得住历史和实践检验的珍贵成果。特别是抗战时期，随着西南联合大学和相关研究机构的到来，昆明一时风云际会，云集了大批我国现代学术史上开宗立派的学术大师和著名专家，云南成为当时中国学术中心之一，诞生了大批学术经典。新中国成立后，云南学术研究取得很大进展，研究队伍空前壮大，学科建设卓有成效，学术成果日益丰硕，推出了一批享誉国内外的学术精品。近年来，《云南史料丛刊》《云南丛书》等一批历史文献和地方文献丛书相继刊印，云南文化的影响力和竞争力不断增强。今天，我们隆重推出《云南文库》，就是要为更多的人了解云南、熟悉云南、研究云南搭建一个平台和载体，为云南的经济社会发展、文化建设、文史学术研究等提供有益的历史借鉴，为在更广领域传播云南文化、打造云南品牌、增强云南软实力创造更好条件。

编纂《云南文库》是保障人民群众的基本文化权益的有效途径。文化建设的根本就是要用健康高雅的艺术、用智慧明辨的思想、用善良温厚的德行启迪人、引导人。编纂《云南文库》一个重要目的是丰富人民群众的精神文化生活、增进人民群众的幸福感。此次收入《云南文库》的著作，涉及哲学、历史、文学、语言、艺术、民族、宗教、政治、军事、外交等诸多方面，包含着丰富的自然、社会和人生哲理知识，体现了高度的人文关怀。阅读这些著作，有助于培育读者自尊自信、理性平和、积极向上的心态，有助于引导人们去发现、享用、珍惜世界和人生之美，能使大众的精神世界得以滋养和美化、人格得以陶冶和熏陶、心灵得以安顿和抚慰、情感得以丰富和升华，从而更好地满足人民群众多层次、多方面、多样性的审美需求。

编纂《云南文库》是推动云南跨越发展的必然要求。云南早在1996年就提出了建设“民族文化大省”的目标，是全国最早提出建设民族文化大省的省份之一。2000年，我省正式确立了“建设绿色经济强省、民族文化大省和中国连接东南亚南亚的国际大通道”的三大目标，把文化事业和文化产业的发展纳入了全省经济社会发展战略的范畴。2009年召开的中共云南省委八届八次全委会，作出了把云南建设成为“绿色经济强省、民族文化强省、中国面向西南开放的桥头堡”的重大决策，把云南文化建设推向了一个新的阶段。2011年11月，云南省第九次党代会进一步明确了科学发展、和谐发展、跨越发展的发展主题，要求更加自觉、更加主动地推动文化大发展大繁荣。当前，云南人民正豪情满怀地沿着建设民族文化强省的道路阔步前行，具有云南特色的文化模式已经也必将进一步焕发动人而耀眼的光芒。我们将以打造《云南文库》等一批社科品牌和文化精品为契机，继承优良传统，发挥优势，突出特色，以面向现代化、面向世界、面向未来的宏大眼光，锐意进取，积极开展学术研究，努力创造出无愧于时代、无愧于人民、无愧于历史的优秀学术成果和文化产品，更好地弘扬以高远、开放、包容的高原情怀和坚定、担当、务实的大山品质为主要内容的云南精神。

《云南文库》最终得以发行，首先是众位先贤心血和智慧的结晶。在此，我们要对创造了云南学术精品并因此而为中华文化做出杰出贡献的学者们表示崇高的敬意！在《云南文库》的编纂过程中，相关编纂单位、出版单位和参加整理的学者，以高度的责任感和使命感，兢兢业业地做好编校和出版工作，正是有了他们的辛勤劳动和精心工作，才有如今的翰墨流芳。在此，我要诚恳地道一声，大家辛苦了！《云南文库》从构想走向现实，离不开众多读者和社会各界人士的支持，我也一并向你们表示诚挚的谢意！同时，衷心希望同志们一如既往地为云南文化建设献智献策，欢迎更多的同仁志士参与到云南文化建设的伟大事业中来！

谨为序。

目 录
Contents

论人类学民族学田野调查方法[①]

调查研究是认识世界和改变世界的一个必要的基础性步骤，是理论和实际相结合的重要途径。人的主观认识与行动只有符合客观世界的实情，各项工作才能取得进展，甚至能够达到预期之目的。人类学民族学专业的田野调查方法具有自身的特点，这个特点主要是“参与观察”（participant observation）。调查研究者须以社区或村社普通一员的身份，较长时期地参加到当地人群日常生活的流程中，悉心地展开现场的直接观察和直面访谈，了解他们的生活方式和思维特点，比较系统地记录和描述所见所闻，其中特别注重学习运用当地人的语言，参与他们的有关活动，而且强调要跳出调查研究者固有的“母体文化”的囿范，有意识地采用当地人的观点与价值标准，即所谓“主位”（emic）观点来看待和研究他们的各种事物，不断地缩短或拉近彼此因社会历史和文化等诸多背景与条件之不同而造成的距离、隔阂或误解。人类学民族学田野调查的一些方法或做法与行政调查和企业调查有所区别，如果其他行业的调查研究者能够了解或者参考人类学民族学田野调查的方法，可能会对他们的工作有所裨益。

田野调查是人类学民族学研究的基础和依据，因为该学科的知识主要来源于田野。田野调查及其相关的民族志，构成了这门学科的核心内容（G. W. Stocking）。田野调查向来被视为人类学民族学学科的一项基本功，是训练学生的一个关键，更是每一个从业者必须具备的知识和经验。今天，人类学民族学出现了许多分支学科，如生态人类学、经济人类学、宗

① 本文是一份为大学本科生和研究生编写的人类学民族学学科田野调查方法论课程的讲稿，近期经作者重新作了增删和修订。

教人类学、民族考古学以及民族艺术学等等，它们都和田野调查有关，都有其田野作业的任务。确定某项研究是否属于人类学民族学范畴的唯一标准就是看研究者做没做田野调查，做了多少田野调查以及怎么做田野调查。

有些学者认为，人类学民族学多侧重于“定性”的描述型研究，或称做“质”的研究，而且这种研究多属于经验性的，对于“定量”的研究往往是它的一个弱项。一些西方人类学家曾经提出试图把人类学的研究弄成像数理学科一样的精确，但是，作为不同形态与性质的社会、人文科学，其中充满各种不确定因素，一般是难以用测量仪器的数码符号一类逐一作精准的计量和公式运算而得出结论的。再者，人类学、民族学学者们通过田野调查经历取得的地方性知识，在很多情况下是来之不易的，需要付出大量的时间和精力，因为过多地依赖于田野调查的知识，这就在某种程度上限制了从业者获得其他门类知识的可能性，大概这是田野调查研究中造成知识局限性的一个原因，也是它的不足之处。

田野调查的方法主要基于人类学、民族学学科的特点和任务，它往往因人群、地区、时间和问题特别是调查者自身的情况与条件而有所不同。中国老一辈的人类学家凌纯声先生说过，田野调查方法不是一种千篇一律的东西，没有金科玉律可以奉行，往往是因人而异①，这是正确的。但是，根据学科的性质与要求，人类学民族学的田野调查方法存在着一些共同性的东西需要我们在实践中注意遵守，而且要求灵活地加以掌握运用，让调查方法不断地有所充实和完善，切不要把它弄成一成不变的模式来束缚调查的实践。

人类学民族学的田野调查是一项复杂的实地作业工程，经验显示，我们在田野的实践中应该有一个大体上的步骤与要求，我想结合调查的步骤等问题谈一些有关理论方法的问题。

① 凌纯声：《民族学实地调查方法》，《民族学研究所集刊》1936 年第 1 期。

一、准备工作

调查之前，须对已选定课题的调查任务有比较透彻的了解，对于所涉及的有关方面，应做出一定的考虑和适当的设计。田野研究题目与内容的择定，主要基于平时对有关文献知识的积累和生活经验与感受的启发，以及现实生活的需要，才有可能对于某些方面或某个问题产生深入探究的兴趣。科学研究在很多情况下是依靠为了探寻问题的真相而产生的持久热情来推动的。调查准备工作要尽可能地做得充分些，既包括物质经费方面的，更要包括文献和理论方法方面的。围绕田野调查之前的各项准备工作，常常直接关系到田野调查的进程以及作业的质量。

（一）调查计划

"科学的调查要有科学的标准，包括明确详实的纲要"（何国强，2009）。需要编制调查大纲，明确调查的主要任务、目的以及学术意义和现实意义；厘定调查的基本内容和基本方法，确定调查的地区、所需时间、人员规模和大致步骤以及必需的经费和设备等。一个合理可行的调查计划，总是建立在对主客观两方面情况的基本了解上的。但是，前期的规划只有到了调查实地对当地情况有了进一步的了解之后，方能做出比较具体的操作计划。

（二）文献准备

首先对有关的文献资料做一番认真地调查研究，其中应注意调查研究中所需采用的理论方法，明了我的这项研究为什么采用这种理论方法是适宜的，这是田野调查研究过程中绝对不可缺少的步骤，它对于田野的调查研究工作具有不容忽视的重要意义。查阅调查地区和民族族群的有关史志记载、论著、报道、音像、考古文物以及有关部门历年调查统计的相关档案资料，诸如自然环境、土地、交通、气候、雨量、物产、资源、人口以及自然灾害等。其中的重点在于学术论述。此外，对有关该地区的重大事件以及民族语言、习俗和宗教观念与信仰等，也应该有个初步的了解或掌握。

查阅文献资料能够为田野工作提供不少有价值的信息、调查线索和值得思考的问题，它们不仅显示了调查地区的各种情形与知识，而且能够具体地反映出前行者调查研究的情况，包括他们的经验和教训，我们还可以知道他们所涉及或者发现了哪些事实，由此形成的观点、论点和运用的理论方法是什么，有关问题的学术争议又是什么，使我们从中获得启发。阅读文献并进行必要的梳理和消化，从而对于文献资料取得一个比较整体的了解、把握和评价，这就能较好地充实和完善我们的调查研究计划，有效地避免无意义的重复劳动或者走弯路，减少调查研究中的虚工和废工，克服孤陋寡闻或闭目塞听的盲目操作，使得我们的田野计划构筑在更为自觉的基础上。但是，我们在阅读思考文献资料的过程中，不可先入为主地受到文献资料中的个别事实和论点的约束，应将它们视为一种参考、借鉴或线索，抱着存疑的态度去对待它们。我们还需要了解前人在调查研究中尚未涉及或者没有解决或是解决得不好的问题，以便开辟新的调查研究领域或项目，发掘新的资料，研究新的问题，不断拓展调查研究领域的广度与深度，自觉运用其他学科提供的理论方法，充实和提高调查研究的内容与整体水平。这方面的准备应是个分层次进行的过程。从中央到各省区、市县、乡镇和自然村都不同程度地保存有各类资料，需要注意寻访。往往是越向基层走去，有关的资料就越具体，反映的社会面也就越小。最后，在查阅资料的过程中，有必要编辑一份较为规范的文献目录索引，以供自己和方便他人使用。

（三）物质装备

除了必需的衣履和雨具用品、药物和夜间照明设备外，用于田野作业的活页簿、笔、米突尺、钢卷尺、相机、录音机、摄像设备以及罗盘和海拔表等都是必要的。田野装备应从精从轻，不可过于复杂。

上述各项准备工作应尽可能地做充分，切莫因忙于出发前的琐事给忽略掉了。

二、建立作业关系

初次进入调查地点，不要马上急于开展调查，因为许多情况尚不了解，需要用一段时间和当地群众、干部进行比较广泛的接触，说明我们的来意以及工作方面需要他们的帮助，听取有关情况的介绍；在当地人的带领下，在村镇街道及周边地带做一番巡视，熟悉一下环境；入乡问俗，并向他们介绍我们的工作，取得众人的理解和支持；重点拜访一些人户，特别是那些年高望重或有影响的人物。通过几天的观察了解，重在搜集调查的线索，再看看原先的调查计划是否有必要做些修订或变动。

人类学民族学的田野调查是一项专业性很强的属于文化认知的复杂的社会实践活动，需要通过比较专门的训练，掌握相关知识，要能正确、灵活地应对随时出现的各种情况和问题。其中与方法论有着密切关联的是作业者的态度与品格，这是首先需要加以讨论和解决的。用什么态度对待和进行田野工作，每每直接影响到田野作业的好坏与成败。我们应该不抱任何的主观成见，本着虚心学习的诚实态度和追求真理的实事求是的科学精神，这是每一个热爱本专业的人必须具备的条件。另外，少数民族生活的地区多数交通不便、条件简陋，生活比较艰苦，在异文化的环境中工作，要注意培养一定的适应能力，要有不畏艰辛困苦、百折不挠的毅力以及献身田野工作的热忱，这正是田野作业者所需具备的品格。

进驻作业地点后，重要的工作是同当地群众干部建立起调查研究者和被调查研究者的合作关系，这种关系旨在“建立起一张包括提供情况者、朋友和熟人的网，这张社会关系网就成了一套资料运输管”①，这是开展田野工作的基础。我认为，人类学民族学的田野调查研究工作，不应仅仅视为是调查研究者个人的行为或事情，而应该看成是调查研究者和当地群众共同合作的结果，这是我们这个专业调查所要坚持的一个原则。因为田野

① ［美］尤金·N. 科恩等:《文化人类学基础》，李富强编译，中国民间文艺出版社1987年版，第38页。

作业的进展情况，在很大的程度上取决于这类比较亲密的合作关系之建立，而这种亲密关系全在于作业者对于该族群社会的融入，造成双方情感上的维系，是社会文化人类学的独特之处。所以有些人类学学者讲，没有其他的社会科学家能够像人类学家那样同他的被观察研究的群体有着如此亲密而长久的关系，这正是人类学民族学能够经常不断地获得有关人类行为知识的主要的原因。

在建立田野作业的关系中，我们会接触到各种类型的人，首先要取得他们对于我们工作的理解和对调查研究者的信任，才能谈得上支持和协助。其中我们的言谈举动都会体现出我们的身份问题，人们常根据我们的言行和态度来推测我们的身份与工作。我们应该主动地介绍自己，让对方了解我们工作的性质和意义，认为我们是他们可以信赖的朋友，我们的调查研究不会给他们造成损伤和危害。对于他们的困难要关心，不可无动于衷。注意保持平易近人、和蔼可亲的诚恳态度，这对于一些生性怯懦的妇女儿童尤其要紧。在调查中，要善于用商量讨论的方法，尊重他们的意见，力戒那种脱离实际甚至强迫命令的官僚式作风，尽量消除双方的心理隔阂或不必要的误会，拉近彼此的距离。这些做法，皆取决于调查研究者对于各民族群众怀有深厚的情感和对自身工作的强烈责任感。

进驻调查地点后，调查研究者须善于营造出一种良好而融洽的作业氛围，建立起比较密切的合作关系，关键还在于从自身的文化习俗、从心理上能够自觉地适应新的环境与人群，面对不同的或不熟悉的文化，采取虚心观察学习的态度是非常重要的。如果自觉或不自觉地抱着某种大民族的文化优越感，用自己习惯了的价值观来对待被调查研究的群体，则这种合作关系是无法建立的。一旦作业者被当地人视为讨厌的人，他的田野工作就无法进行下去了。

西方的人类学民族学家们过去多在殖民地区做田野调查，他们认为作业者一旦进入一个生疏的异文化的社群之中，会觉察到人类所具有的某些共同的特性，那就是对于陌生人及陌生的事物产生种种新奇、怀疑或猜测的态度。这种心理状态往往为双方所共有，只是程度不同而已。对于一个处于比较封闭地带的社区，特别是其中的一些人群，这类反应会变得尤为明显和强烈。因为在这样的一个小而紧凑的社会里，群体内部各成员之间的社会关系的范围狭小，彼此在生产生活上紧密相依相助，几乎都具有相当一致的道德观念和价值观念的认同与互相关切同情的整体意识，这种意识的存在，是关系到全体成员安危的一种表现，因而他们对于外界经常保持必要的警戒和防范的反应，以便对付随时发生的不幸。由于这种认知是被该社群的整体利害关系所维系的，所以每遇有陌生者或陌生事物闯入，往往就会直觉地感到有可能破坏社群内部的平衡，给他们造成了某种威胁或危害。这种意识，学界称之为“部落性意识”。西方的一些人类学家还认为，这种所谓的“部落意识”或“部落观念”并不限于部落社会，事实上它们潜存于所有人类的社群中，在意识形态不同或者相互对立的社会里，部落性意识的观念与行为在黑社会成员或一些政治家及官员们的身上，表现得格外明显，构成了他们职业上的一个特点。综上所述，田野工作者如何同调查地的社群建立起较好的作业关系，确乎不是一件轻而易举的事，我们不应忽视这类问题。

同建立良好的作业关系有联系的是作业者在整个田野工作中的角色问题。我们认为，田野作业者角色的自我设定，是一项很有意义的、必要的活动。西方老一辈的人类学家在向当地人解释他们的来意时，常是说明为了了解和研究本地人的社会生活、文化习俗或语言，以便回去告诉他们的人民。他们确定自己是“文化的参与者”、“文化的传递者”或“文化的解释者”的角色。田野作业者的这种角色，说明了他们的使命和任务。实际上，一个田野的参与观察者生活在被观察研究的群体中，于不同场合的情况下，往往分别担任着不同的角色，有的是朋友、客人，有的是充当临时的医生或教师，也有的甚至作为某一氏族或家庭成员的角色，等等。“每个人类学家都必须塑造出适合于特定场合、时间、条件和社会的角色”①。通过对文化的参与、传递和解释，其目的既是为了能够尽可能地融入社区的生活之中，更是为了让众人知道、了解这个文化和社会存在的特点和价值，这正是当今倡导文化多样性和文化宽容所需要的。

作业者于整个田野的工作中，不断参与了当地的各种活动，充当不同

① ［美］尤金·N. 科恩等:《文化人类学基础》，李富强编译，中国民间文艺出版社1987年版，第40页。

的角色，通过这些角色转换的实践，往往能够具体而真切地体会和感受到不同文化的特点，而且有可能涉及或发现文化中比较深层次的东西，这些内容在一般性的观察访谈中可能是难以发觉的。

记得1958年秋季，我和调查组成员到达甘肃省和青海省接壤的黄河边上保安族聚居的大河家地区不久，发现当地群众中有不少人患急性角膜炎、皮肤病和胃肠消化系统疾病。他们了解到我们调查组有一个简易的医药保健箱，于是一些老人和孩子经常来向我们索要药物，我们凭借着一点日常的医药常识，充当起农村保健员的角色，其中竟有人直呼我们是某某医生。为群众简单地医治一些小病小痛，却极大地密切了我们和当地群众的关系，彼此间的相处与交往自然就增多了起来，我们就是从这里逐步地和保安族群众建立起调查作业关系的。有一回，受当地梅坡小学校长的邀请，让我们给五、六年级的学生上几天语文和数学课。我们充当了一次乡村教师的角色。在和该校师生的接触中，观察了解到过去很少知道的有关当地民族教育的实际情况。

之后，我在当地的一个山区大墩村做田野调查期间，每天清晨和社员们一起从村里背粪肥上山，再倒在地里。和我的年龄大致相同的年轻人，个个背得比我多，而且上下跑得也快。他们向我开玩笑说，照我这种干活，每年得的工分连老婆也养不起。我也就打趣地说，我还是个“新社员”哩！和他们在一起无所不谈。有几次他们用保安语向我说了些有关男女关系的粗话，我能听懂，也试着用同样的话回敬，那气氛是很热烈的。那年早春，村子里出现了牲口口疮疫情，一些绵羊开始不吃草，生产队长和支书很是焦急，他们看我是个大学生，问我咋办，可是我却从未接触过兽医的工作，更没有防疫的知识。问了些老庄户人，说是过去好像还没有出现过这种事情。这时，我想起了盐开水也可以消毒杀菌，就向他们建议，队长说那就试试吧。我和大家一起用盐水逐个擦拭患羊的口腔等部位，一天数遍，并建议将病羊和健康的羊群分别隔离，还对所有的羊圈用石灰进行了消毒清理。那些天，我的心思全在这些羊群身上，不时地往羊圈里跑，观察疫情。所幸疫情没有蔓延。这期间，我从当地的饲养员等人那里获得了不少有关饲养牛羊牲口的知识和经验。我发现这些淳朴的山民十分尊重有文化知识的人，我们之间的关系似乎更加亲近了。这是我唯一一次在田野调查中充当“兽医”的角色。

1963年初夏，我在内蒙古自治区鄂伦春族聚居的林区参加拍摄民族志纪录影片《鄂伦春族》，在拍摄猎民们迁徙的场景时，我充当了画面外的现场领班的角色。其间我曾帮忙他们收拾杂物，误将一副马镫子放在婴儿的摇篮（“恩姆克”）里，正要抱走，身旁的一位鄂伦春族妇女见了，迅速地将马镫子从摇篮中取出。我立即发现自己犯了个错误。后来我了解到在鄂伦春族的观念里，不是所有的东西都可以随便乱放的，有些什物在任何时候都是不能放置在一起的，这是不吉利的。为此，我顺着这类规则作了一些深入的了解，增加了不少关于禁忌习俗一类的调查。我体会到，在参与观察的过程中获得的知识往往是难以忘却的，有的时候，它们可能起到举一反三的作用。

作业者在田野工作期间，充当和变换不同的角色，为的是参与到当地的实际生活中进行观察，了解各类知识。不管这些角色的参与身份如何不同，都应该遵循一条基本的原则，即不要违反当地的习俗，不可损害被调查研究群体的权益，做他们所能够接受的事。

下列所举的事例，从中可以看出西方的一些人类学家强调的田野作业者同当地人建立社会关系时的角色设定，对于调查者还是当地群体都显得非常重要。拉德克利夫－布朗（A. R. Radcliffe－Brown）的学生哈特（C. W. Hart）于20世纪20年代末去到澳大利亚北部两个小岛上调查与世隔绝的蒂维人（Tiwi people）。他在岛上住了几周后，发现蒂维人和他在一起的时候总感到有些不安。这有点像过去农村的人口潜居城镇没有城镇户籍，周围的城镇居民对于这类“黑户”常感到不放心一样。后来他才知道他这个外间人没有他们的氏族和亲属关系，如果他是他们氏族中的一员，那就自然会被包括到他们的亲属关系里，这样，“每个人都知道怎么对待我，我也知道怎么对待别人，大家的生活会舒适、顺利些”。其间鸟氏族中有一位双目失明的老妇，行动不便，常被绊倒，但是她的烟瘾很大，时常缠着哈特要烟卷。一天，老妇突然对他说：“啊，我的儿子，给我一些烟吧！”哈特不假思索地同她开玩笑：“啊，妈妈，你跳河去吧！”不料在这偶然的对话中产生的母子关系，立刻受到全体部落成员的欢迎与认可。从此，老妇的丈夫及其兄弟均称哈特为“儿子”，老妇的兄弟叫他“外甥”，老妇的儿子们都喊他“哥哥”等，哈特同部落成员的关系一下子发生了很大变化，彼此显得融洽自然多了。哈特说：“他们一些人把我加入他们的亲属体系看得比我想象的重得多。”马林诺斯基（B. Malinowski）的学生鲍德马克尔（H. Poudermaker）在美拉尼西亚的莱苏（Lesu）岛做田野调查，大约三个月后，她获准加入当地人的亲属体系。她回忆说，为此人们很喜欢她，都高兴地向她提供情况。① 摩尔根（L. H. Morgan）在北美印第安人的易洛魁部落中调查时，曾被收为义子，在这种融洽的关系中，他自然能够获得许多有价值的资料。

在田野参与观察中作业者所充当的角色，是众人看得见、摸得着的，我称之为“外在角色”的设定，可是对于文化和社会的观察研究，总是同一定的立场、观点相联系，社会文化人类学设定了观察研究者的视角可以采用“主位的”（emic），即当地人的立场观点；也可以采用“客位的”（etic），即作业者自己的立场观点，对于这些，我称之为“内在角色”。所谓“内在角色”是重要的，它经常提醒作业者根据情况给自己设定多种角色时，都不应忘记自己的调查研究任务，以便透过不同的视角和层面来理性地观察了解事物的全貌，取得一个比较完整的认识。

田野调查者角色的恰当设定，往往能够导致当地群体中的大多数人在观念上发生变化，有的时候会认为调查者成了他们群体中的一分子，在这种情况下，调查者凭借已经设定的角色身份参与到当地人的生活中，得以进行比较深入系统的观察。有人指出，在田野调查的过程中，调查者身份角色的转变往往是“陌生人—客人—自己人”，只有在当地人普遍认同的情形下，我们的调查方有可能顺利进行和不断深入，获得较为真实可信的资料。

三、观察与访谈

观察客观事物都是先从其外在的形式着眼的。“‘观’仍只是看见外

① ［美］尤金·N. 科恩等：《文化人类学基础》，李富强编译，中国民间文艺出版社1987年版，第6－7、12－13页。

表，重要的还是‘察’。察就是由表及里的一番思维过程。”故对于客观世界的事物只能察而识之。①

人类学民族学田野调查中的“观察”与“访谈”是调查研究中的两个基本的手段，是搜集资料的主要方式，但是，二者相比较，“观察”应是最主要的。B. 马林诺斯基说：“民族学家如果要从事过细的调查工作，那他就应该依靠自己的观察，而不是土著调查合作者的讲述。”② 一般地讲，访谈往往是弥补观察之不足，而观察不仅为访谈提供了进一步了解事实的基础，而且还起到对事物的实证的作用。无论观察和访谈，它们在田野调查中的作用都是需要加以充分发挥的，它们的最终意义都在于发现，把被忽略了的事象和隐藏在各种文化当中的事实与道理以及彼此间的联系，清晰地加以梳理和揭示出来。

（一）观　察

对于客观世界的观察是一切科学研究最基本的方法。不同的人对客观事物所具备的有关知识和经验各不相同，其观察之所见、所得和所感常是大相径庭的，中国有句俗话，叫做“外行看热闹，内行看门道”就是这个道理。一个具备社会文化人类学田野作业经验和理论知识的人，他的实地观察总要比一般人更能发现问题，其调查也能够不断地得以拓展和深入，能够透过不为人们注意的极其普通的事象，发掘出长期隐藏在事物内部的某些意义来，或者揭示出平素难以发觉的事物内在关联之征状。反之，缺少或是没有这方面学识和相关修养的人，面对着一些深有意义的事象，很可能就被轻易地放过，或者是视而不见，听而未闻，难以进入他的观察视野中来。德国著名的微生物学奠基人巴斯德（Louis Pasteur 1822—1895）有句名言：“在观察事物之际，机遇偏爱有准备的头脑。”大凡善于学习、思考和重视实践的人，多能做到有一定准备的观察，这正是我们所需要强调的。

田野观察往往面临着众多的选择，选择的本身就体现了观察者的基本

① 王运生：《美的探索》，《云南文史》2011 年第 3 期，第 59 页。

② ［英］B. 马林诺斯基：《野蛮人的性生活》，刘文远等译，团结出版社 1991 年版，第 203 页。

见解或动机。田野观察需要耐心和毅力，要求尽可能做到系统性。由于任何一种社会和文化在很大程度上都是以某种形式构成了一个有序的整体，它的各个部分总是按照一定的方式直接或间接地联系、整合在一起的，好像是一台复杂的机器，各个部件相互影响作用，从而决定了事物的性状和运行的方式。调查者如果仅仅限于对他所喜欢的及想要知道的事物进行观察，对于不喜欢也不想了解的事物就一概不予理睬和关照，或者在调查者当时看来有些事物似乎是对他的研究没有什么关系，然而一旦面临进一步的深入研究时，这类在观察中曾忽视了的东西，很可能会显示出它们的作用与价值，这时才感觉到自己在观察中的局限性或片面性，所以我们在作田野观察时，不妨把自己的视野拓宽一些，考虑得周全些，这是很必要的。

要时刻意识到我们在田野调查中存在的种种局限性。首先是我们自身的性别带来的局限。比如，在一个传统的重男轻女的社会里，男人们的社会生活与活动受到普遍的重视，他们的行为、态度和决策往往在一定的范围内起到某种主导的作用，他们拥有话语权，女人和儿童在这个社会里成为“缄默”的群体而被边缘化了（C. Hardman），许多涉及妇女儿童的现象与问题，常是通过男人们的看法被表述出来。田野调查者在观察、访谈和记录、描述妇女儿童的事项时，就不可避免地会受到当地男人们的影响而造成某种偏颇和局限。这就提醒我们，“社会并不是同质的”，首先是具有性别的差异，还有年龄、辈分和家庭与社会地位等的差别，“社会是由有着不同经验和解释的个人和群体构成的。所以抽象的或一般化的描述不可避免地是有所偏向的。”① 有人类学家认为，在以往的人类学的研究中，男性中心主义和性别歧视以及种族中心主义，“导致对非西方文化中女性的地位和角色的误解与歪曲。……那么不可避免地也会误解和歪曲男性的地位与角色。由于女性与男性的关联是连锁的，那么歪曲男性与女性的作用就会导致对整个社会系统的歪曲。”② 这是我们在田野观察中需要特别加以留心的事。

① ［英］F. Bowie:《宗教人类学导论》，金泽等译，中国人民大学出版社 2006 年版，第 111 页。

② 同上书，第 112 页。

作业者在整个的田野工作期间，对于所研究的社区发生的一切现象要保持敏感性，善于将被观察的事象经常储存在自己记忆的仓库里，以便随时调动和利用它们。有时，需要不动声色地注意记住人们的闲谈，从中发现调查线索和有价值的材料。一些反应迟钝的人，其记忆仓库中的资料可能是贫乏的，这会直接影响到田野的观察。以上可视为人类学民族学田野调查中的观察基本要义。

从社会学的方法来看，观察一般可分为“有结构观察”和“无结构观察”，而无结构观察又可分为“参与”和“非参与”两种。所谓“有结构观察”，是对于所要研究事象的情况，事先已经有了一定的了解，根据研究任务，对于观察对象、观察项目和观察步骤等作出了比较详细的计划，据此进行田野观察，有时还配备以精良的声像记录工具。这种观察方法常用于短期的考察或追踪调查。“无结构观察”一般是对于所要了解的事象或情况不甚知道，对于观察的计划事先只能作一个较为粗略的大致设想，这种观察的方法比较灵活，常用于调查的初始阶段。所谓“参与”和“非参与”的观察，是针对观察者是否置身于被研究对象的具体环境与实际活动中而言。非参与观察常是间接地利用别人观察来的资料做研究。① 我觉得在实际的观察中，有结构和无结构的、参与和非参与的观察往往不能截然分开，应视具体的情况交叉运用，但是，我们不应忘记，参与性的观察是今天社会文化人类学田野作业所强调的重要方法。

（二）访　谈

人类学、民族学的田野调查除了于实地的直接观察外，同被研究的群体进行面对面的“直面交谈”是其主要的方法之一。大家知道，人的观察总是有限度的，在田野调查期间，总是有不少的事象和情况处于我们的观察之外，尤其是人们心灵深处的思想观念或信仰是怎样的，仅凭观察可能是不行的，尤其是涉及过去的事物，有些早已在现实生活中消失了，是观察不到的，需要在现有的观察基础上同他们作比较广泛而深入的交谈。虽然人类学民族学的田野调查多是以现状为主，但我们的研究不能割断历

① 于真等：《当代社会调查研究科学方法与技术》，工人出版社1986年版，第166页。

史，必须联系和参照以往的历史情况，这方面的问题往往需要进行访谈。此外，访谈的重要意义还在于直接了解当地人对某些事物的看法以及他们的表述特点等。

在任何一个族群当中，总有一部分人比较注意关心或擅长他们生活里某些方面的传统知识、技艺和经验，比如生产制造、经贸活动，或者历史传说、风俗习惯、亲族谱系以及宗教仪式等。特别是对于逝去时代的历史事件，那只能采用讲述或吟唱的“口述历史”（oral history）方式，这些多半存在于一些民间歌手、祭司或者属于当时的见证人的记忆之中。这些人是本地区本民族传统文化的行家，他们是这类资料的重要提供者，我们要善于发现他们，同他们保持密切的合作关系，使得难以搜集的资料逐步丰富起来。

在访谈中，调查者须对访谈对象（报告人）尤其是重点的访谈者的身世、经历、性格、喜好及其言谈习惯等，有一定的了解和掌握，就能有意识地针对某些人的情况展开访谈，并对他们谈话内容的可信程度作出评价。访谈不能有闻必录，须在与其他人的交谈中加以检验核证，或作补充，以减少失误和遗漏。

田野访谈是一门艺术，讲究一定的策略，是有技巧的。首先要营造出一定的谈话的气氛，表现在谈话的双方都是处在一种平等的、互相尊重的地位上，彼此都有交谈的兴趣，感到都有话要说，大家没有什么顾虑或压力，能够敞开心扉，打开记忆的门窗，侃侃而谈，这是访谈中力求达到的一种效果。如果不是这样，对方常常不太情愿地挤一点谈一点，那么，所得到的情况和资料多是零碎的、不连贯的，存在的问题也多。

在田野的访谈中，对方回答问题的方式及其所谈的内容，常常取决于他们与调查者的关系，他们的知识水平、记忆能力和语言表达方式，以及对你的提问动机的理解等。任何人都不是孤立地生活在他的社会和地缘之中的，作为社会群体中的一员，交谈中他们需要考虑到各种关系与自身利害之所在，这方面的心理因素我们一定要予以充分的理解，做出必要的估计。

访谈是一种文化交流的互动活动。不管何时何地，采用何种方式交谈，应以同朋友聊天的方式效果较佳。访谈的内容事先应有适当的设计，有个先后顺序，围绕中心议题逐步地展开，一般不宜过于分散。宜从眼前具体的事物入手，由近及远、由浅入深、由简渐繁，或由自身到他人，有层次、有节奏地逐步展开和深入。这种循序渐进的方法能够唤醒谈话人的记忆，促成思考，引起交谈的兴味。提问时务使对方理解所问，并认为有意义，不要让对方产生反感，或者以为你在单纯猎奇。必要时可以适当介绍有关问题的其他地区和民族的情况，让对方产生对比的想法，启发他们思考，引起他们的兴趣和关注。防止拿着提纲作一问一答式的交谈。生硬的提问，常让人感到乏味或茫然，降低交谈的兴趣，致使对方随口应声、随意敷衍，或者干脆说不知道，影响访谈的进行。缺乏心思设计的交谈是不得要领的。有些时候，报告人可能会脱离主题按照自己的思路自愿陈述一些其他的事情，或者对方所谈的内容不一定使你感兴趣，这时调查者不要轻易阻断他，因为他的这番话语有可能会引出新的信息、新的线索或新的问题。对于拘泥提纲机械提问的人，“不愿中间有所阻碍，这种人所失必多”①。访谈要注意策略，提问要注意方式方法。有时为了核实某一问题，需要进行正面问、反面问、侧面问、假设问、追问或重复问等。对于一些关键性的问题，需要从各个方面进行询问，这样，既可以促进对方的回忆和思考，也能于现场及时加以检验、核实他们前后讲的是否一致。如果出现不一致或矛盾，应同报告人一起分析原因，进而共同确定哪种说法比较可靠和贴近事实，双方取得共识。但是，各民族都有自己思考问题和表述的方式，因此，要尽可能地依照他们的观念、理解程度、习惯用语和表述的方式来提问，最好是就他们的言谈提问，这些都是必要的。此外，提问时切忌将对方可能作出的回答预置于问题当中提出，这是在替他们作回答，往往造成对方不动脑筋顺应着你的需要来回答问题。在初步访谈中得到的情况不要轻易认为就是定论，更不可先入为主，应持客观的态度，继续走访观察，反复从各个方面加以核证和充实。两人以上的访问，最好有个分工，有问有记，或交叉问记。每题应有一个中心提问人，不要多人同时发问，令对方无所适从。中心提问人提完一个问题之后，须留出一定的时间让其他人作补充提问，这是很有必要的。

① 凌纯声：《民族学实地调查方法》，《民族学研究所集刊》，1936年第1期，第50页。

我们常会发现人们在讲述同一件事情时，往往存在着不同的说法，这要做具体的分析。有时人们的记忆不一致，对于具体的人来讲，记忆是可以选择的，说话人有可能选择他认为是正确的或者对他有利的言谈和答案。若遇到这类情况，我们就要考虑不应拘泥于事先拟定好的问题提问，而应该根据他们的回答来提问，从而了解和掌握问题的其他有关方面，使访谈得以深入下去。同时，调查者对于每一种不同的说法，不要轻易地予以肯定或否定，要善于从这些不同的讲述中寻找其原因，察觉其中可能隐藏的我们尚未了解和掌握的有关的重要信息或线索，有时我们甚至需要重新估计已经获得的资料。

在交谈时，假若对方的精力已经分散，显出疲劳状态时，就要收住或结束，可以约定改日再谈。须知，对于大多数从事体力劳动的人来说，他们不习惯长时间坐着讲话，尤其是由于语言的障碍，最容易造成疲劳或乏味，此时如果一味地勉强坚持下去，效果多属不佳。另外，在访谈中可能会遇到各种情况，我们要学会应变的方法。例如，在访谈时报告人突然有事需要处理，你应让他办完事情以后再谈，如果有可能的话，你可以和他一起去办，作“易地访谈”，即换个场地或在走动中交谈。20 世纪 80 年代我在云南省怒江州调查时曾向一位老羊倌做访谈，中途他急于将家里的羊从圈里放到山上去吃草，我就跟随他一起上山，他边放羊边继续我们的交谈。由于双方常处在运动的过程中，这时人的思维往往要比在室内活跃一些，彼此的交谈都感到既轻松又投契。这里，我体会到访谈的时间地点、方式和进程，有时应由交谈的各方来共同商定，不应视为作业者单方面决定的事。

田野调查期间，我们的目光不要仅仅限于本社区，要适当留意外地、外村的人来本村住访，调查者应该抽时间去访问他们，或建立关系，了解有关的情况和调查线索，必要时，可前往彼地观察访谈，以扩大、充实或印证本村本地所得到的材料，因为非本地本村的人，他们看本地本村的事情可能会客观一些。

田野访谈一般分为“非正式”（或随机）和“正式”的两种。所谓“非正式交谈”是不分时间、地点或场合同当地人随意交谈，任其发挥，以便了解人们生活中主要关心的是什么，或者从中发现一些调查的信息和线索等，这种交谈也是联络感情的手段，所以田野调查一般都是从非正式交谈开始的。所谓“正式交谈”，是作业者经过初步了解情况后集中在一些比较专门的问题上作较为系统深入的了解的访谈。这种访谈事先应有所准备，设计出一套有一定逻辑联系的问题，按照一定的思路提问和交谈，搜集到自己所需要的有关资料，供分析比较研究。上述的两种交谈能够获得不同形态的资料，两种交谈还可兼而交叉用之，以便互相补充与检验。

在调查中，我们常采用“多人座谈”和“个别交谈”的方法。前者是把与某些问题有关的知情人召集在一起进行交谈，其优点是大家在交谈中能够相互提醒和启发，克服个人所知的局限性。但它的缺点往往会出现随口应声，特别是有老人或权威人士在场的情况下，年轻人和晚辈们有的时候会盲目遵从；男女不同性别的人或是互相有隔阂的人，双方忌讳谈及某些内容等等。因此，在采取多人座谈的方法时，事先须对座谈对象的有关情况有所了解和估计，而且一次的“多人座谈”的人数不宜过多。“个别交谈”能弥补多人座谈的不足，使某些不便在公开场合道及的事情，通过私下交谈能够获得，也能谈得比较深入和细致。上述两种交谈方法亦须兼而用之。

小结：田野调查中的观察和访谈都是以事实为基础。从总体上看，观察得来的材料，其可靠性一般要大于访谈所得。这是因为在访谈过程中客观事物往往受到人为因素的制约和影响较大，诸如访谈讲述时的场合；人们对于所谈事物的了解、认识、兴趣、记忆等程度；以及他们对待调查者所持的态度等等，都会有所不同，因此，访谈中的讲述也就会因人而异了。但是，对于那些不便观察和无法观察的事物，那就只能依靠访谈讲述了，这类材料比起观察来的准确性要小得多。讲述的可信度常常低于直接观察。我们必须记住：田野中的实地观察是第一位的，是最主要的方法，其次才是访谈。

四、田野记录

田野调查中的观察与访谈是同记录和描述直接相关联的，记录与描述是观察和访谈的直接产物，是田野调查研究过程中的一个必需的步骤，它既有文字的，也有声像的。记录和描述事象的能力是田野工作者专业素养的一项重要的标志，文字表述的修养与水平是很重要的，而客观、准确、全面、系统是记录与描述的根本要求。

观察记录和访谈记录二者之间有一定的区别。我们在观察一个家庭、一项劳作、一个集会或一次仪式时，应把主要的精力放在连续观察上，不要遗漏一些过程和细节，特别是其中人们的互动关系和互动关系过程中的行为。此时，许多事象正在进行当中，如果这时我们忙于埋头记录，那就很有可能顾此失彼，影响或者失去一些直接观察的良机，因为进行中的事物不可能为你重来一次。因此，对于现场观察，要把已经看到的情况牢记于心，或是将一些要点简扼地速记在笔记本上，待到事情告一段落或结束后，为求保持记忆的新鲜感，应立即做比较详细的记录。这时的记录，当是一种对事象的追记和文字的复述。对于其中的一些不甚清楚的地方或不太明白的问题，须向有关人员请教，弄懂了之后再行补记。追记的时间越早越快越好，时间过长，一些情节和内容就难以保证完整。至于访谈的记录，可随问随记，你若没有听明白，可以请谈话人再说一遍，待弄清楚后再记。对于一些关键性的言谈，须尽可能地记下说话人的原话，切不要用调查者的话来概括或综合他们的话语，因为那不是他们说的话，是调查者说的，从而将他们的许多有特点的语言给抹杀掉了。一份田野报告，我们需要听到更多的当地人的声音，无须调查者替他们说什么。

访谈记录是件比较辛苦的事，既要动脑提问或解释，又要迅速做记录，这就需要高度集中精力。访谈中的事后追记，时间虽然较充裕，但发现问题时不能立即补充核证。追记的时间相隔越长，报告人的话语和意思可能记得越不完整，容易渗进一些不准确的成分。对于观察和访谈的记录，我们主张当天的事，尽量在当天记录，当天过目，这能为下一步的调查开辟线路。

记录是对于客观事象忠实的记述，通过文字和声像比较完整准确地复现其原状原貌，在这个基础上才能形成某种有意义的表达。记录的行为有其明显的特点，就是它的选择性，即是将自己认为有意义有价值的事情予以记录。确定事物是否有价值有意义，需要比较和选择，不是事无巨细、有闻必录，它全在于调查者的个性，在于调查者所拥有的知识和经验，以及对事物进行理性的介入。但是，我们必须注意，在对客观事物进行观察和访谈记录的选择时，不要把选择的范围划定得过于狭窄，从而将一些我们尚未认识的有意义的事象排除在选择的范围之外，造成不应有的损失。

记录工作要特别用心，防止不准确、遗漏和误记，因为“在资料记录阶段便错误百出，将使以后的分析困难重重，甚至于根本无法分析。”① 涉及专门用语，诸如地名、族名、人名、物名、仪俗名称和亲属称谓等，要了解它们是自称、他称、别称或俗称，用括弧注明，凡是除汉族外的其他民族或族群的自称，须按本地人发音寻字记音或采用国际音标，力求规范化，严防寻字记音时出现一名两记或一名多记的令人困惑的事。总之，田野记录为求尽可能地保持其真实性，符合客观的实际情形，那就是在笔录阶段严把关口，以诚实的态度去观照客观世界存在的所有事物，绝不偏离和脱离事实，更不能歪曲事实，这是记录当中必须遵守的职业道德。

我在田野中习惯用一种比较小型的活页簿做记录，时常放在外衣口袋里随身携带。其好处不仅在于轻便，能解放双手，重要的是如果手里一天到晚拿着一个大记录本走来走去，给人一种像是在查户口、收税费的印象，造成不必要的心理负担。我之所以用活页做记录，是因为我不喜欢把所有的问题都一股脑儿地记在一个被钉死的本子上，将来进行分类整理的时候十分费事。用活页，则每页大体上只集中记一个主题，或一个事件，或一个方面的内容，一般不将多种不同的事、不同的问题夹杂地记在一页上，以后按问题分类整理时比较方便。如果一页纸不够记，记入下几页时，不要忘记在每页右上角标明页码，防止混乱散失。每页纸无须写满，其左侧可适当地留下约于全页的三分之一的空白，便于随时补充插入相关的内容。活页纸要多准备一些。每次记录，须在首页记下记录的地点、时间和主要的报告人等情况，便于查证。至于田野录音，对于每一盘录音带，必须建立卡片式的内容目录与时间地点的索引，以便检索。此外，不少人利用手提电脑做田野记录是一个新的发展，用电脑来贮存和检索资

① ［英］Ioan M. Lewis：《社会人类学导论》，黄宣卫等译，台湾五南图书出版公司1985年版，第18页。

料、分类编排以及随时提取所缺的资料等，比起单纯的手工操作方便快捷了许多，极大地节省了时间，提高了工作效率。但是，电脑的运用无论如何也不能取代调查者深入实地的亲自观察和访谈。

有些人在田野作业期间有记“田野日志”的良好习惯。田野日志主要是记录作业者在田野中的经历，是一种纪实性的文字资料，是作业者身处实地心灵的真实写照，把他们在当地的生活情状、作业进程、所遇到的情况、自己的心得体会、对异文化的感知与经验，以及对当地人的社会和文化习俗的看法与情感等，择其要者如实地记载下来。它应是一种人文性的真实记录，用自己的语言来讲述，并透露出当地的多种信息。田野日志不是一般的日记，无须每天记，随着岁月的流逝，它的价值可能日增，会成为日后研究的一种有意义的参照。

摄影与绘图：田野调查十分重视形象资料的搜集与运用，是田野记录工作中除文字外的有机组成部分，更是调查研究中不可或缺的步骤。今天，利用实地录制的声像资料来进行人类学民族学的研究是一个新的方法。形象资料的搜集一般包括拍照、录像、幻灯片制作和电影摄制。需要强调的是它们应从学科的性质与任务出发，忠实地、系统地或择要地记录反映族群事象的现状、活动特征以及事物的变迁进程，它们是现场的实证性材料，为科学研究、教学和文化交流提供可信的声像资料。一个正规的民族志或田野报告，必须配有足够的实地拍摄的照片，经过精心的挑选和编排，务使每幅照片都同正文联系紧密，可用数字代码标明图片与文字之间的联系。由于照片是文字内容的实证性材料，它们绝对不可以弄成一种文字内容之外的点缀物，此点须特别注意，它关系到照片的学术意义。美国人类学家 M. Mead 和 G. Beteson 于 1936—1938 年在印尼巴厘岛做田野调查，除拍摄了 22000 英尺的影片资料外，还拍了 25000 张照片，20 世纪 50 年代初期，M. Mead 从中精选出 759 幅照片，按主题将相关的细节加以编排编成图片集，每张照片都予以详细的文字说明，特别注重对照片中反映的每一件事的背景所做的说明，从而开创了人类学图片研究的方法。

田野摄影的基本要义：“科学性”是立足点，“纪实性”是前提，“形象性”是其特点。所谓“科学性”，是指体现人类学民族学学科的基本原理与方法；所谓“纪实性”，是在实地于事物场景的自然状态与流程中进行拍摄，它是学科摄影的生命力，随着时间的流逝和景物的变迁，纪实性照片会愈发地显示出其自身历史的与文化的价值，它们具有很高的认识上的意义；所谓“形象性”，即指摄影是一种视觉形象的记录或创作，其本身就是事物形象之再现。我们知道，客观事物可谓千姿百态、千变万化，田野调查者的拍摄任务，主要在于记录民族或族群的社会与文化当中具有一定代表性或典型性的事物，抓住其特征，用心地予以拍摄和反映。一个民族或族群的社会文化特征，多是由其内容决定的，如果不深入了解民族事物的内在情形和道理，仅仅是注意其外在的形式特点，这显然是表面的、肤浅的，不可能真正地反映和揭示出事物的特点及其内部结构的关系。比方说，民族的传统服饰确实是民族文化的一大特征，是民族支系和族群的一种标志，如果只是局限于或依赖于服饰这一外在的特征，那就把问题简单化了。我们反对对民族文化作形而上的观察研究。实际上，民族的服饰是一种历史的传统，有着丰富的文化内涵，它同地理条件、生态环境、生活方式、社会变迁、审美观念以及宗教观念与信仰活动等状况密切相关的，田野摄影就是要形象地揭示出这类关系，把这些关系生动地呈现在众人的面前。再者，有些民族服饰有着比较复杂的制作过程与穿戴的方式方法，作为一种传统的知识，就需要作出详细的了解和介绍。倘若都不清楚也不顾及这些民族的历史与文化，那么我们将怎样理解、找寻和反映民族文化的特点呢？在这种情况下表现出来的所谓的民族“特点”又有什么实际的意义呢？我曾经见到过一张来自田野的照片，我觉得它较好地表现了生活在西藏东南部山地上从事游耕和狩猎的僜人的民族服饰。一个成年男子上身穿着粗毛织品短衣，下身着短裤，头戴兽皮帽，赤脚。僜人的这种传统装束看起来令人颇觉奇特，但是这张照片引人注目的是他的身后远处是一片雪山，山腰以下的谷地森林葱郁，近处是一棵芭蕉树，这就集中地反映出在低纬度高海拔山谷地带立体气候的条件下，人们的穿着同自然界保持着一种适应的关系，使我们直观地了解僜人的传统着装为什么会是这样的。再举一例，就是服饰同社会环境的关系。中国半殖民地半封建社会持续了一个世纪之久，其间，城镇中的男性知识阶层、官员和商人等的服饰，趋向于一种标准化样式。他们在一些比较正规的场合里都着大襟长衫，俗称“袍子”，外穿对襟马褂，头戴西式毛呢礼帽，脚踏尖头皮鞋，有时手里还拿着根手杖，俗称“文明棍”。这种时尚装束，在当年不少成年男子的身上得到了表现，比较明显地反映出旧时东西方文化的结合。服饰应放在一定的自然的社会的场景中来反映，方能表现出文化或时代的某些特征，说明某些问题。

田野摄影通常有动态与静态两种拍摄的方式，前者常用于人们的活动，后者多属于物件的拍摄。作为纪实的田野摄影，应该充分注意动态的拍摄，在活动着的人群里捕捉有意义的或精彩的瞬间，把人们的行为自然而真实地记录下来。静物摄影，须具有比较明确的空间概念，有些应标明其大小尺寸，或是在主体物旁边放置一个人们熟悉的物件作为一种参照；或者用照片本身来反映和交代器物如何制作如何使用等。不管是哪种拍摄方式，都要注意画面的背景内容，即不要孤立地反映一个事物，要尽可能地展现出被拍摄对象同周围事物的关系，让一张照片多提供一些事物的信息。特别需要指出的是，拍摄中力戒人为的干预和摆布。B. 马林诺斯基称那种为了拍照而摆好姿势的热情是没有价值的，是赝品，是一种虚伪的欺骗。至于拍摄中的构图和用光，这是项专门的学问，此处从略。另外，洗印出来的底片和照片资料，二者宜采用统一的编号，分别加以妥善保存，避免散失。

运用电影与录像的手段参与田野记录，是社会文化人类学调查研究方法的一个重大的发展。现今，人类学电影已经发展成为一门具有一定理论方法的人类学的分支学科，国内译之为“影视人类学”或“视觉人类学”（visaul anthropology），摄制成的影像作品有称“民族志电影”（ethnographic film），也有统称为“人类学电影”（anthropological film），它们都是经过充分的田野调查之后进行拍摄的。如今世界上有许多人类学、民族学家携带着轻便的摄像机在田野中作业，拍摄了大量的资料，编制成不少的比较经典的影视片，积累了众多的影视资料和实践经验，为学科的教学与研究以及文化传播做出了很大的贡献。现在国际上建有“国际影视人类学会”（CVA），定期出版该学会的通讯刊物，几乎每年都有许多国家举行人类学影展、讲座等学术交流活动，推动着影视人类学的发展。

民族志影片的拍摄，如果从 20 世纪 20 年代初美国的弗拉哈蒂（R. Flaherty 1884—1951）在加拿大哈德逊湾东海岸实地摄制了一部生动地记述因纽特人（Inuit）一个猎民家庭的风雪生涯《北方的纳努克》的黑白默片算起，迄今已有九十年的历史了。但就其理论方法而言，影视人类学还是处于发展中的一门学科，尚不及纪录片这一片种成熟。我国的民族志电影起步于1957年，当时称为“少数民族社会历史科学记录影片”。那个时期，全国正在进行大规模的少数民族史志调查编写工作，电影作为一种记录手段，首次被引进田野调查活动中，从而开启了我国影视人类学的研究。至20世纪70年代末，在政府机构的统一领导下，民族研究者与电影工作者共同合作，于田野拍摄了二十三部早期民族志影片。80年代以来，许多学术机构与团体以及个人先后摄制了不少具有人类学性质和民族志的影视片，这些影视片的题材有大有小，皆不同程度地反映出中国各地区、各族群的社会生活与民族文化的面貌，这对于认识中国、认识当今社会和认识各个民族很有意义。这项工作虽然已经有了半个多世纪的历史，然在学术研究方面的进展却比较缓慢。

人类学或民族志影视片的摄制，是田野作业的产物，有其自身的特点。就现场的拍摄而言，学科的科学性应是主导，真实性是它的摄制原则，它对纪实性和准确性的要求与纪录片几乎无异。因为影视片是一种视觉形象的艺术，故同样要遵守电影语言和电影制作的艺术规律，需要一定的艺术构思和想象力，为的是较好地表达对于学科内容的阐释。这里同样存在着摄制者个人的创作风格问题，但是，须把握好艺术表现的尺度，不应脱离科学性与民族性的原则。

人类学和民族志影视片需要一定的作为画外音的解说词或字幕。有些影视片的制作者反对用解说词，认为这种影视片的解说词容易给观众造成一种摄制者先入为主或自以为是的主观或误导，所以在有些人类学或民族志影视片里没有一句解说词。我认为，这类影视片有没有解说词不一定是最主要的，关键在于观众能否看懂能否理解其中所要表现的内容。对于大多数观众来说，如果这类影视片所表现的是属于比较陌生的异文化的事物，那么，为了让大多数观众能够看懂和理解其中的内容，解说词的运用可能是必要的。我觉得任何一种作品，只有让大多数人看得懂，能够理解，进而产生共鸣，才能体现出它们自身的价值。

田野作业中的绘图往往是用于特定事物的特定部分，为了对事物内在的结构进行剖析或透视，例如房舍等建筑物的基础结构、墙体的连接、屋顶或梁柱的架构方式、某些特有的生产工具和生活用品以及居民的居住分布状况等等。一般宜用“白描”方式以流畅的黑色线条准确清晰地勾画之，但要标明各部分的尺寸和村寨建筑物的坐标方向；一些示意图的大小倍数也要做出交代；略去无关紧要部分，突出主体物。

五、田野报告

田野报告是一种通过调查研究写成的“文本”（text），用文字、表格和图片以及参考文献与注释等来表现田野调查中获得的主要事实或研究成果，也有专门采用一部影视纪录片作为田野报告的。围绕田野报告的撰写，有一些需要注意的工作，现在让我们分别作些讨论。

（一）资料整理

在田野调查的后期，就应该着手考虑进行。这是一项颇为细致的工作。田野资料的整理首先要注意其科学性和规范性。我们在结束田野工作离开调查地区之前，须安排一定的时间，对已经取得的各类资料进行初步汇总，全面地加以审阅，检查资料是否完整，有否缺失，有否需要进一步核实的问题等。如果发现问题，应尽可能在当地解决。要知道，一旦离开调查地点，今后何时能够重返此地，是个没有多大把握的问题，这就是为什么要在田野调查的后期就应该予以充分考虑的原因。我们切不可在结束田野工作时因为归心似箭而匆忙离去，忘记了这项重要的工作步骤。

对于某些资料的可靠性程度或存在较大问题的，应尽量就地作出判断，反复核实。对于一条比较重要的或关键性的材料，必须分别在不同的时间和场合中至少有三个以上的知情人的证实，方可基本成立。对于没有多大把握或者不能成立的资料，绝不轻易拉进资料的编排之中，这里边是没有那些似是而非的东西的位置的。对属于有一定价值的孤证性材料，觉得舍弃可惜，可用“附记”或“注释”一类的办法来处理，留着备忘。在整理资料的过程中，我们要十分尊重客观事实，将科学性置于第一位。

取舍资料时当然不应该只保留符合于调查研究者自己的某些观点或偏好某种理论框架的资料，不符合客观事实者则一律删除。整理资料是一项高度的理性工作，我们不应以个人的好恶偏见来处理资料，更不能感情用事。再者，对于某些人或事，如果当地人有不同的意见或截然相反的说法，而你认为双方都有一定的道理，可以同时收入报告，并加以说明。

在弄清各种事实并核实了各项材料的内容和数据后，我们应对全部资料进行消化，弄懂它们的意思或道理；在基本上掌握了各部分材料内在的联系以后，对它们进行比较细致的归纳分类，确定它们的布局和文字内容的逻辑联系以及在报告中的顺序位置；如果属于同一项资料，但它们可能在两个类别系统中都有其一定的位置，那就要具体地分析一下，将它放在最为贴近的那个类别系统中，或者将这一类别系统再细分成一两个层次，分别放在其子目类别系统里，也可注明这两个类别系统中的有关事象可互相参照，但须注意避免不必要的文字重复。

需要指出，人类学民族学的田野调查中对于异文化的记录、描述和阐释，实际上是一种文化的翻译工作，即从一种我们不熟悉的语言翻译成另一种我们比较熟知的语言，“也包括从一种象征系统转换到另一种与之极为不同的象征系统”（F. Bowie）。这之间的转换最容易走样，产生差错和失误，变成非牛非马的东西，这是我们在整理资料时需要特别用心思加以注意的。

（二）撰写报告

撰写田野报告是一件非常细致的案头工作，需要参阅有关文献著作和资料，了解他人在这类问题上的论述，避免或减少闭门造车之虞，同时在理论观点方面要做些必要的充实，这就需要具备多种学科的知识。“田野场景的复杂性要求调查员打通学理壁垒，了解多种理论方法，不仅有民族学各派别的，而且要顾及相关学科的”①。甚至包括不相关的学科。田野报告一般由三个部分组成，一是对客观事实的文字记录与描述；二是对有关

① ［英］克里斯多夫·冯·菲尤勒－海门道夫：《在印度部落中生活——一位人类学家的自传》，何国强译，香港国际炎黄文化出版社 2009 年版，第 14 页。

理论方法的探讨；三是图片、图表及统计表格等资料的安排处理。

整理、编辑资料和撰写报告是一个逐步认识与提炼的过程，文字的整理加工和撰写应尽力保持材料原有的形貌和新鲜生动感，不能走样，下笔用语多加推敲斟酌，不可失真失实，更不可轻易使用一些自己并未完全明了的概念术语。文章中经常习惯于堆砌许多名词术语，好像是能够提高文章的品位，实际上是适得其反。在撰写田野报告的过程中，我们还必须注意警惕和防止一种危险的倾向，即是在写作当中不自觉地、一步步地偏离了事物原来的面貌及其含义，一点一滴地渗进了作者脱离客观事实的主观臆想或猜测，这会导致报告的科学性和准确性大受其损，甚至使报告毁于一旦。

报告的分类、布局以及体例要合理，结构严谨，资料翔实可信，叙述层次要清楚，简繁有致，说理透彻，尤其不要啰嗦重复。整个报告要做到“言之有据，论之有理”。此外，报告中前后多次出现的专门术语或名称（人名、地名、物称等），其寻字记音要准确一致，不要让人读了误认为是两码事；报告中凡是涉及具体的人，须注意保护个人的隐私权，必要时可考虑用化名。客观记述和作者自己的分析议论要区分清楚，自己的资料和利用别人的材料也必须要分清和注明出处；各部分的结语要尽可能地客观，并留有余地；报告如果是多人撰写，应有分工，涉及共同的问题或结论时，事先的讨论定要充分，但不必强求一致，附上不同的意见也是需要的；对于一些带有关键性或结论性的问题须慎重，应考虑事先征询当地群众干部的意见，不可轻易地自作主张。

根据多数田野报告的写法，一个比较正规的报告大体上应包括如下的几个部分：

（1）提要（Abstract）、关键词，以数十字或百字为宜。

（2）前言，说明选题的理由和该选题的学术价值和现实意义；与选题有关的文献要做梳理，对于所列出的论著逐一作出评述，不可只限于罗列论著的目录；田野调查研究的实际过程以及存在的问题；报告全文的内容结构介绍；所使用的理论方法等。

（3）正文，按章节逐一论述。注意有“章”必有“节”，无“节”不成“章”，章节的布局要合理；行文之中要注意利用“注释”，注释工作应力求规范，这是对作者的尊重，更是一种负责任的态度。

（4）结语或问题讨论，结语应简明扼要，不可啰嗦重复；问题讨论属于探索性的，实事求是地指出本文之不足处或者没有解决的或没有什么把握的问题。

（5）后记，附上需要致谢的单位与个人，必要时可适当介绍主要报告人或资料提供者的一些情况等。

（6）按类别详列本文主要的中外文参考文献目录，它既能反映出作者调查研究中涉及的问题和专业范畴，也能为读者提供多种学术信息与研究线索。

（7）采用的照片、绘图及表格的编排处理等。

（三）几个问题

人类学民族学的田野调查研究应该有一定的理论方法作为指导，而田野报告则更需有一定的理论方法作为统帅和组织各项材料的框架。在田野报告中，我们记述了许多的事实，但这些事实说明了什么问题，这就需要运用某些理论来看待和分析它们，从中引出我们的理论观点或假设来。在这里，理论往往是一种假设。然而，人类学民族学的理论常常是经过长期的田野调查从现实生活各个方面、各个层次上表现出来的事实，逐步加以提炼、蒸馏和归纳，形成一套关于人类社会及其文化的行为法则，这是一个不断深化认识的过程，是将客观事物进行抽象化、理论化的概括的过程，往往需要一段较长的时间。一种观点、一种理论或一个模式，总是经过对各类资料及其相互关系的周密研究以后而逐渐形成的，其中经常要运用归纳或概括的方法。我们知道，归纳和概括主要是考虑到客观事物及其运动的共同性特点，但是也不能忽略或无视某些事物在特定条件下的特殊情况，实因世间有不少事物是有其特殊性的，我们不应将事物的特殊性的一面轻易地给概括归纳掉了。A. R. 拉德克利夫－布朗的“比较社会学”十分强调研究中的归纳方法，认为理论研究应该同实地考察相互结合，建立起一种密切的关系。其程序：将田野作业获得的材料在案头整理加工时，提出初步的结论或理论设想，然后拿到田野中去核证，他称这个过程是归纳法的一个基本阶段。他说，以往西方老一辈的人类学家总喜欢坐在房间里夸夸其谈或想入非非，很少亲自做田野调查，他们赖以建立理论的材料，不是来自他人的书本，就是取自于未经过观察训练者的并非可靠的描述，这种情况经常造成了理论与实际的分离，他们的理论更经受不住实地观察的检验或证实。他说，未经充分证实的在“假设基础上建立的假说，这种结构是很脆弱的”。认为事实必须是科学观察的结果，而理论的假设必须能够正确解释这些事实，并能接受更深入、更广泛的田野工作的检验，进而能够解释普遍存在的同类现象。他还强调理论研究的结论必须具有实用的价值，有助于解决当地社群的实际问题。①

关于概念和术语的使用，应做到规范化，有些名词术语需要交代它们的含义或出处，杜绝使用那些似是而非、含混不清的概念术语，更不要随意杜撰出生僻的令人费解或产生歧义的名词和术语。用一大堆名词术语堆砌起来的报告或文章，同所举的事实似乎没有什么关系，让人读后往往不知其所云，我们应该清除这种叫人头痛的作假文风。

报告的文字务须简明顺达，尤其是描述部分，力避重复，要学会用较少较短的字句来表达比较复杂的内容与信息。B. 马林诺斯基说：“在人类学中，生活的基本事实必须用科学的语言简明而充分地表达。”②

田野报告和论文应注意用心做好“注释”工作。学术性著述少不了运用注释来表述作者的研究与见解，它是学术研究的有机组成部分。其中通常是用以标注引文和文献的出处、名词术语的解释和有关学术信息等。注释多数置于文中每页下方的“脚注”处，或者编码集中放在文末，也有放在正文之中的。不管如何处置，注释的文字表述，往往体现了作者的学识水平、学术态度和学风。我们认为，注释必须做到规范化，提倡实事求是的“实注”，力避“错注”或“误注”，反对“伪注”。

比如，注释引文的出处，其项目定要齐全、详尽，包括作者或编者、译者，书名或题名（有时须附上副标题），出版社，报刊名称、出版日期和期号或版本，以及引文于出版物上的起止页码等。要提供出比较完整和

① ［英］A. R. 拉德克利夫－布朗：《社会人类学方法》，夏建中译，山东人民出版社1988年版，第19、5页。

② ［英］B. 马林诺斯基：《野蛮人的性生活》第1版序言，刘文远等译，团结出版社1991年版，第6页。

准确的信息，便于读者查对了解。但是有些人嫌麻烦，注释的项目不全，有的自作主张，只注明著作者和书题名，其他的一概都省略了，这让人无从查核。这种注释的随意性等于不注，极不规范，此类现象最是普遍。“错注”或“误注”，主要出于疏漏与懒惰，缺乏责任心，没有仔细查对原文，凭记忆或印象，以及因一些技术性的失误而造成的错误。“伪注”有的时候同“错注”之间的界限似乎不很清楚，而被一些人钻了空子。但是，作为“伪注”有如下的情形应是清楚的，一是从别人的文中转引来的材料转引者不注明转引自何人何文何页，而是注明该条材料的原始出处，这种现象在网络上甚为普遍；二是抄录别人的注释，图省事，既不查阅原文更乏核校，倘若别人弄错了，自己也跟着错，竟然不知，贻害读者；三是作者自己没有读过原文，特别是外文或非自己熟悉的专业著述，为了拔高自己文章的档次，心存侥幸，在注释上玩些花样，硬加上这样的注释。有的不惜捏造文献资料作伪，有的将他人的文字改头换面窃为已有，不加任何说明等，这显然是一种不老实的弄虚作假的行为，这些情况在现今浮躁、虚美的不良社会风气熏染下并不少见，成为学术腐败的一种表现。

“文章中的注释，如同科学论文中的数据一样，是不能作假的。”① “学术论文的注释规范，是一个涉及学术论文基本规范的重要问题，它不仅与学术论文的科学撰述有关，而且与学术成果的发表和评价机制有关，也与人才培养、学术伦理和学风建设有直接关联。”② 可见学术论著的注释是否规范，不是一个单纯的技术性问题，更多的是涉及作者的学风、操守和学术品德。

最后，有必要将撰写好了的田野报告之副本交给有关地方政府部门，听取他们的意见，其中有关资料或结论性意见，可供他们在工作中参考利用，这是田野报告应用价值之所在。

（1987 年稿，2011 年修订，原载云南省文史研究馆《云南文史》2013 年第 3 期）

① 林豖：《学术论文的伪注问题》，《博览群书》2003 年第 1 期，第 17 页。

② 《博览群书》编者：《学术论文注释规范讨论》，《博览群书》2003 年第 1 期，第 16 页。

人类学田野作业的参与观察法

田野作业是社会文化人类学和民族学研究的基础，更是这些学科研究的前提条件，应是每一个研究者必须具备的经验。被认为开拓丛林调查研究先驱者之一的马林诺斯基（B. Malinowski，1884—1942）说过："除非你与异文化部落的人们唇齿相依地住在一起，并能很流利地说他们的语言，否则你就不能称为专业的人类学家。"①

田野作业是一项于实地观察和搜集资料的重要活动，这项活动涵盖的社会生活面很广，面对的族群文化类型也很复杂，它不仅涉及调查研究者同被调查研究者双方的主观世界与客观世界彼此接触相互作用，也涉及调查研究者自身在思想观念和心理上对于不同文化的认识及适应的过程，所以人类学的田野作业比较充分地显示了这门学科的方法论的意义。田野作业要求观察必须深入、系统，记录的资料必须准确、可靠，力避盲目性和随意性，力求将整个调查研究活动建立在尽可能严谨的科学操作的基础之上，经得起客观事实的检验。

当代文化人类学或民族学的田野作业，主要是对于文化全貌性或整体性的考察，即是对各类社会当中人们行为与活动方式的全面而直接的观察，深入了解在人们的心目中那些起着一定支配作用的思想观念和情绪，通过系列的分析、比较、综合与归纳，概括出一套有关人类行为与观念的通则，求得科学地解释人们行为与社会活动的方式，这是学科现今发展的主要特点或趋势，是其他学科难以全然取代的。

① 引自［英］Ioan M. Lewis：《社会人类学导论》，黄宣卫等译，台湾五南图书出版公司1985年版，第48页。

一

早在人类学和民族学形成的初期，田野作业并未引起足够的重视。19世纪的后半期，西方大多数的人类学家民族学家在“进化论”思潮的影响下，都在致力于重建整个人类文化史的理论综合，探索文化进化的通则规律（乔健）。他们很重视和强调文化中的共性，但对于文化的个性特征就显得不是那么重要了，所以也就不太可能充分认识到自己的研究同亲自做实地调查之间的关系的重要性和必要性。著名的英国人类学家、《金枝》（The Golden Bough）的作者弗雷泽（J. G. Frazer，1854—1941），有人曾经问他是否想到一些部族地区去看一看，他总是耸肩摇头地说：“对不起，绝对不想去!”或者，问他是否在那样的社会里生活过，他却正色回答：“上帝不允许这样的啊!”那时虽然有一些学者去到海外殖民地旅行，也仅仅是在当地土著居住地的外围绕着走，一般是不轻易进入村庄的，他们视自己是同这个社会无关的局外人，甚至认为那不是绅士们应该去的地方；也有的坐在总督府花园的凉台上，一边喝着咖啡一边叫几个土人前来问问，如此而已。这些人虽能来到土著地区，却往往抱着文化上的自我优越感，以一种居高临下的态度来看待这些殖民地的民族和文化。19世纪有不少西方学者使用的田野材料，多是属于没有经过专门训练的业余人士写出的纪行报道，这些资料常带有许多偶然性和文化偏见。

19世纪末到20世纪初期，人类学、民族学的趋向开始移至特定地区专项民族志的实地考察和全面细致的描述。1898—1899年英国人类学家哈顿（A. C. Haddon，1855—1940）率领的托雷斯海峡（Torres Straits）的探险调查，是人类学田野调查的一个里程碑；美国人类学家鲍亚士（F. Boas，1858—1942）于1882—1894年先后对北美洲的爱斯基摩人和印第安人做了一系列的田野调查。20世纪初期，功能学派的创建人之一B. 马林诺斯基在人类学民族学的田野调查中建立了一套“严密而费力”的实地观察作业标准，即“参与观察”（Participant Observation）的方法。这个方法的创立，可以说是在必然中出现的偶然的机遇里产生的。马氏原在德国莱比锡攻习数理，后在一次住院治疗期间读到了 J. 弗雷泽的名著《金枝》等，从而对于人类学产生了极大的兴趣，进而改变了他的志向。1910 年他在英国伦敦政经学院攻读人类学研究生课程，受业于赛里格曼（C. G. Seligman）。一战前夕，他曾到澳大利亚参加大英国协的一个会议，并担任人类学部门的秘书职务，1914 年，他在获得博士学位和讲师职位时，参加一个考察团赴澳洲的新几内亚调查。时值一战爆发，因为他是波兰人，当时他被视为敌对国奥地利国民而被拘禁，无法返回欧洲。所幸澳洲当局对他采取了开明的做法，允许他在靠近新几内亚东南部的麦鲁岛（Maru Island）做了半年的田野调查，之后，他又去距新几内亚东北约 100 英里的卓布兰群岛（Trobriand Islands），做了不到两年的连续调查。这期间，他搭了帐篷居住在岛民中间，学会了当地的语言，直接参与他们的各种活动，观察他们每天的生活，并按照当地人的方式来看待他们的社会和文化，这给田野作业带来了全新的意义。后来他回到英国，撰写了一系列的著作，在伦敦政经学院开设了社会人类学的课程，系统地讲授他的功能理论和田野调查方法，为人类学民族学田野作业建立了参与观察的理论和方法。B. 马林诺斯基对于人类学民族学具有重大的学术贡献，一般被视为当代人类学的起点。

二

参与观察是当代人类学、民族学田野作业运用较为普遍的调查方法。它要求调查研究者深入实地和现场，全身心地投入到社群生活和文化的具体环境当中，长期或定期地住下来，和当地人共同生活，参加他们的各种活动，学会他们的语言，在情感上融成一片，以便从这个社会的内部观察体验人们的行为及其方式，从整体上了解该社会和文化的现状。按照我们的说法，类似于蹲点调查，和群众同吃、同住、同劳动，在这一过程中了解情况和发现问题。实行这种调查方法的人，学界称之为“渗入当地生活的观察者”。

参与观察法作为一种田野作业的科学方法，它是对以往那种忽视实地调查和对资料应用中的主观随意性或猜测性的批判。B. 马林诺斯基在20年代中期时说："人类学的实地工作，我们显然是在要求一个新的方法来搜集事实。……一切的知识都是要因亲眼观察土人生活而得来丰满，不要由着不甚情愿的报告人而挤一点一滴的谈话。"他还提醒说，并非所有来自实地调查的资料都是"头手货"，有时也可能是"二手货"①。马氏以自己在卓布兰岛的调查为例，叙述了他是如何开展参与观察的："我在奥马拉卡那的乞罗勃列安特岛站稳脚跟之后不久，就开始参与到村民们的生活当中。……我终于学会了怎样行动和表现，甚至在某种程度上，对于土著好的或不良的风气都产生了'感情'。这样，随着我得以参与进他们的群体，得以同他们一起娱戏取乐，我终于逐渐感觉到现在确实已真正触摸到了土著。而只有这，才是开展田野作业必备的初始条件。"② 马氏于此提出了田野作业中的一个基本原则：作为一个外来人的调查者，在同当地人还很陌生的情况下，彼此还没有建立起必要的联系之前，是不宜立即开展正式的调查工作的，大家都需要有一个相互了解、熟悉以及建立情感的过程。我认为这是参与观察法的一个特点。我还认为，参与观察法的主要特点在于参与观察者同当地群体的相互作用之关系。调查研究者对于被调查研究者持以平等的、相互理解和相互信任的态度，这是双方建立作业合作关系的基础。田野作业者要学会用当地人的观点来观察和分析他们社会与文化中的事物，不要总是习惯以自身的文化价值观来衡量甚或强加在被观察研究者的身上，否则，你是不可能真正了解到这个群体的社会与文化为什么一直延续至今仍然具有其生命力，继续发挥着它的一定的作用的。在这样的基础上，才有可能缩短和消除双方因社会、文化条件及历史背景之不同而造成的距离与隔阂，增进彼此的情感，以便于长期深入到社会生活的各个方面或各个层面来进行细致的观察了解，获取资料。参与观察的主要特点还在于能够获得一般人所难以得到的有意义的田野资料。田野作业者直接接触和参与了另一种文化的行为，有了对于另一种文化行为的经历

① ［英］B. 马林诺斯基：《巫术科学宗教与神话》，李安宅译，商务印书馆1936年版，第184－185页。

② ［美］F. 普洛格等：《文化人类学》1980年第2版，引自朱健译《田野作业——文化人类学的方法论》，《民间文艺季刊》1987年第2期，第260－261页。

和经验，其观察到的事项大都是比较真实、自然的，不是当地人装样子的表演，也不是善于言辞者的编造或串骗，这要比起那些“完全依赖问答方法行色仓促的田野研究者”能够获得更为详细、更为准确的实际资料，克服口头资料提供者的主观局限性。由于调查者参与了当地人的各种活动，发挥了连续直接观察的作用，这就对人们每天或经常重复的活动，常被他们视为没有什么意义或更无争议的事情，或者是难以牢记的活动细节等，一旦被调查者所目睹，他们往往会敏锐地发现其中隐藏着的某种意义，这在平素的一般交谈中是难以发现的，这正是研究者希冀捕捉到的能够启发思维的灵感。B. 马林诺斯基十分强调调查者应该充分发挥观察的功能，不能仅仅局限于一问一答式的谈话，他说：“民族学家如果要从事过细的实地调查工作，那他就应该依靠自己的观察，而不是土著合作者的讲述。”①

我国老一代社会学家和民族学家吴泽霖认为，参与观察法能够“在一个远较广泛的基础上进行观察、采集和整理他所需要知道的一切，充裕的时间给了他有利的条件，使他能在逐步提高认识的过程中，得以随时不断地核正、修改或补充他所逐步积累的资料。有了这样的广度和深度的理解基础，他才能最后把他对一个民族或一个地区的总的认识作一条线，把所有收集到的资料汇集起来，有选择的贯穿成为一个有机联系的整体，使人读了之后能够对一个民族或地区获得一个活生生的整体形象，而不仅仅是一些支离破碎、枯燥罗列的资料堆。”②

参与观察法多半适用于局部地域内较小社区的作业，特别适于微观型的调查，比较难以在大规模范围里同时进行，所以有的时候，参与观察所获得的“点”上的材料，还须通过“面”上的宏观资料来做比较，才趋于全面。再及，由于观察者的参与，客观上会造成某种程度影响到被观察者的正常活动，一般这是难以作出比较准确的估计的。至于调查者参与的

① ［英］B. 马林诺斯基：《野蛮人的性生活》，刘文远等译，团结出版社 1991 年版，第 203 页。

② 克里斯托夫·冯·菲尤勒－海门道夫：《阿帕塔尼人和他们的邻族：喜马拉雅山东部的一个原始社会》一书“译者的话”，吴泽霖译，中国社会科学院民族研究所 1980 年，第 1－2 页。

范围和程度的问题，也是值得研究的。因为总是有某些活动当地人禁忌外人介入，有的是禁止妇女参加，对此，作为一个外来的调查研究者应该尊重当地的习俗或规定，强行参与效果不好。关于明显的陋俗之类，调查研究者更不应有行为上的介入。法国人类学家列维－斯特劳斯（Claude Levi-Strauss 1908—2009）于20世纪30年代在巴西中部南比夸拉印第安人中做田野时，发现这个过着半迁徙生活的民族对毒药有着非常高明的知识和技术。据他讲，曾经有个被当地人憎恶的土人，经常来和他一同进餐，一天，几个土著带着毒药到他的住处，让他把毒药混进食物毒死那人，但是他把这一危险告诉了那个人，劝他逃走躲藏，才避免了一起不幸的事件。①我觉得田野作业者在运用参与观察法的时候，其参与和介入的程度，须视实际情况而定，一个最基本的原则是我们的参与活动不应当给当地群众造成任何的伤害。

西方人类学家曾经有过一种意见，认为由于人类学家进入落后的或者原始民族地区作业，有可能使该族群的社会、文化受到外来文化方式的介入或干预，失去了其原有的所谓“纯净状态”。在运用参与观察法的早期，出现过一种极端的做法，即是让调查者完全扮成当地群体中的一员，参加他们的生活，不暴露自己的身份和调查研究任务，采用密探的技巧搜集资料，据说其中也有成功的。② 这一方法也有应用在社会学上的。在美国，就有社会学家装扮成流浪者，日夜混迹于城市街头流浪失业者的行列中，用这种方法掩饰自己的调查研究动机，消除观察对象的戒备心理，获得了不少的极其宝贵的资料，撰写出十分真实而生动的报告。事实上，这种密探式的参与方法，只能用于特殊情况下的特殊任务，对于社会文化人类学和民族学来讲，在一般的情况下，是不宜提倡和采用的。

参与观察法还往往造就了人类学家和民族学家同被调查研究的民族群体的深厚情谊。中外不少老一辈的学者，通过比较长期而艰难的田野作业之后，不断地加深了对这些族群的了解和同情，取得了一种比较强烈的认

① ［法］列维－斯特劳斯：《民族学者的责任》，王恩庆摘译，《民族译丛》1979年第4期，第36页。

② 参阅 J. J. Hoder & E. C. Lindeman：Dynamic Social Research 1933；G. Duncan Mitchell ed.：A New Dictionary of the Social Science．，New York 1979.

知感。他们中间有一个因职业而形成的共同特点，那就是有意无意地把这些一起生活过的族群同自己紧密地联系在一起，成为这些民族的代言人或卫护者，时常自觉地站在维护这些民族合法权益的立场上，自感对他们负有道义上的义务和责任。

综上所述，参与观察法主要是针对文化的特性这类“软科学”而采用的一种田野作业的方法，是当今社会文化人类学和民族学训练专业人才的重要方法之一。社会文化人类学家和民族学家欲要了解掌握某种社会和文化的结构及其特点，他们必须融入这个社会群体之中，将自身当成一块生铁插入异文化炙热的熔炉之中，备受煎熬地去自觉适应它，以便发现和了解这个熔炉里的物质组成及其特征，如果只是站在这个熔炉的外边是不可能知晓熔炉内部的实际情形的。在这个意义上讲，参与观察的全过程，也就是我们对于社会和文化特性再认识的过程。只有取得了对异文化的比较真切的知识之后，也才能具备对于异文化作阐释性研究的资格。所以，参与观察的方法向来不轻松，它既费时又费力。

三

一个田野调查研究者在异文化的环境里作业，其身体、心理和情绪上往往会出现种种不适应的现象，这种被称为“文化震撼”（B. 马林诺斯基）的深刻感受，曾经是许多田野工作者共同的经历。因为自然环境、语言习俗和生活方式之不同而产生的对于异文化因素的种种困扰，常常会持续在整个田野作业的过程中，这就需要我们具备比较健全的心理机制，有适应不同文化环境的能力和吃苦耐劳的毅力，这是参与观察法所强调的一种基本修养。

田野作业中的文化心理因素经常影响或支配着调查研究者的作业行为。我国的民族学工作者由于种种的原因，迄今很少谈及这类问题，特别是在异文化困扰的情境里，如何跨越自我，和当地群众打成一片，开展和坚持田野作业，并保证观察记录的客观性与系统性，似乎还没有被列为一个专项的课题详加讨论。我想从国外的一些同行的有关记述中，择举数例，略加说明。

B. 马林诺斯基的田野日记是在他死后才被发现和出版的，日记当中清楚地表明了作为一个欧洲人，他在卓布兰岛上的一段时间里，曾经深深地为异文化环境和个人感情上的因素所困扰（B. Malinowski：A Diary in the Strict Sense of the Term .，Routledge & Kegan Paul，1967）。他的一个学生H. 鲍德马克尔于20世纪20年代末去到南太平洋美拉尼西亚的莱苏岛（Lesu Island）作业，她后来回忆说，在到达最初的半个月里，心里总感到不踏实，“我感觉到自己在世界的边缘，孤零零的。我害怕，甚至有点恐慌。……我不是害怕当地人，但我却有一种恐慌感，我反复地问自己，我为什么在这里?”她在莱苏岛上有自己的房舍居室，有当地的厨师为她做饭，平时的饮食有10多种，还有自己带来的罐头之类，但她仍觉得“在莱苏岛的生活中最单调的是吃的了”。由于远在海外僻壤，家人和朋友寄来的报刊，起码要在4个月后才能收到。这些报刊令她最感兴趣的是属于她的那个社会的文化——广告，“这些广告把我从莱苏的社会中拉出来。……我追忆那个我从不属于的社会，这使我产生了离开莱苏岛的强烈愿望。”①

一般地讲，在异文化的环境中作业，心灵上最主要的感受是孤独。作业者自小就受到母体文化的熏陶，已经习惯了这个文化塑就的生活方式，设若一旦远离了它，自身的不适应感就会变得十分的强烈。这是一种比较普遍的现象。如果我们在田野作业的初始阶段能够有意识地不断克服这种因文化的关系而造成的孤独、压抑、生活贫乏无味或难以忍受的心理障碍，就有可能减少这类文化上的困扰和不适应。

文化人类学家查格农（N. A. Chagnoon）1968年在南美洲扬诺马莫（Yanomamo）印第安人中间做田野调查时，曾经花了数月的时间来搜集了解当地人的姓氏宗谱。他只知道当地人称呼活人的姓名是一种不尊重的行为，但对于死者的姓名也有着严格的禁忌这一点却不知道，后来他才发现当地人向他提供的全部姓氏宗谱都是假的，他们“串骗”了他，他的全部

① ［美］尤金·N. 科恩等：《文化人类学基础》，李富强译，中国民间文艺出版社1987年版，第10－11、14－15页。

努力几乎白费了，只得咬紧牙关从头做起。① 20世纪70年代初，他仍在扬诺马莫人中间调查，其间遇到了这样一件事，当时村民们在一位巫师的主持下正举行驱逐病魔的宗教仪式，人们的情绪非常高昂，甚至达到难以控制的程度。有个头人的兄弟叫亚豪豪，是个喜欢自我表现勇猛而情绪易怒的人。他曾向查格农索要砍刀未能如愿，遂认为这个白人瞧不起他，十分愤怒，经常向查格农公开寻衅，查总是不予理睬地离开。这一次，亚豪豪当众激动万状地向查走来，朝他的胸部猛击一拳，这时查保持足够的理智思索着，应该作出怎样的反应才是恰当的。"我把笔记和铅笔丢在地上，模仿扬诺马莫人凶猛化身的动作跳跃，样子极其滑稽。不出我所料，在一边旁观的妇女和孩子全都咯咯笑了起来，人声沸腾。……暗笑之中，我回击他的胸脯。对这些旁观者来说，这是慢动作，是假打。但最后我加上点'英国式'，从他的惊讶表情，我看出有点作用，这足以向他说明：我不是像我的滑稽相那样能随便开玩笑的。"② 我觉得查格农在当时并不想当众损害亚豪豪的身份地位，表现出一个民族学家对于异文化反应的成熟态度，设若他对扬诺马莫人没有足够的了解，他是很难选择这种恰当的处理方式的。

R. L. 凯泽于20世纪60年代早期调查研究了一个在美国芝加哥黑人社区的团体维斯罗德人（the Vice Lord）。在这个属于都市人类学的作业中，他揭示出一个值得注意的问题。凯泽经过一番建立作业关系的努力进驻到黑人社区后，深感该社区生活中的暴力事件十分令人厌恶。"这些方面使我忧烦、不快。虽然我明智地感到，我的价值观不可能是优越的"，"作为一个人类学家，最重要的是要不以自己的价值观去衡量别人的行为，尽可能客观地描述、研究"，"但我还是不能阻止我的感情反应。这些反应常使我难以保持客观。……因此，我不是总能肯定我的感情反应是否影响了我所观察的事件。虽然我试图可能控制我的反应，但我还是不能肯定我成功

① ［美］F. 普洛格等：《文化人类学》，1980年第2版，引自朱健译《田野作业——文化人类学的方法论》，《民间文艺季刊》1987年第2期，第271页。

② ［美］N. A. 查格农：《研究扬诺马莫人》，纽约豪特、哈兰特与文斯顿出版社1974年版，引自［美］W. A. 哈维兰：《当代人类学》，王铭铭等译，上海人民出版社1987年版，第253－256页。

到什么程度。无疑，在我的观察中，不知不觉地有一些偏见掺入其间，可能我想观察的一些事情已经因为我的感情反应而以一种细微的方式被改变了。”①

凯泽提到的调查研究者在异文化环境中于情绪上和心理上的反应问题，不管这种反应如何，都有可能影响到他们对所参与观察的事物的客观程度。一个来自于自身母体文化环境中成长起来的田野作业者，其文化价值观经常会无形有形地渗入他的观察之中，影响了对于异文化正确的观察，或者造成并不确切的类比甚至是误解，或者得出并非实际存在的属于推测性质的行为与观念，或者将一些特殊情况当成普遍的现象等等。我们通常说的调查研究中的文化局限性或偏见，多是指这一类。在这方面，调查研究者的自我意识及自我控制是非常重要的。向更多的提供情况者交叉核查资料，以排除自身观察中的局限性是必要的。此外，一种属于经验的做法，即在评估调查研究报告的客观性时，需要考虑提供资料的报告人的有关性格因素，用以纠正因其某种观念或情绪或说话习惯等而造成的偏差。所以，田野作业者在异文化环境中作业，他们在心理上、行为上可能产生的情绪反应，这对于参与观察中的客观性或准确性究竟会产生哪些影响、影响的方式及影响的程度等，是一个颇值得注意研究的问题。

最后，我想谈一段自己在田野作业中难忘的经历。1982 年夏季，我在自然环境异常艰险的云南独龙河谷做田野调查，在一段很短暂的时间里，我的情绪经历了几个极大的起伏变换。一天，我们必须穿越过独龙河上只有一掌多宽又少有护栏的摇晃吊桥，去到河东的孔当村考察。我站立在桥头望着脚下汹涌湍急的河水，禁不住心悸目眩，双腿竟有些发颤。我感到没有把握独自过桥，同行者也劝我不要冒险。正在犹豫之中，有一个独龙人经过此地。向导（独龙族）问他能不能背我过桥，他望了望我说可以。他身材矮小，赤足。在他的示意下，我坐在他身后用绳索系住的木板上，这绳索套勒在他的头上，我从他的背后用双手紧抱住他的前胸，两腿夹在他身体的两侧。他试着起步了，用不熟练的汉话说：“坐好了，不要动。”

① ［美］尤金·N. 科恩等：《文化人类学基础》，李富强编译，中国民间文艺出版社 1987 年版，第 16、20 页。

开始缓步过桥。我的情绪始终是紧张的，快到河心，紧张的神经似乎要失去了控制，只见奔泻的急流好像将吊桥托起，逆水斜飘了起来，我的上身随之也倾斜了，觉得快要抱不住他了，心里害怕至极。这时，他低着头继续往前走，却轻声地说：“不要怕，就到了。”这句话，于我立即产生一种异乎寻常的信念和力量，我确信，他定能平安地把我背到对岸，马上平静下来，慢慢地扶正身体，终于安然到达彼岸。我重重地嘘了口气，从他的背上下来，紧握住他的粗糙的双手，连声道谢。在我目送他返去时，看见向导头上扣着个沿途用来捕鱼的一米多长的竹篾鱼篓，罩住了他的整个头脸，腾出的双手扶着吊桥两侧稀疏的铁索护栏朝我们走来，那样子是很滑稽的。待到他上了岸，我迎上去，不由得向他开了个玩笑：“瞧你这样子像是个没头没脸的‘几卜郎’！”然而他不理会我，径直走去，我不知道他为什么突然不快起来。我们一前一后沉默地走着。我快行了几步，从他的手中接过鱼篓，并递给他一支香烟。他吸了几口后对我讲：“我们独龙人在山里走路，最忌讳提到鬼的名字，特别是崖鬼‘几卜郎’，这会在无意中触犯了它们，招来灾祸的。”我马上意识到自己因一时的高兴忘乎所以而失言，感到内疚起来。“啊，前面不远就是孔当了！你看见了吗?”他指点着，对我又泛出了平素的微笑，我感到了慰藉。这是在大约不到半小时的行程中，我的内心连续经受了一系列的紧张、害怕、欢快、疑惑、内疚和慰藉这几种完全不同的情绪的急速转换。于此，我有个体会，在异文化环境中作业，经常有可能遇到一些始料不及的情况，往往会造成我们心态和情绪上的失衡，而及时地进行自我调适是非常重要的。

上面所举的事例给我们的启示是：田野作业者在异文化环境中进行参与性观察的作业，如果没有足够的心理准备和心理承受的应变能力的训练，他的田野工作就难以取得进展，有时甚至不能坚持下去。

（原载《云南民族学院学报》1994 年第 1 期）

文化人类学田野作业若干问题研究

田野作业是一项复杂的文化认知活动。文化人类学田野作业的重要任务或特点是对于文化和文化多样性的认知（cultural cognition），文化的认知活动需要进入到一定文化的具体环境中进行，以求得一种对文化的理解和认识。作业者一旦到达作业现场，就得要介入到当地实际生活的流程中去，必然要和当地的人发生种种现实的联系。田野作业中广度与深度的状况，主要取决于作业者深入到当地社群生活的程度，即在许多方面取决于同当地人建立起来的实际关系，这是田野作业认知活动所必需的。所以，田野作业者的调查研究工作必须有意识地参与到当地人的有关活动中，绝对不可以将自己置身于社群生活的关系之外，这是田野作业中对文化认知很重要的一条实践的理念。

根据我在田野作业中对文化认知的看法，我界定“田野作业”（field work）一词的含意不仅包括了以观察、访谈和记录、描述为主要方式的“田野调查”（field investigation），这主要侧重于对客观世界的认知而言，而且还应该包含调查研究者参与当地生活的全部活动与过程，这主要侧重于对主观世界的认知而言，其中既包括他们生活在田野这个特定环境中所产生的看法、行为、感受和适应等认知，也包括作业者必要的角色转换和重塑，还包括不同文化的交流与互动等情况，比如语言和生活习惯上的互动等，这都是同田野的认知活动密切关联的，这些内容应是包含在“田野作业”这一术语的概念之中，而不一定就能完全体现在“田野调查”的概念里，这是需要首先予以说明的。

文化人类学主要是对文化的观察和研究。“文化”是该学科基础的、核心的概念。人类学关于文化的概念有着长久而复杂的历史，由于各家对于文化的概念理解不一，定位不同，形成了对“文化”一词的多种解释，这和人类学的理论分野及学派形成不无关系。文化人类学的田野作业，需要调动我们全部的感官功能：视觉、听觉、嗅觉、味觉和触觉，其中观察是其首要的任务，它是文化认知的源泉和基础。因此，充分地发挥作业者的田野观察功能，培养我们敏锐的观察能力是非常重要的，而敏锐的观察力来自于我们平素对知识的积累和实践经验的获得，以及运用的程度。

文化人类学的田野作业多采用“参与观察”（participant observation）的方法，以适应对文化特性的观察研究之需要。其要点在于：田野作业者较长时期或定期地深入实地，同被观察研究的群体一起生活，尽可能地融入他们的社会生活当中，以平等的互相尊重、理解和信任的态度建立起双方良好的合作关系及互动关系，因为“平等才是一切认知的开始”（周重林）；力图学习运用当地人的语言，参与他们的活动。其间，自觉地跳出作业者固有的“母体文化”的囿范，采用一种内部的或主体的视角，有意识地运用当地人的观点与价值标准，即所谓“主位”（emic）观点，来了解看待他们的各种事物，以求不断地缩短或拉近彼此因社会历史和文化诸多背景与条件的不同而造成的距离、隔阂和误解。这种融入式的参与观察的过程，我称之为“进入”；当我们对于已经了解和掌握的事实予以分析归纳时，就需要运用学科提供的相关理论知识与方法来形成我们自己的见解，须采用一种外部的他者的视角，即所谓“客位”（etic）观点，进行论述和研究的过程，我称之为“出来”，以便更好地从整体上把握与分析材料，找出各种事项的内在联系。文化人类学对于文化的认知活动，要求将“主位”与“客位”的观点相联系，做到如费孝通先生说的“进得去，出得来”。参与观察法比起那些“行色仓促的田野研究者完全依赖问答方法”的调查，能够获得更为系统、更加准确的资料。“民族学家如果要从事过细的实地调查工作，那他就应当依靠自己的观察，而不是土著调查合作者的讲述。”① 至于作业者参与当地社群生活的程度，要视实际情况而定，一般地讲，当地的某些仪式性活动，如习惯上禁止或忌讳外间人介入，我们

① ［英］B. 马林诺斯基：《野蛮人的性生活》，刘文远等译，团结出版社1991年版，第203页。

应该尊重他们的习俗，强行参与效果不好；对于一些明显的陋俗之类，观察者不应有行为上的介入，这方面的参与尺度应予审慎掌握。

当代文化人类学对于文化的研究常是描述和阐释一种生活方式或文化模式，包括其中的观念、行为和规则或制度的意义与价值，这种研究具有“全貌性”（holistic）、“透视性”（perspective）和“解释性”（explanatory）的特点。所谓“全貌性”，是从被观察、被研究的文化的整体性出发，注重文化各部分的内在联系与互动关系，深入了解该文化所处的自然的、社会历史的环境或背景，它的物质方面的经济生产方式之结构，社会分工与分层中的组织与制度之结构，该地域族群的生活方式和文化习俗中的主要样式、价值观念、信仰活动与心理因素，以及该文化同外界其他文化的关系等；所谓“透视性”，是要求我们的观察与研究不能仅仅停留在人们局部的或个别行为活动样式的表层描述上，应力图深入到社区群体内部，从社会的内部观察他们的行为活动，探索了解其中某些起着一定支配作用的观念、意识或情绪，了解和剖析事物的内在联系，其内部结构之症状；所谓“解释性”，是对于所研究的事象通过类型的分析比较，进行科学的解释，而且十分注重采用该文化的持有者自己的观点与解释，这“在于尽可能以诚实的和负责任的方式解释他人的观点，并将这些观点与实践放在一个较广阔的理论框架中”。因为人类学家要面对许多不同的读者，不能仅仅限于自己学术圈子里的人。① 列维－斯特劳斯（C. Levi－Strauss）说：“一个情境的真相并不能在日常的观察中看到，而是要在一种有耐心的、一步一步慢慢来的蒸馏过程中去寻找。”这样的调查，“应该不是单纯地走过很多表面上的距离，而应该是一种深入的研究”②。

文化人类学的田野作业是一项知识涵盖面很广的工程。我们所面对的是人类复杂多样的社会文化生活各个层面上的事物，不仅需要多种学科的知识，还要有实际生活的经验；不仅需要敏锐的观察力和准确的描述，还要具备克服异文化（others cultures）困扰的耐心和毅力，从这个意义上

① ［英］F. Bowie：《宗教人类学导论》，金泽等译，中国人民大学出版社 2006 年版，第 14 页。

② ［法］C. 列维－斯特劳斯：《忧郁的热带》，王志明译，生活·读者·新知三联书店 2000 年版，第 44 页。

讲，文化人类学家经过长期深入细致的观察研究，他们堪称是不同文化的传译者、诠释者和积极的沟通人，他们的研究，往往能够比较严谨地指出各类文化的特征、功能与价值，提供出和异文化的相处之道（李亦园，1984），促进不同文化与传统的各民族及地区间的了解与合作，不断地消除彼此间的误解与隔阂，缩短万千世界之间表现在文化上的时空距离，使全人类变得愈加宽容、亲近和融合，共同享有人类文化的丰硕成果，这是当代社会文化人类学的崇高的意向。这之中所有的知识和经验，几乎都是来自于人类学学者们毕生十分执着的更是异常艰辛的田野作业的认知活动，所以人类学的田野作业往往是作业者相当重视的一种人生的经历。

综上所述，对于文化人类学的田野作业，显然不应仅仅理解为一种纯粹的调查技巧，它已经形成了一套在田野生活和工作的理论与方法。我们必须改变那种对田野作业的纯技术性观点以及业已陈旧了的经验模式，它们已经完全不能适应和满足当代文化人类学发展的需要了。

一、观察研究中的客观性问题

我们在田野的观察中，往往会发现观察和记录之间有时不太可能是一致的。这之中的变量因素很多。主要在于客观事象进入人的主观世界时，势必要经由大脑思维的中介和过滤，差距由此产生。古人类学家利基（R. Leaky）说："我们头脑内部的世界……是由外部世界进入内部世界的信息流的性质以及内部世界加工信息的能力所形成的。在真实的外部世界和头脑感觉的内部世界之间存在着差别。"① 可见客观世界的事物多是通过人的主观反映表现出来的。我们在谈论客观性时，应该从这一事实出发。

田野作业中的客观性问题，主要表现在对于事实的观察、描述和理论阐释方面。以事实描述为主的民族志，作业者多是通过观察、访谈的选择

① ［英］R. 利基：《人类的起源》，吴汝康等译，上海科技出版社 1996 年版，第 111 页。

作为依据而作出的一种经验性陈述；以理论建构为主的民族学，则多是运用逻辑思辨方式作出的一种阐释性论述。二者都存在着如何正确地反映事物的客观性的问题。事实表明，任何对客观的描述和论述，均是同我们的主观意识、目的、经验和动机相联系的，所谓“纯客观”或“绝对客观”是不可能存在的，我们的全部观察与描述，总是根据一定的学术观点、理论修养以及自己个性中的某些偏好倾向而有所考虑、有所选择的，总是不可避免地渗透着我们的理性思考的。

在日常生活中，我们往往会发现若干人于同一时间、同一地点亲历了或目睹了同一事件，他们各自的叙述常会出现一定的出入和差别。其主要原因在于各人的生活经历与经验、拥有的有关知识面、对事件采取的视角和态度、各自感受的程度，以及在语言文字上表达的能力等方面经常是不尽相同的。为此，田野作业者应该清醒地意识到自己的观察记录或陈述与实际事物之间可能存在着的距离会有多大。此处所谓的“距离”，如 B. 马林诺斯基指出的，“他所了解的知识之间的那些缺环、在实际调查的失败和遗漏”。①

对于同一事象，从不同的目的、视角、途径和方法进行观察描述，因为其侧重面不同，形成的概念也可能不同，对资料的选择处理方式不一样，加之理论架构的不同而势必造成较大的差异。因此，评价一种观察和描述的客观性，就须了解导致其产生的这些观念与理论框架的客观依据是什么，以及它们究竟在多大的程度上反映了客观事实。

需要指出，我们在田野观察的过程中，经常会出现种种主观与客观因素两个方面的干扰或干预，影响到观察中的客观性或真实性。从主观层面讲，其干扰往往是我们用自己的知识、经历、经验或情绪等形成的文化价值观念和思维方式习惯地去思考、判断，而不是采用当地文化持有者的观念、思维特点去分析、领悟和认知当地人的文化与行为；从客观层面讲，其干扰往往在于被研究、被访谈的当地人常将自己或事物的真实情况加以掩盖和隐瞒，根据他的理解、需要，或者他按照你的需要重新塑造自己或

① ［英］B. 马林诺斯基：《野蛮人的性生活》，刘文远等译，团结出版社 1991 年版，第 8 页。

事件，结果我们所看到的与了解到的并不是原来的真实的事象，而是被他们有意地重新改变过了的，因而是不可信的。记得1984年夏季，我在云南德宏地区调查景颇族的“拉事”陋俗，1987年去怒江地区了解黑巫术残害无辜群众的事件等，许多人要么是避而不谈，要么就是轻描淡写地敷衍几句顾左右而言他。一些人类学家曾经抱怨说：“我想了解我所研究的当地人，可是当我和他们访谈的时候，他们总是只想告诉你他们愿意让你知道的那一面。”（Colin Young，1995：107）因此，在人类学的田野观察中，要充分考虑被采访者的心理因素。有一种意见认为，访谈中对方的心理舒适度和安全感，与采访的顺利进行和采访内容的价值成正比。（邓圆也：2007：228）

关于田野报告的客观性向来是一个令人感到困惑的问题。由于客观事物总是要通过人的主观因素反映出来，其中人为的偏差与失误每常在所难免。人类学家都是通过个人的学术立场、观点和方法，以自己的兴趣及见解的屏幕来看待世界的，对于社会、族群和文化等现象的一切知识，常常是不可避免地反映出个人的价值观或偏见（C. Geertz），因而要求他们持所谓的“纯客观”态度，可能是不现实的。我们说文化人类学的田野记录必须客观、系统和准确，而不是所谓的“绝对客观”“绝对准确”，实在是因为它们只是一种可望而不可即的不切实际的想法。客观世界的事物或真理在人的认识和反映上是不可能穷尽的，我们只能是努力地、逐步地做到接近事物原状原貌时的一种“相对近似”“相对客观”的程度而已。西方学界多年来围绕客观性和科学性问题进行了长期的争论，始终难以达成共识，不少意见认为人文科学不可能是客观的科学，与其把它们看成科学，不如视为一个包含着作者情感的“文本”，现在西方人类学界差不多已经放弃了所谓的“科学客观性”的提法。（P. Hockings，1996）

西方人类学界关于客观性问题有一种意见，认为仅仅在单个人类学家的思想和态度中寻找客观性的尝试是不够的，甚至是一种错误。这种意见是将客观性视为整个学科的进展过程，而不是看作纯粹的个人的认知，认为客观性只有在一个学科的体制和学术批评的传统做法之中才能找到，只有在平等的开放式批评和各种不同倾向之间不断地互相影响，才能逐渐接近客观性。① 随着时间的推移，资料和经验的积累，对同一问题的不同调查研究者经过再调查再研究和再评论，方才有可能将个人的局限性或偏见趋于互相补充或整合，形成某些更接近于客观性的共识的态度，认为这是增进客观性的一种比较有效的方法。

有一例，可以说明此类方法之必要性。美国人类学家雷德菲尔德（Robert Radfield）于1926年对墨西哥南部的一个村庄特波茨兰（Tepoztland）做过田野调查，写了一本《特波茨兰——一个墨西哥人的村庄》（1930）的书，这本民族志描述了当时该村群体充满了传统的平等、和谐及愉快的田园情景。但是，1941年美国人类学家刘易斯（Oscar Lewis）对该村又做了一次调查的再研究工作，出版了一本《一个墨西哥人村庄的生活：特波茨兰的再研究》（1951）的报告。该报告呈现出的情景，全然不同于前者的描述，展现出一幅贫富悬殊、人际冲突激烈的社区图景。这两本研究报告对于事实描述的差异，自然是由于时间先后之不同而产生的社会变迁。在他们各自于田野作业期间所面对的主要事实上，其描述被认为都是真实的。十多年的时间跨度对于一个社区的变迁，不能视为是一个很长的时间。雷氏在观察该村时，其社会内部肯定已经潜藏着日后对立因素的某种表现，如果他能敏感地察觉到这些矛盾因素而没能予以必要的重视，显然是不全面不客观的；其后，如果刘氏仍能发现这个社区传统互助因素的存在，并予以必要的肯定，那么，他的观察研究就会显得全面而且客观。所以，我们在田野观察研究时，不应该为了实现某种动机目的而忽略或无视与自己的原有主旨不同的事实。通过上述事例，若将这两本著作结合起来看，才能对于这个墨西哥村庄约近二十年的变化过程及其主要的情况，有一个比较完整的、且有一定深度的清晰认识和评价，这就是社会文化人类学关于客观性的动态理解的一种方法。

至于他们对同一个墨西哥村庄的观察解释得出如此迥然相异的结论，还要从其各自的人格、养育他们的亚文化、他们的政治观点以及所接受的理论学派等影响来分析。据说二人都是经验丰富的人类学家，在同行中很

① ［美］卡尔·R. 波珀：《历史循环论的贫困》，纽约哈波尔·托奇书社1964年版，第155－159页。

受尊敬。雷氏所学的人类学和社会学强调韦伯及其同时代人的理论观点，认为以亲属关系形成的村社加上宗教上的共同价值观是传统型社会的核心，他要观察研究的东西在这里被发现了；而刘氏对于研究人格、社会冲突和经济斗争很感兴趣，他在这里寻见到了这个主题，双方围绕各自的题旨积极搜集自己想要的材料。他们的报告被认为都很精确，只是各人涉及的资料分属于不同的类型，这才导致了歧义。①

为了达到一种尽可能贴近客观的做法，我们对于相关的理论方法的运用，事先应作出必要的判断和选择，因为任何的理论方法总会具有一定的局限性，这点必须予以了解，以便在实践中作出正确的选择。

二、异文化的困扰

田野作业中首先遇到的是调查者和被调查者在文化方面互相适应的问题。人们多是在自己民族的文化环境中成长的，这种被称之为“母体的文化”，自有一种因习惯和适应而产生的亲切感，她吸引着凝聚着被她哺育过的成员，对她抱有一种眷恋之情。然而，一旦离开了这种母体文化的环境，进入一个陌生的异文化境地工作生活，则会在思想上、感觉上、心理上以至身体上产生程度不同的不习惯、不适应和不舒服等种种征状。这是许多田野工作者共同经历过的感受。

我们喜欢选择那些传统生活方式保存得较多或是较为典型的地区进行作业，这些地区往往远离当代文明的中心，交通不便，社会环境相对封闭，生活自然比较艰苦。但是，田野作业者并没有因为这类地区经济不发达而忽视它们在文化上的地位和意义。另一方面，在异文化的环境里作业，成天同一群陌生的人打交道，比如，对他们讲的话听不懂，对他们在想什么做什么不清楚，对他们的行为方式不理解，对他们的真实态度感到捉摸不定，加上其他许多情况的不确定性，以及生活的艰苦不便等是经常

① ［美］罗伯特·F. 墨菲：《文化与社会人类学引论》，王卓君等译，商务印书馆1994年版，第279－280页。

出现的；反之，当地人对待我们大体上也会是这样的。这些都会成为文化困扰的主要原因。

我的体会是，在田野作业的初始阶段这类困扰尤为突出，有时甚至会持续相当长的时间。其时，我也曾感到过一种莫名的孤独、压抑、疑惑、退避甚至无可适从，我渐渐地意识到这是我自身早已习惯了的文化在同我所不熟知的另一种文化在心灵上发生撞击的结果。这种时候，需要自觉地去克服各种困扰，努力培养起对环境的适应和应变的能力。因为我要研究一个我所不了解的文化群体，我就必须把自己的一套习惯了的方式放在一边，不断学习和适应当地人的生活样式，我认为这是必要的，舍此别无选择。

在文化的困扰中，首推语言不通的障碍是最大的烦恼。我发现许多的困扰几乎都同语言有关。参与观察法主张用当地民族的通用语进行作业是极有道理的。语言的知识是进入一种社会和了解一种文化的钥匙。和当地人生活在一起，坚持在一定的语言环境中学习语言，是一种最有效的方法。每当我掌握了一些当地人的话语，试着同他们交谈并得到了他们热情的指点或认可时，总是感到非常的快慰，他们也显得高兴，这种时候，我觉得我同我的报告人和被观察研究的群体间的距离似乎缩短了许多，彼此更亲近了，我的活动也变得主动自由多了。语言是文化沟通与认同的心理基础。我想，跨越语言的障碍是田野作业者克服一系列文化困扰最重要的因素。此外，去到条件艰苦的地方作业，要有相当的心理准备，需要具备比较健全的心理素质，自觉地去跨越因自身文化的价值标准而造成观察研究上的局限性或偏差与失误。如果不是这样，他的田野作业难以取得进展，有时甚至不能坚持下去。

三、文化的互动观察研究

当代西方文化人类学的田野作业比较重视前殖民地的民族或族群对于殖民或后殖民时代西方文明移入后怎样认知西方文化，如何通过他们自身的文化反馈出来，这种文化的反馈是怎样具体表现在他们的观念、思维、语言和行为方式上的。同样的，西方文化人类学的田野研究，对于中国境内的少数民族或族群，如何通过他们自身的文化来认知汉文化，并将汉文化对他们的社会影响透过日常的生产生活反映出来。这种属于不同文化的碰撞和互动以及相互对话，已经成为田野作业中不可回避的一项重要的课题。

在许多的民族志里，田野作业者一般很少甚至根本不涉及自己在异文化环境中究竟是怎样进行接触、交流、认知以及如何适应被观察研究群体的社区生活的。生活中每个民族对于外来的文化几乎都有一套反应的机制。一般地说，观察研究者所具有和代表的是他自己颇为熟稔和习惯了的文化，他的人格和身份属于他长期生活的那个社会群体，而被观察研究者则是代表另一种不同文化类型的群体，属于另一种社会群体里的人，两种不同的历史背景、社会传统和不同类型的文化对于双方来讲都可能是异文化，它们在田野作业的过程中相遇，往往或多或少、或强或弱、或明或暗地发生摩擦和碰撞，处在这种境况里的双方究竟是如何反应如何受到影响，彼此表现出一些什么样的征状来，大家必定有切身的感受，这是个颇值得深入研究的文化互动问题。

田野作业者在和当地人接触交往的过程中，应当尽可能设身处地用对方的立场去理解他们的态度、谈话及行为，让他们向你敞开心扉。人的基本情况有类似之处，为了求得生存与发展，总是需要交流和沟通，这是人类得以超越文化、语言乃至社会制度与意识形态等障碍进行交往的原因。为此，我们可以从中学到很多鲜为人知的地方性知识和经验，同时，通过这种文化与行为的互动，我们还可能会受到一定的激发，考虑自己原先的一些看法、态度是否妥当，我们的知识结构是否完善等。

有一位攻读文化人类学的研究生，她内向、腼腆，平素话语不多。早些年只身一人前往中越边境的金平傣族地区做田野调查，我曾担心她一向凝重端庄的仪态和沉静的性格会不会影响作业。后来我惊奇地发现她在当地作业时几乎变成了另外的一个人。她在论文中写道："在下乡之前，我一直在担心，当地老百姓是否能接纳我，那时我是怀着惴惴不安的心情上路的。"但是，当地傣族妇女的开朗热情深深地感染了她，妇女们依俗各人拿出些酒菜来，多次邀她一起聚会娱乐。"那天，从不喝酒的我喝了许多酒，生性腼腆害羞的我也忘乎所以地和她们一起唱歌。”她说，那晚几乎将自己平生会唱的歌包括少年时代的歌，都兴高采烈地逐一唱了。她认为傣族妇女“如火的热情会将每一个到傣家村寨的外来人熔化，使你与她们融为一家人”①。我想，如果没有傣族热情似火的习俗对她的影响，她可能仍将自己包裹得比较紧，难以为对方认可接纳，也难以开展观察，搜集到所需要的田野资料。不同文化的互动，往往会改变一个人固有的习惯与行为，把平素内心中被掩饰、被封闭的一些好的或者不好的“潜质”性东西，自然地释放出来。

文化人类学田野作业中的文化互动，应是一种符合人文精神的平等交流与沟通，使得调查研究者从对文化的“俯视”走向“平视”，双方各自诠释自己的文化，这可能会造成更多的文化信息量进入我们观察的视野。唯此，我觉得参与观察的田野作业不仅要详细记述研究被观察的一方，也需要适当地记述调查研究者自己在异文化社区里的真实情状与感受。换言之，作业者将自己也作为一种文化的因素，放进被观察研究的范畴当中，从文化互动的角度，既观察研究别人，也观察研究自己，这才是全面的参与观察的方法，用以积累不同文化比较研究的经验。透过这类“反身自观”的研究方法，就有可能改变以往那种只是观照“他人”的单一做法，发掘出更多的深层次的关于文化特征的信息来，具体而生动地表现出不同的声音、观念以及文化的个性。对于文化互动的参与观察的动态研究，我想，应是文化人类学田野作业中值得努力开掘的方面，或者是引起重视的一种方法。

四、学术调查的特点

从经验的角度看，要想具体说明田野调查资料搜集的方法是困难的，人文科学的调查在许多场合多是属于一种“软科学”的操作，而调查的方法总是要受到人们的个性和某种观念的支配。鉴于调查者个人的知识结

① 艾菊红：《金平傣族女性在家庭及社会中的双重角色》，2001年，第43－44页。

构、生活经历和经验积累不一样，其专业修养与个人性格亦不相同，感兴趣的方面各异，在观察思考中选择的角度或侧重点不同，加上各地区族群文化环境的具体情况很不一样，因此，在实际操作时各人采用的办法也不会一致。调查的方法往往因人、因事、因时、因地而易，这就使得文化人类学的田野调查难以形成一个公认的比较确定的模式或程序。质言之，田野调查的方法须根据调查者自身的情况，各自准备或创造的条件，对于不同的问题和对象，运用不同的调查策略和方法是必要的。60 多年前凌纯声先生说得较为中肯："并无任何金科玉律，考察者应视当地情形及自己的能力而定。"① 费孝通说："任何一种社会调查的经验和方法，都是别人从彼时彼地的具体的社会调查中获得，并加以总结提高的。而接触到的客观事物、现象都因人、因时、因地而异，各有其不同的内在联系，有着千变万化的发展过程，有不同的类型。所以，我们不能用某一个模式去硬套，也不能机械地搬用某种方法去分析具有不同特点的研究对象。"② 然而，上述所言并不等于说田野调查就没有或不应该有基本的方法可寻，事实不是这样，也不可能是这样的。参与观察法为我们提供了很好的参照。

一个世纪以来，人类学的田野调查有了许多的进展，积累了丰富的经验。20 世纪 20 年代英国功能学派创始人马林诺斯基（B. Malinowski，1884—1942）开辟的所谓"丛林调查"，建立了一套"严密而费力"的参与观察的方法，从理论和方法上奠定了当代人类学的基础。在这个意义上，当代社会文化人类学的发展，主要还是得益于田野调查的革新，而不是仅仅出自于书斋和课堂。参与观察法表明，不管你采用什么样的调查策略、措施和技术，重要的是你必须始终十分贴近你的观察研究对象，善于营造出直接观察和直面访谈的契机，力图让人们朝你敞开心扉，打开所有的记忆门窗。在这里我们还须记住，观察必须系统深入，记述务必客观准确，这是每一个田野调查者应予恪守的作业准则，以此指导和规范我们的作业行为。

调查方法论中很重要的一条，就是直接影响作业的调查研究者的心态

① 凌纯声：《民族学实地调查方法》，《民族学研究集刊》1936 年第 1 期，第 47 页。

② 费孝通：《学术自述与反思：费孝通学术文集》，生活·读书·新知三联书店 1996 年版，第 8－9 页。

问题。在整个作业过程里，调查研究者的心态应该处于一种独立的、自由的状态之中，不受干扰也不抱什么成见，这样才有可能接近和发现事物比较真实的一面。人类学的田野调查工作最终都是在于发现和了解，发现、了解别人没有涉猎的领域、事物和被忽略了的问题，把隐藏在事物当中的真实情况和道理比较清楚地揭示出来。“发现”和“了解”是人类学田野作业的本质特征。如果我们在观察研究中不能抛弃对事物的偏见或成见，那就会失去客观的尺度，容易步入歧途，歪曲了事物本来的面貌，给研究带来损失。这里需要说明的是“先入为主”之见同研究中的“设想”是两回事。设想或假设常是形成理论的前提，必要的假设当以一定的事实为根据，否则就成了脱离实际的空想。因此，抛弃成见和偏见，怀着谦卑的心态关注事物、发现事物，并予以精确的描述，这是我们必须具备的一种职业品质的修养。此外，善于把复杂的社会历史及文化的现象理出个比较清楚的眉目来，这也是田野调查研究者必须具备的一种能力。

随着学科的发展，文化人类学同其他分支学科以及相关学科的关系愈加密切，各有关学科的理论方法经常互相借用。社会学的问卷和抽样调查等方法，常被文化人类学引用，以弥补社区微型观察的局限性；经济学的统计调查方法能使以往偏重于定性的研究同定量的研究相结合。此外，历史学、考古学、语言学、民俗学、心理学、宗教学、生态学以及影视学等学科提供的有关方法，充实和完善了文化人类学田野作业的手段，可以有效地避免观察研究中的单一性、片面性或者极端性的不利做法。

20 世纪 60—70 年代以来，由于影像技术的突破性进展，人类学的一些学者运用声像同期摄录的技术设备，于实地记录、保存和研究人类的文化与行为，已经成为现今田野作业中比较普遍采用的方式了，这就从根本上改变了长期以来田野调查多是依赖于口头和笔头，局限于用文字符号并不完善和精确的记录与表达的方式。这是一场在当代科学技术迅速发展的推动下形成的田野观察的革命。凭借影视形象的视觉直观性与真实性来记录田野信息资料的做法，确乎胜于仅用文字的表述方式。虽然在人类学界里仍有人怀疑采用影像手段的科学性，但是，它已经被愈来愈多的人用以成功地发掘和说明人类学的许多课题。这种被称为“人类学片”（anthropological film）和“民族志片”（ethnographic film）的影像，因其独特的田野内容、专业的摄制方法而形成了一个不同于一般纪录片的独立的学科片种。从业者认为，人类学影视片能够同人类学的文献著述相媲美，它的样式比文字著作更直观真实和生动感人，它拆除了用文字符号堆砌起来的这堵厚重的墙，同样是一种可以被用来阅读的“文本”（text）。至于对人类学影视片的人类学性质与原理、摄制方法与标准、美学问题和影视评论，以及对它的功能与社会效应等作系统的理论研究，遂构成了一门新的、正在发展中的学科——“影视人类学”（visual anthropology），又译作“视觉人类学”。这又都是同人类学的田野实践有着密切的关联。

从文化人类学学科的任务与研究的特点看，其田野作业在性质和形式方面显然是不同于一般的属于行政机构或企业行为的“行政调查”的，二者的专业性质与要解决的问题不尽相同，故而采用的调查策略和方法也不可能一样，我们不应当将它们不加区别地予以混淆，但是在认识论的原理上它们却是一致的。二者的区别主要表现在下列的两个方面：

第一，行政调查是一种政务系统上的行为，或者是一种企业管理与服务的行为，调查者因其角色身份的关系，致使他们往往习惯于站在事物之上，用官方的、企业的观点和看法来了解与解释事物，做所谓“客位”（etic）的调查，其中特别注重事物政策性或制度性的时限征状与结果，要求获得比较一致性的意见或结论，便于综合地用于行政方面的决策、规划、指导和实施；学科调查是一种学术行为，根据学科研究之需要，强调进入具体的文化环境当中，深入到事物的内部，作较长时期的、比较细致的观察研究，尤其注重于运用当地人的观点和看法来客观地看待、评价与解释他们的文化和行为，其中不仅关注事物的现状，更注意其历时性的变迁过程或文化的重建。文化人类学田野观察赋予作业者以“文化参与者”“文化传递者”和“文化解释者”的角色，这就需要进行多方面、各层次的文化比较，而且允许有不同的见解或结论并存，以求进一步地继续探索。

第二，行政调查常是在调查者所处的行政系统中进行，也会有部分系统之外的群众参与。调查者与被调查者处在上下级的职务与责任分工的政务关系之中，这种关系自有种种规章的约束；学科调查一般不具备这种关系与条件，调查中的人际关系除了分工不同以外，多属于平等的同仁朋友等合作关系，因为有着相同的志趣，也就会拥有较为广泛的且自由度较大的群众面，能够接触和采纳多种不同的事物和声音。特别是学术调查注重独立见解和批判精神，成为这种调查的主要的价值取向。行政调查有时会有选择地借鉴学科调查的某些方法和手段，但是，学术调查一般不宜采用行政调查的做法，实因在行政调查当中，人为的主观因素经常难免会凌驾于客观事物之上。学术研究在需要参考或利用行政调查的资料时，须充分地估计到这一层。学术性的调查，最忌讳那种夹带着某些先验的结论性的意图或倾向，或者采用某种颇具时尚的东西，或者用一种意识形态的框架来定向地搜集、选取所需材料的做法，认为这类调查材料中的客观性和科学性的成分是很值得怀疑的。

今天，西方人类学界中对于以往的田野作业和民族志撰写的模式提出了质疑和挑战，对帝国主义、殖民主义和欧洲中心论时代形成的人类学观念与做法进行了尖锐的批评或否定，这些反思之中确乎存在着值得我们认真思考的问题。人类学的田野作业是一项需要多种学科知识相互配合的综合工程，跨学科的研究已经成为世界性的趋势，需要不断地更新我们的观念，创新现有的方法，因为今天的世界已经出现了许多新的学科、新的内容形式和新的方法与原则，传统人类学的知识结构和框架已经不再适应现今发展中的世界和文化，需要我们对已有的知识框架重新清理、扩展与搭建。对于新的知识、新的观念和新的方法的实践，“不要忌讳与我们现有知识的冲突，发现冲突就是发现我们现有知识框架的弱点、缺陷，为我们进一步提高其水平创造了条件”①。

（原载《云南民族学院学报》2006 年第 1 期）

① 许绍燮：《地震预报发展战略在于创新》，2006 年稿，2010 年修订。

我国人口较少民族社会现状特点

一

我国55个少数民族中有22个民族的人口在10万人以下，有的民族只有几千人，他们绝大多数聚居在交通不便的僻远地区，很多处于西部山区，远离中心城镇，生活相当贫困，社会发展长期滞后。

1999年9月召开的中央民族工作会议提出：要加大对全国人口在10万人以下的22个少数民族的扶持，把他们的脱贫发展作为国家民委“兴边富民行动”的重要内容来进行调查研究。为了建设中国社会主义新农村，国家民族事务委员会、国家发展改革委员会、财政部、中国人民银行和国家扶贫办联合编制了《扶持人口较少民族发展规划（2005—2010年）》，已经国务院第90次常务会议审议通过。

根据上述发展规划提供的情况，我国22个人口较少民族总计约63万人（2000年第五次全国人口普查数），分别居住在内蒙古、黑龙江、福建、广西、贵州、云南、西藏、青海、甘肃和新疆等10省区中的86个县、238个乡镇、640个行政村，包括：鄂温克族、鄂伦春族、赫哲族、高山族、京族、毛南族、布朗族、阿昌族、普米族、怒族、基诺族、德昂族、独龙族、门巴族、珞巴族、撒拉族、保安族、裕固族、塔吉克族、俄罗斯族、乌孜别克族和塔塔尔族。

上述22个人口较少民族由于历史的、自然的诸多因素造成这些民族社会发育程度迟缓，生产力和生产方式落后，640个行政村中有514个没有村级集体经济实体，产业结构既单一又脆弱，经济和社会发展始终面临诸多困难，其直接表现是生产生活条件差。21世纪初，在人口较少民族聚居的村中，不通公路的村145个，不通电的村90个，不通电话的村279个，不通邮件的村274个，不能接收电视节目的村215个，没有有线广播的村498个，没有安全饮用水的村368个，有46346户群众居住在漏雨透风不安全的茅草房或危房中，有11645户、48472人居住在缺乏基本生存条件的恶劣环境里。有345个贫困行政村，占53.9%；绝对贫困人口19万人，占19.8%；低收入人口20.4万人，占21.3%；经常性缺粮需要救济的27821户，占14%。在人口较少民族聚居的村中，除贫困问题突出外，社会事业发展滞后，其中教育落后的问题最为严重，适龄儿童入学率普遍较低，平均文盲率为42.3%，有9个民族文盲率超过50%；医疗卫生设施条件差，355个村没有卫生室，地方病、传染病仍较严重；此外，农村文化、体育基础设施薄弱，农民群众精神文化生活贫乏，封建迷信的意识较浓。

针对上述情况，回良玉同志在2005年8月全国扶持人口较少民族发展工作会议上强调，要统一思想，提高认识，增强扶持人口较少民族发展的责任感，认为扶持人口较少民族的发展，是全面建设小康社会的重要任务，是构建社会主义和谐社会的重要举措。他要求明确目标，理清思路，扎实推进扶持人口较少民族发展的各项工作。他归纳出在工作指导上要做到“五个坚持”，即：坚持因地制宜，分类指导；坚持突出重点，统筹兼顾；坚持整村推进，扶持到户；坚持积极进取，讲求实效；坚持国家扶持、发达地区支援与自力更生、艰苦奋斗相结合。为了加快人口较少民族的发展，他认为要切实抓好几项工作，即：（1）大力加强基础设施建设。大力发展特色经济和优势产业，主要包括大力发展农牧业和农牧产品加工业；大力发展旅游业；大力发展以边民互市贸易为主的对外贸易；支持人口较少民族聚居地区加快小城镇建设步伐，以及搞好生态建设和环境保护。（2）大力加快教育、卫生、文化等社会事业。（3）大力培养人口较少民族各类人才。为了确保各项建设任务的进行，他强调要加强领导，形成合力，把各项政策措施落到实处，有关省区各级党委政府要切实负起责任，各有关部门要切实履行职责；发达地区和大城市、大企业要开展对口支援工作；加强协调和督促检查工作。

二

1999年12月，中共云南省委、省人民政府颁布实施了《关于进一步做好新形势下民族工作的决定》，指出："对人口规模小、居住集中、经济社会发展严重滞后、贫困程度深的少数民族，要给予特别重视，采取更为特殊的措施解决其经济社会发展问题。"2001年云南省民委组织了5个调研组，对本省7个人口较少民族的脱贫发展问题做了近一年的调查研究；2002年省委、省政府又发出《关于采取特殊措施加快我省7个人口较少特有民族脱贫发展步伐的通知》。显然，我省7个人口较少民族脱贫发展问题不解决，将直接影响全省建立全面小康和谐社会，影响边疆地区的民族团结与和平安定。

云南省世居少数民族有25个，其中15个为本省所特有。少数民族成分多、民族支系也多，为全国之冠，其人口占全省总人口的三分之一。此外，全省国境线长达4061公里，有25个边境县、16个临边县，有16个民族与境外的缅甸、老挝和越南等同一民族跨境而居。

云南省10万人以下的人口较少民族有7个：独龙族7246人；德昂族17935人；基诺族20899人；怒族28759人；普米族33600人；阿昌族33936人；布朗族91882人，总人口约23万多人（2000年第五次全国人口普查数），占全国22个人口较少民族总人口的三分之一，占全省总人口的0.51%，占全省少数民族人口的1.57%。他们多数居住在边境地区，主要分布在怒江、德宏、西双版纳、临沧、保山、丽江、迪庆、思茅（现普洱）和大理等9个州市的31个县（市、区）、23个乡镇和175个村。同时，这些地区内人口较少民族又多是属于从过去原始社会直接过渡到社会主义社会的"直过区"民族。根据各项调查统计，云南省边境山区是全国、全省贫困人口最为集中、贫困面最大、贫困程度最深的区域之一。

从整体上看，云南省7个人口较少民族及其社会状况，基本上共有的特点是：

（1）绝大多数聚居在边境沿线的偏僻山区，交通阻隔不便，环境闭寨。由于紧邻边境，同境外各国的经济不发达地区接壤，国内外边民之间在经济、文化习俗、亲属关系和宗教信仰诸多方面，世代保持着密切的交往关系。这些地区大多数都远离各自地域内的中心城镇，其经济、科技、文化教育及医疗卫生等方面受到的辐射力被大为减弱。

（2）社会发育程度低。因为受自然的、社会历史因素的长期制约，这些民族中有 5 个于 20 世纪 50 年代初还处于原始社会末期的父系家族公社和农村公社的历史阶段，同时受到邻近地区其他民族上层的多重政治统治与压迫，封建土司制度、国民政府保甲长制度等往往通过这些民族的部落、氏族、家族和村寨的上层这一套传统社会的基层组织来征收贡赋或劳役。

生产力发展水平低下、生产方式落后，自然经济比重高，主要从事结构单一的种植业，手工业与商业尚未从农业中分化独立，社会经济基础结构较为脆弱，劳动力负担沉重，就业构成单一，就业门路狭窄，多限于集中在本乡本土的第一产业。近 20 多年来人口压力急剧增大，生态环境都程度不同地遭到破坏。“直过区”的民族于 20 世纪 50 年代初都从各自低起点社会直接跨进社会主义社会，但这只是在社会改革发展进程中跨越出的第一步，更为艰巨繁重和细致的一系列后续工作一直没有能够跟上来，这就使得这些少数民族地区渐次地沦为当代社会边缘化的滞后族群地域。

（3）社会基础设施落后，大多数地区没有较为完善的交通和通电系统，有的地方迄今未通公路和电力；农田水利等生产基础设施严重不足，人畜饮用水困难，长期影响到经济社会的发展。

（4）这些民族的居住地区绝大部分都属于省级和国家级的贫困地区。2001 年，这 7 个人口较少民族人均纯收入为 678 元，人均生产粮食 359 公斤，仅为全省当年平均数的 46% 和 82%，普遍低于全省年平均水准。按国家确定的温饱标准计算，这些民族中尚有一半的人口处于绝对贫困状态，其中布朗族、德昂族、普米族和独龙族的贫困人口占本民族人口的 65% ~ 70%，甚至是处于整体贫困状态，其生计常常出现难以为继的现象。生产生活物质匮乏，成为比较典型的“短缺社会”。

（5）劳动者素质普遍低，习惯粗放耕作，生产经营技能差，自我发展能力较弱；文盲率很高，平均文盲率高达三分之一到一半左右，人均受教育年限不足三年，这是文化教育、科学技术和医疗卫生事业长期严重滞后的直接结果。改革开放后全国形成了“民工潮”，但外出务工者相对不多，他们之中的大多数人认为自己没有竞争能力，缺乏闯荡的勇气，对于外界常怀有恐惧心理，多是在本乡镇或本县打工，出省者很少。大多数干部群众对于本地本村经济、社会的发展缺乏有效的办法和措施，对于外界市场情况所知极少，加上一些民族地区的传统观念与陋习，其等待“救援”的思想意识普遍较为突出。但在这些民族当中，却长期存在着家庭、姻亲以及村寨内部民间的传统互济的生活最低保障机制，使得这类地域性小社会及小社区得以艰难维系和延续。

上述7个人口较少民族的一些共同特征，在他们的各民族之间抑或是同一民族内部虽然有程度上的差别，但都是普遍地呈现出经济社会发展严重滞后和缓慢，必须加强经常性的深入细致的调查研究，采取特殊的具体政策措施，不断加大扶持发展的力度，方有可能见效。

三

中华人民共和国成立的半个世纪以来，国家对少数民族制定了一系列优惠政策和扶贫措施，不断加强扶持和帮助的力度，但是作为云南省最为贫困的怒江州贡山县独龙族乡六千余人的独龙族，至今绝大部分仍未解决温饱问题。现以独龙族社会为例，具体了解其主要的现状与特点。

从1995年始，各级政府对独龙族聚居的独龙江地区着手农村基础设施的建设。其中：

（1）为期4年（1995—1999年）、耗资9800万元，修筑了当地人民久盼的一条96公里县乡简易公路，由于跨越崇山峻岭，路基情况很差，大车不能通行，只能走微型小车，且晴通雨阻，雨季经常塌方，加之每年有半年的大雪封山期，实际通车时间只有三个月左右。独龙江峡谷内还修筑了从中游到下游计35公里的沿山土路，但有4座桥梁工程未建，不能通车；上游到中游地区的公路尚在勘测设计中，沿江公路的贯通仍需相当时日，世代人背马驮的传统运输方式仍要继续下去。

（2）2002 年末，全乡完成农田水利建设不到 200 亩，人畜饮水工程 8 项；推广了大棚蔬菜种植，组织培训水稻双行密植条栽技术等。

（3）能源方面，除下游建有两个小型水电站外，1999 年后，先后在上、中游地区 4 个村委会所在地新建了 4 座小型水电站，沿江通电率有所提高。

（4）2000 年起，先后在 6 个村委会所在地架设安装了电视地面卫星接转站，使每个村委会所在地的村寨通了电视。

（5）1999 年末至 2000 年底，初步解决了约千余人的异地搬迁安置和新居工程使用，居住条件逐步得到改善。

（6）自 2002 年起，独龙江地区实施退耕还林还草和天然林保护等生态工程，至 2003 年末，完成了 4000 亩（人均 1.01 亩）的退耕工作，独龙族世代从事耕地轮歇不固定的“刀耕火种”山地农业生产方式已经被逐步放弃，从砍树烧山变为种树造林的护林者，这是个历史性的转变。

（7）在民族干部培养和使用方面，2002 年末，全国独龙族在职干部有 207 人，占其总人口的 2.8%，其中副厅级干部 1 人、正处级干部 2 人、副处级干部 4 人；至 2003 年初，全国、省和州的人大代表及政协委员，独龙族各有 1 名。

独龙族当前经济社会的特点：

（1）居住条件恶劣。独龙江谷地两岸地形地貌复杂，海拔落差大，从 4949 米到 1200 米，坡度陡，平地极少。全乡 6561 亩耕地中就有 6079 亩为山坡旱地，其中 85% 的耕地都在 35 度以上，历年开辟的水田总数不足 500 亩，人均仅 0.1 亩不到。居住非常分散，各自然村之间往往相隔 7 公里 ~ 30 公里左右，有的甚至住在海拔接近 3000 米难以攀行的高山上。全乡人口密度仅为每平方公里 2.07 人，地广人稀，植被覆盖率很高，森林资源丰富为其显著特点。

（2）生活极为贫困，绝大多数人口至今仍未解决温饱。2002 年末，贫困人口接近全乡人口的 90% 以上，内中绝对贫困人口占 50%，约半数家庭缺乏日常生产生活必需品。由于生活来源一向依靠农林业，农业主要是种植旱地杂粮作物，从山林中采集野生动植物作副业补充。但自 2002 年开始，独龙江地区随着天然林保护和大部分耕地还林还草工程的实施，山地播种和山林采集活动均被明令停止，以往传统的刀耕火种生产生活方式被迅速地中断改变，而后继替代的生计产业一时跟不上来，农林产品种类快速减少，致使其近些年生活来源更加单一萎缩，各项农林经济收入有明显的下降，2002 年全乡收入减少幅度为 18.2%，种植业收入比 2001 年下降 51.7%。此外，因为贫困，全乡人口增长缓慢，1990 年为 4031 人，2002 年才增长到 4149 人，13 年中人口只增长了 118 人，增长率为 2.2‰。据知，独龙族人口的出生率实际上较高，但是多数死于婴幼时期和患病或意外事故。13 年中人口死亡率最高的是 1992 年，当年死亡 60 人，死亡率为 14.7‰，最低的是 1993 年死亡 27 人，死亡率为 6.7‰，其他年份死亡率为 13.2‰~7.9‰。可见高出生率、高死亡率和低增长率是独龙族人口现象的一大特征。

（3）20 世纪 50 年代初期，独龙族从原始社会父系家族公社的历史阶段直接过渡到社会主义社会，在社会制度与生产关系变革的同时，整个经济社会以生产力发展为龙头、文化教育科技医卫为后盾的促进社会前进的各种事业却没有相应配套和相机跟上，这可能是阻碍独龙族社会发展的主要原因。

（4）独龙族的传统宗教是一种万物有灵的原始信仰，普遍相信和崇拜自然界鬼魂的作用，但是却没有祖先崇拜的任何活动，反映出人在强大的不可意料和不可抗拒的自然界中微不足道的地位。通过巫师（“南木萨”或“乌”）为群众祭鬼驱鬼、保命求生、治疗疾病是经常性的宗教仪式活动，众人普遍认为这是日常生活中所必需的，犹如我们需要医院医生一样。20 世纪 40 年代基督教传入，下游地区部分群众首先信奉，80 年代以后有上升的趋势，原始宗教信仰已经愈发的不能适应当代社会生活，处于衰微局面。两种宗教长期并存，并未发现信仰者之间产生矛盾和冲突。

在原始社会末期向社会主义社会直接过渡的少数民族当中，传统的生产生活方式造成的民族性格与心理素质上的负面影响不可忽视，这是属于文化深层次的问题。云南边地的德昂族通过和其他较先进民族的比较，认为自己有不少观念与习俗是落后的，严重阻碍社会的进步与发展。比如，习惯于粗放耕作经营，安于简陋的自耕自食或嗜酒的生活，缺少计划和细水长流的安排；恪守南传上座部佛教的戒规，不杀生或见杀不吃，不愿饲养畜禽；有浓厚的平均主义观念，缺乏商品意识；自我封闭，自卑心理较重；重男轻女，家庭中向来以男人说话为准，妇女意见不受重视；坚持不和外族通婚的古俗，甚至在本民族中不同支系也不通婚，造成大量的近亲结婚，影响民族的体质；不重视家庭环境卫生状况的改善，致使多种疾病和传染病流行，而每遇患病，则迷信拜佛或叫魂撵鬼，习惯用老方法接生；不少村寨流行“琵琶鬼”的巫蛊陋习，造成乡亲邻里间的隔膜孤立与纠纷冲突。这些属于德昂族自身发展中存在的痼疾，在其他社会发展滞后的民族或族群当中也都程度不同地存在。为此，大力改变由于落后的生活方式形成的旧习行为的精神文化方面的扶贫与救助，当是刻不容缓的任务。

四

我国人数在十万以下的人口较少民族，溯其族源都有其悠久的历史渊源。他们曾经是古代一群规模不等的流动着的人们共同体，经历了不断的生存迁徙、分化聚合，逐渐形成了一些具有一定地域、语言和文化心理习俗传统的族群共同体。在漫长的历史岁月里，许多族群先后消失了，他们重新被整合、同化或融合到其他较大较强盛的族群或民族之中。可见，作为历史范畴的民族或族群在历史的长河中，往往是一个因时、因地和因条件而变动的群体。但是，这些于今天人口只有几千到几万的少数民族，其核心族群内部相互间的生存依赖性、文化的凝聚力以及价值观念体系却一直没有被历史的巨浪全然冲散或被同化，始终坚持至今，成为现今我国多民族大家庭中独立的一员，这是很不容易、很值得研究的。这之中，独特的自然地理环境和生态条件与社会的封闭型，以及他们为适应自然条件而形成一整套特有的生产生活方式和社会组织结构等，可能起着重要的作用。生产生活方式又都是属于一个民族或族群社会的文化范畴，其起的作用可能更大。笔者一生侧重于对我国人口较少小民族的调查与研究，多是出于这样的考虑，即这些民族反映在文化上的种种特点是颇值得我们深入探索并加以用心阐释的。

我的研究使我逐渐深刻地感到探讨民族地区贫困的缘由，还是应该从文化方面着力考察。长期发展低缓的落后生产力造就了落后的生产方式，在落后生产方式基础上形成了一套落后的生活方式，围绕着落后的生活方式，不可能产生较为开放性的先进的价值观念、思维模式和行为方式，而习惯、行为往往塑造了一个民族或族群的性格，民族性格通常影响或确定了他们的命运。所以笔者认为，涉及一个社会一个民族或族群发展的内在因素，只能是文化和意识。无数的事实表明，凡是文化发展较快的地区，人们的观念和性格多半比较开放，经济社会发展较快，多数人的生产生活状况较好或较为富裕，反之，文化发展迟缓的地区，多数人的观念比较封闭和因循守旧，经济社会发展滞后，大多数人不可避免地都会陷于贫困之中。因此，研究民族地区的贫困问题和解决贫困问题，不能仅仅从外界的物质因素着眼，忽视或无视民族地区的文化内因。不了解机体内造血机制的症结，仅依靠输血是难以为继的，这个道理应是不言而喻的。

作者说明：本文写于2006年，主要参考和引用的数据资料是李金明的《独龙族发展报告》、黄成光的《德昂族发展报告》，载格桑顿珠等主编的《云南民族地区发展报告》，云南大学出版社2004年版。特此致谢！

（原载《云南文史》2006年第3期）

鄂伦春族马匹私有制的产生与社会发展

探讨世居于我国东北兴安岭腹地中的鄂伦春族马匹私有制的产生与发展，对于研究鄂伦春族原始社会末期狩猎经济的发展、家族公社瓦解向地域公社过渡等问题，具有重要的意义。

一

鄂伦春族的马最早可能是从蒙古草原上传进来的。他们至今保持着对马匹颜色的辨别、叫法和马具名称等，大部分和古代蒙古语相仿。马何时传入还没有肯定的说法，据调查材料①，鄂伦春族早先使用过驯鹿，没有马。17 世纪上半叶，鄂伦春人由于不断地受到沙皇俄国当局的压迫，陆续由黑龙江北岸向南岸迁徙。到达南岸后，因为缺乏驯鹿的食物苔藓，以及往后马的传入使用，驯鹿逐渐被淘汰了。

马的最初传入有两方面的可能性：一是康熙二十二年（1683 年），清朝政府为了固防东北边陲，设立了“布特哈总管衙门”，将一部分鄂伦春人编入八旗军制，发售给他们一些枪支和马匹，定期集中操练和防守，这些人被称为“摩凌阿鄂伦春”，他们可能是较早使用马的人；二是一些散居山林游猎的鄂伦春人，被称为“雅发罕鄂伦春”，清廷通过

① 中国科学院民族研究所内蒙古少数民族社会历史调查组编印：鄂伦春族调查材料之 1—13，1957—1963 年。

纳貂的贡赋来控制他们。这部分人中有一些可能是以部落交换的形式，用猎品从族外换进马匹，往后繁殖增多。今内蒙古自治区托札明地区鄂伦春人的马，很可能经过部落或氏族集体对外交换再分配给各个家庭使用的阶段。一些较为晚近使用的马，多半是各个家庭径直和外族交换而传进的。

鄂伦春族对马的饲养，沿用着早期饲养驯鹿的粗放方法，马散放在山林和草甸子上，没有专人放牧，随用随抓，故马匹累遭冻饿、狼害或流疫，马的繁殖很缓慢且不稳定。但是，鄂伦春族的马是经过长期山林游猎训练而形成的一种良马，毛长，身材较矮小，行动灵活。若从 17 世纪中叶算起，鄂伦春族使用马匹迄今至少已经有三百多年以上的历史了。

二

据鄂伦春族老人们的说法，17 世纪中叶以前，他们的祖先是用弓箭步行狩猎的，那时的狩猎组织规模多以家族公社为单位进行集体狩猎和分配。大约在 17 世纪中叶，两个新的生产工具：火枪（燧石枪）和马匹先后闯进原始的狩猎经济，比弓箭射程远、穿透力大的火枪渐次取代了弓箭；在狩猎和迁徙等方面，马显示出比驯鹿更多的优点，它行动灵便敏捷，载负重而行走远，既是重要的狩猎工具，也是不可缺少的交通工具。马迅速广泛地使用起来，成为主要的生产资料，它在扩大和丰富鄂伦春族生产和生活的狭小范围上，以及在加强山林深处各部分鄂伦春人的联系方面，起了巨大的作用。

狩猎工具的革新，给鄂伦春族多少世纪以来的那种发展最低下、最闭塞的狩猎经济和氏族制度打开了一个缺口，结束了鄂伦春族社会孤立发展的可能性，造成了狩猎生产的高涨，狩猎经济中的生产关系开始相应地发生一系列的变化。首先，马和火枪提供了较小规模和远距离狩猎的可能性与现实性，使得往昔以整个家族公社进行古老的集体围猎逐渐减少或消失，出现了“乌力楞”① 中若干小家庭自由结合与解散的狩猎小组“阿那格”②。小家庭在狩猎生产中的作用直接体现在猎获物较前有了显著的增加。

生产组织及其形式的变化引起了猎品分配方式的变化。“乌力楞”中早期按人平均分配的范围缩小了，以小家庭（户）为单位和往后按参与狩猎的猎手之间的两种平均分配方式先后出现。除兽肉还经常保持在全“乌力楞”中平均分配共同食用外，部分皮毛猎品，特别是那些经济价值高的猎物，遂直接落入小家庭的手中，有时还有了一定的剩余。

原先经部落交换进来的马再分配给各户使用的做法，势必导致小家庭出现占有的倾向性。由于马匹的使用权不固定，加上其经常伤亡，得不到及时的补充和调剂，影响出猎，因此，小家庭直接向外换进马匹的要求日益成为现实。这种情况还和小家庭需要直接换进一切所需的生产生活资料如枪支弹药、粮食布匹和烟酒油盐等联系在一起，这就有力地促进了小家庭对于家族公社的离心作用。鄂伦春族的私有制是从小家庭占有部分剩余猎品开始的，猎品的小家庭占有，构成了它们向外族交换的前提。

在古老的狩猎经济与氏族制度上打开第二个缺口、促成家族公社的瓦解和外族交换的发展。脆弱的、没有保障的狩猎经济，不可能经常提供

---

① “乌力楞”：鄂伦春语。总的含义是：出于一个老祖先居住在一起的世代的子孙们。早期的“乌力楞”是包括两个或两个以上的氏族组成的家族公社，为一个共同生产和共同消费的血缘组织。大约近百年来，它逐渐变成地域公社性质的组织。20 世纪 50 年代前夕，已经遗蜕成原始公社的一种残存的形式了。

② “阿那格”：鄂伦春语。意指居住在一起的人们自由组合或解散的出猎小组。它大约出现在家族公社的末期，那时狩猎小组成员之间可能还有着血缘上的联系，由家族长组织领导他们狩猎，猎获物是在家族公社“乌力楞”的各户中平均分配的，其中可能有少量的有经济价值的猎物是在出猎小组的猎手间进行平均分配。这个时期，“阿那格”在狩猎活动中还没有占据主要的地位。进入地域公社后，“阿那格”多是由没有什么血缘关系的“乌力楞”内三五户不等的小家庭的猎手们于每次出猎时自愿组合或解散的狩猎组织，它已经在狩猎活动中占居主要地位。通常有一位经组员们民主推举出来的有较丰富狩猎经验的人（不一定是年老者）任出猎组组长，称之为“塔坦达”，领导和负责小组的狩猎和分配。他若不称职可随时罢免，其职权是随着狩猎的结束、小组的解散而告终。几乎每次出猎之前，组员们都充分发表意见，并将此次狩猎分配的办法事先决定下来。分配一般限于小组内的全体成员，包括随同出猎组做饭的妇女，未参加狩猎小组者不得参与分配。后来又出现按组员所携带的马匹多少折股分配，平均分配的范围在小组内再度缩小了。

“乌力楞”中每一个成员的日常生活之需，只有更多地依赖向族外交换，才能基本保证人们的起码的生存条件。不过，早期的猎品交换，是在清政府委派的“官方安达”的垄断下进行的。猎民们各自纳完贡赋后，所余猎品由他们收购，往往以降低等级、压低价格从中盘剥渔利。在同外族的交换过程中，小家庭表现出它的积极性，逐渐地取代了以往家族公社的地位。19 世纪末期，几乎每个小家庭都分别与达斡尔族、满族、蒙古族和汉族等建立了“安达”的交换关系。“安达”一词可能来自于蒙古语，其原本的意思是结拜的把兄弟，按鄂伦春语是“好朋友”“义兄弟”的意思。在外族的农民、手工业者、小商小贩同鄂伦春猎民建立的“安达”关系中，有一个外族的“安达”同时和两家猎民建立这种关系的，如果双方关系良好的可能维系到一两代人以上。“安达”每年定期入山，一般在夏冬两季，他们为猎民们带来了多属于自己生产的生活用品或生产资料，收走猎民们几乎全部的商品猎物，彼此交易不讲什么价格。民国以来，双方依市场情况粗略地按质论价，但往往是猎民们吃亏负债的时候多，常导致双方关系的破裂，各自重新寻找和建立新的“安达”交换关系。

小家庭用自己的猎品换来的马，很快就归小家庭所有，在狩猎小组出猎中，马匹多是自己骑用或喂食，其所有权和使用权皆比以前要明确和固定，但是，每个家庭要用自己的马匹和枪支弹药首先为全“乌力楞”成员的基本生活资料——兽肉等进行自给性的集体生产，这是这个社会占据首要位置的传统性生产，是由原始的狩猎经济所决定的。所以各户的马匹可以无代价地在“乌力楞”内或亲戚好友中相互借用或赠送，有的因为迁徙搬家驮物等故将借来的马骑用瘦了，顶多待喂肥以后再还给马的主人，也有在用完借马之后，按自己的心意，主动送些兽肉皮张给家中缺少劳力的马主人，表示谢意。酬谢的多少由借用一方根据所获猎物的多寡来决定，他们常说，如果酬谢多了会失去帮助的意义。

17 世纪中叶至 19 世纪中叶约二百年间，由于狩猎工具的革新，生产组织规模的缩小，分配方式也随着发生了变化，小家庭经济日益成熟，它们在族外商品经济不断地刺激和影响下，在社会生活的许多方面逐步取代了家族公社的地位和作用。家族公社走到了它的历史尽头。这个时期，鄂伦春人马匹的私有制是随着猎品的私有而处在萌芽的状态当中，正形成于即将脱离家族公社母体的小家庭中。

三

19 世纪末叶以来，一种新的枪支——“别拉弹克”从俄国境内传入了，它比火枪使用要方便，有效射程达二百米，杀伤力较大，从而猎品较前增加了约一倍左右。到了民国年间，先后又传进了先进的快枪和连珠枪，其有效射程达四百米，命中率更高，火枪最终被淘汰了。狩猎小组“阿那格”成为狩猎生产中的主要组织形式。这些变化都有力地促进了鄂伦春族狩猎经济的发展。

新的枪支和弹药的先后传入，当是交换进一步发展的结果。由于清廷年年对鄂伦春族进行苛重的貂皮的勒索，貂的长期乱捕滥杀，致使兴安岭中的貂趋于绝迹。光绪二十六年（1900 年），清廷被迫取消了貂皮贡赋制度，从此鄂伦春人为官方打猎的时间减少了，一些剩余猎品也可以较为自由地支配了。这个时期，继“安达”之后，一些行商和坐商接踵而至，他们之中不少是和城镇里的各商行有直接的联系，所带来的商品种类比“安达”的要多，价格也比较便宜。他们排挤了“安达”，并造成商人之间的竞争。货币开始广泛地使用起来，实物交换逐渐被货币交换所取代，鄂伦春族和国内市场的联系加强了。鹿茸、鹿胎、鹿鞭、鹿尾、熊胆、松鼠皮和狼皮等猎物，在清末民初成为市场上畅销的货物。商品猎物种类的范围扩大，猎民们用作交换的猎品也随之增多了。交换的发展，直接动摇、瓦解着家族公社的经济基础，增加脆弱的、不稳定的狩猎经济对于商品经济的依附性，在这个过程中，鄂伦春族的价值观念及私有观念也得到了发展。

在商品经济的影响下，交换来的商品包括马匹对于他们的生产和生活起了暂时的相对稳定的作用。他们愈发地感到马匹的多少与好坏往往直接决定着猎物的数量与质量，进而影响到交换来的商品，所以鄂伦春族平时特别注重马的交换和繁殖。据一些老人的记忆，清末民初，鄂伦春人拥有的马匹总数是最多的。但是，各户的马匹由于交换的多寡、饲养繁殖的好坏以及自然灾害等因素，其数量总是不相等的。往昔，一些多马户出猎带去的马有时比较多，这并没有影响到猎手间的平均分配，对于“阿那格”中出猎带马多的人，在狩猎结束时，让他们多驮些兽肉和猎品回来，除了分一些给“乌力楞”内的人户外，渐渐地归他们自己食用了；到了后来，一些受到商品经济影响较早较深的黑龙江省黑河等地区的鄂伦春人，将“阿那格”中的猎手和马匹特别是用作运输的驮马折成股，按股分配猎物，这就使得人马多的户能够经常分到较多的猎物，人马少的户相对地就要分得少些，而对于未参加“阿那格”出猎者则分得更少，这样一来，“乌力楞”中的各户生活状况自然就有了差别。“阿那格”中以马匹的多少开始参与分配，标志着按个人分配的因素增加了，这种现象同以往家族公社内不论参加出猎与否以及参与狩猎的马匹的多少，各户皆能平均分得一份猎物的情况，已然有了很大的差别。这种破坏原始经济的不平等因素之出现，促使家庭公社进一步崩溃了。

在商品经济的刺激下，猎民们增多和延长了出猎的次数与时间，成年累月地疲于山林狩猎，每年获得的猎物，约有半数用来交换和偿还“安达”及商人们高利贷剥削的债务。在外族封建剥削关系的影响下，个别马匹多或狩猎技术好的猎人渐渐地感到同“阿那格”集体出猎分配有些吃亏，减少了个人的收入，于是往往利用集体狩猎的空隙，单枪匹马地进行个人狩猎，所得猎物大部分归个人所有。个体狩猎从集体狩猎中渐次地游离出来。清末民初，鄂伦春人各户马匹占有和猎物收入的不等，使“乌力楞”内部贫富的现象不断地显现出来。据这个时期各地区“乌力楞”中各户马匹占有情况的不完全统计：黑龙江省逊克县新鄂村18户鄂伦春人中，有马50～80匹者计4户，7～40匹者计10户，1～4匹者计4户；同省呼玛县十八站13户中，有马70匹者计2户，10～35匹者计7户，8匹以下者计4户；内蒙古呼伦贝尔盟托札明纳门村18户中，有马42～50匹计2户，8～30匹者计9户，1～5匹者计7户。

鄂伦春人认为马多的是富户。这些人在出猎中可以将马轮换使用，这样马跑得快且远，碰到或猎获野兽的机会就多；这些马劳逸均匀，膘长得好繁殖也快，这自然促成了猎品和交换的增多，所以这些人家的生活比较富裕。马少的人户没有这些优越的条件，生活自然要贫苦些。可见马匹的多寡直接影响着各户的生产生活，鄂伦春人用马匹的多少来衡量各户的贫富程度不是没有道理的。

19世纪末以来，鄂伦春人社会中的各种变化，尤其是“乌力楞”内各户以马匹多寡为标志的财产状况的变化，体现了恩格斯说的：“社会制度中的任何变化，所有制关系中的每一次变革，都是同旧的所有制关系不再相适应的新生产力发展的必然结果。”①

四

鄂伦春族马匹私有制的发展主要表现在族内和族外的借与租以及买卖的关系上。“乌力楞”中各户马匹占有的不等，首先造成了族内马匹借用的频繁现象。在发展较为后进的托札明地区，一些少马户临时借马出一两次猎，驮一两次东西或搬一趟家，时间都不长，一般都不给什么报酬。个别无马户借用期多在一两年左右，他们之中大都是等自已换购进了马才归还借马。归还时，常主动送些猎物或布衣、毛巾和酒等物给马主，数量不固定，也可以不给，马主人不会说什么。但是借用无劳力户的马匹，都要择优送些兽肉和皮张给他们，用以维持其生活。这里还可以看到往昔“乌力楞”内互相扶助的古老风尚。可是在发展较先进的黑河地区，借马给报酬的现象却比较普遍。据调查，20世纪30年代瑷珲（今爱辉）县鄂伦春人借马的21户当中，给马酬的有15户，约占借户的3/4；其中有12户给马主一些兽肉皮张和酒，两户分别帮助马主人短期照看马匹和干些打羊草（饲料）的工作，另一户借马两匹使用四年后送给马主人一匹马作为酬谢；没有给马酬的6户，约占借户的1/4，他们和马主人都是近亲关系。其中不难看出马匹一旦成为私有财产之后，它就可能被利用为占有他人劳动或产品的一种剥削手段。

鄂伦春人马匹剥削关系的发展是和他们经常向族外出租马匹的情况联系在一起的。清末以来，大量的关内移民先后来到黑龙江省各地，大小兴

① 《马克思恩格斯全集》第4卷，人民出版社1972年版，第365页。

安岭及漠河金矿的开发，招徕各路商人，马匹成了农业和交通运输上的主要畜力。外族人经常租用鄂伦春人的马匹种地和拉脚，并付给报酬，报酬多少最初不甚固定，由租用者随意给一些粮食或日用品。实物租金是最早的租金形式。它来源于“乌力楞”内马匹借用的猎物报酬形式，为猎民们直接提供了生活的资料，所以，实物租金于这个时期的使用最是普遍，延续的时间亦长。民国年间，由于物价飞涨、奸商盘剥，黑河地区鄂伦春人马匹的实物租金也跟着不断上涨。民国初年，一匹马的月租 30 斤面粉，后来涨至50 斤，到了粮食紧张的伪满时期，有一匹马的月租竟达100 斤粮食的。

黑河地区鄂伦春人的马租还出现了劳役和货币的形式。达斡尔人李景廷曾经租用玛得的马种地，以替他家“打棒子”（砍劈木柴）和打羊草来付租；吴庆春租给汉人一匹马，租期一年，该汉人要用自己的籽种和农具为他家种一垧地的糜子作为马租。

伪满时期，货币租金成为常见的形式，说明了鄂伦春人和市场的联系日趋密切，马租剥削的程度加重了。民国年间，一匹马月租 6 ~ 8 元，之后涨到 12 ~ 15 元。吴开诺等人的马租给汉人种地和驮脚，议定一匹马一天的租金为1 元，月租30 元。货币租金的普遍使用以及按天收租，使得马匹的租用期较以前严格，不像以往按季节或按月份计租那么宽松。租金都是经双方事先议定，也不如过去随便了。较晚出现的马租的劳役及货币形式，它们曾经和实物租金构成了三种形式租金的并存局面。至 1945 年以前，由于社会动乱频繁，物价涨落不定，实物租金在族外逐渐消失，货币租金日趋普遍，而劳役租金实行的并不普遍，它仅出现在个别定居务农的鄂伦春上层人士和某些外族农民进行人马换工的情况下。

族外马匹出租关系的发展，势必波及影响到族内马匹借用关系的变化。由于平均分配制度因马匹私有的发展而进一步遭到破坏，“乌力楞”内的鳏寡孤独户或失去劳力的人平时应得的照顾和周济已不如前，他们不得不经常依靠出借家中闲散的马匹，换取较为优厚的报酬来维持生活，因此这类人户的马匹出借的情况是很普遍的。原先，其报酬数量不甚固定，后来逐渐地比较固定。寡妇张小华家经常出借猎马，借用户或租用户每打到一只狍子都要分给她约一半。有眼疾的吴春雷不便打猎，伪满时他有 15

匹马，他经常和使用他马匹的人一块出猎，做一些辅助性的劳动，双方将猎物对半分成。这些人之所以往往收到较优厚的马酬，因为他们在“乌力楞”中素来都受到全体成员的关心和帮助。实际上，这种逐渐定型了的优厚马酬，已经日益明显地具有剥削的性质，族内的马匹由出借到出租，大概是从这类人户中首先发生的。

20 世纪初，“乌力楞”内租用马匹狩猎以收取猎物的实物租金较为普遍。租用双方对猎获物进行二八、三七、四六或对半分成，其中三七分成较为普遍，即马租占猎获物的三成，租用方得七成。伪满初期，黑河地区的一些“乌力楞”中的马租采用过货币的形式，有将货币和实物各占一半结合使用的，也有将猎品出卖后换成钱双方进行三七分成的。莫福宝租杜宝玉的马狩猎，一次，莫将打获的猎品折合成伪满币约值 1000 元，他就付给杜 300 元的马租；另一次他只获得约值 100 元的猎品，就按比例付马租 30 元，较上次的马租减少了 90%。因此有些人家多愿意将马租给狩猎技术好的人。有的还规定，马租若实行猎物对半分成（实物或钱），租用方如果不慎将马役死或使其受伤，可以不加赔偿。这种设法多获租金的做法，虽属个别，却是前所未有的现象。

从清末到伪满初期，由于历代统治阶级的种种压迫剥削、各种商人的高利贷盘剥以及社会动荡和自然灾害、流疫的频繁侵袭，鄂伦春人的人口急剧下降，猎业生产极为凋敝，猎民的生活异常贫困艰难，他们的马匹总数也随之不断下降。在这段历史时期里，鄂伦春人用马换粮食、饲料、日用品、枪支弹药以及以马来向外族人抵偿债务的事相继出现。在商品经济的进一步作用下，马匹在族内的买卖现象发生了。自民国至伪满 20 多年中，据不完全统计，瑷珲县买卖马匹的 17 户鄂伦春人中进行了 23 起计 40 匹马的交易，其中有 8 起 16 匹马是在族内进行的，约占总交易起数的 35%，占马匹交易总数的 40%。马匹私有制的发展使得“乌力楞”中无代价的役使或馈赠马匹的现象大为减少了。马匹由出借到出租，由赠送到买卖，已经越来越远离其原有的互助意义，越来越具有占有他人劳动的剥削的性质。这一切都不断地推动了鄂伦春人社会内部贫富的分化和阶级的萌发。

特别需要看到清末以来一些和地方官员有一定联系、深受阶级社会影响的个别鄂伦春人的头人，他们的马匹最多，其私有制发展得亦最快。清末民初的统治当局为了固守东北边陲，把鄂伦春人固着在土地上，他们通过这些头人，推行了“弃猎归农”等定居政策，开垦了一些生荒地。带头执行的少数“佐领”① 人物，察觉到农业生产要比猎业收入稳定且有利可图，遂开始定居务农，逐渐从狩猎生产中脱离出来，凭借着职权，常把官方发放的耕畜、犁具和籽种据为己有。他们还把被别人开垦但未复种的许多土地都接收过来，以自己充裕的畜力，年年雇用族内外的许多长短工进行耕种。这种情况于 1937 年伪满统治初期达到了前所未有的程度。黑龙江省瑷珲县鄂伦春人佐领吴音吉善初期只有五六匹马，民国初期发展到 80 多匹。他的马租据说是族内最高的。民国初期他只种了六七垧荒地，随着“弃猎归农”政策的失败，一些曾经一度务农的猎民纷纷离开了土地，入山行猎。吴音吉善就把这些已开荒地占据过来，雇用了一些长短工，又开垦了一些荒地，进行较大面积的农业经营。受雇的群众都是族内外缺乏耕畜、农具和生活困难的贫苦猎民与农民。其中外族农民占了多数，他们大都是为了弥补口粮之不足而前来受雇的，时间在一年或数月左右；族内受雇的猎民多半是一些缺马或无马户，他们常以受雇为代价使用吴家的马匹狩猎，也有一些有生理残疾不便狩猎或生活缺乏依靠的猎民前来受雇。凡是翌年受雇者，皆需要在当年的腊月和吴家订立契约，把受雇的条件写在上面，经双方签字画押以后，方才生效。长工一般在农历正月 15 日上工，为雇主做好备耕工作或操持家务；春耕夏锄结束后，要为东家的牲畜打羊草，准备过冬的饲料，秋收后还要砍劈木柴，准备冬季燃料。此外，加工粮食或看管马匹也是长工的活计，他们一直要忙到年终。所有的农活，都由吴家雇用的外族有经验的农民来安排、指挥和监督。平素雇工们只得到一般的食宿照顾，年终才分给他们一些粮食、兽肉和皮张。吴音吉善平时不从事劳动，家中常年雇有“马倌”“牛倌”“猪倌”“磨倌”和伙夫等人，还雇了一个常年为他打猎的近亲。他家生活富裕的程度是远近闻名

① 佐领：清康熙二十二年（1683），清廷为集中控制大小兴安岭地区的少数民族，设置了“五路八佐”的地方行政机构（以后又有若干变化）。各佐的“佐领”由官方任免，多是少数民族中有威望的领袖人物，其职责：上令下达，下情上报，处理本佐民刑事宜，他们都有一定的但为数不多的俸禄。

的，家中陈设俨然是一个大地主家。到伪满初期，他家耕种的土地达200余垧，有牛20多头、猪四五十口，所产的粮食最多时一年约达40万斤，绝大部分出售，然后购进一些机械化农具。据调查材料，吴家备有割地机1台、洋犁3台、双套马车8辆，每年碾场时还租来打场机等。吴音吉善经济上的变化导致其政治地位不断上升。从民国到伪满时期，他曾先后担任过领催、骁骑校、佐领、山林游击队长、瑷珲县保卫团长、宏户图警察所巡官等职。

上述情况并非吴音吉善一家。原镶白旗二佐佐领吴永福在1937—1938年已垦种了130余垧土地，经常雇用30多个长短工为他做农活。更有个别的佐领依仗其权势向群众敲诈勒索。黑龙江省呼玛县十八站佐领伦吉善，曾利用登记户口和马匹的机会，以“纸笔费”为名，向群众索取灰鼠皮和钱财；每年捕大马哈鱼的季节，还规定佐内每户凡叉满100条鱼者就要向他缴5条。每逢除夕，令其手下的差员朝他的官印磕头，并向他奉送一两张灰鼠皮。上述事实表明了这些佐领和族内外贫苦农猎民之间所形成的这种雇佣的关系，乃是封建社会内地主和贫苦农民群众之间的阶级关系的表现。

鄂伦春人长时期以来处在民族的、阶级的压迫、剥削和统治的层层包围之中，他们曾经经历过清朝政府、封建军阀和地主官僚的统治，以及日本帝国主义的殖民统治。历代的统治阶级先后培植和利用了鄂伦春人当中个别的上层人物，以国家机构的行政权力及措施，采取委任或“加封”佐领这种封建的、半殖民地半封建的统治制度、形式与办法，找到他们的代理人，通过这些代理人对全体鄂伦春人进行统治，这就促使了鄂伦春人社会中少数领袖人物蜕化为剥削分子，他们渐次地脱离了本民族的群众，成为当局统治工具的一分子，从而势必会影响或者加速了这个社会内部的分化，促使阶级的产生和形成。在我国边疆地区的一些处在原始社会末期的少数民族中，我们都可以找到大致相似却程度不同的情况。

综上所述，19世纪末期以来，鄂伦春人马匹私有制有了比较长足的发展，但是各地区的情况是不平衡的。内蒙古托札明一带鄂伦春人的马匹出租情况还不甚普遍，他们处在大兴安岭的腹地，受到外界的影响相对要少一些，这里尚保持着在一定限度内的集体狩猎和大体上维持着平均分配的传统习俗，其私有制还发展得不很充分，可是在黑龙江省黑河地区的鄂伦春人当中，马匹在由出借到出租到买卖的过程中，其私有制有了比较明显的充分发展，特别是在个别的佐领人物当中，阶级的剥削和压迫率先在这里形成了。

五

鄂伦春族马匹私有制的发展，还具体生动地反映在他们对于财产的古老观念已经发生了不小的质变。

鄂伦春人的财产主要是动产——马匹，以个体家庭所有为原则。享有财产优先继承权的首先是嫡子，其次是同氏族中血统最亲近的人，一般异姓氏族或妇女没有财产继承权。

男女订婚时，女方要向男方索取一定数量的马作为彩礼。订婚后，如果女方先行推翻婚约，须将彩礼悉数退还给男方；双方离婚，若是先由男方提出，女方同意，女方可不退还彩礼，并能分得男方家产的一半，主要是马匹；倘若是先由女方提出，男方同意，女方要退还彩礼的一部分，但是她可以带走自己的嫁妆，即少量的马，嫁妆的马在夫家繁殖的马匹却不能带走；年轻的寡妇想改嫁，若婆家不同意，新婆家可以实行抢婚，原来的婆家可将抢亲的人带来的马匹择优选留，他们有权取得比一般彩礼多一倍的马匹；一些马匹较多的人，妻子死后，可以用优厚的彩礼连续再娶，不受舆论的限制。鄂伦春人在财产继承、结婚时的彩礼和嫁妆、离婚与再嫁再娶时种种补偿的规定中，都指的是马匹，这正是马匹沦为私有财产之后的结果。

为了有利于家庭或氏族的持续再生产，本家庭或本氏族总是尽可能地防止将属于自己的财产转移到别的家庭或氏族的手里，于是在鄂伦春人古老的氏族习惯法中出现了维护马匹私有的内容。例如，对于盗窃马匹的处理，偷马至 4 匹以上被发现者，若拒不承认要处以死刑，若承认并将马匹如数归还，就算完事；如果家中有足够的马还偷盗别人的马，要加重处罚；如发现偷马者已将马匹卖掉，失主不仅要他还马，还要他赔偿寻马的一切费用开支，如果对方不承认不偿还，就需要到官方去解决。此外，用马匹解决族内纠纷的：若双方斗殴，一方致死，一般不偿命，可用马匹来抵偿；若枪走火或酒醉打死人，按死者家庭情况赔偿5～10匹马；蓄意杀死外氏族的成员要偿命，倘若双方有亲戚关系，经双方氏族长“莫昆达”的磋商，可用马匹抵偿，通常是10匹以上。

氏族习惯法中的这些新内容，生动地反映出马匹成为私有财产以来的各种新的社会现象，以及周围的阶级社会在价值观念方面对于他们的深刻影响，这同往昔鄂伦春人社会不知偷盗为何物的情况相比较，已然有了极大的变化。正是这些历史性的变化才使得鄂伦春人马匹的私人占有在氏族的习惯法中获得了确认与保护，让它在传统的公有制的地盘上取得了合法的一隅。马克思说：“只是由于社会赋予实际占有以法律的规定，实际占有才具有合法占有的性质，才具有私有财产的性质。”①

六

19世纪末以来，在鄂伦春人的“乌力楞”中，无论是在狩猎组织、分配方式、交换关系以及马匹私有制的发展等几个方面，都已经充分地具备了地域公社的主要性质与特征。以血缘性质为特征的家族公社已经全然解体了。随着各个小家庭狩猎活动区域的不断扩大以及逐渐形成的交错杂居状况的出现，以往家族公社所具有的“强韧然而狭窄”的血缘纽带关系被彻底地分裂和削弱了，各“乌力楞”中的成员可以自由地加入或迁出，遂成惯例。各地的新老“乌力楞”中渐渐地形成了不同的血缘关系的人们之间的新联系，由各个非血缘关系联系起来的小家庭自由结合而形成的地域性的狩猎公社在各地普遍出现了，从此，“乌力楞”这个词在鄂伦春人的观念里有了新的含义，它是指住在一起的几户人家，或称做“埃勒”，具有村屯的意思和地域的意义，它完全不同于过去始于一个老祖父的数代子孙的“乌力楞”。正如马克思在论述农村公社特征时指出的，它是“自

① 《马克思恩格斯全集》第1卷，人民出版社2008年版，第382页。

由的、没有血缘联系的人们的第一个社会联合组织"。①

马克思在论述农村公社特征时还指出："农业公社既然是原生的社会形态的最后阶段，所以它同时也是向次生形态过渡的阶段，这就是说，它同时也是由建立在公有制上的社会向建立在私有制上的社会的过渡。"② 19世纪末以来，在猎场始终属于公有的情况下，鄂伦春人狩猎组织与分配方式上，占据着主要地位的"阿那格"和处在个别地位的个体狩猎以及在一定范围内的平均分配制度，构成了这个社会全部的狩猎生产关系。内中既包含有逐渐减少的公有制的部分，也包含着逐渐增多的新兴的私有制的成分，这种狩猎生产关系中的矛盾着的二重性，构成了鄂伦春人社会由传统的公有制向私有制过渡的地域公社的基本特征。

农业民族的农村公社在所有制方面表现出来的二重性，主要是土地（森林、牧场、荒山及河流湖泊等）的不同程度的公有，耕地在公社成员之间定期分配，各户的房舍、庭院、生产工具、牲畜及产品的不同程度的私有。但是，鄂伦春人的地域公社具有某些因狩猎经济活动而造成的特征。具体表现在公有制占主要成分的猎场，不太可能在各个"乌力楞"或各户中进行定期的分配，甚至沦为私人占有。这是因为人们终年随着季节的变化和野兽的游动而过着迁徙无定的游猎生活，土地、房舍和庭院的定期分配或私有对于到处游动的猎民们来说是没有什么必要和实际意义的。鄂伦春人的私有制部分，主要是马匹、枪支弹药、部分商品猎物和其他一些交换进来的生活资料。其中，枪支和马匹不同，枪支比较容易换购，几乎每个猎手都有，而且一支枪可以使用很长的时间，如果用坏了，一般自己也能修理，因此不存在占有大量的枪支用来出租的可能性。马的交换价值高，能够繁殖，受天灾人祸的影响较大，尤其是在狩猎过程中，马的多寡与好坏直接影响着猎物的捕获、驮运和分配，进而决定着交换来的物品的情况；马匹还能够租借，取得租金和报酬，马匹的直接参与影响着猎民们的经济生活，构成了私有制当中主要的也是关键性的部分。

鄂伦春族马匹私有制的产生与发展虽然促进了社会的贫富的分化、剥

① 转引自《史学译丛》1955年第3期，第21－22页。

② 同上书，第22－23页。

削关系的发生与形成，然而，我们不能不看到这种多是限于动产方面的私有制度的发展是相当曲折和缓慢的。这是在于单一的、发展低下落后的狩猎经济所起的长期阻碍和延缓作用的结果，主要表现在下列的三个方面：

（1）作为生产资料的猎场公有制一直占据着统治地位。由于野兽出没隐藏的地方少有固定，鄂伦春人在一年之中经常需要根据季节的变化和各种野兽的活动规律作不断地迁徙游荡。大小兴安岭地域辽阔，鄂伦春族人口稀少，猎场不可能也无必要在各氏族或部落之间划分范围进行分配，更不可能沦为某一“乌力楞”或某些家族私有。这可能是阻碍鄂伦春族社会及其私有制发展的主要因素。

（2）近半个多世纪以来，鄂伦春人的狩猎生产虽然有了不少的提高，但是这并不能导致猎获物的相应增多。随着大小兴安岭的开发，人烟日稠，加之过去长期以来对野兽无限制的捕杀，兽源日趋枯竭，不少动物甚至绝迹，这势必造成了狩猎生产的困难。欲经常获得猎物，还得依靠集体的力量出远猎，扩大狩猎区域。特别是在猎取经济价值高的鹿茸等比较复杂的狩猎项目中，少马户和多马户经常组成“阿那格”同出远猎。这种集体的协作，正是落后的猎业生产中个人软弱无力的表现。个体狩猎虽然已经从集体狩猎当中游离了出来，可是狩猎生产向来丰歉无常，个人每次出猎不能保证都有收获，为了保持“乌力楞”中每个成员最低的生存需要，兽肉或部分商品猎品在“阿那格”或“乌力楞”中一定的范围内的平均分配以及全体“乌力楞”人集体餐食兽肉的遗风，依旧起着一定的作用。这可能是阻碍鄂伦春族社会及其私有制发展另一因素。

（3）商品经济的发展，使各户都拥有自己换来的马匹，无马户总是较少的，他们经过一两年的狩猎，积累些猎品也可以换购进少量的马。此外，族内外马匹的租用期大多数都不是很长的，这就使得一般的马主人不可能仅仅依赖马租的报酬来生活，他们可能要比其他少马或无马户的生活稍好一些，然而同样需要参加经常性的狩猎活动。近 50 多年来，由于社会动乱和自然灾害，鄂伦春族的人口和马匹总数逐年下降，马匹的繁殖率很低且不稳定，不少的多马户在短时期内迅速降为少马户或无马户，“乌力楞”中各户马匹占有的悬殊不等的现象受到了制约，这在客观上延缓了鄂伦春人贫富的进一步分化与马匹私有制的发展。

20世纪50年代以前，从整个鄂伦春族社会发展的历史趋势来看，其私有制度是限于一定的范围内迂回曲折地向前发展着，一点一滴地侵蚀和动摇着公有制，使它步步向后退缩，作为主要的生产资料的马匹私人占有制度已经确立。在外界的影响下，鄂伦春人社会里曾经个别地出现过农业雇佣的剥削关系，但是这种雇佣的关系并不稳定，因为在那段时期里猎民中从事农业生产的为数很少，绝大多数仍以狩猎为生，尚未出现被束缚在土地上的雇工对于雇主的人身依附关系，雇主对雇工的强制性和超经济剥削的现象还很少，还没有形成那种如发达的封建社会内阶级普遍对立与对抗的状况。20世纪50年代以前，鄂伦春人的地域性的狩猎公社组织已经濒于解体，它正踏上径直向封建社会发展的历史道路。

20世纪50年代前，鄂伦春族曾经处在人类社会发展的原始社会的末期，这个社会曾经体现了人类在遥远的原始公社时期所具有的某些共同的社会与文化的特征。但是，这个社会绝不是还孤立闭塞地存在于人类社会早期发展的上古时代，它是处于越过它本身好几个社会发展阶段的封建的、半殖民地半封建的、资本主义的乃至社会主义社会的重重包围之中，这就必然消除了这个社会形态的任何孤立发展的可能性，而不得不时刻接受着外界的阶级社会给予它的种种深远影响，和它们保持着千丝万缕的联系。我们应该充分地看到和考虑到近百余年来在鄂伦春族社会中所产生和发展变化着的各种新的事实，方能比较正确地揭示出鄂伦春族私有制产生与发展的某些规律性的现象及其社会的性质。

（原载《历史研究》1965年第2期）

当代刀耕火种试析

“刀耕火种”或者称作“垦烧游耕”，是历史上从事游耕农业的祖先们留下的一份文化遗产。直到当代，我国西南边疆山区的一些兄弟民族，世代靠着这份古老而菲薄的遗产生活，日子愈过愈穷，路子愈走愈窄，与现今的社会生活的差距似乎越来越远。不能说他们不愿意改变这种落后的现状。由于自然的、历史的、社会的诸多原因，云南省的山区占全省国土面积的96%，滇西北和滇西南的边疆山区，几乎成为保存这种原始耕作传统的最后王国。粗略地估计，全省大约有10余个山地民族，也包括少数的汉族，百余万人还不同程度地依赖于刀耕火种、毁林开荒，解决年复一年最为紧迫的温饱问题。据德宏傣族景颇族自治州农业局20世纪80年代中期的资料，该州境内约有15万人还在从事刀耕火种，约占全州总人口的19%，每年毁林烧山种植粮食的面积达6万余亩，约占全州总耕地面积的4%，其中毁森林种粮食和耕地不固定显得特别严重的约有8万余人。

刀耕火种之所以能够跨越了那么多的历史阶段，经历了如此漫长的岁月而延续至今，除了南亚热带和亚热带独特的自然地理条件外，刀耕火种实是这些山地民族文化历史传统的一个重要的组成部分，而贫困山区长期面临的粮食压力以及耕作技术条件之落后，则是它得以存在的重要原因。20世纪50年代以来，政府部门采取过许多措施，以改变这种异常落后的耕作方式，成绩虽然不小，然而刀耕火种至今仍未绝迹，有的地方竟有所发展，这就不能不引起重视了。深入研究这个问题是必要的。我以为，一方面应详细研究族群文化的特点及其演变的情况，另一方面大面积地普及农业科学技术刻不容缓，不是仅仅把有关条件送到当地人们的手上了事，而是定要让他们学会掌握使用这些条件的知识和技能，这方面是有很多工作要做，也存在很多教训的。20 世纪 50 年代初，政府曾经在这些边疆山区设立了许多文化工作站，在大片的游耕地段上为了固定耕地，有些地方的工作站为当地人无偿地开辟了茶园，种植了大量的茶树，但是工作队没有将种茶的技术留给群众就撤走了。待到 80 年代中期，我到这些地方时，茶园早已荡然无存。一些老人还记得有这件事情，许多年轻人根本就不知道。这些老人们说，他们从来就没有从茶地上得到过任何的益处！本文结合近年来的田野调查，试图对刀耕火种作一点肤浅的分析，以便使同行们都能关注这类现实问题的人类学调查研究。

一

刀耕火种是一种一年一次砍林烧山、多年抛荒、广种薄收的掠夺性农业生产方式。它的严重后果是直接破坏了生态环境和耕作的条件，长远的后果却是严重地束缚着一个民族社会的发展。有的同志不同意我的这个意见，记得在一次地方性的会议上，他们说，因为本地的气候温暖雨量适中，砍烧掉的树林很快就长起来了，而且长得茂盛，云云。实际上，这种野蛮粗放的耕作方式同往昔山地民族落后的生产力水平和低下的耕作技术以及简陋的生产条件相适应，从而造成了他们滞后的生产方式，形成了一种文化传统，这长久地影响了他们的社会和生活水平的提高。

当代的刀耕火种同历史上的还不尽相同。如今的社会环境与社会条件不一样，人口密度和土地使用方式已然不同，特别是生产关系与生产手段已经大为改进。据知，有些地方竟然使用化学燃剂诸如煤油、柴油或汽油等助燃。位山民在火烧地上对我讲：“烧山要烧透才好，一来灰肥多，二来以后杂草长得少。”但是，他们用了化学燃剂以后致使土地板结，极大地破坏了土壤的结构，山林土地的破坏程度更为严重和深远，对于这一后果，他们似乎并不在乎。

当代还在实行刀耕火种传统锄耕农业生产方式的一些民族中，为了多取得耕地上足够的草木灰做肥料，有的开始使用汽油、煤油或柴油一类的石化燃料助燃，以便烧透耕地上的草木。这种在原始农耕过程中加进化工物质造成土壤板结并把土壤中的许多有机体都杀死的做法，对于环境和生态系统是十分有害的。大自然有着精致的平衡能力。自然界中的“养分主要储存在活的动植物体内，在它们死后能够迅速和有效地循环”。自然生态系统保留能量循环表现在其自身的自我调节机制之中，而石化燃料的使用，不适合自然生态系统的循环，并且严重阻碍了这些循环。①

砍烧一片山林，无须复杂技术和多少生产成本。边疆山地民族于每年春节过后即行“砍山”，经晾晒、焚烧，清明前后播种，届时全家人或在其他家族成员参与下一齐动手，既种杂粮又间种或套种瓜、豆、薯类、蔬菜或麻等作物。20 世纪 50 年代以前，多数还种植过罂粟（鸦片），用以同坝区交换粮食或日用品。一般的年成样样都得种，其中旱粮和酿酒用的粮食特别重要，所谓“人要吃，鬼也要吃”，指的是一些山地民族传统的宗教祭祀活动，必须要用旱地作物及其酿造的酒作为祭品。他们认为，一把火能够长出这么多的东西来，称这种火烧地是“百宝地”。其实，刀耕火种向来以旱地杂粮为大宗，而杂粮中又以旱谷、小米、荞和玉米占多数，这是山地民族最为重视的农作物，它们主要是依靠刀耕火种的方式获得。

二

刀耕火种对于自然界生态环境、自然资源毁灭性的破坏可以从近年云南省德宏州的一份工作报告②中看出。云南省盈江县铜壁关区紧邻缅甸，是个以景颇族（大山支系，三千余人）和汉族聚居为主的山区。1960—1983 年期间，平均每年用刀耕火种方式生产的旱粮产量约占全区粮食总产的 20% 左右，约 52.42 万斤。旱粮的种类主要有旱谷、龙爪稷、粟和饭豆等。因为单位面积产量低，每年种植旱粮作物时一般都要砍伐 8～12 年生长的季雨阔叶林大约三千亩左右。若以每亩木材积 5 立方米计，每年毁去木材

① ［美］约翰·博德利:《人类学与当今人类问题》，周云水等译，北京大学出版社 2010 年版，第 135、136 页。

② 许本汉:《鼓励开荒造田是改变刀耕火种的有效途径》，德宏州经济研究所编印《经济信息快报》1984 年第 10 期。

当在1.5万立方米，换言之，即每产出35斤旱粮，就要毁去1立方米的树木；再以每立方米的原材价格69元计，全区每年因为刀耕火种损毁的积材值约为103.5万元；再换句话说，每百元的木材产值效益，只能换取265斤的粮食，而每亩地的经济效益（粮菜和经济作物）充其量只不过百元上下。

刀耕火种后的山林土地，土壤即被破坏，水土流失加剧，其恶果当年就显露了出来：即每亩平均侵蚀厚达1.86厘米，损失有机质1320公斤、全氮62公斤、速效磷1.1公斤、速效钾11公斤，这相当于317公斤的硫酸铵、6公斤的过磷酸钙、18公斤的氯化钾；如果开垦20度以上的坡地，则每年一亩地要流失约24立方米的表土、450立方米的水。盈江县是德宏州土地面积最大的一个县，刀耕火种最严重，每年雨季的七八月份也是山洪暴发泥石流灾害最为频仍的时期。我们知道，在一般的情况下，土壤是靠母岩的风化才能得到补充，但是在自然的条件下土壤形成的速度极为缓慢，大致要经过300多年以上的时间才能生成2.5厘米厚的土壤，若是形成一米厚的土层，则需要一万多年以上的漫长时间。仅此一端，就足见刀耕火种对于自然条件的破坏是不可估量的。森林减少甚至没有了，鸟类的命运也就可想而知。据有关部门测知，全国的鸟类约有700多种，其中仅云南就拥有近300种，堪称是鸟的王国，可是一些边疆山区的老者却对我说："我们这里的雀鸟越来越少了，傣家的金孔雀都飞走了！"

然而，学界有的同志却提出"山区民族在历史上一向有有序地游耕以确保山区生态平衡的传统耕作方式"观点，认为"在目前个别地区尚不能完全禁绝刀耕火种（仅限定在小范围内）的情况下，有序的游耕传统还有一定的参考价值"。作者想要说明的观点是"要运用民族学的知识使生产力的进步同不同民族地区的文化传统相适应"①。我认为这个观点是很值得商榷的。第一，请认真地听一听那些生活在基层的农业科技人员对于这个问题他们是怎么认识的，也要多看看其他文化生态学家们是怎么论述这类问题的；第二，我们必须要看到这样的事实，历史上山地民族的游耕活动是在人口相对稀少、土地面积相对宽广的情况下进行的，但是这种情况今

① 林耀华等：《中国民族学的回顾与展望》，《社会科学战线》1985年第1期，第212－213页。

日早已不复存在了，边疆的人口密度大增，而且各处的山林土地都已分级分片地划归国家、集体和个人负责或承包，能向何处去“游耕”呢？这种“有序的游耕传统”又能如何进行呢？至少从当前的实际出发，这种意见本人实不敢苟同。

20 世纪 80 年代的中国西南边疆山区若是再让刀耕火种长时期地延续下去，其后果不堪设想。整个地区农业生产的系列条件越发恶化，山地农业生产恶性循环愈加难以摆脱。一块初耕的火烧地只能种植一两年，第二年其土力锐减产量极低，就得放弃，另择地砍烧耕种，被抛荒的土地总要间隔 8 ~ 10 年，待地上的植被复又茂密后再行二次砍烧耕种。20 世纪 50 年代以来随着山区人口迅速增加和粮食压力加重，用毁林开荒或刀耕火种方式开辟的非固定旱地，面积呈不断扩大的趋势。仅以德宏州盈江县盏西区普关乡景颇族（载瓦、茶山支系）聚居的大寨典型调查为例，1953—1983 年的 30 年中，该寨的水田面积只增加 1. 7%，而以刀耕火种开辟的旱地面积却增加了 42. 5%，刀耕火种从未间断过，造成这个寨子的水源几近断绝，全寨 200 余人和牲畜饮水很困难。现据云南省民族研究所 1984 年的一项研究报告①分析，并加上我的意见是：

（1）种旱地一般比种水田要多费工约 25% 左右，而旱谷的产量却比水稻低 40%，但旱地农业成本仅为水田的 1/9 左右。在一般的情况下，种植中等产量的水田要比种旱地每个工少收入 0. 19 元，即是少 46%，如种低产水田，则每个工的收入更少。这笔账多数群众都会算。大寨的水田全是山间梯田，土壤较贫瘠，农田基本建设亦差，大多数是中低产水田，加之当地政府实行旱地定产不定面积的做法，促成了山民们争相扩大旱地面积，人们把主要的精力和时间都投向了大面积的刀耕火种旱地上，水田的耕作和管理始终难以提高其水平，各家宅地四围宽阔的园地也任其荒芜而不顾。还有一层原因值得注意，这里的山地民族历来习惯食用旱谷，祭祀也用它，觉得它“香甜又出饭多”，水田推广的“南京 1 号”等稻种，虽然产量高，却很难吃，他们多数都交售给国家。重旱地轻水田的传统倾向

---

① 王筑生等：《盏西区大寨 30 年变化剖析》，载《民族调查研究》专刊第 2 集，云南省民族研究所编印。

在这些地方的表现是突出的。

（2）刀耕火种年年把群众禁锢在极其狭窄的自给性的自然经济领域里，平时主要忙于粮食生产。当地农民说："一年到头在地里滚爬，为的是这几颗粮食！"然一年的辛劳往往不能完全解决当年的温饱，不可能开展粮外的开发性扩大再生产以及多种经营，这对于解放思想、开阔眼界、吸收技术、调整山区农业生产结构、发展山区的商品经济和较快地提高山区各民族生产生活水平等，无疑起着严重的阻碍作用。

（3）刀耕火种的主要的特点是靠天吃饭、广种薄收、粗放经营，这同当代农业生产讲究科学技术和经营的效益是不相容的。一方面，随着森林植被大量的不断被破坏，地力不断递减，生产条件日趋恶化；另一方面，随着山区人口迅速增加，粮食的压力越来越大，生产者越发只顾眼前的局部利益而无视也无条件考虑长远的整体利益，越发不断地扩大砍烧山林的面积，轻水田重旱地的倾向更为突出，长此以往，越穷越是毁林开荒，越开荒就越发贫困，边疆山区的农业生产就势必陷入恶性循环之中了。

（4）据调查，云南边疆的一些山地民族迄今保存的许多落后的习俗，大都同刀耕火种的生产生活方式相联系。我们发现，什么地区刀耕火种严重，那里的落后习俗就比较盛行。轻视科学文化教育，重视迷信祭鬼，不相信优质良种，不习惯精耕细作经营，实行抢婚和原始性的平均分配，甚至于出现了不少的肇事、闹事等民族陋俗，这些曾一度在盏西地区的社会生活中非常突出。

三

云南边疆山区的民族经济、文化教育、科技推广和社会发展，山区生态环境的保护和资源的开发利用等，都要涉及刀耕火种的问题，都同刀耕火种造成的后果形成越来越尖锐的矛盾和对立，倘若再不采取紧急有效的措施，尽快杜绝这一状况，边疆山区的开发建设和脱贫致富将难以进行。我们初步的考虑是：

从有计划、有步骤地进行固定旱地工作入手，对于超过20度以上的坡地要坚决退耕还林还牧；政府部门应逐年准备一定的资金和设备，用来加强农田基本建设，保土、保水、保肥和保植被覆盖，不断地改善农业生产条件，从科学技术上解决土壤肥力下降和普遍的草害问题。调整种植结构，推广适宜当地作物的优良品种。需要指出，这里不是要山民放弃原有的旱地作物品种，特别是旱谷一类，它们是值得重视的山地族群传统文化的一部分。为此，要因地制宜地解决旱地作物良种选育和推广问题。用当地族群比较习惯的示范形式，制订一套行之有效的旱地科学操作程序和技术规范，努力提高耕作技术水平，增加单位面积的产量，这需要加大对旱地农业的投资，从根本上解决固定耕地的问题。上述工作必须要用特殊的政策措施加以确保执行。各级政府部门必须加大对边疆山区农业的投资，以必要的低息农贷与物质奖励等办法，大力提倡固定耕地、造田造地，逐步地放弃游耕的方式。经验告诉我们，这不是一种游击战或突击性的运动，而是一项关系着子孙后代改变传统生产方式的长期而又艰苦的工作。其中干部是关键。需要提高山区各族干部职工的文化素质，适当扩大山区干部的指标，注意改善他们的工作和生活条件，提高其福利待遇，稳定山区人才；号召各行各业支援山区工作，从政策上、物质上鼓励农业科技、教育卫生、财贸金融和行政管理等几个方面的人员分批分期上山，划定地区、明确责任，解决实际问题。德宏州已经取得了一些初步的经验和良效。

梁河县固定山区耕地有成绩。1982 年在县科委和县农业部门的具体帮助下，实验种植旱谷丰产样板田 132 亩，平均亩产 472.3 斤，比刀耕火种旱谷每亩增产 105.8 ~ 291 斤，增产 38% 或一倍；1983 年又种植旱谷丰产样板 1000 亩，平均亩产 365.6 斤，比一般旱谷每亩增产 140.8 斤，增产 62.6%。潞西县（今芒市）德昂族聚居的三台山（海拔 1100 ~ 1355 米），1983 年在州农业部门积极的帮助下，种植了旱谷丰产样板田 605.6 亩，平均亩产 411.3 斤，比上年每亩增产 200.3 斤，增长 94.9%。其主要的技术措施在于：固定耕地、精耕细作、因地制宜、推广良种、适时播种、合理密植、施足底肥、看苗追肥、加强管理、勤锄杂草，以及及时防治病虫害等。一些群众和干部乐观地说，只要经常有人来指导，就能提高单产和总产，如果现有的旱地旱谷每年亩产都能稳定在 300 斤以上，固定旱地的工作就有了保证。

盈江县铜壁关山区与缅甸山水相连，此地水源条件较好，可是荒地较多。1981 年以来，该区以开荒造田、增加水稻为主的粮食产量在全年产粮中的比重，来逐步减少刀耕火种的做法，很有参考价值。1981 年德宏州州委州政府通过宣传教育，规定山区农民每开一亩水田，政府补助 30 元。全区 27 个农业社都有人响应开荒造田，而且做到了当年开田当年栽种水稻取得收益。大浪速农业社有 36 户人家，1981 年以来有 16 户坚持年年开田，占该社总户数的44%，至1983 年已垦种84 亩，人均0. 83 亩，当年共生产粮食 53180 斤，每户平均生产 3323. 8 斤，其中 78. 7% 是稻谷，有的人户还在水田上复种了黄豆。据了解，这 16 户人家在未开水田以前，几乎年年的粮食都吃不到新粮下来就要跑到境外去买粮食。这个农业社于 1983 年多数人占有粮食都在 500 斤以上，有少数人超过千斤，从而停止了毁林砍烧种植旱谷的传统做法。他们多是凭自家的力量开垦水田，也曾利用农村闲散劳力请工代垦。这 16 家的生活状况有了改善，对于周围的群众产生了较大的影响。这三年，政府以 12000 多元的奖励，开垦了 431 亩水田，亩产水稻一般为 350 斤，总产 135590 斤，折合人民币 15592 元。如果将 431 亩新开的水田视为能减少相同面积的砍烧地，仅以此面积的木材价值计算，约为 148695 元。从经济效益讲，垦殖水田，对于增加粮食产量、保护山林生态环境和自然资源等方面，是很划算的，从整个社会长远的效益来看，保护环境，维护生态平衡，对于工农业的发展以及社会进步的积极影响，那就是难以估量的了。但是，也有的山区因为种种问题，不能坚持落实此项政策，开荒造田和固定耕地的工作半途停顿了下来，那里的群众说："政策再好，不能坚持兑现也是白搭！"

由此看来，革除边疆山区各民族千百年来刀耕火种的传统旧习势在必行。山区盛行刀耕火种，主要是在于粮食问题未能彻底解决，如果粮食生产能够达到自给有余，刀耕火种就会失去其存在的必要性。可见刀耕火种始终是同粮食问题密切联系在一起的，尽快解决好边疆山区的粮食生产的问题，实在是当前的一项十分紧迫的工作。

20 世纪 80 年代边疆山区工作是多方面的、大量的、复杂的，也是很艰巨的，刀耕火种只是其中的一个问题。边疆地区的开发和建设已经提到日程上来了。正是因为在这里世代居住着那么多的兄弟民族，民族学工作者面对这个历史性变化的时代，如何把我们的知识奉献给边疆地区的社会主义现代化建设，这确乎是值得我们认真思考和努力实践的。

（原载《民族研究》1986 年第 5 期）

云南盏西地区民族融合初步研究

本文记述了云南省德宏傣族景颇族自治州盈江县盏西区（今盏西镇，下同）有关民族融合的情况，侧重于景颇族聚居的边疆山区——普关乡小崩冬村汉族融合到景颇族中的情形。通过对该村的个案调查与分析，以便使读者了解民族融合过程中的一些具有普遍性的问题。

一、地缘社会背景

盏西区位于交通不便的盈江县西北角，西边有 62.5 公里的国境线同缅甸克钦邦接壤；东与东南边和腾冲、梁河两县相连，这两县以汉族居多。历史上境内外东西两边的经济、文化对于盏西地区的影响较大。该地区 1036.8 平方公里，历来是各民族你来我往、交错杂居的地方。傣族、景颇族、汉族、傈僳族是这个地区的四个主要民族。

据 1984 年上半年对全区 197 个自然村的统计：

表 1

合　计	户	5796
	人	36379
傣　族	人	15970
	%	43.9
景颇族	人	11014
	%	30.3
汉　族	人	7150
	%	19.7

续　表

傈僳族	人	2149
	%	5.5
其　他	人	96
	%	0.3

盏西区傣族最多，居住在北南流向的槟榔江两岸不大的冲积平原或山边谷地，以种植水稻和甘蔗为主，信仰南传上座部佛教，其经济文化和生活水平在当地相对较高；景颇族人户次之，主要是“载瓦”（俗称“小山”）和部分的“茶山”及数量不多的“浪速”支系，分布在槟榔江东西两侧的山区，海拔高度约在1500米上下，经营旱地和水田，原始宗教与基督教两种信仰并存；汉族人户占第三位，部分聚居在盏西坝区的关上和中义村，大多数集中住在靠腾冲县境一侧的东山地区，少量住在西山地区，以村寨为单位同景颇族比邻相处。坝区汉族以种水田为主，山区汉族以种旱地为多，大多数信仰佛教；傈僳族人户最少，多散居在海拔1500米以上的山上，少数聚居在一个村寨，或者以一个杂居村的一隅与景颇族杂处，多以旱地种植为生，交通不便，生活艰苦，绝大多数信奉基督教，因为宗教信仰之不同，似乎同其他民族的交往不太多。

20世纪50年代以前，盏西地区长期属于腾冲县管辖，深受腾冲汉族经济、文化的影响。铁质工具等生产资料和生活日用品多是从腾冲传入；汉商和手工匠人常年往返其间；景颇族妇女历年嫁给腾冲汉族的不计其数。这一带各民族的经济活动一直依赖于腾冲这个集散地。那时盏西地区的傣族景颇族都已经进入封建地主制经济的社会，但傣族土司和景颇族山官制度的残余却延续到20世纪50年代。今天这里的各个民族在文化习俗与心理素质方面，基本上还保持着各自的传统。

二、普关乡情况

普关乡在盏西区的西部山区，属于高黎贡山南麓之余脉，海拔高程约在1500多米，景颇族中的“载瓦”和少量的“茶山”支系集中居住在现有的10个自然村里。清嘉庆年间，这一带住有傈僳人，称之为“熊家山”，道光初年从缅甸迁来的载瓦人李姓家族，用一箩银子从傈僳人手中买下了这片山地，遂定居于此。李姓开山寨主系一马帮头子，道光三年（1823年）殁，葬于大寨。20世纪50年代初，此地改称“李家山”。据1984年5月统计，该乡的10个自然村中景颇族人户占了绝大多数，傈僳族次之，汉族最少。见表如下：

表2

合计		景颇族			傈僳族			汉族		
户	人	户	人	%	户	人	%	户	人	%
241	1478	200	1244	84	34	213	14.4	7	21	1.4

50年代以来，该乡上述3个民族之间通婚的有7个自然村、计24户，占总户数的10%，其中景颇族同乡内外汉族通婚的有20户，同傈僳族通婚的有3户，同山下乡外傣族通婚的有1户。以景颇族妇女嫁给山区汉族的为多。双方婚姻在彩礼方面，景颇族女方要的不多，一般是一头牛马的价钱，有的甚至可以拖欠，而汉族嫁女要的彩礼较多，有彩礼不送完姑娘不出门的习俗。景颇族妇女能吃苦耐劳，顺从丈夫，这是汉族愿娶景颇族女子为妻的主要原因。但是坝区的汉、傣族妇女极少嫁给山上的景颇族，因为她们不习惯山区的生活环境。傈僳族要的彩礼是最少的，长期以来他们习惯在本民族内部通婚，他们全体都笃信基督教。

三、小崩冬村的阎、姜两姓

汉族同景颇族载瓦支系通婚较突出的是距乡政府大寨半公里的小崩冬村。该村有33户、197人，其中汉族7户，常住18人，占该村总户数的21%、总人口的9.1%，主要是阎、姜两个家族。1982年全国人口普查时，这两姓的上代人均报汉族，其下代人都报了景颇族。

20世纪50年代以前，普关乡的汉族集中居住在小崩冬村，曾经有王、唐（两家是姑舅表亲）、阎、李、刘、林、姜诸姓人户，后来附近的景颇人不断地迁来这里，汉族居住处称“下寨”，又叫“汉人寨”，景颇人居处称“上寨”，50 年代以后，两寨合一，景、汉两族人户插花混居。因为此地山上的山泉终年轰鸣，故取名“小崩冬村”。当年汉族各户来此，曾经向景颇人的山官要了土地，汉人帮助过景颇人开地建房，景颇人向汉人学习农耕技术，每逢婚丧节庆互作邀约，其间，王、阎、刘、唐几家都同当地的景颇人通婚。后来的岁月，景颇人内部支系之间发生过械斗，有一些汉族人户同景颇人发生过摩擦，汉族人户先后迁往他地，此地仅留下汉族阎、姜两姓人户。

据阎姓族谱记载（至 19 代人），祖籍原系山西太原，祖先阎虎天、阎虎地、阎虎山是三兄弟，落籍于云南的这支人的始祖为阎志存，字虎山，曾是河南省开封府阳武县大槐树高克头人。明洪武十八年（1386）他以“千总”职从沐英远征西南，转战永昌腾越、邑蒲和云龙等地，永乐十一年（1414）殁；其子阎胜升以“千户”职随王骥征伐麓川等地；至第 19 代阎大美兄弟 8 人时，已定居在今腾冲县中和区新骑乡阎家冲务农。第 20 代阎迎春是阎大美的独子，阎迎春的独子阎生福（1907—1973，第 21 代）曾经商到小崩冬村，被该村的汉族王小皮招赘为婿。王小皮的妻子李木白是当地的景颇人，他们的女儿王约弟（1907 年出生）是汉族和景颇族通婚的后代。阎生福同王约弟成亲后生育了阎姓的第 22 代人，计：阎和芳、阎永芳、阎世芳、阎顺芝（女）、阎顺珍（女）、阎启芳等五子二女，其中长子迁居缅甸多年，他们均同景颇族通婚。第 23 代阎自新（阎和芳长子）等 15 人，其中 5 人成年后仍同本地景颇族通婚，目前阎姓家族已传至第 24 代。阎姓家族在此已有 4 代，其生活习俗多仿景颇族。1982 年全国人口普查时，阎姓家族的第 23 代及其子女们悉数报为“景颇族”。

姜万福系当兵出身，是小崩冬村汉族居民中最后迁来的，约在 20 世纪 40 年代迁来。其妻汉族杨小旁 1923 年生于今苏典区猛嘎乡小新寨，幼时被人用 3 两银子卖到山寨李姓人家做童养媳，在李家缠了脚。由于她受不了虐待，17 岁时逃回家来，后又被人以几两鸦片的价格把她嫁到小崩冬村给姜万福做妻子，生育了姜顺芝（女）等三男一女，姜姓的三个男孩先后都娶了当地的景颇族女子为妻，生活习惯也仿景颇族。

语言环境对于民族之间的交往起着重大的作用。普关乡的大多数景颇族都粗通汉话，他们平时接触汉话的机会不少：山下汉族聚居的关上镇有四天一集的传统赶街活动，去往汉族众多的腾冲县境交易，多半是使用汉语；50 年代以来，学校的汉语教学使得大多数学生从小就接触和学习汉语；一些汉族商贩或亲友经常上山走村串寨以及汉族干部来山区工作等，使景颇族群众一般都能听懂或者简单地讲一些汉话，但是，他们说的能力普遍地要比听的能力差。此地景颇族和汉族之间的语言障碍不大。

长时期来，阎、姜两姓同景颇族的融合过程，是从家庭内部语言的交往与变化开始的。我曾拜访过小崩冬村景、汉融合的第一代王约弟老人，她能熟练地讲景颇族支系的载瓦语和汉语。她说她年轻的时候，本村住有好几户汉族，加上她父亲阎生福是汉人，平素讲汉话的机会比现在多，而她的载瓦语自小就从她母亲那里学会了。及至她的子女辈（阎和芳等）渐渐成年时，村里的汉族人户已陆续搬走减少，周围的景颇族人户增多，讲载瓦话的机会就更多了。阎和芳谈到，他成家以前，家庭中的父亲和母亲之间、父母和子女之间、兄弟姐妹之间平时还是以讲汉话为主，也夹着一些载瓦话，但在家庭外部，全讲载瓦话；待到他们这一代人各自同景颇族女子结婚自立门户后，各个小家庭的内部，夫与妻、母亲同孩子、孩子和孩子之间全用载瓦话交谈，唯独父亲同孩子们交谈时还习惯用汉话，相比之下，平常讲汉话的机会变少了，讲载瓦话成了习惯。他的长子阎自新讲，他们在幼小的时候，总是跟着景颇族的母亲的时候多，最先学会了载瓦话，但是父亲对他们讲的汉话也全都懂。他们这一代人随着年龄的增长，其载瓦话的水平同他们的母亲一样，加上又上过小学，讲汉话的能力要比母亲强，却比他们的父亲要差些。由于生活在景颇山上，他们讲载瓦语的水平超过了汉语表达的能力，这时，他们的父亲也越来越多地用载瓦话同子女交谈。家庭内部平时使用两种语言虽然没有任何的规定和限制，但是在家庭成员一起干活、吃饭或商议事情时，特别是有家庭主妇在场时，各人总是习惯讲载瓦话，认为这样能更自如地表达和交流。即便如此，阎家的孩子们特别是男孩子，在听和讲汉语的能力方面，总比一般的景颇族群众要强些。至于阎和芳的两个妹妹，自从嫁给景颇族后，她们及其子女们说汉话的能力与水平就差多了，同其他景颇族群众大体一个样。

姜姓到该村定居的时间较晚，杨小旁的三个儿子约于 60 年代以后才同景颇族通婚，在此之前，他们家庭内部讲话都以汉话为主，迄今杨同四个子女之间仍习惯用汉话交谈，故姜姓的汉语水平普遍比阎姓的要高些，但是杨的三个儿子各自同景颇族女子成家后，其下一代人的汉语水平就显然下降了。

大寨的陈花（女，29 岁）原是临沧地区的汉族，九年前同本寨景颇族复员军人李某结婚而来此定居务农，约两三年后，她的载瓦话已达到熟练程度。陈花对她的三个孩子平时习惯用汉话交谈，其夫却习惯用载瓦话和他们讲话。李某自 1978 年以来一直是社队干部，家中常有汉族干部来访或留宿，所以他们的三个小孩都能听懂一些汉话，大孩子还能讲一些汉话。

上述语言现象给我们的主要印象是：

（1）语言的、家庭的、社会的环境对于语言现象往往起着主导的作用，即环境往往决定了语言的使用情况。

（2）不同民族之间的接近、交往乃至融合，大抵都是先从语言开始的。

（3）在载瓦语占优势的局部地区，汉裔家庭中的载瓦语基本上取代了汉语，汉语的使用水平处于衰退趋势，即上代人比下代人强，成年人比未成年人强，读过书或当过社队干部的比未读过书没有当过社队干部的强，男子一般比妇女强。对于较差的一方，仅限于能听懂一些汉话但不太会讲。

（4）大多数汉裔家庭成员的汉语水平比起当地景颇族的汉语水平普遍要高些。

同语言现象密切相关的是生产生活方式及其有关的文化习俗。阎、姜两姓汉族同此地景颇族彼此保持一致或相似的地方有：在山下的水田里种植水稻，在山上砍烧旱地种植旱谷杂粮或蔬菜，都不习惯用人的粪便作肥料；平时饮食样式大体一样；服饰上多仿景颇族，特别是中年以下的人；居住样式大同小异，多数人不睡床，习惯就地围着火塘铺上席子或木板而卧；也搞贺新居的“上新房”仪式，参加一年一度“跳目脑”的盛大节庆活动等。尤其是在婚姻习俗方面，基本上同景颇族保持一致。因为附近没有汉族村寨，山下或其他山区的汉族妇女大多是不愿嫁来，所以阎姓第

22代人和杨小旁的三个儿子，多数在自由恋爱的基础上，按景颇族的婚俗结婚。据说，阎姓第22代男子中采用“迷鲁”（载瓦语）即“抢婚”方式成婚者不乏其人。这种婚姻主要在于男方喜欢某女子，但女方不一定就同意，或者该女被其他男子看中，遂请男方媒人带领几个人先下手为强将该女悄然抢来，藏在媒人家里，再由媒人携带多量的酒和较一般为高的聘金到女方家求婚。在这种情形下，通常女方家长只好同意。阎姓家族中也有少量的非婚生子，但从不受到家庭内部和外部的歧视。凡此种种，当地的景颇族常说：“他们变成我们景颇人了！”阎姓的家族成员也承认：“我们已经变成景颇人了！”双方彼此认同。

然而，长时期以来，阎、姜两姓在生活习俗的许多方面，依然还保持着腾冲地区汉族的某些传统。在当地景颇族看来，这些汉裔人户在生产生活方面要比一般的景颇族会计划安排，农活的节令掌握得好，重视收集施用畜肥，耕作也要比他们的方式精细些，因此庄稼种得比较好，日常生活开支注意细水长流。阎和芳是该村颇为勤劳能干的人，大家说他不管天阴下雨都出工，平时总见他在地里忙，在家里也是活不离手。他不吸烟，生产生活善于安排计划，饲养了10头黄牛，生活水平较高。在饮食习俗上，每逢婚丧节庆，汉族人户宴请宾客，常是8人一桌，不同于景颇族集体坐成一排，每人一份饭菜的饮宴方式；汉族节庆时的饭菜讲究多样化和调味，肉食常是将肥瘦分别做成菜，注意烹饪制作的程序，按景颇族的习惯，往往肉不分肥瘦一锅煮，辣子直接入火烧焦拌进菜里。据说，当地景颇族比较喜欢吃汉族制作的饭菜，每当举办宴庆时常请汉族来帮忙炊事，或者学着按照汉族的方式做饭菜。阎和芳对我说，他父母在过去都会做豆腐、腌酸辣菜，到了他们这一代人，娶进的景颇族妇女已经不习惯做这些了。

在服饰上，一般地讲，妇女的服饰比男子更具特色。王约弟和杨小旁数十年来始终习惯穿着大襟汉服和黑色的宽大裤子，并扎裤腿，不穿裙，不挂项链，梳汉人头，大髻系于脑后，王约弟头上还缠着宽大的黑布包头，缠足。她们说，她们现在的装束已成习惯，但在50年代以前，汉族多有自己的家族族规，女子外嫁，不能随便改装易服。杨小旁嫁到景颇山上，为了适应山区的劳动生活曾经放弃裹脚，为此触犯族规，被族长罚了钱。但是，1975 年嫁来的汉族陈花 80 年代初开始穿景颇裙，挂项珠、梳景颇头，悉仿景颇族妇女的装束。看来年青一代的习俗要比老一辈人改变得快得多。

在居住方面，汉族大多数人都不住两侧山墙设门的景颇族干栏式房屋，而是普遍住在直接垒筑于地面的“穿斗房”，梁柱用榫，大门开在房屋中间，室内不铺设地板。阎和芳认为：“我们不习惯住离开地面隔有地板的房子，猪、鸡、狗常跑到房下大小便，很不卫生。”

在此定居已有数代人的汉族及其后裔，他们在心理素质方面的表现是值得我们注意的。他们在景颇山上同景颇族朝夕相处，人户很少，汉族的一些特征逐代消失，逐渐同景颇族融合，然而，他们当中特别是成年人，却始终不会忘记自己是汉人的根子，这一点给我的感觉是很突出的，留下了深刻的印象。阎和芳的弟弟阎永芳家中多年收藏着一份《阎氏阖族历代世系流源》的油印复本，他识字不多，虽然看不懂其中的种种记述，记不清阎姓世代的谱系，却对于这份族谱极为珍视。当我向他提出借用一下族谱时，他面有难色地犹豫了，说：“如果打失（即丢失）了，就是丢掉我们汉人的根子了！”经我一再地向他解释和保证，才很勉强地同意，答应只借给我用一个晚上。我赶紧连夜抄录。翌日天刚亮，他就打发他的儿子前来索回。阎和芳的长子阎自新对我说：“虽然我们的母亲是景颇人，父亲是半个汉人，但我们始终认为自己是汉人的根子，生活上有些地方还是按照汉族的礼性办事，上代人有这个习惯，我们这代人也多仿照着做。”就此番观察了解，觉得有如下的事实：

在对待客人的来访上，阎、姜两姓各户都有泡茶待客之习惯，而景颇人户却习惯用自酿的米酒招待，很少泡茶；阎姓家族成员的取名，第 22 代人全部遵照族谱所定，以第三字“芳”为通名，第 23 代人大部分也照族谱所定，以第二字“自”为通名，少部分人取了景颇人的名字。阎永芳 9 个孩子中，取汉人名字的有 6 人，取景颇人名字的有 3 人；阎、姜两姓家族成员新房落成的时候，总要请山下关上镇的汉人“先生”来此举行“开门大吉大利”的仪式，届时门楣上悬一方红布，两侧各挂一枚铜钱，此俗也已影响到少数的景颇族人户；婚姻的择配方面，只要有机会，还是首先考虑同汉族成亲。阎自新的第一个妻子是经他们父母包办的杨小旁的女儿姜顺芝，两人婚后感情不和才离异，阎自新重又找了景颇族女子按景颇族的婚俗成了家。阎、姜两家汉族联姻未克成功，却表明了他们在景颇族的婚俗包围下，两家汉族婚配的传统意识依然存在的事实。

在丧葬方面，他们两家仍然坚持按汉族的方式办理。不管是正常或非正常死亡，一律备棺木土葬，请汉人“先生”前来主持仪式，念经超度亡灵，清明时节要扫祭墓地或祭祀先人等，不同于景颇族以土葬和火化来分别处理正常死亡与非正常死亡，而且一定要宰牛的习俗，他们尊重景颇族的葬俗，阎姓家族中嫁入的景颇族妇女亡故后，按景颇族的葬俗办理，延请景颇族的巫师“董萨”主持葬仪，念送亡魂回归到祖灵的栖息地。据称，亡魂只有听懂载瓦话，才会回到自己应去之地，而不至于到处乱跑无着落。

在宗教信仰及其有关仪俗方面，阎、姜两姓更具有汉族的传统意识与特色。他们不信仰少数民族的原始宗教，也不接受基督教，多是以这一地区汉族的佛教或民间信仰来保持自己精神世界的独立性。他们也迷信鬼神，但认为同景颇族所谓的“鬼”不一样，其敬奉祖灵的方式也不同。景颇族供奉的家族祖灵，是各户于屋内专设的侧间“鬼房”，即在一间封闭的房间内的竹篾墙上竖插着若干根小竹筒，每一个竹筒代表一个亡灵，外间人不可随便进入“鬼房”；而阎、姜两姓房屋中堂对着大门的上墙下方是供祭祖先亡灵的处所，同本地汉族一样，供有“天地国亲师”的牌位，一般没有什么禁忌。至于家人生灾害病或亡故，均要请汉人“先生”来做仪式。

年约50岁的阎永芳粗识汉字，50年代初曾经担任过普关乡的文书工作，他坚持认为汉族应该信仰自己祖先的宗教。近些年，经他向关上的汉人“先生”请教，兼搞起一些民间的迷信活动，其范围仅限于阎、姜两姓各户日常的小病小灾和小事的占卜以及简单的祭祀等。他藏有自己用毛笔书写的并不很正确的四张土纸牌位：“天地国亲师位”“宫商音太原郡阎王氏门中历代宗亲考妣魂位”“本居供奉东厨司令奏善灶君玉池、中宫养牲土地福德瑞庆夫人位”“本家供奉南岳北阴云霄五通求财七宝神位”，皆为当地汉族传统的民间信仰。这些都是在举行仪式时才取出来供上，还要点一盏小煤油灯，燃三炷香，摆供上一些普通的饭菜和酒即可，绝不杀牛，充其量杀个鸡或小猪祭献一下而已，不主张浪费。他本人在为本村族人占卜或祭祀时全用汉话，仪式进行得很简单，不及景颇族巫师搞得那么复杂和冗长。从以上所观察了解到的事例可以看出阎、姜两姓汉族及其后裔长期以来同景颇族通婚，彼此在生产生活、语言习俗和宗教信仰等几个主要方面的异同之处还是比较容易分辨的，双方互相影响的地方也较清楚。

根据调查，普关乡的民族融合情况是在景颇族人户占大多数汉族人户占少数的条件下进行的，在盏西区其他的村镇诸如关上、忠义村、双龙乡的荒田村和合作乡的核桃寨等汉族人户占多数、景颇族人户占少数的条件下，景颇族与汉族人户通婚融合的情况大体上同上面描述过的小崩冬村的特征相似。后者主要是景颇族妇女嫁给汉族，她们的习俗多从汉人的夫家，但他们的孩子能懂汉、景两种语言。汉族人口占多数的村寨和景颇族妇女发生通婚现象的主要原因是：男方家境困难，出不起较多的彩礼；女方婚前有了非婚子女，或与丈夫离异才嫁给汉族，此时女方一般要的彩礼较少；男子中年丧妻，或为人过于呆板老实的大龄男子等。如双龙乡荒田村的刘德香，行动迟缓，劳动生产能力较差，在本村找不到媳妇，经人介绍和景颇族顺尹结了婚。顺尹很能吃苦耐劳，在同村汉族妇女的帮助下，她的农活干得好，从此刘家生活的境况大有改善。据知，盏西地区的汉族干部经常到景颇族村寨工作，汉族与景颇族群众双方自愿成婚的也大有人在。此外，在景颇族的村寨中，性关系要比汉族开放一些，由于两性关系造成的家庭矛盾与冲突时有发生，汉族村寨里，如果家庭过于贫苦，有的女方就要闹意见，和男方过不下去。相比之下，对于大多数的汉男景女组成的家庭，据了解，一般都比较和睦与稳固，发生离异的现象并不多见。

四、几点认识

（1）各民族族群相互交往与融合的主要条件：地区比邻，山地与平原的自然经济长期存在交流或彼此依赖，形成一定区域范围内的规模不等的市集市场；通晓或熟悉对方的语言和习俗；各个族群互相通婚，进一步扩大民族的交融圈。

（2）在一定的区域内，民族的融合，可以分成主动与被动的两个方面。其融合的进程通常是：族群人口少的一方往往采取主动的方式，接受族群人口多的一方的语言或某些习俗，进而在生产生活方面向他们逐渐靠拢，甚至被其取代。这之中，语言的变化是先导。这是族群人口占多数的民族及其文化内聚力在“量”上的优势作用。一般地讲，同语言现象直接关联的日常生活习俗方面的变化较多亦较快，同语言现象关联不很直接的心理素质方面，其变化较少亦较慢；属于物质层面的外在因素，其变化得较多较快，属于精神的内在因素，其变化得较少较慢。

（3）在民族融合的进程中，两个民族族群其社会经济与文化发展的水平如果大体上是一致的，尤其是双方文化的亲缘关系比较接近，则融合可能相对的要顺利些，所需的时间不会太长；如果发展较先进的融合在发展较为后进的当中，其困难可能相对地较多一些，所需的时间要长一些；如果发展较滞后的融合在发展较先进的当中，其困难相对于前者可能要少一些。此处所谓的多与少、长与短，主要是指人们对于不同文化适应过程中的认同情况。

（4）在民族融合的进程中，被融合的一方其传统文化的某些因素，作为一种文化的反作用力常给融合一方留下自己鲜明的色彩和印记，由此往往发展出一种“我中有你”或“你中有我”的新的文化样式。这是被融合一方的民族其文化的内聚力在“质”上的作用。

（5）在旧中国民族压迫的时代，民族融合多具有不自觉性，融合的速率一般比较缓慢，在现今的中国各民族一律平等的社会里，民族融合的环境与条件越来越好，融合的自觉性越来越高，融合的速率也加快了。为了迅速地改变后进民族的生产生活方式及其滞后的社会面貌，我们是不是应该适当地注意运用民族融合的规律，从家庭和社会的内部引导这种改变？社会历史条件和社会制度对于民族融合只能起到加速或延缓的作用，却不能改变它的客观的历史进程。

上述几点粗浅的认识，如果在实践中同实际的情况相去不远，那么在对待我国社会主义民族关系与民族融合的问题上，我们就可能获得较多的主动性和自觉性。

（原载云南文史研究馆《云南文史论集》之三，云南人民出版社 2004 年版）

景颇族婚俗及宗教信仰现状考察

一、婚姻状况

这是一项专题性的考察。笔者于 1984 年 5 ~ 8 月在云南省德宏州盈江县景颇族聚居的普关乡大寨对于景颇族的支系载瓦人的婚俗现状与宗教信仰变迁进行了一次田野调查。

旧时，这一带的景颇族存在过山官制度，社会内部有所谓的“官种”“百姓种”和“奴隶种”（家内奴隶）的等级划分，三个等级之间，界限比较分明，彼此不能通婚。20 世纪 50 年代以来，社会等级观念不复存在，无论是生产或生活诸方面，等级的观念不再起什么实际作用，在婚姻的择配上，已经没有等级观念的限制，显然，这是一个很大的进步。

景颇族素有姑舅表婚的习俗，但是据 1984 年 5 月的统计，大寨 41 户、228 人中，已婚者有 124 人，其中实行姑舅表婚者计 42 人，约占已婚者人数的 30%；内中 51 岁以上者有 16 人，50 岁 ~ 36 岁者有 12 人，35 岁以下者有 14 人，一个家庭中连续两代人都实行姑舅表婚者有 6 人；而实行非姑舅表婚者却有 82 人，约占已婚者人数 70%。对于婚姻的双方不再强调“亲上加亲”的做法，无疑是正确的，它对一个民族后代体质的健康发展是很有益的。这是近 30 多年来随着社会的发展，这里的景颇族族群突破原有的比较封闭性社会扩大族群之间交往的结果，是他们在婚姻择配上的另一大进步。

尤其值得注意的是景颇族同周边其他民族通婚的现象。据了解，近 30 多年来普关乡的景颇族同邻近民族通婚者约有 29 人，其中：景颇族妇女嫁给汉族的有20人，汉族妇女嫁给景颇族的有5人，景颇族妇女嫁给傣族的有2人，景颇族嫁或娶傈僳族的各1人。不难看出，景颇族同山区的汉族相处的关系比较密切，相互往来较多。据当地汉族男人的看法，汉族男子之所以愿意娶景颇族女子为妻，通常是因为汉族女子家庭索要的彩礼较多，穷困人户对此难以承担，相比之下，景颇族索取的彩礼要比汉族的少，而且还可以拖欠；另外，景颇族女子一般都能吃苦耐劳和任劳任怨，能和丈夫同甘共苦，不注重钱财，不像有些汉族女子见钱财而思迁。据了解，当地这类由汉族男子与景颇族女子婚后组成的家庭，大多数都比较融洽和稳定，离异的现象很少。在同汉族通婚方面，景颇族并不保守。

现今普关乡景颇族的婚俗仍然保存着不少民族的、地区的特点，比较突出的是婚姻的缔结不单是男女当事人的私事，而是双方家族、家庭及其亲友们的一次广泛的集体协助和支援，也是各亲属家庭之间的一次涉及礼物的集体分配和消费的活动。考察期间，我们参加了大寨李麻都之子的婚礼。是日上午各村亲友陆续到来，各户皆带来了礼物或礼钱，男方家有专人登记收纳。送礼者多按其亲戚关系的远近，以自报“帮”“还”“送”及“其他”四项，逐个分别登记在一本土纸簿上。所谓“帮”和“还”是送礼者以各自的财物“帮”助李麻都之子成亲，日后这些送礼者自家若举办婚丧等事宜，李家要根据这份礼单所记，以大致相等的礼物或折成现钱，逐一“还”给他们；因此，礼单上的“还”显示了李家过去曾经“帮”助过的人家，这次李家办喜事，按习惯要向李家“还”清。人们很重视“有帮必还”的习俗。“送”是日后无须“还”，常限于近亲关系的人户。据统计，这天约有150余人（户）前来“帮”“还”“送”，具体内容见表1：

表1

	粮食	酒	炼乳	白糖	鸡蛋	鞭炮	铁矛	礼钱
“帮”	207斤	60斤	53听	42包	4个	2封	1支	168元
“还”	110斤				20个		1支	116元
“送”	3斤		3听				2支	76元
共计	320斤	60斤	56听	42包	24个	2封	4支	360元

由表1可见，一次婚仪上的贺礼，粮食、酒和现金是主要的，其中以

"帮"与"还"者居多。

来客们登记交纳了礼物礼钱以后，多数人即入席就餐，长条桌一字行排在屋外，三菜一汤，以芭蕉叶包大米饭，每人一份。因李麻都全家是基督徒，不摆酒。有些亲友未能前来，主人将饭菜用芭蕉叶扎成一小包，托返回者捎去。一些远道来的客人，吃了饭稍作停留就匆匆返回了。婚宴从上午9时许轮批吃到夜间11时。这天共花去粮食560余斤，猪两头，副食约300余元。据当地群众讲，这在本地算是个中等规模的婚礼。

当天下午四时许，新娘在女方家人的陪同下被男方接来，后面跟着人背马驮的嫁妆。男女双方都信基督教，他们径直进入该村的教堂，按当地基督教徒的结婚仪式举行婚礼。

当晚，女方家将一份用景颇文写的嫁妆礼单交给李麻都，礼单上记有新娘的父亲及其兄弟姐妹等十人的姓名和他们各自赠送的礼品与数量，计：棉被8条、床单3条、枕头一对、木箱4个、毛巾2条、肥皂盒一个、暖水瓶4个、搪瓷盆6个、搪瓷盘1个、搪瓷口缸4个、玻璃杯6个、竹背篓4个、火药枪1支、铁长矛3支、铁刀1把、现金2元。以上16项折合人民币约430余元。据知，丈人家所赠的这些礼品并非姑爷家独占，依俗，姑爷家须在当天婚礼结束时，将其中的大约一半物品再分送给自己的至亲好友带回。计：棉被4条、床单3条、枕头1个、木箱2个、暖水瓶1个、搪瓷盘1个、玻璃杯3个、竹背篓2个以及铁刀1把。以上9项折合人民币约194元，但都要登记造册，长久保存。

结婚当天傍晚，丈人家将返回，李麻都按传统方式向他们各人回赠彩礼，依照亲戚关系之远近，分别赠给新郎的丈人及其胞兄每人1头小黄牛，计两头；丈人的兄弟姐妹5人，各送80～120元不等，充当5头牛的价钱；丈人家的亲戚3人，各送20～40元不等，充当婚礼上必须送的3个铓锣的价钱；丈人家亲友6人，各送8～10元不等，同样是充当婚礼上必备的6条丝织品"帕拉巾"的价钱；最后，送给伴娘、背物和赶马者6人各4～10元不等的"脚步钱"。以上共花去两头小黄牛及礼金650元。从用钱来充当牛、铓锣、帕拉巾的做法看，以往都是赠送实物而很少送钱的，据称现在的婚仪比起过去简化了许多繁杂的项目，这不能不说是一个进步的变化。景颇族的这个婚礼，清楚地反映出往昔的一个封闭而结构紧凑的社群当中人们传统的互助方式，通过这类场合的相互馈赠，用以适当调剂彼此的不足，这对于一个不发达的“短缺社会”来讲是必需的。

这一带的景颇族新娘有长期“不落夫家”的旧俗。通常，只是在婚后生了第一胎才带着孩子回到夫家永久住下，而在此之前，三五年或更长的时间不回夫家长住甚为普遍。究其原因，男女双方的婚姻在其年少时多由父母包办，稍长后成婚，他们的年岁尚轻，经济谈不上独立，只凭父母家长做主，彼此互不了解，更乏情感的维系，姑娘每每依恋娘家生活。另外，景颇族男女青年在婚前都有社交活动，各有自己的意中人，但在大多数的情况下，双方家长均不同意儿女们的自由择配，当然就不可能将彩礼和嫁妆送给由他们自己择配的对方。在这个社会里，没有彩礼的婚姻肯定是不可能被缔结的，一般也不被社会认可，年轻人只好痛苦地屈从。据知，过去曾经有少数的青年男女，因为婚姻不遂而产生极端偏执的行为，造成双双殉情自杀的悲剧。“不落夫家”的习俗，使男女双方婚后长时期的分居，往往会导致某一方发生不正常的两性关系，由此发生的矛盾纠纷或索取赔偿的事是常有的现象，一些村寨中非婚生子也不是个别的，这些事态的发展，常常导致原有的婚姻的瓦解。包办婚姻和“不落夫家”的习俗对于年轻人是一件颇为苦恼的事，不能给他们带来婚姻和家庭的幸福与美满。至于家长和亲友们，他们辛辛苦苦地为儿女们操办婚事，然而事后新婚夫妇各回各的家，各家仍旧是冷冷清清，跟未婚以前差不多，日后有的可能还会招来许多的麻烦。所以有些小伙子对我们讲，这个风俗像一块大石头把他们压得喘不过气来，认为包办婚姻和“不落夫家”的习惯要改变，尊重年轻人的婚姻自主，并按国家的婚姻法办事。近年来这一地区景颇族青年的婚姻，在冲破旧俗方面有所进步。

二、宗教状况

20 世纪 80 年代以来，边疆山区的景颇族在宗教信仰方面的变化，主要表现在有不少的村寨放弃了本民族世代信仰的原始宗教而转向信仰基督教。德宏州盈江县（原莲山县）的基督教约在 1913 年（有说 1919 年）由瑞典人傅能仁（J. O. Frazer）传入，傈僳族较早接受基督教，并被培养出一批信徒，20世纪30年代基督教传入盏西地区。据1958年统计，全县的景颇族有273户、871人皈依基督教，到1981年发展至423户、2395人；该年盏西区景颇族信仰基督教的有359户、1932人，1984年发展到872户、4393人，其中普关乡有120户、682人（男330人、女352人）分别占该乡总数的49.7%、总人口的47.8%，其中大寨有29户、156人（男72人、女84人），分别占该村总户数的71%、总人口的68%，大多数信仰基督教。

景颇族一向把信仰本民族传统的原始宗教称之为“信鬼”，称信仰基督教为“信耶稣”。信鬼者每遇疾病、灾祸及丧葬等，皆要请巫师或祭师（“董萨”或“魔头”）前来占卜、杀牲献祭鬼灵，几乎所有的宗教仪式都要杀牲祭鬼，所杀之牲是鸡、猪、羊、牛等，或由众人共同“帮吃”，或者是巫师、魔头们享用。据不完全统计，景颇族聚居的传统文化保存较多的卡场，在1981年因为祭鬼杀了50多头牛，其中吾帕若干村寨祭鬼13次，杀牛23头，有一户做“埋魂”仪式，500多人前往参加，杀牛3头、猪12头、鸡10余只，吃掉粮食700余斤，100多元的酒；吾帕生产队有27户，这年祭鬼杀牛10头、猪20头；仅在1982年1～3月，该生产队祭鬼杀牛9头、猪25头、鸡十几只。无怪乎当地群众讲“信鬼蛮浪费”，仅宰杀黄牛一项，有时一次要杀数头以至十几头不等。长期连续地大量杀牲结果，使宰杀量大大超过了繁殖饲养量，以至有些村寨出现过无牛可宰的局面，遂不得不改用小猪小鸡祭祀“哄鬼”。早在20世纪60年代初，当地就有一些群众说：“杀牛祭鬼也会死人，信耶稣也要死人，但是信鬼的人死了，牛也杀光了，信耶稣的人死了，牛还在。”相比之下，基督教的宗教负担较少，各个教堂里放置有一个竹筒，信教做礼拜者多是根据自己的情况，自愿投放些钱币，不存在物祭。这是景颇族群众放弃其传统的宗教信仰而皈依基督教的主要原因。不少群众讲：“我们景颇人总得要信一样，信鬼或是信耶稣，一样都不信也不好。”20世纪60年代初到1966年“文化大革命”以前，这里的一些景颇族村寨曾经出现过全体人改信基督教的情况，全寨各户约定将家中供奉亡灵的“鬼房”自行撤去，屋旁的鬼桩之类全都拔掉，众人一齐动手驱赶寨里的各种鬼魂与精灵，用这样的方式来集体告别和结束往昔传统的宗教信仰，大家转信基督教。大寨有一个中年女信徒告诉我："我们在娘胎里就是基督徒，我们的父母都信耶稣。在'大跃进'的年代里，不让我们做礼拜，白天黑夜叫大家在地里干活，我们很有意见。后来他们对我们说，大家好好干，晚上让你们做礼拜。我们听了，高兴得不得了。但是到了晚上，还是不让做礼拜，我们心里真是难过极了，就利用劳动的休息时间坐在地上做祷告……"

就大寨景颇族群众宗教信仰的变迁，可以看出如下几点：

（1）近年来，大寨一直存在着两种宗教信仰并存的情况，约占总户数的29%、占总人口的32%的村民，至今仍然坚持着本民族传统的宗教信仰。但是，无论是信仰原始宗教或是外来的基督教，群众中并没有因为信仰的不同而产生彼此间的歧视或对立的现象，日常生活中也很少发生宗教上的矛盾和隔阂；同样的，山上山下不同民族之间，也没有因为宗教信仰的不同发生不团结的现象，对待宗教信仰大家都采取一种比较宽容的态度。

（2）对于一种宗教的信仰或者不信仰，景颇族起码是以户为单位来选择和决定的，即全家信仰或者全家不信仰。没有发现一户当中同时存在着两种不同的宗教信仰。值得提出的是，婚姻的缔结常把男女两家的宗教信仰视为一个重要的择配条件。一般是入嫁的女子或入赘的男子须依从对方家庭的信仰，年轻人特别是未成年者多是随其家长或长辈的信仰是从。他们从来不把宗教信仰看成是个人的事情，至少认为是全家的事情。

（3）在选择和改变宗教信仰的过程中，老年人的顾忌比较多，有些老年人在信鬼或是信耶稣的问题上，曾经有过多次的反复。但是，对于一些巫师之类的人，他们一般绝不会轻易改变自己的祖宗信仰或放弃其宗教职业的。

（4）大多数信奉基督教者并不严格遵守经典教规，喝酒、吸烟的人较为普遍，平时进餐、就寝时也都不习惯祷告上帝，更没有忏悔的仪式，这类表现在信仰上的粗放情形，大约同景颇族以往的社会及文化发展之程度大体上是一致的。

20世纪80年代以来，大寨信仰基督教的人户迅速增加，基督教有进一步取代原始宗教的趋势。这种现象同当前整个社会生活中生产体制的变革、有关政策的落实和对意识形态控制的一定程度的放宽有关系。群众对于脱贫致富的心情非常迫切，杀牲祭鬼的旧有信仰与做法已经越发不能适应今天社会发展的实际。我觉得，即便在可以看得见的将来，原始宗教的信仰与崇拜不太可能从景颇族的社会中完全消亡，因为在这些信仰观念与活动里，总是包含着许多本民族的历史传统和文化习俗的因素，它们早已经同传统的宗教结合在一起了，成为日常生活和仪俗的一部分。作为一种历史文化的现象，原始宗教在边疆经济社会发展滞后的民族地区，今后可能会出现以某种变异了的形式或活动方式，同变化了的社会生活相适应，从而残存下去。

（原载《民族文化》1987 年第 4 期）

宗教起源若干问题研究

宗教的起源同人类的起源向来是哲学领域里争论得最为持久的问题之一，唯物主义与唯心主义、无神论与有神论在这些问题上的对抗最是激烈。每当我们在具体地探讨这类问题的时候，殊感残存在地上和地下的实际材料之缺乏，如果说关于人类起源的化石材料还不断地有所发现，那么，属于宗教起源的考古人类学和文化人类学等方面的有关证据，则更是寥若晨星了。宗教是一种意识形态，是人类社会精神领域中的高层建筑，在物质资料极其匮乏的远古时代，活跃在人们头脑里的信念和表现在身体上的行为，实难以凭借各种物质的东西比较完整地保存至今。迄今能够残留下来的具有较早的宗教意识的证据，不外乎是从地下发掘出来属于“智人阶段”的欧洲和西亚出土的被称为“尼安德特人”的丧葬形式。我们现在还不很清楚“智人”（古人）处理其尸体的方式是否是最早的宗教意识的反映，还有没有更早形式的证据？这都是难以测知的。因此，探讨宗教的起源比起探讨人类的起源似乎显得更加复杂和困难。

我们认为宗教有它自己的起源。那么，它的起源的时期大约是在何时，它出现的标志大概是什么，人类最早的宗教意识或信念可能是怎样的，它们是如何产生又是怎样发展的，以及我们应该怎样看待原始宗教，等等，这是本文欲加探讨的问题。

一、宗教属于历史范畴

马克思主义认为，宗教同所有客观世界里的事物一样，有它的产生、发展和消亡的历史过程。宗教属于历史范畴。宗教是社会发展到一定时期人类思想意识的产物，它集中反映了人们对于自然、社会以及人的自身的认识与关注。宗教曾经在一定的社会物质生活条件下，人类对于自身和客观世界的意识发展到一定的程度才有可能出现或发展，同样的，也必将在一定的社会历史条件下，宗教整体地走向消亡。如果人类社会还不具备一定的物质生活条件，人类自身的进化及其思维的能力还没有达到一定的水平，宗教是不可能发生和发展的。

唯心主义的神学家们对于宗教的基本观点归纳起来主要如下：宗教是人类的本性，是宇宙万物固有的永恒之现象，甚至动植物界也存在着宗教；宗教无所谓起源和消亡；宗教意识、宗教感情、宗教经验以及宗教的伦理道德等等都是起源于神，起源于上帝的启示、恩赐与安排，它们是独立于人的感觉、意识之外的一种神圣的、不生不灭的理念，是宇宙万物存在的依据。实际上，“神”这个观念于人类的历史上始终处在被人们不断地自我调节当中，以适应不断发展变化着的社会生活之需要。

把宗教看成是超越一切时间、一切空间和一切条件而独立永恒的先验性的东西，否认宗教属于历史范畴，否认它有产生、发展和消亡的历史阶段或过程，显然，这是不符合自然史和人类历史发展的事实，也是反科学的。

我们居住的地球已经有45亿年的历史了，而人类从古猿中的一个分支逐步进化到今天，大约不过是三四百万年的历史，其中人类宗教的历史，有证据可言的，充其量大概不会超过十几万年。宗教的产生是很晚的事。宗教的历史和人类的历史相比，那确实是短暂的；和地球的历史相比，则更是微不足道的。

然而，千百年来僧侣主义一直向人们鼓吹和说教的是，人类是上帝根据他的意志创造出来的，这无非是要说明有了上帝才有了宗教也才有了人类，人类所有的活动及其命运，都是上帝这位至高无上的神灵预先安排好了的，当然是不可以违抗的。世间的经验所示，当人们不能理解也不能掌握自己变化莫测的人生命运时，他们有可能转向宗教，求助于神灵，甚至堕入宗教或迷信的深渊；当一个社会陷入深刻的精神危机，导致人们精神世界面临崩溃或空虚时，人们就有可能求助于宗教的伦理道德。但是，僧侣们的说教并没有全然地、永久地蒙蔽住人们的眼睛，禁锢住他们的头脑。从文献记载看，在古代世界里，最早敢于向有神论垄断的时代提出挑战，公然扯起无神论旗帜的人，是中国春秋战国时代的公孟子和古希腊以伊壁鸠鲁为代表的哲学家们。19世纪中叶以后，当人类自身进化的历史终于被发现和被认识时，僧侣们的谬论被彻底动摇了。沙皇俄国农奴制度的辩护士、圣克朗施塔德黑色百人团的东正教神甫们惊慌地作出这样的反扑，他们说："上帝在造人的时候利用了类人猿的肉体，并在它们的肉体里置入人的不灭的灵魂。"① 在事实面前，这种可憎又可笑的谬说已经不得不承认人和猿在进化的历史上存在着生物学上的联系，这就在客观上根本动摇了《圣经》上关于上帝造人的臆说。近半个多世纪以来，代表人类起源和进化各个阶段上的古人类化石已经在非洲和亚洲各地先后出土，人类起源这条源远流长的进化锁链上的空白，在逐个地陆续被填补，相信上帝造人的市场急速被缩小，这就不得不迫使现代西方的神学走向世俗化和道德伦理化。

我们居住的地球上的动植物界是不可能存在任何宗教的，宗教的意识和宗教的现象对于任何一个动物社会与植物群落来说都是从来不存在也不可能存在的。因此，当人类远古的祖先还没有从动物界分离出来，还没有全然意识到自己，并把自己从自然界完全区别开来以前，在漫长的古猿阶段和猿人阶段上，同样也是不存在宗教的。在那样的混沌世界里，无论是客观的社会物质生活条件还是主观的思想意识发展的水平，当时都还不具备原始宗教产生的历史条件。既然宗教属于历史范畴，有它起源的条件和时期，那么，这些条件和时期是什么呢？这就需要我们把问题提到产生原始宗教的历史环境中，做一番历史的考察。

二、宗教产生的重要时期

根据考古发掘材料所示，迄今已知最早的关于人类尸体的处理，是尼

① ［苏］G. A. 古列夫：《关于灵魂不灭的信仰》，汪裕荪译，湖北人民出版社1959年版，第19页。

安德特人（Homoneanderthalensis）的葬式。尼安德特人（以下简称“尼人”）是1848年在地中海西端直布罗陀海峡的峭壁上首先被发现的，继而1856年8月在德国杜塞尔多夫城以东7公里霍赫达尔村以南附近的风景区尼安德特河谷费尔德赫菲洞穴中被发现，遂根据发现地而命名。1908年，法国南部圣沙拜尔村附近的山洞里发现一具比较完整的尼人头盖骨及其骨架化石，身长约160厘米。过去对尼人的典型研究，主要是根据这一标本。这具尸骨像是埋在一个岩棚中，身旁放着燧石、石英岩碎块以及野牛和驯鹿的尸骨；在法国的莫斯特地区所发现的一具青年尼人的尸骨化石，他的头下枕着一堆燧石；在法国的费拉西，发现男女尼人的两具尸骨化石，分别埋在岩棚下两个相距约50厘米的坑内，头对着头，男的头上和肩胛上压着扁平的砾石，女的脸朝上，屈着腿，双手放在膝上；在意大利蒙色西的一个洞穴里，一个尼人的头骨被放置在一个被扩大了的孔穴当中，头的周围还排列着许多石块。① 在这个遗址上还发现一个死去尼人儿童的身边留有两块燧石；在黎巴嫩的一个洞穴里，发现鹿骨上留有赭石粉的痕迹；而且在瑞士阿尔卑斯山的一个洞穴的罅隙中似乎有意地排列着6个熊的头骨。② 这些极为简单的但似乎存在着一定式样的埋葬方式可能不是一种偶然的现象。属于尼人时期的中亚地区一座小孩的葬处，发现有山羊的角；在伊拉克的沙尼达洞穴里，发现尼人一男一女和一个婴儿埋在一起，在他们附近的地面上留有早春野花的花粉。此处的花，当然不是用来向死者致哀的，而是一种食物。古人类学家 E. Trinkaus 说：“我猜想他们饿死在晚冬，当时食物资源困乏至极。我想，这些花粉是被他们集团中幸存者放置在死者周围的，暗示出这些还活着的人曾经思考和关心他们的死亡。”③ 这些像是随葬品的现象，应该视为当时活着的人们对死者的一种有意识的安排，正是这些具有某种含义的安排，反映出尼人已经具备了早期宗教性的意识。

---

① 吴汝康等：《人类发展史》，科学出版社1978年版，第158、168－169页。

② ［澳］加里·特朗普：《宗教起源探索》，孙善玲等译，四川人民出版社1995年版，第194－195页。

③ E. Trinkaus W. Howells：《尼安德特人》，海粟译，载《科学》1980年第4期，科学技术文献出版社重庆分社1980年4月版。

尼人葬式的发现，对于探索人类较早的宗教意识活动无疑地提供了直接的证据，这是具有重要意义的。尼人所处的历史时期，在古人类学上介于晚期猿人和新人之间，即“智人阶段”；其地质时代是更新世中期到晚期，距今的绝对年代大约不超过30多万年到3万年之间；其考古学时期是旧石器时代的中期向晚期发展；其社会发展的大致阶段，我推测可能是处在氏族社会形成的前夕或初期。在没有更新更为重要的材料被发现之前，我们暂且把“智人阶段”视为考察人类宗教产生的时期。也许，人类宗教意识的萌芽或发生，可能要比我们现在所了解到的还要早，这只能有待于今后的考古发现和深入研究来重新修正我们的看法。

近一个世纪以来，属于“智人阶段”的尼人化石遗骸和遗址先后在欧、亚两洲各地都有发现，其分布西起西班牙南端，东至中亚的乌兹别克地区，北达英国南部，南抵亚洲近东的以色列、约旦和伊拉克等地。尼人遗骸的最大集中地是在法国中央高原的西部地区。在上述地区19个早期遗址里，发现了75个个体的部分遗骸，在52个晚期遗址上，至少发现了200多件遗骸，包括完整的骨架和零星的牙齿。据称这些尼人遗址的年代跨度，大多数是在距今30多万年到3万年之间。鉴于在各地发现的尼人型化石个体材料中体质形态差异很大，学术界将欧洲出土的尼人称为“典型尼人”，他们的化石年代较晚；不是在欧洲出土的尼人（称作“非典型尼人”），在体质形态方面更接近于现代人。

典型或非典型尼人体质的解剖学形态研究表明，虽然他们的体质形态之间有着不少的差异，但他们中的多数的头骨和骨架都具有特定的整体形态。典型尼人的体质具有特化的性状，这是由于长期适应严寒的冰期条件（第三冰期“利斯冰期”）而形成于23～30万年以前的结果。其主要的体质特征可描述为：躯体矮及四肢粗短，身长约156～160厘米；骨骼粗壮，关节宽大，显示其附着的肌肉强壮有力；大腿骨、膝部、前臂骨和腰背稍有弯曲，不像现代人那样伸直，推测典型尼人用双脚的外缘行走，其直立步态可能不如现代人完善；同现代人相比较，尼人头骨的颅顶显得长而低平，前额较倾斜但不缩狭，眉脊比较粗壮、发达，眼眶深圆，脸庞下半部的鼻骨及牙齿周围似猿人般的向前凸突，下骸骨较为后缩；有着一张独特的大而凸出的脸型，为了适应严寒的气候，其鼻骨、鼻腔和窦腔宽大；门齿厚大，磨损较为严重，说明尼人经常用自己的前齿来配合手的工作；脑颅的形状上小下大，整个头骨最宽处比猿人稍高，比现代人略低，不及现代人那样圆隆，其脑容量在1350～1575毫升，显然比晚期猿人为大。这些既反映出欧洲尼人外形较为原始的一面，即既保留晚期猿人的一些体质特征，又表现出比猿人进步的一面。典型尼人的平均脑量略大于现代人的脑量，有些意见认为，这一解剖学的特征是同典型尼人具有比现代人更结实的肌肉有关，不说明智力和活动能力上的差别。典型尼人的脑结构显然比猿人要复杂，说明他们的脑子能够接受外界传入的越来越多的信息，促进了脑的完善以及思维和语言机能的发展。典型尼人对于躯体作出的各种运动的控制可能更加准确，这都表明了他们比猿人有着更高的智能。非典型尼人体质的主要特征是：头骨较短、狭和圆钝；面骨不很向前突出，前额比较膨隆，眉脊发育较弱，两侧的眉脊一般不相连；眼眶低矮，呈长方形或圆形；有的下颏骨隆凸；脑容量一般比典型尼人的小；身材较长，男性身长170～180厘米，女性身长150～160厘米，有些肢骨较细长。总之，他们的体质性状相对说来较少有特化现象，在不少的特点方面，比典型尼人更加接近现代人的体质。

欧洲尼人文化的代表是“莫斯特文化”，属于旧石器时代中期的文化。这个文化在多方面呈现出早期智人石器制作的特点。石器大多数取材于燧石，用特殊的砸击法先修理石核，然后打下石片，再行加工修理成子弹形的尖状器、刮削器和石刀等类型的器具；也有骨器制作，往往用骨棒来修理石器。在法国西南部Vezere河谷发现的一把被称为“手斧”的石器，其一端修理出拇指和手指的槽印，便于把握，其刃面有不同的边缘，推测可能是具有不同的使用方式，如切割、屠宰和刮削等。在出土的一把手斧上，发现可以观察到的疤痕约有300个，据专家分析，打制一把手斧，可能不是一件轻而易举的事。

根据较新资料的分析，在一些尼人居住过的洞穴地面，几乎被几英尺厚的灰烬所压平，这是尼人对付更新世末期严寒气候的证明。他们活跃于西欧到中东一带，可能利用兽皮制作衣服和住所。他们不仅住在洞穴中，可能有相当的一部分是居住在露天里。在法国南部的一个遗址上，发现尼人住过的露天火塘及其四围有环形排列的猛犸骨，表明这些尼人很可能是居住在露天用兽皮搭盖的锥形帐篷中。新的资料还显示出尼人都是些出色的猎人，他们组成了人数较多的有着初步语言信号的狩猎群体。[①] 新近的研究还表明，尼人的狩猎生活异常艰难和危险，为了寻找食物，他们总是在游动，在森林或沼泽地猎取巨大的野牛等猛兽时，必须依靠集体的力量；在他们的遗骸上，多数都留有伤后愈合的迹象。研究者发现，尼人的骨骼上经常出现损伤性断裂，有人分析过 17 个尼人个体的遗骸，发现遭受创伤的总数有 27 处，大部分受伤的部位是头部和上肢。他们的平均寿命大约是 30 岁。在距今约有 5 万年的伊拉克沙尼达 1 号洞里发掘出的尼人遗骸上，人们发现了一个相当惊人的现象，一个大约 40 岁左右个体的遗骸上，其生前从头到脚都有伤，他的左眼周围的骨头和面颊被弄碎了，后来却愈合得很好，但他的左眼可能失明了；他的右臂因从肩头塌下而萎缩了，其肘部以上有两处被打碎，以致终于失去了肘下的部分；他的右踝关节处和大脚趾因为患有严重的关节炎而变形，脚的外缘还有一处伤后愈合的迹象。E. Trinkaus 认为，像这样一个满身伤残的人，生前势必是一瘸一拐费力地行动。他以某种方式活动着，足以能跟上他的游动的群体，如果没有集团中其他成员的帮助，他是很难存活到伤残愈合的程度的。[②] 这则材料显示了在非典型的尼人当中，可能出现了相对稳定的群体组织，他们之间存在着相互扶助的行为。

在我国境内，属于“智人阶段”的化石遗存及其文化遗址的分布也颇为广泛，计有：山西丁村人、湖北长阳人、广东马坝人、周口店新洞人、河北许家窑人、贵州桐梓人、陕西大荔人和周口店第 3、4、15 号地点文化等。我以为，属于这一时期“智人阶段”的古人类及其从旧石器中期到晚期的有关文化遗址，对于揭示人类宗教起源或宗教活动的较早形态，今后可能存有一定的希望。在这里，我试图通过对上述国内“智人”文化遗址的简要介绍，使读者对于人类宗教产生的历史条件或社会生活状况有一个大体的了解，我想，这可能是必要的。

迄今在我国境内发掘出的属于智人的遗址和遗骸，还没有发现有关反

① Scientific American, Vol. 241, No. 6, 1979.

② R. Gore ed.: The Dawn of Humans Neandertals., National Geographic, January 1996.

映宗教意识的证据，但是，这些遗骸都程度不同地具有北京猿人和尼人群体的性质，都是介于北京猿人和现代人之间的。尤其重要的是这些化石遗骸“已经表现出黄色人种的若干形态特征”。① 这些遗址的文化是很有特色的。石器的制作已经有了很多的改进，制作的方式方法上呈现出一些比较固定的趋势，对于某些石器的修整较为规则和细致，而且石器的种类也增多了。

山西丁村文化的石器广布在汾河流域地区，内容丰富。石器多取材于坚硬的角页岩砾石，用这种岩石材料制作石器，当比猿人用燧石或脉石英打制石片要困难。丁村人能根据不同的石料用碰砧、锥击的方法来制作各种用途的石器。石器的主要类型有三棱厚尖状器、单面和双面砍砸器、刮削器和石球等。其中三棱厚尖状器又称“丁村尖状器”，是丁村文化代表性的石器类型，系用厚大石片打制而成，一端颇为尖锐，另一端手握的部分修制得较好，可能被用来挖掘。其他的尖状器又分为小形、鹤嘴形和舌形等大小不同的形状。有一些砍砸器，从器身两面交互加工，内中有盘形、椭圆形和舌形等，可能有些是用来砍伐树木的。大小石球用以投掷狩猎。总之，丁村的石器中有一些已经修理得很平整，石器的外形也区分明显，反映出丁村人石器工艺的水平。这里发现的哺乳动物化石约近 30 种，多数是一些大型兽类，如野马、野牛、野猪、大角鹿、熊和象等，猎取这些动物当然需要一定的技术和多人协作。②

1976 年河北许家窑遗址发现的上万件石器，绝大部分体积都是相当小的，笨重的砍砸器很少见，有各式轻巧的刮削器，其中以拇指盖状刮削器较为突出。此外，还有器身不大的各式尖状器、屋脊形雕刻器、斜边雕刻器和小石砧等，其原料分别取材于玛瑙、蛋白石、水晶和脉石英等，此外，尚有一些骨、角器。石器当中尤其引人注目的是数量众多的大小石球，有的地方几乎多得成堆。石球做得很圆当需要一定的工序。这些石球多半用来追捕野兽，能在相当一段距离之外延长手臂的功能，击中野兽，或者两三个石球用绳索拴成一组为投石索，对准野兽抛掷出去，能击伤或

① 吴新智等:《古人类论文集》，科学出版社 1978 年版，第 32 页。
② 吴汝康等:《人类发展史》，科学出版社 1978 年版。

绊倒野兽，较好地发挥了投器的威力。石球在狩猎上的广泛运用，显示了当时人们的智慧和狩猎技术的提高。民族志材料有不少这方面的生动记载。①

1967年发现的北京周口店新洞人遗址，为我们展示了这一时期人类生活环境与居住的情状。新洞人居住、活动的地带是比较温暖多树的灌木丛草原。燕山山脉上较为干旱。新洞人的洞穴里堆积了较厚的灰烬层，内中有烧过的兽骨、石头和石器，烧骨中有大量的小哺乳动物以及鹿角一类。这些作为当时人们主要食物的动物，小的行动敏捷，大的奔跑迅猛，猎取它们同样需要有相当的技术和集团成员比较熟练的配合。再从动物多熟食这点来看，新洞人不仅早会使用火和控制火，而且还会取火，这是无疑的。特别值得注意的，朝南的洞口比较狭小，在草木丛中一般难以发现，进入洞口经过一处透天的裂隙，洞穴向洞室倾斜，灰烬的厚度也随之减薄。表明新洞人习惯在透天的洞室里架火熟食，此处既能通风去烟，也能用火来驱避猛兽；在洞穴较深的洞室里休息，既安全保暖，又能躲避风雨，可见新洞人在日常食宿生活方面已经有了某些安排。②

由上可知，智人的物质生产生活确比晚期猿人有了明显的改善和提高，他们已经越来越多地根据实际需要和自己的意志来不断地改进工具，自然界也就越来越多地留下了反映他们活动与意志的各种印记。上述的资料暗示出智人集团中可能出现了两性之间的自然分工。集团力量的发挥，使得人们的活动领域及其生存空间不断地扩大，进而彼此感觉到的东西也就越来越多，思维随之发展起来，人们之间似乎觉得有交流和沟通的必要了，语言现象的出现成为不可避免的事情，构成语言最小单位的词汇可能逐渐地增加了，语言的信号开始多样化。借助于一些比较简单的词汇，人们不仅通过感觉来反映世界，而且开始逐步地运用最初形成的概念来进一步地反映世界。为了表达一个比较完整的意思，词汇的组合也可能具有了一个很简单的方式，并且经常辅以必要的手势及表情动作，表达出一些较为抽象的事物或意思，这可能是这个时期语言发展的重大成果。

---

① 贾兰坡：《中国大陆上的远古居民》，天津人民出版社1978年版。

② 顾玉珉：《周口店新洞人及其生活环境》，载中国科学院古脊椎动物与古人类研究所编《古人类论文集》，科学出版社1978年版。

但是，尼人究竟会不会讲话？对此学术界曾经有过长期的争论。有关语言方面的解剖学特征，主要在于语言器官的一个重要组织，即是舌头背后的一小段舌骨。1983 年在以色列的 Kebara 洞穴中发掘出一个完整的舌骨化石，距今约有 6 万年之久。这件舌骨有 1.5 英寸长，样子像是个鸡胸前的叉骨。专家们认为，尼人的咽喉看来有些像我们的喉咙，能够产生出一些声音，虽然尼人不可能有像我们这样复杂的语言，但至少他们能够互相讲话了。然而有一种意见认为，尼人的发音喉部直接突入口腔，他们的声道由单声道即口腔共鸣系统组成，不像现代成人的声道是双声道，即咽腔和口腔共鸣系统组成，尼人只能依赖改变口腔的形状来改变声音，因此，尼人发音的能力有限，他们可能存在着语言上的障碍。① 我认为，比较全面的估计，“智人阶段”已经出现了人类最初的语言，尽管他们的语言器官还很不完善，甚至存在着障碍，然而，最初的智人语言的出现与发展却密切了集团内部思想意识的交流和群体的凝聚力，而且反过来又促进人们的思维包括宗教意识的发生。

集团语言的出现是宗教观念形成的前提条件。民族学的材料表明，原始社会里氏族或部落的宗教，从来不是也不可能是个人的事情，它总是整个氏族或部落集团全体成员的共同事情，所以宗教的出现和集团语言的形成与发展有着密切的关联。由此可见，人们用以思维和传达共同信念的集团语言如果不发展到一定的程度，宗教是不可能出现的。

以上就是对于宗教产生的历史条件的分析。但是我们从中不难看出作为人类特有的文化现象的宗教之起源和人类的起源几乎是同步的，因而有学者认为“宗教的定义最终可能对人类的定义至关紧要”。②

三、宗教产生的认识根源

早期智人的生活是如此深刻地依赖于他们生存的环境，在严酷的大自

① R. Gore ed. : The Dawn of Humans Neandertals. , National Geographic, January 1996.

② ［澳］加里·特朗普：《宗教起源探索》，孙善玲等译，四川人民出版社 1995 年版，第 193 页。

然面前，在处处充满着敌意和危机四伏的环境中，人们保存自己和攫取食物的手段与能力毕竟是非常低下和软弱的，他们对于自然界和自身的变化是很难抗拒的，这些无常的变化造成了人们在思想情绪上以及心理上相应地产生了喜怒哀乐的种种反应。质言之，早期智人既深刻地依赖着自然界，无时不需要它，又深刻地感受着自然界巨大力量的重压与威胁，无时不惧怕它，这种永不化解的异常矛盾的心理、激烈对抗着的情绪，应是宗教产生的主要的心理根源。

一切宗教都是构筑在抽象的“灵魂”观念之上的。人类最早或最初的宗教观念，当然不是今人所说的复杂的灵魂观念，可能是针对具体事物所具有的我们姑且称之为“灵”的观念。这种所谓“灵”的观念，我想，应该是最先发生在同人们生活关系至为密切的动植物界的个别事物上，它被智人想象成不能脱离这些具体事物而独立存在的东西，是伴随着具体事物共始终的，并给事物以种种的影响。

那么，“灵”的观念到底是怎样发生的呢？

对于这个问题，我们需要借助于民族志学的知识。相当于旧石器时代晚期的澳大利亚土著民，在无垠的荒漠当中，从小就在成年人的带领下，对于他们谋生活动的环境是很了解的，什么地方适宜居住且安全无虞，什么地方有水源，什么地方能够提供可以吃的东西，特别是何地在什么季节会有什么样的食物，哪些植物是能吃的，哪些有毒不可吃，并且用什么方式获取它们，等等，一般都是了解得非常具体和清楚的，这类的知识也是运用得十分熟练的①；在采集可食的植物方面，对哪些吃其根茎或吃其果实或吃其花叶等，也都是从来不会弄错的。在原始族群的眼里以及在他们活动的地域内，动植物繁多的品种及其性状或习惯，一粒种子落在地里，生根发芽长出茎叶，继而开花结果，周而复始，总是被观察得很精细。对于那些同自己的关系异常密切的动植物外在形态的变化，他们是极为熟知的。这些变化的奥秘，被认为全在于一种活着的“灵”的作用，这就有可能给智人不发达的意识造成了最初的幻想，而这种幻想往往又同他们生理

① G. H. Lawton, First Immigrants to Australia. , Geographical Magazine, Vol. 45, No. 12 September 1973.

上强烈需求的冲动胶结在一起。在这个基础上，人们凭借幻想，把这些动植物看成和自己一样地具有知觉、感情或意志，把人所具有的所有品格与素质都逐一加到了自然界的身上，这就把自然界人格化了，我认为这可能是宗教意识的起点或萌芽。亚洲各地的农耕民族常把农作物或野生植物视为和人一样有灵魂的东西，菲律宾的一些山地族群在采集时向野生植物唱起感谢的歌曲；云南绝大多数民族十分崇拜粮食作物的灵魂，每年都要举行系列的仪式，诸如祭谷魂、护谷魂、叫谷魂以及尝新米等，为的是祈求粮食丰收。这是原始的有灵观念延续到当代的一个例证。“灵”被认为支配着自然界各种事物的生长和死亡，人也是这样的。我于20世纪80年代初在云南独龙族地区做田野时，发现独龙人称人的活魂为“卜拉”，认为“卜拉”一旦死亡，人必死无疑，“卜拉”死亡后永不复生，永不存在，更无投胎转世之说，所以独龙人从不祭祀祖先，没有祖灵崇拜的任何迹象。人的灵魂有死亡一说，这还是我第一次在独龙族中间碰到的。独龙人独特的灵魂观，同许多民族“灵魂不灭”的观念确实是大相径庭的，我觉得它是一种非常古老的观念（详见本文集中《独龙族原始宗教田野报告》一文）。此外，人们常将对自身梦境的体验和生老病死种种情况的变化也理解成是受到其体内“灵”的作为，而“灵”往往被说成是轻捷得看不见摸不着的物体。在这里，原始人不仅把自然界人格化，而且还进一步地神秘化了，从而在他们的思想意识里形成了最早的抽象，并将自然界中各种事物的性状和人们的谋生活动与求生愿望联系了起来，形成了长久而密切的关系，那就是按照自然界事物对自己关系的好坏，把主宰事物的“灵”区分为好的和坏的、善的和恶的，进而产生了对待两种“灵”的不同的态度，这在许多民族古老的神话传说里是不乏其例的。

曾经流行在西非一些族群中的“灵物崇拜”（Fetish worship）的活动，暗示了可能有一种比一般的灵魂观念还要简单的东西在原始人的头脑里存在过。灵物崇拜是自然崇拜范畴里的一种非常古老的观念，它具体地将自然物诸如一块巨石、一棵大树、一潭泉水，或从禽兽身上取下来的爪、牙、骨和皮毛一类的东西，视为有奇异的“魔力”而进行膜拜，或将它们隐藏在某处，或随身佩戴，用以辟邪和庇护。这些灵物既非鬼又非神，正因为它们被视为有“灵”，才被人们直接地加以膜拜，而这些灵物的属性与功能，没有像我们通常所了解的灵魂观念那样具有一整套复杂而抽象的说法，这种表现出对于自然物的直接崇拜的灵物观念，似应视为是一种不发达的灵魂观，它很可能是原始人把自然界人格化、神秘化的较早时期的产物。“灵物”的观念也一直延伸到当代。

原始人对于自然界“灵”的信仰与崇拜，如前所述，最初大约是从个别的同人们生活关系极其密切且影响最大也最为普遍的自然界具体事物上开始发生的。在“灵”的观念的支配下，人们对于自然界怀着强烈的依赖、深刻的恐惧和无比崇敬的心情，用屈从、虔敬、感激、祈求、禁忌，有的时候甚至是哭泣或愤怒等一系列的崇拜行为，来释放出他们内心积压已久的情绪，这时，集体的吟唱或舞蹈可能是必要的，也是经常采用的方式，只是到了后来才伴随有一定的供献，以祈望能从自然界那里得到他们所需要的东西，避免那些不利的东西，这就构成了原始的自然崇拜最初的内容，我认为这应是原始宗教产生或形成的主要标志。

随着原始族群谋生手段不断地改进和增强，生活的空间逐步扩大，被感知和意识到的客观事物也越来越多，“灵”的观念才有可能推及整个自然界，“灵”满布在地上、天空和水域，几乎每一样东西里都存在着“灵”，形成了泛灵信仰的所谓“万物有灵”（Animism）的观念，这一观念中的“灵”，就是我们今天常说的“精灵”。“灵”的观念一旦从个别的、特定的事物上解放出来，能够脱离具体事物而独立地活动于自然界，比较成熟的灵魂观念就出现了，即是灵魂能够离开它寄存的实体，随其意志而转移，甚至可以随心所欲地变成各种各样的东西，对人世间的一切事物施加种种的影响，以及灵魂不死不灭，等等，这就构成了原始宗教信仰的基石，并给予以后阶级社会里的各种宗教以极其深远的影响。

四、结　语

人类对于自然界、社会和自身的认识，总是沿着其实践的经验或知识，遵循从个别到全体、从特殊到一般、从具体到抽象、从感性到理性这样一个认识的规律。原始人群对自然界可能是先从动植物中各种具体事物的性状作了长期的观察了解进而获得简单的类比、综合和抽象的能力以后，才有可能逐步地转变成一种幻想，思维也才有可能脱离开具体的事物，长上幻想的翅膀起飞。正是由于早期智人具有不发达的意识造成的幻想，才把自然界错误地看成同自己一样地具有人的一切要素和品质。这就既歪曲了自然界，也歪曲了人和自然的关系，客观世界同主观世界就是如此这般一步一步地被分离、被歪曲、被颠倒的。这就是宗教产生的认识根源。

在远古的原始社会漫长时代里形成的所谓“原始宗教”，是原始族群的一种生活方式，是支配每个族群社会成员的世界观，包括生命观、死亡观和祸福观等，每一个氏族或部落的成员都是以一定的信仰和崇拜活动结合在一起，每个族群集团的内部除了共同的信仰与崇拜之外，再没有也不可能有其他的信仰与崇拜。在这种世界观的支配下，原始宗教是原始族群世代谋生存、图发展的一种必不可少的强大的精神支柱或武器，尽管这个武器在我们今天看来是多么的愚昧可笑和毫无效用，但是，人类使用这个武器已经经历了大约十万个年头了，即使在当代一些地区的人们当中，仍然在沿用着类似这样的武器，以解除他们内心中的许多困惑与压抑，满足现实生活中的种种渴求。即便如此，我们不应轻易地否定原始宗教在培养和锻炼蒙昧野蛮的原始人在观察、感受、思考客观世界时其意识成长的过程中所受到的训练，它在促进和稳固具有同一信仰与崇拜的群体的团结奋斗上，在教育及规范族群成员的伦理道德和行为活动上，以及在保存和延续作为民族的“百科全书”的原始文化艺术的流传等方面，都起到了不可忽视的历史作用。我们在评价原始宗教的社会功能的时候，不应该脱离开产生它们的社会历史环境与条件，更不应将它们和阶级社会里的宗教相提并论，因为不这么做，都是不尽符合原始宗教的实际情形，没有全面地反映出原始宗教的原有面目和作用。

（原载秋浦主编《萨满教研究》，上海人民出版社 1985 年版）

论原始宗教研究

一

在人类社会的历史上，“原始宗教”从其原生形态的意义上讲，它是人类宗教初始阶段上的一种形式，是原始社会的意识形态，是原始族群的思维逻辑，也是氏族和部落社会的生活方式和世界观，对于一个民族古老的传统文化来说，原始宗教是他们社会生活中的“百科全书”。

原始宗教在人类历史上跨越的时间最长，即使在今天的社会生活里，它并没有全然销声匿迹，特别是在某些僻远闭塞、当代文明难以辐射到的地区和族群当中，在一些人们的意识里和观念行为上，仍然能够程度不同地找见它们的踪迹。这是因为原始宗教无论在遥远的过去或是在当代，它都是一种求生的哲学，越是在发展滞后的贫困社会里，这种求生的欲望在原始宗教的活动中就表现得愈加地强烈和炽热。原始宗教是人类求生本能的一种集中反映，这是它的本质特征。

原始宗教包含的内容很广泛，几乎囊括了它所存在的社会的整个生活面，造成了一种特殊的生活方式。关于这方面的研究，通常主要包括了宗教的起源及其最初的宗教的形式以及宗教的本质；各种观念、信仰的形成及其特征；诸种崇拜形式之间的内在联系及其转换或演变；原始宗教的历史发展；原始宗教文化类型的划分；仪式和仪俗中的象征性意义；“原始思维”的特点；原始宗教和原始艺术、医术、神话、道德、伦理、法律、语言与地方性知识等之间的联系；多神教与一神教的关系以及原始宗教和文明宗教的关系；原始宗教的变迁被文明宗教取代；原始宗教和族群的社会组织、社会结构和社会制度之关系；原始宗教与当代社会生活的关系；原始宗教的历史作用以及当代人如何看待原始宗教；等等。事实表明，原始宗教的观念与信仰活动中的许多文化因素诸如对于世界和宇宙的观念系统、生死的观念系统、祸福的观念系统、价值的观念系统、伦理道德的观念系统以及审美的观念系统，等等，都同一个民族或族群的文化胶结在一起，成为他们今天文化的一个重要的组成部分，这些都需要我们用心加以深入研究。

19世纪以来，在西方人类学和宗教学的研究中，涉及有关原始社会的历史和文化方面，时常有原始宗教的专门著述相继问世，在不断的学术批判与激烈的争论中，均有不同的理论流派涌现出来。可以认为，在上述列举的众多问题当中，不可能存在着一种固定不变以应万变的解析模式。我认为从不同的方面或角度运用不同的理论方法，利用不同的材料研究原始宗教，充其量只能说明局部的现象，解释部分的问题。对于原始宗教这个跨越时空既长又广，涉及历史的、现实的社会生活面极其广泛的异常复杂的精神世界问题，欲用一种概念化或公式化的研究方式来看待它和处理它，实是不可能的。

通常我们能够见到的原始宗教信仰活动，多属于人类学的民族志、宗教学的宗教志以及历史文献中的方志一类的记载；考古学提供的实物资料原本有限，往往是零星的片断，每常还夹杂了研究者并非确凿的推测成分；语言学留下来的多属并不连贯且发生了变异的残迹；古代文献的有关记载，不是语焉不详就是充斥着混乱和矛盾，特别是容易渗透着后人的观念。需要讲明，此处我并不是否定上述学科资料的价值，仅仅是指出其中明显的局限性或不足处。

研究当代残存的原始宗教必须立足于实地调查。倘若不具备实地调查的足够的经验，不全面了解人们社会生活的种种方面，包括他们的社会历史、语言、文化习俗、心理状态以及生态环境等诸多方面的知识，特别是未能从族群文化的整体上去考察宗教，只满足于从文献资料到文献资料，从理论到理论的归纳推导式的研究，那确实是很难深入或有新的发现的。此外，无神论者去到有神论的群体当中直面了解其信仰活动，这在文化上、观念上以及语言的选择与运用等方面，当有一个适应的过程，内中很重要的一点是充分地尊重对方，至少要让他们理解你的调查研究工作不会对他们的信仰活动造成伤害。

原始宗教研究的经验显示：试图通过局部的或个别的资料就想推论或概括出宗教的原理和本质性的东西，那肯定是站不住脚的。我们时常遇到这样的情况，欲证实一个看法或假设而列举若干事项时，继而会发现一些相反的事实。涂尔干（E. Durkheim，1858—1917）的经典研究《宗教生活的基本形式》（1915）一书提出，宗教起源于氏族的图腾崇拜，并且对于“仪式”（ritual）提出了一个颇为著名的功能理论，认为宗教仪式在本质上应视为用来表达和加强氏族集团的感情与团结的一种主要途径。然而，这位被后人称之为“坐在安乐椅上沉思”的书斋式学者，并不明白在澳大利亚的土著部落里，村落居民多是在地广人稀的荒漠上分散而居的，他们和部落群体之间存在着明显的空间距离，村落居民始终是从事共同经济活动的单位，而氏族群体主要是在定期地举行仪式时在图腾崇拜的地点上才会合一处，仪式结束后复又分散去各地。为此有人质问，那些除了仪式之外没有什么联合行动的社会群体究竟是通过什么方式来保持他们的团结一致的呢？难道仅仅是依赖于彼此认同的神话？此外，对于那些没有图腾崇拜的诸如印度洋上的安达曼人和北美的因纽特人等，尽管他们对于动植物保持着一种仪式性的态度，却始终缺少共同的有亲缘关系的图腾崇拜的观念和仪式，试问他们的宗教起源是什么呢？当然不是图腾崇拜。再如，我们惯常以为那些奉行图腾崇拜的族群，其选择作为图腾物的物种曾经是同他们的日常生活有着密切关系或具有重要的价值。但是民族志的资料表明，非洲的一些民族所选定的图腾物，往往对于他们是没有什么价值的，相反地，那些经常被他们利用的动植物、自然物或人造物，可谓关系密切，却从来也没有被选入图腾之列，这又当何论呢？拉德克利夫－布朗（A. R. Radcliffe-Brown，1881—1955）曾对澳大利亚的土著部落做过实地调查，他认为祖先崇拜和图腾崇拜这两种原始宗教的形式和社会结构形式之间有一种密切的一致性，提出祖先崇拜仪式往往和社会中的世袭结构有关联。可是伊凡斯－普里查德（E. E. Evans-Prichard，1902－1973）引证了不少氏族部落社会不存在世袭制度，却盛行祖先崇拜的事实。① 可见对于宗

① ［英］B. 莫利斯：《宗教人类学》，周国黎译，今日中国出版社 1992 年版，第 273、161－172 页。

教现象的理解和解释，常常难以用个别的事例来概括和归纳出一般的道理。在原始宗教的研究中，我觉得重要的是要阐释清楚宗教中的各种观念性的信仰与宗教行为是怎样同一个特定地区群体的社会结构形式及现实生活发生关系的。事实上，原始宗教并不总是直接地反映现实生活的方方面面，宗教形式同社会生活的联系是复杂多样的、多层次的，更是曲折的。在宗教起源的问题上，我倾向于不同的自然生态环境下不同的群体中可能采取不同的原始的形式，自然崇拜、图腾崇拜和巫术等都有可能是宗教起源的最初形式，而且原始宗教的各种崇拜形式的发展演递，也不可能是一律的直线推进。所以对于原始宗教中的各种问题，我们只能将它们放在一定的历史范围内、一定的自然的社会的条件下，置于一定的文化环境或背景中，坚持对具体问题作具体的分析，不要轻易地加以概括和推导。

在原始宗教的调查研究中，最感困难的是具体了解和把握信仰系统中的各种观念之内涵，以及它们的形成与演变。信仰是一种信念，看起来似乎很抽象，但它们却是一切宗教活动的基础或核心，支配着各种崇拜的仪式、仪俗的行为，倘若不注重探究信仰系列的各种内在观念和思维上的特点，仅仅限于仪式仪俗行为的外在表述，这种研究终会成为无源之水和无本之木，发掘不出什么有理论价值的东西来，不仅找不准事物之间的内在联系，也容易走入研究上的迷津。围绕对于观念性的发掘、探讨，应是宗教研究深层次的内容，值得重视。

原始宗教中的各种观念当是同人们的社会生活方式联系在一起的。倘若我们对于当地族群的社会生活不了解，没有他们的那种对于当地生活的经验与长期的深刻感受，对于他们的思维方式、语言和有关概念性的东西也不熟悉，他们所说的类似“灵魂”“鬼神”或“精灵”等词语向来有其独特的内涵，这些同我们文化中的概念与表述，往往不是一回事，那么，“误解正产生于将诸概念从一种语言中传输到另一种语言的过程中。”正如E. E. 埃文斯－普里查德所说：因此，在实地调查时，必须非常仔细认真地反复了解当地人的有关概念的内涵，弄懂它们真正的意思，切不可用我们习惯了的某些概念去类比、去偷换它们。在原始宗教的调查研究中，我们还必须清楚地意识到调查研究者和被调查研究者之间在时间与空间上存在着的实际差距，尤其是表现在文化传统和思维方式以及语言学等方面的种种差异。如果忽视甚至无视这类历史的文化的差异因素，就有可能把原始宗教中的事象简单化或现代化，即用我们的认识或理解来取代原始族群的思想，用今人的概念强加在他们的头上，或用汉族的习惯看法框套少数民族宗教活动中的独特观念，这是平素稍不留意就最易出现的弊病，应该引起我们的高度警觉。

另外，我们在田野作业当中，对于宗教事象进行直接观察和直面访谈时，总是根据我们的知识面和经验或爱好等因素而有所选择和侧重，这就已经产生了最初的不完整、不系统甚至是歪曲，我们再通过文字符号记录下这些事实时，稍不留意就又产生了对于事实的偏离或歪曲，继而回到书斋案头进行资料整理撰写成文时，很可能会造成至少第三次对事实的偏离或歪曲。正如E. E. 埃文斯－普里查德在批评列维－布留尔早期著作时所指出的："曲解那些远离了其背景的事实，然后将这些零零碎碎的东西拼凑到一块马赛克砖里，而这块马赛克居然被认为勾画了原始人的思想。……这样一幅画面是彻头彻尾的歪曲。"①

近十余年来，我国原始宗教的研究陆续出现了一批可喜的成果，其中包括一些有价值的田野调查报告和资料汇编，以及具有较好质量的学术论著等。但是这一领域中的理论含量尚觉不足，理论含义缺乏新意；从学科的角度观之，有关民族志和宗教志中原始宗教信仰与崇拜活动的第一手资料还不够全面与系统，资料的积累断层不少，也不够丰厚，门类也不够齐全，这同田野的专项调查开展不足直接有关系；研究人员自身所具备的学科条件及研究手段比较单一，理论方法的探讨更显不足，学术评介和争论一向不能形成气候；有关教学科研人才的培养不足。此外，不少有关原始宗教的名词术语缺乏规范和统一，译介国外有较高学术水准的论著的工作跟不上教学与研究的需要，这些问题都是有待于解决的。对于迄今保存原始宗教较多的边疆民族地区，随着开发和建设的发展，这方面的资料一般消失较快，抢救性的调查始终是一项比较紧迫的任务，这项工作亟待加强。凡此种种，都影响了原始宗教研究水准的不断提高。

① ［英］E. E. 埃文斯－普里查德：《原始宗教理论》，孙尚扬译，商务印书馆2001年版，第12页。

二

在原始宗教的调查研究中，“精灵”“鬼”“神”这三个术语是最为常见和使用最频繁的。各个民族在自己的宗教信仰系统和神话系统里对于这三个术语都有一套专门的称谓，有其独特的内涵和解释。在我们运用汉语语言文字的文献资料进行研究、著述或翻译其他民族有关原始信仰的材料时，须明了汉语中的精灵、鬼、神的内容及其含义，往往并不全然等同于其他民族的解释。比如“精灵”一词，在古代汉语里有时同“鬼神”或“神仙”混用，左思《吴都赋》：“精灵留其山阿。”吕向注：“精灵，神仙之类。”作为学术用语，应当将这三个术语根据当地资料提供者的看法予以区别，作出比较准确的解释或规范的界说，再行使用，是完全必要的，否则势必会造成这类术语在理解和使用方面的混乱，而与客观事实不相符合。

需要提及的是同这三个术语有着直接关系的“灵魂”术语。灵魂这个术语古今中外各民族都有自己的称谓、理解和传说，比较相同的说法是，人的灵魂一向是居于人的体内，人死后其灵魂可以脱离其躯体而单独存在，进而构想出一套有关灵魂的属性、功能和它的生活方式，认为“灵魂不灭”“灵魂转世”或灵魂能够变幻成各种东西等异常复杂的情况，形成以灵魂观念为中心的崇拜活动。灵魂观念虽然是一切宗教信仰活动的基石，但是，处于不同社会里的各民族各族群对灵魂的解释却不尽相同。据我的调查，处在原始社会末期家族公社的独龙族，普遍地相信一个人有两个灵魂，即活魂“卜拉”和亡魂“阿细”。人的死亡总是其活魂先死，不久其躯体才会死亡，紧接着亡魂出现。亡魂总是舍不得离开家宅亲人，经常从众亡魂聚居地“阿细默里”跑回家中要吃要喝。独龙人从不认为亡魂就是鬼。一个人亡魂存在的年限同亡人生前的寿命一般长，年限一到，亡魂遂化做蝴蝶飞向人间。蝴蝶的生命短暂，蝴蝶死了，对于该亡人来说，就不存在任何的灵魂了，按照他们的话说就是“什么都没有了”。所以独龙族人从来也没有灵魂不灭或灵魂转世的说法和观念，在他们的宗教活动中，一向没有祭祀祖灵和崇拜祖先的仪式，这是独龙族灵魂观念的独特之处，同其他民族特别是汉族相比是很不相同的。① 如果我们不加区别和解释地用汉族于发达的封建社会里形成的一整套观念术语来表述其他民族的事物，尤其是曾经处于原始社会里的民族或族群的宗教信仰活动，则我们的描述性研究，不一定就是该民族自身固有的观念，从而同实际情形大相径庭。因此，我们在对待和使用各民族族群有关宗教信念中的词语时，一定要先弄清楚这些词语的概念内涵或真实的意思究竟是什么，与汉语中相应的词语有何异同，应该非常审慎。在这里，我试图将常用的精灵、鬼、神三个术语做一点分析，指出它们之间的特征和差异，这可能是必要的。

“精灵”，一般都是指世间存在着的各类事物的灵魂，属于“万物有灵”或“泛灵论”的范畴。这些事物可以是有生命的，也可以是无生命的。原始宗教信念中的精灵，常是十分具体地指向某个单一事物的灵魂，或者是某类事物的单个灵魂。原始族群的精灵观念多具有具体物质的属性，较少抽象的概括，对于客观事物直觉性的联想是其思维的一大特征，表现在精灵观念上亦颇突出。至于精灵的性能，往往被理解成是某类事物个别的具体的性能，而不一定是这类事物的整体的抽象的性能。比如山精灵、水精灵或树精灵等，他们都是习惯地指某座山、某片水或某棵树的精灵。云南布朗山区的布朗族认为，山林中有一种树的精灵叫“色家枯”，进山的伐木者若闯着了它就会生病，须请巫师占卜，断明是碰上了那一棵树的精灵，遂将病人的衣物和祭品携来，向这棵树的精灵做请罪的祭祀，病人可望禳解康复。如果祭祀后患者仍不见好转，则认为不是该树的精灵作祟，须再卜，直到找准作祟的那棵树的精灵为止。“精灵”是那些信奉万物有灵为主的民族或族群普遍的也是重要的崇拜对象。至于精灵的各种称谓、来源、传说、形象、居处、性能、作用和祭祀方式等，都属于原始信仰的一个重要的方面，都是需要我们用心加以探知的。如果把精灵称作“鬼”，这就混淆了这两个术语的概念，因为“鬼”这个术语有自己的内涵。

① 蔡家麒：《独龙族社会历史综合考察报告》，中国西南民族研究学会、云南省民族研究所《民族调查研究》1983 年专刊第 1 集，第 74 – 75 页。

“鬼”，这个字在汉语言文字里是很古老的。有些意见认为，“鬼”字的出现比“神”字要早。甲骨文和金文当中有不少鬼字，有人认为甲骨文鬼字的某些写法像是在死人的脸上盖着件东西。卜辞中也曾将鬼字作为一个方位来称呼某些古代族群所在的地域，如“鬼方”等。对鬼字的释文，《礼·祭仪》说：“众生必死，死必归土，此之谓鬼。”《说文》曰：“人所归为鬼。”《易·系辞上》郑玄注释：“精气谓之神，游魂谓之鬼。”可见在汉族的传统观念里，鬼常是和死人联系在一起的，许多民族大体上也持如是观。鬼作为一种亡魂、亡灵，经常和魂灵二字连用。“鬼魂”被视为可以脱离人的躯体而单独存在，即人死后其灵魂尚在，死人的亡魂多被说成是鬼，鬼又被想象成有自己的性能和生活方式，并能对活着的人施加多种影响。汉族具有发达且复杂的鬼的系统观念，更具有完备的祖先崇拜的系列仪式。《辞源》对鬼的释文有二，“迷信称人死魂灵为鬼”，这是比较符合该词本意的，但又说鬼是“指万物的精灵”，如果作为一个术语，这似乎又混淆了鬼与精灵的本质差异。因为鬼一般总是指死人的亡魂，精灵则多是指除了人之外的万物的灵魂而言。实际上在一些民族中，对于死者的亡魂（不一定是鬼）有专门的称谓，而对于万物的灵魂（多为活魂、生魂一类）则另有称谓，二者的称谓区分得较为清楚，在其观念上和使用时不会混淆，只是将它们翻译成汉语言文字时，当地人找不到相应的汉话或词，我们也没有注意深究，常常就干脆用“鬼”字来表示，比方说独龙族称精灵为“卜郎”，傈僳族称精灵为“尼”，如此等等，但我们曾误认为是鬼，一律用“鬼”字来取代它们，我想，这是造成这类术语长期混淆的主要原因。再者，鬼这个词在汉族的心目中常具有贬义，而精灵一词却少有贬义。至于所谓的“妖怪”“仙魔”一类，恐怕多属精灵和鬼魂观念的演绎或延伸。有人将它们列为“鬼的旁系”①。

“神”，汉字神是殷周时期出现于甲骨文和金文中的。《说文》：“申，神也。”“申，雷也。”于省吾先生在《寿县蔡墓铜器铭文考释》一文中认为申字“本像电光回曲闪烁之形，即‘电’字之初文”。又说：“古人见电光闪烁于天，认为神所显示，故金文又以‘申’为神。”清人桂馥在

① 张劲松：《中国鬼信仰》中国华侨出版公司 1991 年版。

《说文解字议证》中说："申、神相音近。"并引《风俗通》："神者，申也。"汉字"神"无论在形、音、意上都表示同天际雷电的"申"字有密切的关联，而神的观念和相关之信仰，可能是在雷电这种自然现象中形成的。

在汉族的传统信仰中，存在着十分发达的鬼和神的系统，这两个系统反映在道教和佛教的民间信仰活动中比较清楚，鬼和神这两个词在上述各自的宗教经典里，也是区分明确的。鬼和神这两个词在我国许多民族民间信仰中以及使用的习惯方面，有一种现象我觉得颇值得研究，在长江以北特别是黄河以北地区，人们多习惯地称呼为"神"，而在长江以南和秦岭以南地区，却习惯地称呼为"鬼"。在人们的传统观念里，神似乎比鬼具备更为强大、更为积极的力量，或者加进传统的道德因素，而且在时空的跨度上，神总是具有更广泛和更持久的作用。各民族的神话经常描述了这样的情节，即神与鬼（魔）相斗争，每常以神大获全胜而告终。此外，鬼通常被认为是居于地面上或者地下，而神则多来自于天际，在广垠无际的天空驾云乘风，自由地驰骋往来。

神的观念最初可能形成于天际，天上的神很可能是人类崇拜的最早的神灵。神的观念是一个随着社会不断发展而予以扩张的概念。当这个独特的概念慢慢地从天上移向地面，根据一定的条件在地上蔓延和渗透时，就将原先被人们崇拜的精灵、鬼魂一类逐步地加以改造和转化为地上的神灵，如山神、水神、火神或树神，等等，及至后来，神的观念由自然界伸向人的本身。北方地域的"萨满教"、西南地区白族的"本主"信仰，在这方面比较典型。

在神的观念和信仰由天及地的过程中，有一个值得我们考虑的现象，这就是一些族群对于山的崇拜。在世界许多山地民族中间，常把高耸入云的山峰视为天的一部分，将与天际相连的山巅当作神灵来崇拜和祭祀，那么，是不是可以考虑"山神"很有可能是地上众多精灵之中较早升为神灵的一种呢？

根据上述的分析，我认为神的观念和"万物有灵"的观念可能不是出自同一个观念系统，二者是有着比较明显差别的。万物有灵的观念主要是精灵的观念，不是鬼的观念，更不是神的观念，神的观念主要是始于天的观念，或者是属于天神的观念系统，许多民族有关创世的神话传说就揭示了这个具有原始道德伦理力量的天神系统，其中典型的是有关“原始至上神”（Primitive supreme being）的观念。①

综上所言，在原始宗教的调查研究中，我们需要充分地注意吸收前人和今人研究的优良成果，逐步地建立起一套至少适用于中国原始宗教研究的系统严密、概念精确、界说清楚的学科术语，用以提供一种科学参照系统的表述单位，利于操作，使调查研究者能够将观察了解到的现象、事实和问题，作出比较规范的描述和比较精当的论述，这无疑对于提高我国原始宗教调查研究的整体水准是十分必要的。当然，这不是一件轻而易举的事，英国社会人类学家 E. 利奇（Sir Edmund Leach）说过：“要把文化事实区别为能用术语加以精确叙述的基本单位并非易事。”② 这是有待于同仁们不懈努力的。

三

20 世纪 80 年代以来，随着我国改革开放形势的迅猛推进，一些 50 年代刚刚走出漫长的原始社会的边疆民族，他们世代信奉的原始宗教的信仰活动正处在快速的消亡当中。这是必然的。但是原始宗教作为一种民族的传统文化观念，仍然比较牢固地扎根在旧有的生活方式的土壤里，而这种生活方式不是在短时期里能够全然改变的，因此，属于原始宗教的一些观念性的东西，在一定的条件下，往往还有不容忽视的潜在的影响。今天，从外部世界输入的现代化的种种观念，不可避免地要同这些民族或族群旧有的传统观念发生对立和冲突，其中属于原始宗教的观念是首当其冲的。每提及原始宗教，一般总认为是十足的迷信、愚昧和荒诞。然而，如果我们能够对原始宗教中的一些观念细加分析，就不难发现内中的有些观念与行为在客观上包含着某种积极的东西或合理的因素，亟待用心发掘，并作

① 请参看本文集中《论“原始至上神”》一文。

② ［英］E. 利奇：《人类学中的比较方法》，周庆明译，中国社会科学院民族研究所编《民族学译文集 3》，中国社会科学出版社 1991 年版，第 112 页。

出审慎的评价。

世界上一些地区的民族或族群的原始信仰中，普遍存在着“万物有灵”的观念。人类学研究认为“万物有灵观”有其积极的一面，即是人们把自己看成是自然界中的一部分，人同自然界是和谐的，不是对立的关系，人们深深地依赖于自然，敬畏自然，将自然拟人化，甚至视自己同自然界的一些动植物等有亲缘关系。人们确立的这些信仰、禁忌和仪式有助于保护自然，控制自然资源的消耗，这显然是有益于自然界生态的循环。只是后来资本帝国的兴起和殖民主义的扩张，氏族和部落的传统信仰大量地被瓦解和取代，人们开始肆无忌惮地掠夺自然，才造成了环境的失衡与危机。

在我国深厚的本土文化当中，最见其长的是“天人合一”的思想观念，有学者认为它是“东方文化的哲学精髓”（季羡林），人们常是自觉或不自觉地用它来指导和规范世事或行为。如果从宗教观念上看“天人合一”，即宇宙万物、人类及其文化都是大自然神灵的恩赐，自然界被看成是自然力的、人格化的、有感知的、有意志的、神性的、万能的东西，人类只有拜倒在它的脚下，用各种崇拜行为和立下众多的人为禁忌，顺乎其意志，才得以平安地生存繁衍下来。原始宗教中的一些观念活动证实了这一点。

信奉“萨满教”的鄂伦春族猎民一般不猎杀正在交配中的野兽，认为它们是在办好事；一些老人禁猎怀孕的母兽，否则会触犯山神“白那恰”，于狩猎不利。鄂伦春人世代游猎在东北大小兴安岭的密林里，隐藏着动物的森林是他们唯一能赖以生存的地方。他们认为森林里住有许多的神灵，因此，除了不能乱砍滥伐外，对于在林子里用火，还有着许多的禁忌，认为如果违反了这些禁忌，就会得罪了火神“欧透博如坎”，导致永远生不着火；平时燃火，严禁用迸炸出火星的木柴；每当迁移宿营地，首要的工作是将各处火堆里的余火彻底熄灭才离去。云南边疆的独龙族也有类似的做法。正因为如此，50年代以来，鄂伦春族作为国家、集体的护林防火队员，出色地完成了兴安岭林区的防火任务。云南边疆地区不少的民族出于对神灵的企佑，从不在村落居地附近砍伐林木或破坏水源与水土，几乎每一处聚落地周围的林木和水源都保护得很好，对于不具备这类自然界神灵观念的民族所居住的村寨聚落四周，多数是森林因过度砍伐而呈现出一片光秃，水土流失严重，以至人畜饮水困难，与前者形成明显的反差。这些都可以视为是“天人合一”的思想观念通过原始宗教或其他宗教观念活动的一种表现。如果我们拨开上述宗教观念中的神秘迷雾和宿命论的观点，就可以窥见其中包含的合理的因素，即是：人是自然界的产物，人和文化是人类不断适应客观世界的结果，人类和自然界应该“整合”融通成一体，不要总是把自然界中的一切事物都当作人类生存发展的对立面，人与自然的关系不是敌对关系，本应是和谐相处的。人类既然向大自然不断索取所需要的一切，那么，就必须热爱它、保护它，尊重并顺应自然界的规律，不要干出违反自然规律的蠢事来。

“天人合一”的思想观念，本来是我国各民族共同具有的一种传统观念，无论从哪个方面讲，于客观上都具有不容忽视的现实的意义。今天的世界，人口猛增，战火不断，人类生存的空间和环境由于长期过度地、无序地向自然界作掠夺性的索取而变得越发的满目疮痍和危机四伏了，人类已经落入难以摆脱大自然无情惩罚的困境。因此，“天人合一”的思想观念就格外地显示出其自身的价值来，它是我们中华民族拥有的一项宝贵的精神财富。我们在具体评估现代化事业和传统观念相互碰撞一类的问题时，不能无视“天人合一”的思想观念反映出来的合理性的一面。我们对于原始宗教的功能在这方面的发掘研究还很不够，还未能比较全面、系统和客观地总结出一套有价值的哲理来。当然，原始宗教在文化上的一些积极因素并不止于“天人合一”的思想观念。我们的研究就是要充分地挖掘出我们民族文化中的优秀传统的那部分，运用来为现代化的事业服务。

（原载《民族研究》1996 年第 2 期）

自然·图腾·祖先

——原始宗教演化模式之一

人类原始宗教的演化曾经经历了极其漫长的历史时期，作为原生形态的原始宗教的演化，在不同的地区与不同的族群当中，往往采取了不同的方式与路径进行。本文根据有关宗教人类学和历史文献的材料，探讨了原始宗教多种演化模式中的一种，即始于自然崇拜阶段，演递到图腾崇拜阶段，最后在祖先崇拜阶段上完成原始宗教主要的信仰内容和崇拜形式。通过对这三个互相关联又各具特征的重大崇拜阶段的分别阐述，试图找出这些极为古老的信仰与崇拜活动曾经存在过的历史条件、彼此的内在关联，以及它们之间演递的依据和情况，进而了解原始宗教产生、演进的一些规律。

一、自然崇拜阶段

对自然界的直接崇拜可能是人类最早的宗教意识活动，也是对自然界最初认识的反映。自然崇拜产生的条件：第一，人类经历了很长时期的生活的实践，对于千姿百态、千变万化着的大自然有了最初的抽象思维的能力，把物质和精神作了最早的分离；第二，集团语言有了相应的发展，出现了一些相对稳定的群体；第三，把自然界人格化、神秘化，形成了最早的“灵”的观念和崇拜自然的活动。这样的一些基本条件，大约出现在氏族社会形成的前夕或初期。

掌握了石器、骨器和木器一定的加工制作能力的原始人，是那样深深地依赖于自己一群人谋生的土地和环境。变幻无常的自然界既向人们提供生存的条件，又给他们造成了无数的灾祸。原始人的饥饱、冷暖、病痛、恐惧、欢乐和希望等感觉与情绪皆同自然界的种种变化密切地联系在一起。通过对自然界长期的观察、了解和思索，不断地加深了对自然界的感受。从一定的意义上讲，原始人对自然界的关注往往超过对自身的关注，这是由当时极为低下的社会物质生活条件所决定的。

为求谋生，原始人必须同自然界打交道。在世代的谋生活动中，他们对于周围区域内看得见、摸得着的事物及其变化，常是观察得非常仔细，了解得也很具体。但是，自然界为什么会有如此的反复变化而生生不息呢？他们很可能将自然界的生动的现象和那些巨大的力量，直观地、朴素地用来同自身的经验作类比，对自然界不断展开人格化的想象与加工，用一种原始的、十分简单的“灵”的观念注入自然界的事物中去，用“灵”的作用来解释自然界的变化或原因。

在原始人异常朴素的头脑里，以为人同自然界一切事物的变化一样，全在于各自内部的灵的存在与作用。近现代的一些还停留在原始社会或距离走出原始社会的时间不太长久的族群中间，几乎都流行着人有多个灵魂的说法，这是很值得注意研究的。我国云南省的独龙族普遍认为世间众多的事物都有自己的灵魂“卜拉”，特别是有生命的东西；认为人和动物皆有两个灵魂，即生魂“卜拉”和亡魂“阿细”，这两个灵魂不是同时存在于人体内，而是分别伴随人的生和死，二者互不联系和照面。① 我国黑龙江省乌苏里江和混同江流域的赫哲族当中流行人有三个灵魂的说法：第一个是生命的灵魂“斡荣”，同人的生命共始终，人死后它就永远地消亡；第二个是思想的灵魂“哈尼”，人在睡梦中它暂时离开人体去远游；第三个是转生的灵魂“法加库”，人死后它立即离开尸体去投生转世②。我觉得独龙族古朴的灵魂观念和赫哲族关于人的第一灵魂“斡荣”都会死亡的说法，是有代表性的，它们同原始人当初创造出来的与生命现象共存亡的“灵”的观念可能比较接近。原生形态的“灵”，不可能具备一整套复杂

① 参看本文集《独龙族原始宗教田野报告》一文。

② 凌纯声：《松花江下游的赫哲族》，1934 年。

的功能和对于事物高度的抽象与概括，即不可能被想象成不死不灭，能够长久地独立于人体或事物之外，或者转移到另一个人体和事物上存活下来，甚至想象出它们生活在和现世不同的另一个世界或天地里，等等，他们还不具备有这样复杂的思想。需要指出，此处的“灵”，同后来的万物有灵的“灵”以及发达的灵魂观念的“灵”，应是有区别的。

从原始的“灵”的观念出发，原始人把人的属性和自然界的属性沟通起来，在他们蒙昧的思想意识里，渐渐地将二者造成了一条看不见、摸不着的联系，即“灵”的联系，通过这种神秘的联系，想象中的看不见的世界影响着或支配着看得见的现实的世界，这可能是人类宗教意识的起点或萌芽。恩格斯对宗教起源说过一段非常重要的话：“宗教是在最原始的时代从人们关于自己本身的自然和周围的外部自然的、错误的、最原始的观念中产生的。”① 探索宗教起源的问题，就需要找出恩格斯所指出的“最原始的观念”大概可能是什么，分析比较这类观念的属性和特征，并且揭示出这样的观念如何从原始人生活的土壤里一点一滴地被升华或抽象出来。

原始的“灵”的观念大约是自然崇拜的起始，它们最初是从对原始人生活最为密切、影响最大的个别事物上发生的，之后才逐渐地推向整个自然界，形成了万物有灵的“泛灵论”观念。随着原始人生活领域的扩大，感觉和意识到的东西更多，对于灵魂的理解和解释也相对地多样化起来，即：凡是人具有的品格和能力，自然界都有；人没有但渴望有的品格和能力自然界也都具备。原始人把自然界神秘化，继而超人化，这就把灵魂观念逐步地推向更高的阶段，奠定了原始宗教信仰的基石，进而使它成为以后一切宗教信仰和迷信活动的内核。

原始人从他们谋生活动的实际需要出发，在其不发达的意识里，对于能够经常向他们提供饮食的动植物，总是怀着异乎寻常的感激和屈从的心情；对于自然界给他们造成的灾祸却是满怀恐惧，认为自然界的赐予与灾难都有“灵”在其中作用。他们渴望大自然永远向人们提供所需的饮食以及一切有用的东西，不要给他们降临灾难，并且以为自然界各种事物的

① 《马克思恩格斯选集》第4卷，人民出版社1972年版，第250页。

“灵”是能够听到和满足人们的这种愿望的，这就相应地产生了最早的崇拜自然的宗教仪式。

人类最早的宗教仪式今天已无缘再见，我们只能通过一些民族志的记录，窥见其历史的影子或听见其远古的回声了。菲律宾南部岛屿上的土著民和云南境内的某些农耕兼采集的族群，他们在采集可食用的野生植物时，边采挖边向植物唱念着感谢它们的歌谣；他们从不砍伐住地周围的林木，因为祖先曾经告诫说，这会使天气变坏，等等。这种对于集团生活特别有意义的自然物采取感激、祈求、屈从或禁忌的做法，大约是人类早期宗教活动的表现，而表示各种意思的模拟的、象征性的动作或集体的舞蹈歌唱等，很可能属于最初的也是较为普遍的讨好自然的膜拜方式。祭祀的发生和奉献牺牲的仪式，应属于后来的事。

自然崇拜贯穿在整个漫长的原始社会，在阶级社会里，自然崇拜的残存形式同其他的宗教仪式或迷信活动结合在一起，长期地延续了下来。我国古代文献记载有用歌与舞并敲击乐器来祭祀天地山川的事。“乃奏黄钟，歌大吕，舞云门，以祀天神。”“乃奏大簇，歌应钟，舞咸池，以祭地示。”“乃奏蕤宾，歌函钟，舞大夏，以祭山川。”①《粹编考释》说：“殷人于日之出入均有祭，盖朝夕礼拜之。”农耕民族对于四季节令的祭祀是非常重视的，这关系到一年的收成。早在殷代，每年于立春、立夏、立秋和立冬之日，天子都要率领三公、九卿、诸侯和大夫，分别迎日于东、南、西、北四方之野，礼拜祭祀。卜辞中同样也保存了不少有关自然崇拜的记载。古今中外各民族在自然崇拜方面有着许多相似之处，大凡事物越是接近其起源的早期形态，各自拥有的共同性征状就越多。随着各个血缘集团于各地迁徙流散，人们所处的地理环境不同，生活样式也不同，自然崇拜的内容、对象和仪式活动也就出现了差异。渔猎、游牧、农耕集团在自然崇拜的宗教活动中，都同各自的经济活动、生活方式相联系而有所侧重或不同，从而显示出各自的文化特色来。

综上所述，“自然是宗教的最初原始对象”②。直接针对自然界本身的

---

① 《周礼·大司乐》。

② ［德］费尔巴哈：《宗教的本质》，王太庆译，人民出版社 1953 年版，第 2 页。

自然崇拜，是人类宗教活动最早阶段上的崇拜，它反映了人对于自然界的关系，也反映出原始人思维活动的特点与状况。自然崇拜基于的信念，始于最初的“灵”的观念，发展到后来是万物有灵、精灵、灵魂以及鬼与神等复杂的信念。

二、图腾崇拜阶段

同自然崇拜相关联的图腾崇拜，可能是自然崇拜发展和深化的一个结果。在人类社会早期发展的历史阶段上，没有比人类对于动植物的物质需要与依赖更为重要和强烈的了。恩格斯指出：“人在自己的发展中得到了其他实体的支持，但这些实体不是高级的实体，不是天使，而是低级的实体，是动物。由此就产生了动物崇拜。”① 只是到了后来，人们将长久受到崇拜的自然物，特别是动物和植物，注入了人类特有的血缘的或亲族的观念，把它们视为自己氏族或部落的传说中的祖先，这才显示出它们从来没有过的神圣性，这可能在一定的程度上是人同自然界尚未彻底分离开来的一种意识的反映。图腾作为一种信念、一种分类的标志、名号和一种制度，它伴随着集团成员自身来源的传说、族群的繁衍活动又同人们的社会组织与制度密切地联系了起来，从而演进到一个独特的崇拜时期——图腾崇拜的阶段。

图腾崇拜产生的条件：第一，人类经历了对自然界普遍崇拜的阶段，有了比较成熟的灵魂观念；第二，氏族外婚制的确立，有了最初的生殖观念，形成了对于集团祖先的最初确认；第三，氏族组织与制度在社会生活中开始起作用；第四，形成了原始分类的观念，并着重运用到氏族或部落的标志上。时间大约在旧石器时代晚期到新石器时代初期。

“图腾”被人类学家解释为原始分类的一种方式，应是原始族群对自然界资源认识的深化和氏族制度发展的结果。原始的氏族或部落的发展当

① 《恩格斯致马克思》（1884年10月18日），载《马克思恩格斯全集》第27卷，人民出版社1972年版，第63页。

是受着人口的增殖机制推动的。如果说人类社会早期曾经经历过所谓的“血缘家族”阶段，那么，原始族群利用对于自然物的最早的分类作为自己集团“名号”的一种标志，为的是排除或拒绝同一图腾集团内部的性交关系，把这种关系移至集团的外部，即在不同的图腾集团之间才能有性的行为关系。这是图腾制度的本质所在。但是，它并没有回答图腾作为一种信仰与崇拜的发生学上的起因。

随着集团外婚制的形成，氏族组织出现了，集团内部各个成员之间亲属辈分的关系日趋明确和稳固，而且可能会采用一些极其简单的亲属称谓来表示各自的身份与血缘上的关系。集团里的每一个成员无论从纵的或横的联系之中，都有可能启发人们从自身的各种关系中追溯出共同的来源，进而确认自己集团的祖先。可是，被人类最早确认为自己集团的祖先的却不是人。

在原始人的心目中，人同动物是一样的，甚至不及动物的地方很多，没有它们的硕大的身躯和惊人的气力，没有它们的灵巧的四肢或矫健的翅膀，以及那种望尘莫及、异常敏捷的速度；许多动物固有的敏锐视觉、听觉和嗅觉，以及它们锋利的爪牙、强韧的筋骨皮肉，还有那些促成肌体迅速愈合、再生的神奇功能等，人都没有！每当他们望见一群野鹿岩羊之类纵越过陡峭的山崖，或是鹰鸟毫不费劲地在高空翱翔，他们会不会产生一种欣羡、模仿和崇拜的心理？幻想着自己能够获得这些人所不具备的本领。特别是见到了那些外形似人或动作行为像人的动物，就越发地激起了他们的想象力。想象是宗教本质的一种表现。北库页岛上的渔猎部落基里亚克人（尼乌人）有过“熊节”的风俗，他们的老人解释说：“我们吃熊肉不是为了果腹，而是为了使熊的力量转移到我们身上来，为什么我们的孙子是敏捷的呢？因为他吃了鹿的心，现在鹿的力量转移到他的身上来了。他能迅速地奔跑。而他为什么这样灵巧呢？他打死了一只狐狸并喝了它的血。狐狸是狡猾的，而他就变得这样灵巧了。”① 这正是寓意在图腾崇拜观念中的奥妙，也是列维－布留尔在《原始思维》一书里提出的所谓神

① ［苏］E. N. 尼基弗罗夫：《宗教是怎样产生的，它们的本质何在?》，郭力军译，上海人民出版社 1956 年版，第 8－9 页。

秘的“互渗律”。

原始族群对于自然界的依赖和需求，在日常生活中形成的对人所不具有的那些动植物性能与品质的渴求，一旦进入他们的观念里，就会形成对某些自然物特别是动物和植物的膜拜，经过想象的媒介（神话）的升华，将它们视为同自身集团有着血缘联系的亲族，集团内的每一个成员皆始于它们，它们是集团成员共同的祖先，将它们的形象或名称奉为自己氏族或部落组织的神圣的标志，围绕它们进行各种的崇拜活动，还立有相应的禁忌。这就是原始宗教第二个重大的崇拜阶段——图腾崇拜的阶段。图腾观念的发展，是人们的分类系统的进一步扩展，以至于集团成员的每一个人都拥有一个属于自己的图腾，亦即属于自己的名字或称呼，这种属于个人的图腾，当然能够企望获得它们的保护，不过，这大约是后来很久的事了。

“图腾”（totem）一词，一般认为源于北美印第安人的一支阿尔贡金部落奥吉布瓦人（Ojibway）的语言，具有“我的亲族”的意思，通常专指某个氏族的标志或图徽。美国文化人类学家曾把“图腾制度”或“图腾主义”（totemism）视为氏族组织的同义语。最早把“图腾”一词及其宗教现象介绍到欧洲的是一个叫朗格（J. Long）的人，他在《一个印第安译员的航海旅行》（1791年）一文中首次报道了北美圣劳伦斯河及大湖区附近的印第安人部落中每个人都有一个超自然的保护神，他们称之为“图腾”。1869年苏格兰学者麦克林南（McLennan，1827—1881）在《论动物与植物崇拜》一文中第一次对图腾崇拜作了描述，把它们同宗教意识联系了起来；1876年他的名著《古代史研究》一书的出版，是第一个使学术界了解图腾崇拜的人。美国的民族学家摩尔根（L. H. Morgan，1818—1881）1887年出版的名著《古代社会》中对奥吉布瓦人的图腾制度作了重要的论述。从19世纪80年代到20世纪30年代，西方学术界对于图腾问题作了长时期的争论，涉及图腾的现象约有50多种解释，可谓众说纷纭。英国人类学家傅莱则（Sir. J. G. Frazer 1854—1941）于1910年出版了4卷本巨著《图腾主义与外婚制》，1937年又出版了第5卷《补编》。他对图腾问题的研究先后三易其观。第一次是从宗教和社会两个方面研究图腾，认为图腾崇拜是一种半宗教半社会的现象；后来认为图腾与其说是宗教的，不如说是巫术（magic）性的；最后认为巫术早于宗教之发生。后期他竭力反对图腾崇拜是宗教，以为图腾不具备神的意义。西方学者对于图腾问题的研究比较长期和充分，积累了丰富的资料，其中著名的学者有法国社会学家杜尔干（E. Durkheim，1858—1917）等，法国民族学家汪盖内普（Van Gennep）1920 年出版了《图腾问题现状》一书，系统地评介了 40 多种有关图腾问题的不同意见。法国结构主义人类学家列维 - 斯特劳斯（Levi-Strauss，1908—2009）用他的结构人类学的观点和方法，重新研究了图腾问题，他在 1962 年出版的《图腾文化的现今研究》一书里认为，以往学术界对图腾文化和图腾制度看得过于复杂，列出了许多并非必要的条件。他对图腾文化做了一个最广义的解释，即是将人类的文化及其社会组织同自然界的理法（natural system）彼此相互遏制和互相辅助而形成的一种制度，认为这就是图腾制度（totemism）。中国民族学家卫惠林称之为“天人合一”的理念，即是人类将自然分类的观点运用到自己的社会组织和文化制度上来①。在我国，最早将“图腾”一词介绍给国人的是清末光绪年间进步学者严复（1853—1921），他曾将 E. Jenks 著的《政治史略》一书用文言文译成中文出版，书名称《社会通诠》。严氏于该书的按语中结合了中国古史上的图腾神话传说，利用西方学者研究图腾问题的成果，首次揭示了我国古代文献上有关图腾记载事例的奥秘。“严氏可说是中国图腾研究的第一个人，解决了千百年来学者的疑案”②。20 世纪 80 年代以来，我国的许多出版物、电视广播媒体以及在不少的有群众参与的场合当中，有关人士在没有对“图腾”这个术语进行比较科学的了解的情况下，随便地加以利用，以显示其“时髦”，这种滥用现象早已经脱离了该术语的内涵。

现在回到本题上来。世界上一些地区的原始族群（不是所有地区或一切族群），他们的氏族或部落社会的组织与制度，都曾经程度不同地受到过图腾崇拜信念的支配。这个信念的本质特征已经不是往昔单纯的对动植物或其他自然物的自然崇拜，而是将崇拜的对象当作人类集团自己的亲族

① 卫惠林讲述、蔡家麒记录整理《西方社会人类学近今研究重点与方法理论趋向》，载云南省民族研究所编印《民族调查研究》1984 年第 1 期，第 152 页。

② 岑家梧：《中国的图腾制度及其研究史略》，载《中国民族学会 10 周年纪念论文集》1944 年。

来看待，它们的巨大功能主要是能将图腾物种神奇的本领或品质世代嬗递给自己集团的子孙们，所以才将自己的集团冠以图腾的标志和名称。及至后来，随着氏族或部落人口的增殖与分裂，各个新的族群集团乃至个人在对自然界传统的分类系统的进一步运用过程中，可能逐渐淡化了原先具有的图腾物种嬗递其性能的观念，比如有些图腾物几乎没有什么实用的价值，却被各自选定为区分不同的氏族与部落以及个人的一种标志或名称的作用。到了近现代，在一些地区的族群之中，图腾的绝大部分功能早已消失殆尽，但作为一种标志或名称的残余功能，却往往在他们的民族或族群起源的传说中保存了下来。

在远古原始人的头脑里，还不可能具有类似上帝造人的臆想。他们早在动物的繁殖活动期特别是在自身集团繁衍的过程中，发现了生命和种的延续和两性交配媾合的生殖现象有关系，遂把孕育新生命的生殖器官特别是女性的生殖器官视为生命和繁荣的象征而加以崇拜。生殖崇拜很可能是同图腾崇拜的观念结合在一起的。在许多民族的古老传说里，流传过远古洪水时代的人或祖先和动物同居繁衍了后代的故事。我国殷人有自己的祖先来自于其母吞食鸟卵、周人履大人（熊）足迹而感应受胎的传说。这类传说似乎带有巫术的性质，却生动地表明了不少原始族群确实比较普遍地存在过把作为图腾物的动物当作自身集团祖先的事实。

在图腾崇拜的阶段上，人类的抽象思维和综合的能力可能有了进一步的发展，用以概括同类图腾物的比较抽象的概念及相应的语汇，也可能慢慢地出现了。在这种情况下，灵魂观念必然会日趋复杂化起来：灵魂可以脱离躯体或具体的物质而存在和往来，在所有的同类当中，亦即人和图腾物之间转移，造成人们所期望的那些影响与作用。前面提到的基里亚克人吃某些动物，就属于这类观念发展的生动说明。在灵魂观念的作用下，同图腾崇拜大约有关联的“灵物崇拜”（Fetish worship）也可能形成在这个阶段上，那就是图腾物中的某一部分如动物的头、骨角、爪牙或皮毛等，因为有图腾物灵魂附在其内，能产生一种超人甚至是超自然的神奇力量，具有庇护和帮助人们的特殊功能而受到崇拜。在万物有灵观念的支配下，一些地区的灵物崇拜远远超越了图腾物，扩展到整个自然界。在西非的族群当中就盛行过灵物的崇拜。大洋洲上的美拉尼西亚人对于神秘的超自然力“马拉”（mana）的普遍信奉，可能就同灵物崇拜的观念有着渊源关系。在图腾崇拜的阶段上，人们用一种积极的姿态，以想象代替事实，以象征表达愿望的禁忌活动与巫术活动盛行于整个图腾崇拜的历史时期，这可能是同灵魂转移的观念息息相关的宗教意识的反映。

澳大利亚土著著名的图腾崇拜活动及其图腾制度，展示了图腾崇拜时期的历史场景。澳洲土著深信，自己集团中的一群人生活在世代赖以谋生的这片土地是自己图腾的领域，这里生长的一切都同自己的图腾有关，人们同图腾物相互依存，只有生活在这片土地上，才能受到自己图腾的庇护，得到他们所需要的东西。这片土地被视为自身集团成员的灵魂栖息地，人们生和死都要在这里，等候灵魂的再度转世。土著以歌舞、神话等系列的仪式来祭祀图腾，其中，自然现象的变化对于他们日常生活产生的重要意义，是其歌舞和神话的母题。他们社会生活中的生产、战斗、等级组织和各种仪俗，无不围绕着图腾的信念而形成了一套制度。特别是对于食物的选择，有着种种的规定，严格禁止非自己集团的外人进入自己的地域猎取或伤害自己集团的图腾物，有的甚至禁止食用图腾物所吃的东西，等等。

基于成熟起来的灵魂观念的图腾崇拜，人们的崇拜活动日益繁杂多样。受到澳洲土著崇拜的图腾，或直接取自其实物，或将它们的形象、图纹刻绘在岩石和树木上，有的塑造成偶体偶像进行膜拜，平时或隐藏在秘密的地方，或按图腾的形态、图样之特征，刺绘在集团成年人身体的特定部位，成为一种标志，人们相信这能获得图腾物的保护。整个图腾集团根据季节的转换，按性别、通婚等级等作经常性的集会，祈求图腾物的繁茂和集团人口之兴旺；集体模拟图腾物的情状与动作以及举行模拟自然界各种声响的舞蹈与歌唱、竞技活动等，这些都表现出图腾崇拜活动中的重要内容。在图腾崇拜的阶段，值得考虑的是神话的出现。图腾集团成员的来历以及人类的起源，图腾物对于自然界和集团成员的神奇作用，人们对图腾物的种种需求和愿望等，都会包括在有关图腾的神话之中，构成了神话里最初的基本内容和样式。而神话的出现，最早大约是作为宗教仪式中不可缺少的组成部分，这个事实可以在现今许多民族或族群的宗教祭祀活动中得到反映和证实。

然而，图腾崇拜在其观念上对人类和社会影响最大也最深远的，不外是氏族外婚制的实施。共同信奉和拥戴同一种图腾的氏族集团内部，是严格禁止两性之间有性行为的。认为自己母亲氏族里的兄弟（包括从兄弟）和其姐妹（包括从姐妹）如果发生性行为，那就违反了氏族最神圣的法规，就会触犯自己氏族集团的图腾，给整个氏族招来灾祸，因此，对于这类行为势必要遭到全体氏族成员的反对与惩罚。这个时期，人们可能具备了朦胧的认识，认为在属于不同的图腾集团之间的性的行为，才能产生出更加繁盛有力的后代，所以只有在不同的图腾集团成员间的婚配才是合理的，这是氏族社会里人们在自身繁衍活动中立下的可能是最早的也许是最为根本的法规，这种约束人们性行为的最古老的道德伦理观念，当是在图腾崇拜信念的支配下形成的。

综上所述，人类宗教史上的图腾崇拜阶段，是一个很重要的历史时期。图腾崇拜的信念同新生的氏族社会组织与活动密切地结合起来，使得人们的狭隘的血缘关系更形稳固与强韧，从而产生了一些最初的社会制度，这同人类刚从动物界走出来的那种涣散无序的游动群体相比无疑是一大进步，这是和当时生产力发展与人同自然界关系的能动性发挥的水平相适应的。历史上的图腾崇拜的观念与活动，对于氏族社会的形成与发展、氏族制度的产生与巩固，特别是婚姻习俗的形成、原始宗教的演化以及神话和艺术的流传等，都曾经起过不容忽视的历史作用。

图腾崇拜的残俗一直延续到阶级社会。许多民族或族群古老的神话传说、某些宗教仪礼或禁忌等习俗、艺术活动以及后人的文献记载，皆程度不同地反映出远古时代的图腾崇拜及其制度的存在，有的不可避免地打上了阶级社会的烙印，成为统治阶级“天命论”的一种工具。现今的一些仅存的原始社会的族群或后进民族的社会里，图腾崇拜的残存遗俗尚可见其一端，用历史唯物论的观点与方法进行深入地发掘研究，对于恢复或重构人类远古时期的图腾崇拜的历史图景，是具有一定的实证意义与认识价值的。

图腾崇拜已经孕育了最早的集团祖先的观念。人类对于自己真正的祖先的确认，即从动植物等自然物到实际的人，确实经历了漫长而曲折的认识过程。人类在世代谋生活动的实践中，对于人的作用、人的智慧与力量以及人的真正价值的发现，进而造成人在自然界中地位的逐步演变，都是随着人类社会生产力的发展以及克服自然的能力的提高而一点一滴地渗入自己崇拜的意识当中来，而对于动植物或其他自然物，渐次退出了崇拜意识的中心，居于次要的地位。围绕着对人类本身的崇拜活动之演化，可能始于母系氏族的繁荣到衰落之际，尤其是在男子的社会作用与地位的增强、父系氏族公社的兴起时期。在不少的民族民间神话传说中，曾经出现过一半是动植物一半是人的怪异形象，它们很可能就是往昔图腾的变异，把这些亦兽亦人（兽首人身）或亦人亦兽（人首兽身）的怪物当作氏族或部落集团的祖先加以崇拜，可能是图腾崇拜发展到后期的产物，也是把人作为真正祖先来崇拜的前奏。正是这些超自然的神话般的祖先们怪诞的形体形象，揭露了图腾崇拜和祖先崇拜这两个迥然不同的崇拜阶段的联系。

三、祖先崇拜阶段

祖先崇拜产生的条件：第一，在一些氏族与部落群当中，先后经历了极其漫长的自然崇拜或图腾崇拜的历史阶段以后，从万物有灵和灵魂观念中演化出逐渐占支配地位的鬼与神的观念；第二，在一些地区里，母权制衰落父权制兴起之后，男子在生产生活中确立了强固的社会地位，各个集团由不稳定的对偶婚向相对较为稳定的一夫一妻制过渡；第三，社会的意识对人的崇拜已经逐步地占据了主要的地位。这一时期，大约处于新石器时代到来之际。

祖先崇拜和图腾崇拜的重要区别在于：前者崇拜的对象主要是人，后者崇拜的对象主要是动植物或其他自然物。但是，二者共同把这些崇拜的对象均视为自己的祖先。一些地区的群团由广泛地崇拜自然界到崇拜图腾物再发展到崇拜自身集团中有真正血缘关系的人，这个漫长时期的演变，明显地反映出人同大自然同社会进行反复交往的过程中在认识上的变化。

由于原始工具的逐步改进与完善，生产效率提高了，加之生产经验的不断积累，生产力获得了发展，致使人和自然的关系发生了根本性的转变。从捕猎发展到驯养，从采集发展到栽培，畜牧和原始农业的出现，极大地增强了人对自然的认识和利用的能力。人和自然界关系改变的同时，也改变着自身间的关系。男子在生产生活活动中作用的增强，其社会地位也随之上升。人们的群团组织规模逐渐缩小，然而活动的领域却不断地扩大，这一切势必促使人类对于自身力量、自我意识与作用获得新的认识，这反映在原始人的灵魂观念进一步地复杂化了，灵魂的功能被解释成多样化和神奇化，通过生和死的无限循环，人的灵魂不仅被理解成一旦永远离开人的身体，生命就会终止，而且还认为即使物质的躯体不复存在，其灵魂却能单独存活下来，在集团成员中间转来移去，附在活人的身上，对这些人及其所行之事施以好的或坏的种种影响；进而认为一个人有多个灵魂，寓居在身体内不同部位的灵魂对于生死、病痛、做梦、思维和凶吉祸福等各有自己不同的作用与功能。特别是人死亡以后，他的灵魂就会去往另一个地方或世界，这个亡魂可能会被想象成“鬼”；人的死亡往往有不同的原因和情状，也就想象出各种各样的鬼，替它们取了各种称呼。人们从现实生活的感受出发，把鬼划分成好与坏、善良与凶恶的类型。这种分类当初不一定是很明确的，往往是同一类鬼的身上，既有好的、善良的一面，也有坏的、凶残的一面，就像是一个具体的人一样。至于“神”的观念，有的学者从汉字的构字情况来看，可能始于天际的雷电现象。① 这一见解很有道理。

人们认为，鬼和神同人一样有喜怒哀乐的情绪，有情欲和种种的需求，每当它们的愿望得到满足感到欢愉时，就能庇佑赐福于人；反之，人们无意之中冲撞得罪了它们，懈怠了对它们的祭祀或奉献，或者触犯了集团中的禁忌条律，这些凌驾于人的鬼神就会出来作祟，降祸于自己的族群。在这个时期，以往自然崇拜阶段上的自然物，也一一被注入了鬼或神的因素，有了新的含义，即自然界和社会中的各种现象，均被视为鬼神的意志使然，人们对于鬼神深怀恐惧和崇敬。尤其是对于死者的亡魂，采用一套丧葬的仪式来安顿与抚慰之，以避免更多的不幸；还为死者想象出和人间大体相似却是另外一番天地的世界，让众亡魂有一个归宿的处所，不必留在人间飘荡，加害于人。

在众多的鬼魂当中，人们对于自己的氏族或部落里亡故的头人或巫师

---

① 请参看本书《论原始宗教研究》一文中关于“神”的解释。

等，总是怀有特别崇敬的心情。这些人多具有强健的体魄以及组织和领导才能，有着高超的生产、战斗的技艺本领，以及出众的智慧和勇敢的品格，他们曾经经历过自然的、社会的严峻考验，无论在生产生活和部落的战斗中，对自己集团的族人做过许多的贡献。他们生前得到族人的拥戴，死后则受到长久的敬仰和怀念，遂把其往日的活动事迹用讲述或歌唱的形式，代代流传下来。这类佚事的流传过程，也就是将他们超人、超自然的神化的过程。在子孙们的意识里，他们的灵魂的功能被极大地扩展，升向众多的亡灵或鬼魂之上，成为庇佑赐福于族人的祖先神灵，有别于其他一般的鬼魂，从而受到族人特别的对待和祭祀。

如果神的观念最初始于天际的自然现象，后来这个观念逐渐移向地面上的自然界，往往将以往自然崇拜阶段上的一些崇拜的对象，逐一赋予了“神”的功能与含义，涂上了“神”的绚丽色彩。人们遂在地上、水中、天际创造出无数的自然神来，这些神灵既具有自然的属性，也被认为具有人的一切品质，给它们安上各自的名称、来历、作用等一套更为复杂的解释，用于宗教活动的仪式上，这就进入一个前所未有的众神并举而列的多神信仰与崇拜的阶段。当人们通过对自然界众多神灵的观念的熏陶，复又移向祖先崇拜意识中来的时候，祖先神灵的观念就被注入了超自然的属性，他们具有了支配、影响世间生活无比巨大的力量与智慧。这个过程是人的社会属性同自然界的属性相互结合的过程。在其长期的运用中，神的观念不断地被抬升、被完善。据此观之，在祖先崇拜的阶段上，神的观念被运用到自然界，其中大体的过程，是否可以用下列的公式加以概括：自然（精灵）—人（灵魂）—祖先（鬼神）—自然（鬼神）—祖先（神灵）—自然（神灵）……一些人只是见到这个过程的后半部，即自然神的出现，而忽略了其以前的演变过程，遂错误地认为自然崇拜是祖先崇拜以后的产物，鬼或神的观念是产生宗教的最早观念，显然是不正确的。此后，在一些文化比较发达的民族当中，随着有关天的观念进一步发展，鬼和神的观念就有了更为清楚的划分。认为神多居住在天界，洞察世间的一切，而鬼多居住在地上，为害作祟，于是，天上和地下的神鬼世界最终被区分开来。及至阶级对立社会的形成，人们才据此杜撰出所谓“天堂”和“地狱”这样两个截然不同的虚幻的世界来，结合社会各阶层人的利益，烙上了阶级的印记，使其成为阶级压迫的一种工具。

基于鬼神观念信仰的祖先崇拜的阶段，人们一方面在更大的范围内和规模上崇拜自然神灵或作为“原始祖先”的图腾神灵；另一方面越加趋于集中和突出地膜拜集团祖先神灵。祖先崇拜日益构成全部宗教活动的中心内容，其规模之大、次数之频繁、形式之繁缛以及祭祀中牺牲之多都是空前的。人们以为，只有如此隆重的祭祀，才能获得祖灵或其他神灵的愉悦与庇佑，避免各种的灾祸，因为祖灵等是直接掌握人们的命运的。在人类的历史上，从原始社会解体到奴隶制和封建制社会，祖先崇拜是压倒一切的宗教活动。这是同各个封闭的自然经济社会里人们的血缘关系在一定范围内相对稳固有着直接的关联的。在祖先崇拜的阶段上，社会对于妇女作出的种种约束与禁忌，男子对妇女的压迫、维护父权的残暴措施，以及阶级统治的各种方式等，随着私有财产和剥削制度的确立、社会伦理道德观念的发展，都在祖先崇拜的活动中得到了最集中、最野蛮、最酷烈的表现。中国古代史上殷代奴隶主在埋葬或祭祀亲族集团祖先的仪式上，动辄采用大批的人殉和畜殉，就是明显的例证。原始宗教为阶级社会宗教的出现铺平了道路。

在祖先崇拜的阶段上，引人注目的是“祭祀”和“占卜”的活动，它们是这一时期宗教仪式上最为重要的活动方式。祭祀是祈求和取悦鬼神的集中表现，还具有怀念祖先的意义，人们确信祖灵能够前来歆享族人为之准备的丰盛美馔，从而得到鬼神或祖灵的庇佑，满足人们的要求。有一种现象值得注意，即在中外许多民族的祭祀中，祭物里经常有“生姜”一项。生姜性暖味辛辣，可入药，其地下的根块自身能够发芽生长出许多的新姜，这一特点是否是生姜成为比较普遍祭物的一种原因，有待深入了解。占卜是人们关注自身的活动或命运，求释疑难，以取得一种事先预测的效果，相信各种卜示均系鬼神或祖灵意志的表现。世界上各地区各民族占卜的方式方法多种多样，仅此就可以写成一部厚重的专著。

占卜既可以单独做，也常伴随着宗教仪式进行。主持这类宗教活动的，当初应是那些氏族或部落的头人或家族长，他们本身多属于巫师一类。巫师被认为是能够通达鬼神的人，在宗教仪式上，只有巫师能够沟通鬼神与人间两个世界的联系，传递人和鬼神之间的信息。这类人具有比较丰富的生产生活经验，能言善思，他们往往被认为是鬼神和祖灵所看中的或所钟爱的人，通过灵魂的媒介，鬼神或祖灵每常附在他们的身体上，借用他们的嘴或身体向族人讲话。灵魂附体的观念与活动，在祖先崇拜的阶段上比较盛行，成为最吸引人的宗教行为方式之一，它同一些地区的族群文化结合起来，造成了这些地区族群文化的特色。直到当代，非洲西部的尼日尔人（Niger），还十分流行灵魂附体的活动，亚洲北部从东到西世代生活在漫长的森林、草原和湖沼冻土地带上的从事渔猎或游牧的不同族群，一直信仰一种以祖先崇拜为核心、囊括了自然崇拜与图腾崇拜且神灵极其庞杂的“萨满教”（Shamanism），萨满跳神是最常见也是最重要的宗教仪式的活动。举行仪式时似乎神灵附在萨满的身上，使萨满产生一系列近似疯狂的举动来为族人治病和预言将要发生的事等，这一切都是在神灵附体的情境中表现出来的。

在祖先崇拜的阶段，在萨满教和某些族群的原始宗教当中，可以看到人们对于向神灵的偶体偶像膜拜是异常重视的。在一些族群中，人们习惯把自己集团中杰出的首领或巫师的遗体或头颅，经过特殊的处理，长久地保存下来，供族人膜拜。这些人的遗体被集团成员视为“伟大的保护者”的祖先遗骸，具有非凡的超自然的魔力，几乎所有重大的宗教活动，都是围绕着对祖先遗骸的祭祀进行的。有些地区的族群用石、木、骨或野兽皮毛等材料，雕绘出似人脸或人形的轮廓，用以代替祖先神灵进行祭祀膜拜。鄂伦春族的祖灵和自然界的大量神灵，常是按照人的形象或动植物的自然形态，雕刻或绘制成偶体偶像，各个崇拜的对象都是一男一女、一雄一雌，成双配对。祖先崇拜阶段可能是人类根据自己的意愿，大量塑造出各种类别的偶体偶像加以崇拜的时期。象征父权的石祖、陶祖或象征女性的石阴等的生殖崇拜，在不少地区和族群当中也相当流行，甚至延续至今。这些偶体崇拜很可能早于祖先崇拜就发生了。

祖先崇拜的阶段，人们虽然还不同程度地保持着对于自然崇拜或图腾崇拜的习俗，但是，这些崇拜的内容和方式，都被祖先崇拜的观念和方式加以改造或刷新，注入了大量的复杂的观念与内容，以适应于族群社会的需要。以往的所谓灵物崇拜多限于自然物，此时，凡属于祖先或头人及巫师们生前穿用过的遗物，均被当作驱恶辟邪、运筹自然的灵物或法器来对待。因为有祖灵附在其内，它们才具有更大的威力或神奇的作用。阶级社会宗教里的“符”与“咒”的信念与功能，可能同原始的灵物崇拜的观念相通连。因为这一时期族群社会里已经出现了将人作为自己真正祖先的观念和崇拜的行为，自然崇拜和图腾崇拜就不可避免地沦为祖先崇拜的附属物而围绕着祖先崇拜的活动来旋转了。

在祖先崇拜的阶段，族群成员们一方面通过祭祀共同的祖先来加强彼此间血缘关系的认同和维系，然而随着人们谋生活动的流徙，却在另一方面又不断地突破这种旧有的血缘纽带，形成新的血缘关系的组织，逐渐地走向地缘。特别是在原始公社时期，各个氏族部落之间的长期频繁战斗，经常造成族群集团间的胜利和失败、统一和瓦解，这些过程促成了一群群新的人们共同体的组成。获胜的部落消灭或兼并了失败的部落，将失败部落中的妇女儿童接收过来，获胜部落的祖先神灵很可能转为失败的或被吞并的部落成员的保护神，或者，在新的人们共同体之上，出现一个被人们拥戴的新的神话祖先的神灵，为全体成员所信奉。这些新的祖灵，显然是已经冲破了原来狭隘的血缘纽带，渐次地蜕变成地域性的神灵。我们从许多民族曾经信仰过或正在信奉着的各种“雪山之神”“河域之神”“村寨之神”以及“城镇之神”等来历的传说当中，可以追溯出它们当初很可能是由氏族部落之神演变到地域之神的。及至阶级社会形成与国家的出现，少数人统治压迫绝大多数人，于社会的各阶级阶层之上出现了一个至高无上的君王，随着一整套维护专制统治的机构、制度、法律及伦理道德的建立，遂在社会的意识里，往日平等并列、互不统属的神灵世界逐步地崩溃瓦解了。人类正是根据自己的社会生活方式的发展演递，沿着造神运动的轨迹，从简单到复杂、从具体到抽象、从个别到一般、从低级到高级、从有限世界到无限宇宙这样的逻辑顺序及认识规律，才逐步地创造出天地之间至尊无上的“最伟大”“最永恒”的神灵——上帝。当上帝来到这个充满矛盾、灾难和杀戮的地球上，整个世界都把自己希冀的目光投向它，把自己“罪恶”的心灵交给它。当赞美上帝的歌声直上云霄的时候，以往任何时期任何的神灵都黯然失色了，淹没在遥远的历史的尘埃里。

（原载《哲学研究》1982 年第 4 期）

论“原始至上神”

“原始至上神”（Primitive supreme being）一词，是19世纪末至20世纪西方的人类学与宗教学界在探讨宗教起源及其进化的争论中提出的，指发生在原始社会里的一种宗教观念和信仰，系原始社会的群体信奉一位至尊至高的神灵，它被视为世界、宇宙、人类和万物的创造者和主宰者，它们的事迹曾经被绘声绘色地保存在一些民族族群的神话之中，表现在一些宗教的仪式上。原始至上神在不同地区的民族或族群当中，各有一套专门的称谓、传说、仪式或禁忌。

在民族志和宗教志里，或是在我们进行田野调查的时候，常会发现曾经处于原始社会的民族或族群的传统宗教中信奉至上的天神。这类带着原生形态的至上神，当同阶级社会里一神教的至上神有着明显的历史的区别。但是，在探讨宗教起源最早形态时，西方学术界有一种意见，认为原始至上神的信仰是人类宗教起源的最初形式，是所谓的“原始一神教”，而后才演变成多神教，其代表者是W. 施密特（William Schmidt，1868—1954）等；另一种意见，认为原始至上神是“万物有灵”观念充分发展的结果，如E. 泰勒（Edward Tylor，1832—1917）等。围绕这类问题中有关原始至上神的争论，从19世纪末到20世纪，始终难获定论。

我国的民族学和宗教学论著，一向极少涉及有关原始至上神问题的研究，长期以来学术界比较认同至上神是阶级社会产物的意见，即是因为世间有了帝王，天上才会出现至上的权威神灵，用以巩固皇权的统治。这是值得商榷的。

有关“至上神”的不同观点

人类学早期进化论学派有影响的观点认为，“至上神”和“一神教”是从“万物有灵”信仰或多神崇拜演进而来的；万物有灵的观念与信仰是宗教的最初的形态，由此产生多神教，之后，随着社会的进化才发展成为信仰至上神的一神教。这种观点是同他们对于人类社会及其文明的直线（或单线）发展的解释是一致的。

近代宗教学的奠基人 M. 缪勒（Max Muller，1823—1900）认为，人类的宗教始于“单一神教”，作为宗教思想的一个阶段，它是对单个神灵的崇拜，即每一个神对其信仰者都是至上至尊的主神，然信仰者也不否认其他神灵的存在。这些神灵都是独自往来于不同的领域，彼此不发生任何关系，它们代表着不同品性的神，在各自的领域里都是至高无上的，具有至上神的全部属性。之后，人类宗教发生了退化现象，产生多神教，然后再发展到只崇拜一个神而否定其他一切神灵的“唯一神教”。这种“退化说”，被批评为没有彻底摆脱“神创论”观念的表现。①

俄国宗教哲学家索洛维耶夫根据印欧语系的神话，在《古代多神教中的神话过程》一文（1876 年）里提出，在印欧语系各民族的宗教形成之初，占统治地位的信仰是唯一的天神崇拜，后来天神的形象分化成各种神灵被人们信奉。②

比较著名的是苏格兰学者 A. 兰格（A. Lang，1844—1912），著有《风俗与神话》等，是一位儿童文学作家，翻译过荷马的史诗。他在《宗教的形成》（1898 年）一书中提出“原始至上神”的观点。他根据民族志的材料指出，在澳大利亚东南部的土著、菲律宾丛林中的小黑人、马来半岛的塞芒人、印度洋的南安达曼人、亚洲东北部的爱努人以及非洲腹地身

① ［德］麦克斯·缪勒：《宗教的起源与发展》，金泽译，上海人民出版社 1989 年版，第 180－205 页。

② ［苏］C. A. 托卡列夫：《外国民族学史》，汤正方译，中国社会科学出版社 1983 年版，第 127 页。

材矮小的人种当中，皆存在着信奉一位造物主的高位神或至上天神，而且这类天神多具有明显的道德属性。它们不是从基督教世界传来的上帝之类，也不同万物有灵或祖灵的观念发生联系，因为在这些原始族群中间既没有发现外来的基督教因素，也没有发现对万物的精灵以及祖先亡灵的崇拜现象，他称这种唯一被信奉的天神为“原始至上神”。A. 兰格认为原始至上神的观念是非常古老亦颇高级的，不是进化论学者所主张的从万物有灵观或祖灵等观念演进而来的，不是低级神发展的产物，而是有其独立的来源，即原始族群有制造东西的观念，遂将这种观念投射到一位具有非凡力量的世界造物者的身上，想象这位世界造物者拥有人类所不具备的力量，能够造出人类不曾制造也无法制造的东西，并赋予它们以原始道德的属性；而原始族群最初的伦理道德观念，被他们视为是原始至上神意志的表现。在《神话、礼仪和宗教》一书中，他说：“人类最早的宗教观念在某种意义上很可能是由依赖于一个至上的道德的存在物构成的。”① 因此，他猜测有一种一神论的信仰存在于原始族群当中，认为应当从某种形式的原始一神论中寻找所有宗教的起源。他提出宗教起源于“前万物有灵”（Preanimism）的观点，即原始一神论的原始至上神观念，而不是属于多神教的万物有灵的观念，认为进化论的万物有灵观点是无法解释至上神起源的问题，因为进化论的学者们热衷于将宗教起源说成是宗教以外的东西，这就使他们注定会忽视与其理论不相一致的证据。②

A. 兰格曾追随 E. 泰勒，著文有力地批驳了 M. 缪勒的自然神话说宗教观，后来又对 E. 泰勒的宗教起源于万物有灵的观点作了挑战，他认为，神由低级向高级的发展变化同进化的总路线无关，强调高位神实际上是一个被夸大了的凡人，并不是一个超世俗的神。③ 有的人批评其论点多限于一种直观式的表述，甚至带有“唯灵论”的非理性色彩，但是，他明确地指出原始民族信奉一位具有道德属性的原始至上神的事实，并从原始民族具有制造的观念来推测原始至上神观念的来源，这是很有意义的。他拓宽

① ［英］A. 兰格：《神话、礼仪和宗教》1877 年初版，1899 年修订版，第 305 页。

② ［英］埃里克·J. 夏普：《比较宗教学史》，吕大吉等译，上海人民出版社 1988 年版，第 80 页。

③ 吴泽霖总撰：《人类学词典》，上海辞书出版社 1991 年版，第 395 页。

了学术界的视野和思路，深化了有关宗教起源的探讨。

奥地利天主教神甫、民族学家和宗教史学家 W. 施密特在其多卷本《神的观念之起源》（1912 年第 1 版）等著作中系统发展了 A. 兰格的“原始一神论”的至上神观点。他在《神的观念之起源》和《原始文明的大神》等著作中，提出“原始一神教”的假说。这个论说是建立在“神启论”的神学观念之上的。他断言，人类的文化是受到上帝的启示的，上帝的观念和一夫一妻制、私有制一样，都是古来有之的，对上帝的唯一信仰乃是远古时代人类文明的重要组成部分，已经成为人类的财富了。他认为民族志中有关原始族群的材料，基本上符合《圣经》的启示，坚信宗教起源于原始一神教，后来，原始一神教发生了退化，才出现了鬼魂、泛灵和巫术等多神教的信仰。他在《比较宗教史》一书中用了大量的篇幅阐述了原始至上神信仰是一神教的观点，认为在一切原始文化的民族当中，都存在着不同形式的原始至上神的信仰，而且在文化越是原始古老的民族之中，越能够清楚地发现原始至上神信仰的存在。他根据“文化圈”理论，运用文化史分析的方法，以证实所谓一神教的原始至上神信仰在时间上早于其他一切宗教形式的出现，从而肯定原始一神教是所有宗教的源头。他还对原始至上神的属性、居处、形象、称呼以及宗教祭仪等，逐一加以阐释、论述。至于原始至上神观念的来源，他除了强调是上帝对人类的启示之外，还在于人类对其生存和庇护的需要，以及社会的、道德的和感情的全部需要。

继 A. 兰格之后，W. 施密特对于原始至上神的研究，进一步肯定了在原始一神宗教中较为普遍地存在着原始至上神的古老信仰，并作了具体的分析论证，其学术意义不应忽视。但是，他狂热地把原始至上神的信仰说成是一神教，是宗教的开端，这是无法从历史学和民族志中获得证实的。他将“原始至上神”和“一神教”原本属于两个历史范畴的事物硬拉扯在一起，极其武断地认为：“原始文化中的至上神，确是一神教的至上神，因此崇拜这至上神的宗教，才是真正一神教。”① W. 施密特把宗教视之为纯精神或心灵的产物，以神启论来解释宗教的起源，用上帝的存在证明宗

① ［奥］W. 施密特：《比较宗教史》，萧师毅译，辅仁书局 1948 年版，第 326 页。

教的存在，他的原始一神论的观点同人类自有宗教信仰以来的历史演变的事实，是不相符合的；他把原始族群信仰的原始至上神说成是一神教的至上神，且武断地认为它是一切宗教的开端，显然是错误的，这就将原始社会里和多神崇拜观念一起的原始至上神与后来阶级社会中一神信仰的一神教至上神这两个原本属于不同历史时期与条件下的产物混为一谈，混淆了历史的逻辑。正如佩特左尼（R. Pettazzoni）所说："我们在非文明的民族中所发现的并不是历史合法性的一神教，而是最高存在的观念。将这一观念错误地等同于一神教，误导性地将这一观念同化于一神教，只能带来误解。"① 施氏的原始一神教的理论观点是从神学出发的，具有护教主义的鲜明立场，是同科学完全对立的，这是18世纪康德的批判哲学所强调的理性隶属于信仰、科学从属于宗教的唯心主义观点，当然是不能正确地揭示出宗教起源的本质和规律的。

我国少数民族中的原始至上神信仰

关于原始至上神的信仰，无须如W. 施密特所言，必须在实已不复存在的最原始、最古老的文化中去寻找。迄至20世纪50年代初期，我国的一些尚处在原始社会末期或已经进入封建社会的少数民族当中，还程度不同地残留着信奉原始至上神的现象与事例。兹分述于下。

独龙族的“格孟”：云南省西北角独龙河谷中的独龙族，地处僻远而闭塞的横断山脉的包围中，不通车辆，交通极其不便，一年中约半年大雪封山，与外界隔绝往来。其社会发展很是缓慢，20世纪50年代初还处在父系家庭公社时期，传统的宗教信仰以万物有灵的自然崇拜为主体，同时信奉一位居于天际的原始至上神“格孟”，他们没有祖先崇拜的活动或传说，其宗教观念的原始性是比较典型和突出的。

独龙族原始至上神的信仰，集中反映在天的观念上，以为地上的变化

① 佩特左尼：《宗教史论文集》第9页，转引自［英］E. E. 埃文斯－普里查德《原始宗教理论》，孙尚扬译，商务印书馆2001年版，第124页。

总是来自于天际。巫师（“南木萨”）认为，从天到地是多层结构的，从地到天，犹如攀登高耸陡峭的山峰和峡谷，有曲折险峻的“天道”相连，有能耐的巫师可以登上天际的高层，取来所谓的“天药”，为族人医治重病，甚至能起死回生。巫师们说，天的最高层还住着个嘴里长有一颗如砍刀般巨齿的“木佩朋”，它成批地吞噬人和牲畜的活魂（“卜拉”），是地上各种邪恶精灵“卜郎”的总头目，独龙人从不祭祀它。第二层（“木代”），居住着一位创世神格孟，传说它用泥土造出了一男一女，给了他们呼吸和生命，从此才有人类的繁衍，他是许多民族的始祖。独龙人视格孟为主宰，自己是它的牲畜，任其处置；它与日月天体没有什么联系。第三层是格孟的使者“南木”的居处，众“南木”奉格孟的派遣，分别下到地面向被其选中的人令他们当巫师，它们通过巫师的身体为人们治病消灾。以下天的各层说法不一，最后一层却是一致的，即各家庭中的火塘。火塘被视为天的一部分，是一家之中最大的主人，人们对火塘立有许多的禁忌。

天的各层并无明确的统属关系，代表恶与善的木佩朋和格孟是平等的朋友关系，二者遇事可互相商量着办，谁也支配不了谁，也未听见两者对立冲突的传说，但在人们的观念上，天上的南木要比地上的卜郎具有更为强大的积极力量。格孟被说成是一位威严的男性老者，端坐在高山之巅的云层上，它没有配偶，“南木”也无婚姻家庭，独龙人从来没有用自己的血缘关系的称谓来称呼格孟是“爷爷”或“父亲”等。格孟庇佑赐福于世人，决定着所有人的生死、婚配、生育和农作物丰歉等命运。它明察人们的行为，是最公正最权威的裁决者。

对格孟的宗教仪式，主要是一年一度由全体家族或氏族隆重举行的剽牛祭天（“卡雀哇”年节）；另外在收获季节，家族成员在山地边搭一竹架，向格孟祭献新粮。此外，重要的是人们每当被巫师占卜告知自己的活魂已经被收押在天上的某一层时，遂请巫师为他们做赎救活魂的仪式“卜拉鲁”。当事人用鸡或猪等祭品祭祀格孟，由巫师携带这些祭品的活魂，象征性地去到天际，换回该人的活魂，以求不死。旧时，若有人丢失粮食或财物，失主公开怀疑并指认系某人偷窃所为，被指认者拒不承认，在家族长调解无效时，失主坚持要求用“天判”（“克尔大”）的方式，请格孟裁决，被告也同意，则由失主提供一口铁锅，架在村边或地头举行天判的仪式。届时原告和被告的双方家族成员都要到场，若有意回避不出席者，常被视为他们不敢面对格孟的裁判，众人自然会怀疑他们有偷窃之嫌。在家族长或村社头人的主持下，原被告分别向格孟起誓，说明事由，表明心迹，要求保护，被告遂从锅下的火塘里迅速拣出一块事先烧烫的石块丢进沸水锅里，再从沸水中捞出石块，向众人展示其手，如果手未烫伤，证明他是清白的，没有偷窃，是为胜诉，失主要向他作损坏其名誉的赔偿，至少这口用作仪式的铁锅应归于被告；如果被告的手被烫坏，证明他偷窃，是为败诉，他须悉数归还失主的东西。不管怎样，众人对于格孟的裁定都是绝对服从的。

从独龙族关于天的观念、格孟的创世传说和一些崇拜的方式，以及人们对于维护这个古老社会的传统道德与秩序等方面观之，格孟无疑是独龙族的原始至上神，但是他们同时也大量信奉和祭祀自然界互不联系、各行其是的各种精灵（“卜郎”），构成了其原始宗教的主要特色。①

佤族的“木依吉”：云南西盟、沧源等地的佤族，20 世纪 50 年代初期还分别处于原始社会末期和阶级社会早期的历史阶段，以万物有灵的自然崇拜和祖先崇拜为信仰的主体，少数地区接受了佛教与基督教的信仰。传说中的“木依吉”是创造万物的最高主宰，是受到村社或部落供奉的人格化最高神灵。认为木依吉似光、火、风或空气，无所不在，但有的巫师于梦中见过木依吉，说是一个穿白衣的男人，甚至有妻儿家室，人类是其后裔；它主宰人的生死命运和自然界的现象，还教会佤族人建房、织麻布和祭祀等。

佤族对于木依吉极为信奉。旧时，每年农历十月至翌年五月期间，村社或部落都要举行一系列的宗教仪式：拉木鼓、猎头、砍牛尾，以及盖新房和结婚等项，都是围绕着祭祀木依吉为核心的活动，以祈求人畜平安兴旺和农作物丰收。每次祭祀皆要宰杀大量的鸡、猪、牛，酿制许多的酒。据 20 世纪 50 年代调查报告，1954 年下半年到 1957 年上半年，佤族聚居的西盟县岳宋地区 407 户仅举行砍牛尾巴的仪式一项，就杀了祭牛达 874

① 参见本文集《独龙族原始宗教田野报告》一文。

头之多!

木依吉无具体造像，仅有象征性的表征。20世纪50年代前，几乎每个村社附近都有一片被保护的山林，俗称“鬼林”，置有供奉猎来人头的木桩，或搭一简陋的竹屋，供奉木依吉。有些祭仪于山林中插一根长竹竿，顶端挂一只白鸡，其下系3串鱼，每串3条，是祭祀木依吉比较普遍的样式。西盟佤族聚居的大马散地区，常用一些小竹筒代表木依吉，插在第一个来此辟地建寨的寨头人户（“富郎”）“鬼房”的左壁上，此处也挂置有牛头骨、猎头刀等。该地区一些属于村寨头人的竹木大草房，有比较特殊的装饰，房脊两端置有交叉状的燕子木刻，饰以木块刻的裸体男子，“鬼门”上也刻有一个裸男；在大草房的四壁，用牛血、石灰和木炭等绘有人形、牛头或麂头，巫师们说，这些都是感戴木依吉教会他们建房而刻画给木依吉看的。每遇盖大房时，村社成员都要围圈而舞，圈中立一粗竹竿，上置两根小竹竿，即木依吉和佤族男性祖先“阿依噢”的象征，后者的地位当比木依吉低，但都被视为家庭的保护者。平素人们饮酒时，总是先要倒点酒在地上，或吃饭前先抓点饭撒向地面，都是表示献给木依吉；对于同姓通奸（“错阿佤理”）认为定会触犯木依吉，造成天旱无雨、谷物长不好，因此，附近任何寨民均有权抄奸夫的家，他必须杀猪酿酒招待全寨居民，并将猪头骨绑在竹棍上，插在自家房宅的右边，以示向木依吉乞求赦罪。

木依吉显然是佤族的原始至上神，及至近代，木依吉被奉为村社最大的神灵，在祖先崇拜的意识作用下，它演变成家宅的守护神。①

拉祜族的“厄霞”：云南澜沧、孟连和耿马等地的拉祜族，20世纪50年代初还残留着母系家庭公社的组织。因居住地和支系的不同信仰多种宗教。清初汉传佛教传入，靠近城镇的居民多信奉之；西双版纳的拉祜族尚存有农村公社的残余，多信仰南传上座部佛教；澜沧、临沧和双江等地，有一些人还信奉基督教，但大多数人仍持传统的自然崇拜和祖先崇拜的信仰，其中信奉人格化的天神“厄霞”，是其主要的特点。

拉祜族的史诗中充满了有关厄霞的传说，均把“厄霞”视为“天”

① 参见《佤族社会历史调查》（一、二），云南人民出版社1983年版。

的代表，万物的造物主，教会人们如何生活；它主宰、洞悉一切，掌握人间的凶吉祸福。传说中的厄霞原本性别不明，无具体形象，亦无家室。以厄霞为中心还有若干个天神，如“阿驮阿嘎”是创造万物的最大智慧者，“南布扎布”（女）是造天地的第一阶段者，“扎依那依”（男）是造天地的第二阶段者，还有司报神“厄霞茨雅”、雷神“姆页铁”等，皆替厄霞俯察人间善恶及惩罚作恶者。

每年选地、砍烧山林和播种时，要在地中插一小树，用米、蜡烛等祭祀厄霞及诸精灵，祈求保佑种少得多；作物生长期间若遇雷电劈烧附近树木，或者土地干裂，须杀鸡猪或牛，并以酒、米、水、盐祭祀厄霞，祈祷不降灾，谷物出穗结实；秋收后各户再杀牲禽，以新谷祭祀厄霞和日月，感谢所赐，祈望明年有更多收获。通常是各个小家庭（“底谷”）或有姻亲关系的人户共同供奉厄霞，其中由一户作主祭。

往昔，受外来宗教影响较少的澜沧县竹塘乡，几乎每个家庭都设有祭祀厄霞的处所（“页尼”），一般都在竹楼上家长卧室内供有厄霞和直系祖灵，外人不可擅自入内，尤忌触动敬祀神灵装有水、饭的两节小竹筒。有些家庭于堂屋安置一高脚篾桌，其上放有数对蜡烛，周围张贴白纸经幡图案，前方挂两节小竹筒，是为“页尼”。每次家庭搬迁，须首先搬出页尼祭桌，迁进新居时也要先安置好祭桌。祭祀厄霞和祖灵的祭桌被视为“家庭的根基”。西双版纳的拉祜族在傣族信奉的南传上座部佛教的影响下，许多村寨的最上方仍然建有一幢专供厄霞的草房（“贺页”），其各个角落及墙边，都插有类似刀矛状的长竿圣物，人们把该处周围的草木视为神圣，逢年节、婚丧、建房、迁徙或忌日，村民均到此行祭。

拉祜族信奉的以厄霞为中心的若干至上天神，应是他们的原始至上神。他们同时也崇拜自然界的各种精灵。至近代，厄霞成为村寨最大的社神，且同祖灵并列，被视为家庭守护神。①

基诺族的“小北阿嫫”：云南西双版纳地区基诺山上的基诺族，20 世纪 50 年代初还处于原始社会农村公社阶段。其创世传说“小北阿嫫”是一位创造大地、人类和动植物的伟大母亲，她顶天立地，力大无比。传说

① 参见《拉祜族社会历史调查》（一、二），云南人民出版社 1981、1982 年版。

古时天上有七个太阳和七个月亮，七昼夜后大地生灵均被晒死，之后天降暴雨，洪水泛滥，她指点仅存的一对兄妹躲进皮鼓逃生；洪水退去兄妹成婚，她曾给他们三粒葫芦籽，教其生计；葫芦长大，又指点他们撬开葫芦，基诺族便同布朗、哈尼、汉、傣等族依次而出；又授给这些民族居住的地域和各自的文化生活，让他们学会了生产生活的技能。基诺族居住的竹楼是奉她的指示建造的。后来她在不停的创世活动中遇害死亡。基诺族视小北阿嫫是始祖,①每逢新房建成，全寨人彻夜歌舞，唱颂创世史诗，以怀念这位创世之母的不朽功绩。据传说，小北阿嫫并不居于天际，而是生活在大地上，为了创造各族人民有序的生活，她劳作不息，此点明显地有别于其他民族高高在上的原始至上天神。②

景颇族的原始至上神系列：云南德宏州山区的景颇族于20世纪50年代初农村公社趋于解体，有比较发达的精灵崇拜系统，据不完全统计，他们崇拜的各种精灵约有130多种。当代有些地方的景颇人皈依了基督教。在他们的神话里，传说世界之初漆黑模糊（“领米领麻”），两个造物主“格莱”和“格散”创造了日月、星辰、大地、白天、黑夜、动物和人类的始祖精灵，始祖精灵是两位巨匠“彭甘寄伦”（男）与“木占威纯”（女），他们又生出了各种精灵、人类和地上的财富。据巫师们（“董萨”）讲，最早的精灵有天、太阳、雷、风、虹和“木代”等，而众精灵中又区分出“祖灵”和“野灵”，它们是病痛及灾难的原因。

景颇族的原始至上神大约是由天界人格化的创世者“彭甘寄伦”“木占威纯”和司人类万物的日月精灵分化而来的天神“牟南”，这种分化可能同各支系景颇族原始社会的解体有着一定的关系，原始至上神的职能分别被其他高位神所取代。其中最为明显的是限于贵族官家供祭的“木代”，被视为权利最大的天神之一，以往每隔4～5年由官家举行的隆重的“目瑙纵歌”仪典，主要是祭祀“木代”，由最高级的祭师们主祭。但是，至今仍有一些地区将日月神的象征物挂在自家的屋上，许多家庭还供奉天神牟南，即在屋内中柱处竖立一根龙竹，象征天神。旧时各村寨都设有官庙

① 杜玉亭：《基诺族简史》，云南人民出版社1985年版，第8－9页。

② 参见《云南民族民俗和宗教调查》，云南民族出版社1985年版。

“嫩木尚”，主要供奉同农耕关系密切的自然精灵和山官及寨头人户的祖灵，但多数必供有天神，每年由山官或寨头主持祭祀官庙两次。①

珞巴族的日月神：西藏东南部珞隅地区的珞巴族20世纪50年代处于家庭奴隶制时期，有较复杂的鬼魂观念和对自然、图腾及祖先的崇拜，其中对于天体的崇拜占据重要地位，特别是对日、月女神的崇拜尤为突出。在他们的神话里，讲述了男始祖“阿巴达尼”和太阳的女儿“多尼亚依”成婚繁衍出珞巴族。博嘎尔部落向太阳神祭祀的“梳白巴”“索苗仁”等隆重仪式，总要宰杀大量的牲畜，内中必有一头大壮牛。各户门前都设有神龛（“打洛角”），每年藏历三、四月或九、十月，神龛处搭架设台摆上祭品，祭祀太阳神。家中若有人死亡或者请巫师为病人祭鬼跳神，3天内家人禁止出户，如必须出门，则要戴竹篾帽低头行走，严禁抬头看天和太阳。村寨里若出现偷窃或不正当的性关系争端时，往往须举行向日月起誓的天判仪式，在公证人的主持下，当事人各备一块木板，两端画有日月，中穿一孔，绑在长竹竿上，双方向日月起誓：请太阳神和月亮神作证，如果是本人的不对，在神的面前说谎，请神惩罚我；如果是对方的不对，就惩罚他。人们确信日月神最公正，能帮助惩罚行为不轨者。珞巴族对于日月神的崇拜，特别是对太阳神的信仰，非同一般，实是一种对原始至上神的崇拜。②

鄂伦春族的日月神：我国东北大小兴安岭中的鄂伦春族，向以狩猎著称于世，他们的游猎公社是其原始社会末期的产物，信奉多神的“萨满教”。往昔，家族或家庭的帐篷内外总挂有许多神像，不少神像上都绘制着日月的自然形象。他们称太阳神为“得勒钦”，称月亮神为“别亚”，这和称呼日月是一致的。旧时春节，全体跪拜太阳，祈求一年的平安顺遂；农历八月十五日或月夜出猎，常向月亮跪拜，祈求猎获野兽。此外，人死进行风葬时，忌死者面向太阳升起的方向；氏族内的诉讼纠纷，也采取当事人双方向太阳发誓，或向太阳申冤祷告，求其公断。看来日神似是鄂伦春族的原始至上神。③

---

① 参见《景颇族社会历史调查》第1～第4集，云南人民出版社1985、1986年版。

② 参见《珞巴族社会历史调查》第2集，西藏人民出版社1989年版。

③ 参见《鄂伦春族社会历史调查》第1集，内蒙古人民出版社1984年。

阿昌族的“遮帕麻”和“遮米麻”：云南德宏州阿昌族早已进入封建社会，然而过去原始村社时期的一些仪俗仍大量的遗留了下来，他们除了保留传统的自然崇拜和祖先崇拜外，还信奉南传上座部佛教和道教。他们的创世神话叙述了：混沌世界曾闪出一道白光，诞生了天公地母“遮帕麻”和“遮米麻”，二人用雨水拌合金沙与银沙造出了太阳和月亮，又用各色石头造了天地、山河，继而创造出人类。后来狂风和闪电孕育出的火神和旱神造出两个假太阳，肆虐大地，从此地上没有黑夜，大地一派灼热、干旱和混乱。天公和地母施计毒死了旱神，射落了假太阳，恢复了大地的秩序，挽救了人类。遮帕麻和遮米麻创世的英雄业绩被阿昌族长久传诵，并编成歌舞，逢重大的喜庆节日，举行“蹬窝罗”庆典，会场中央竖立两个牌坊，中间架一巨弓，弦上的箭指向天际，左牌坊顶端画有太阳，下端绘遮帕麻，右牌坊顶端则画着月亮，下绘遮米麻，阿昌族视他们为始祖，人们围绕牌坊歌舞，祈求平安与丰收。

阿昌族对于日月的崇拜，实际上是对其原始至上神天公地母的崇拜。许多人户都供奉日神“版清”和月神“版当”，有的供置在房檐下或堂屋前的木柱上，多数供在围墙的墙洞里，一律坐东朝西。他们对日月神的祭祀最勤，主妇每天做好早饭，先向日月神敬献饭团，全家才进餐。各户专祭日月神时，于家宅附近的地面上插一竹筒，其上放一竹篾笆，上立四个小竹筒，象征天的四方，献上祭品，祈求村寨和家宅平安。①

彝族的天神：云南弥勒县西山区的彝族对于天神“恩体谷慈”的崇拜极为重视，每年腊月必隆重祭之。武定、禄劝等地彝村多是在其附近山林建屋供奉天神，象征物是用长约 13 ~ 15 公分的竹筒制作，一端削尖，竹筒中放有竹节、草根，并缠以红白丝线和少许羊毛，还放入十数粒谷米，常同其他神灵供在一起，逢年节祭祀。又，旧时川滇大小凉山彝族男子头顶皆留有一小撮头发，编成一辫，用布帕缠头，将小辫竖立包起，象征天神的保佑，俗称“天菩萨”，严禁他人触摸。这可能是他们对其原始至上神崇拜的一种表现。②

---

① 参见《云南民族民俗和宗教调查》，云南民族出版社 1985 年版；《阿昌族简史》，云南人民出版社 1986 年版。

② 宋恩常编：《中国少数民族宗教初编》，云南人民出版社 1985 年版。

羌族的“阿爸木比塔”：四川汶川等地区的羌族以多神信仰和崇拜白石闻名。天神“阿爸木比塔”相传是羌人最早信奉的至上神，并在名前冠以父称。传说天神之女“木吉卓”下界居住，同羌人男始祖“热比娃”（或“斗安朱”）成婚，繁衍了羌人的后代，她带来了牲畜、籽种，并制定了各种礼俗；天神还派“木拉”（或“锡拉”）下界为羌人占卜、驱邪、治病等，成为羌族巫师的始祖；此外，天神还帮助迁徙中的羌人祖先战胜了强悍的“戈基人”，始得安居乐业。羌族以白石为天神的象征，通常供置在各户石碉房顶（“那萨”）的小塔尖上，每天晨昏都要在塔里焚烧柏枝，若遇灾祸祭祷更为频繁；春节期间，各户成员必至屋顶以酒肉饭馍祭祀。羌族隆重的祭山活动，实际上主要是祭祀天神，每年祭祀一至三次不等。届时全寨除妇女外均须参加，杀牛宰羊吊狗，将牲血洒在白石上行血祭，牛羊角置于白石两侧，焚烧柏枝，巫师跳神，群众山呼，跳锅庄、饮咂酒聚餐。往昔若久旱无雨，则举行大规模的求雨仪式，参加者皆为已婚妇女，她们在白石前哭诉，唱祈雨歌，以感应天神降雨。①

侗族的“萨岁”：黔东南和鄂西南地区的侗族很早就进入封建社会，但其原始社会的某些遗俗却延续至今。在他们的多神崇拜中，有一位至高无上居于天际的女神“萨岁”，认为她的神力最大，主宰一切，保境安民，人畜兴旺。旧时各村都有她的神坛（“然萨”俗称“祖母屋”），有的设在露天，用石块砌成大小不一的圆丘，上栽一株黄杨树，旁置一雨伞；设在室内者用白石垒成堆，中插一纸伞，周围有象征其护兵的12～24个小木桩或小石堆，披挂上剪纸。逢农历初一、十五日，老人们必供茶祭之；春播秋收前夕，全村均要隆重祭祀；春节期间，各家派出一男一女携带祭品去村中天神祭坛，阖村敬祭萨岁。若与外村发生械斗或抵御外来之敌，参与者集中于天神祭坛前，举行“喝祖母茶”（“记茶萨”）仪式，求天神庇佑，然后再行动。②

壮族的“布洛陀”：壮族神话传说中的创世神。在巫师“魔公”具有道教内涵的经书里，“布洛陀”是个隐居深山岩洞里长有长白胡须的老人，

① 《羌族简史》，四川民族出版社1986年版；《羌族社会历史调查》四川省社会科学院出版社1986年版；胡鉴民：《羌族之信仰与习为》，《边疆研究论丛》1941年。

② 《侗族简史》，贵州民族出版社1985年版。

他创造了世界万物，创制了经书中的秘诀，通晓法术，除妖解难，济世降福，被视为明白事理最多的祖公、最具智慧的祖神。许多村寨后山上的一棵高大粗壮又茂盛的古榕树，往往被视为布洛陀的化身，称之为“布洛陀树”，是村寨的保护神，每年由魔公主持隆重的祭祀，以祈求生业兴旺、人畜安定。壮族的布洛陀具有原始至上神的性质，他的形象与属性显然是自然崇拜与祖先崇拜相结合的产物。①

台湾雅美族的“细木拉泡”和“细俄米玛”：前者专管陆地，后者专辖海洋。“细木拉泡”和“细俄米玛”被称为“天上的祖父母”，传说他们居于天之最高层，创造了人类；他们仁慈、善良，赐人以生命；极其公正地对待世间各地的村民；人们居住的村落地界是他们赐予和划定的，故神圣不可侵犯。雅美族常在海边集体祭拜这两位天神。②

上述的我国各民族传统信仰中的原始至上神有一个共同的属性，即均具有道德伦理和司法的强制力量，它们不仅是创世者和该族生产生活方式的创立者，而且更是一个有序世界的化身。

关于“原始至上神”的分析

A. 兰格和 W. 施密特等人指出的原始族群信奉一位原始至上神的现象，都是不容否认的事实。时至今日，我国的一些少数民族于 20 世纪 50 年代刚刚走出漫长的原始社会，有的则早已进入了封建社会，但在他们传统文化的历史积淀里，还程度不同地残留着原始至上神的观念和信仰。以上列举了我国 13 个民族信奉原始至上神的情况，实际上可能远不止这些。我认为，从上述众多民族敬奉的古老天神中，都可以窥见它们作为原始至上神的大致的原型。必须指出，这些民族在信奉各自的原始至上神的同时，还具备比较发达的万物有灵观，崇拜多种精灵、鬼魂或祖灵。

① 谭晓霞：《现代背景下的八宝镇巫术现状浅析》，云南大学硕士研究生学位论文，2004 年。

② 关华山：《雅美族的生活实际环境与宗教理念》，台北《“中央研究院”民族学研究所集刊》第 67 期。

所谓“原始至上神”，是指发生和流行在原始社会或传统原始宗教中的至上神，多是一种原属于自然崇拜形态的宗教观念和信仰，它不同于阶级社会内的被称为“人为宗教”的一神教至上神。原始至上神的信仰不是一神教，它往往和多神崇拜的万物有灵观念差不多同时存在，二者同时受到信仰。它也不太可能是属于宗教起源的那类观念或形态，它和万物有灵观念大约都是属于原始宗教的早期观念或形态，这两种观念于原始社会的实际生活当中具有不容忽视的互补的性质。随着原始社会的解体，原始至上神的职能才有了分化，被后起的神灵取代了。有的原始至上神逐渐消失了，有的演化成地域性大神或村社保护神一类，还有的成为家族或家庭的守护神，同氏族和家族的祖灵一起受到大体相同的敬奉。在漫长历史时期的演变中，在一定的社会条件下，原始至上神的某些形象和属性的传说，被阶级社会统治集团改造成古代的一神教。

我主要是根据有关民族流传下来的创世神话、宗教祭仪和传统伦理道德观念三项相关行为表现出全体一致敬奉的天神来确认其原始至上神的身份的，特别是这些原始至上的天神共同反映出来的性能或职能是同其他精灵或鬼神有所区别，它们能够开天辟地，创造万物和人类，传授生产生活技艺，制定宗教仪式或制度，划分种群族群和疆域，主宰世界和人的命运，它们是社会上最高、最公正的裁判者，是维护传统道德秩序的最大权威、最令人畏惧者，其全能、仁慈、道德、威严和公正，能监察救援万物是原始至上神固有的重要的属性，这些属性在不同的地域、不同的族群中有不同的侧重与表现，而这些属性当同万物有灵的灵魂和精灵的性能有着明显的差异，这就清楚地表明了原始至上神的观念可能确实有其另外的来源，它与万物有灵的观念不属于同一源流。

原始至上神的观念和信仰是原始族群在极其严酷的自然界异常沉重的压力下，于尚不发达的意识里积累下来的生存经验和祈盼的产物。我们总是不断地发现在众多民族古老的神话传说里，几乎都一致地表述出一个共同的母题，即对于宇宙世界和人类万物起源的生动描述。这类描述几无例外地道出了宇宙世界原初是混沌黑暗和无秩序的，经过一位或若干个具有非凡力量与智慧的天神的不断创造，才出现后来人类万物赖以生存和繁衍的有序的宇宙世界。对于宇宙世界由无序状态到有序状态变化的想象，应是同人类的劳动制造的经验联系在一起的。由于一个有序的世界被视为是原始至上神创造的，是它的意愿，于是在其意志中又注入了社会的因素，即规范人们行为的原始的道德伦理观念，“就原始人看来，整个宇宙是由一个社会规律所控制。”（A. R. 拉德克利夫－布朗）这被视为原始至上神的意志。我们从这类古老神话的基础结构当中不难发现对于原始至上神的观念和信仰是沿着什么样的轨道运行出来的。因此，原始人对于一个有序的安全的世界的思考与祈求，当是原始至上神观念和信仰形成的重要的因素，它无须依赖阶级社会帝王集权系统的历史条件来充当“催生婆”，相反地，它却为后来的一神教的至上神的信仰在观念上准备了原料。

许多民族神话中的神，当初多数都被想象成居于天际或经常往来于天际的。汉字的“神”在殷周时期的甲骨文和铜器铭文中就已经出现了。《说文》：“申，神也。”“申，雷也。”申、神二音相近，“神”字在形、音、意义上都反映出同天际雷电的“申”字有同源关系。神的观念与信仰，最初可能是从天际雷电这种自然现象当中形成的。因此，神的观念可能始于天，反映了原始人的天的观念，而“神”是原始至上神的核心概念，它同万物有灵的核心概念——灵魂或精灵，以及表示死者亡魂的“鬼”的概念应是不同的，这里面的差异也能反映出原始至上神观念和万物有灵观念、亡魂观念的不同的运行轨迹和来源。为此，我认为原始至上神观念和万物有灵观念在远古时期同属于原始宗教的早期形态，它们是在原始观念两个系统的轨道上并肩运行的。

本文所提到的我国有关民族信奉的原始至上神，其中绝大多数被视为居于天际的最大的天神，它们同样被想象成是超自然的、人格化的，除了上述已经指出的那些比较相同的属性与职能外，这些原始至上神的形象、称呼、身世及其演变等，却并非一致，其中主要的差别在于：有的民族的原始至上神是一个，有的民族把其当作天神群体中的最大者，彼此之间似乎存在着并不明确的统属关系，这大约是氏族或部落成员和氏族长、家族长或部落长老间关系的反映。多数的原始至上神属于人形，男性或女性，如独龙族的“格孟”被想象成一位无比威严的男性老者，端坐在云层之上。也有性别不明者，于似人和非人之间，如佤族的“木依吉”，原说它似光、火、风或空气，无所不在，后有说它是个穿着白衣的男人，只是从未发现原始至上神是动物、植物或动植物和人形的复合体，这一点是值得注意的。有的孑然一身，有的有眷属；有的冠以父、母、祖父和祖母等亲属称谓，有的则直呼其名；有的直接创造了本民族和其他民族，有的则是本民族男始祖同天神之女相匹配，繁衍了后代，即是说本民族和其原始至上神有血缘联系，如珞巴族等。绝大多数民族的原始至上神虽然都没有具体的偶体偶像，但有的常用竹、木、白石或古树等自然物为其象征，更有直接用日月的原型为其象征的，如鄂伦春族等。有的民族旧时较盛行“天判”或“神判”，而执行这类原始习惯法的最高也是最权威的裁判正是他们的原始至上神。每遇此类诉讼场合，原被告双方必先履行向原始至上神起誓或申冤的程式，以求明断。有的民族群体若发现有人发生不正当的性关系时，必勒令当事人男方出资杀牲备酒祭祀原始至上神，认为这样方能免却全村寨的灾祸，这些都明显地突出了原始至上神对人们伦理道德观念和行为控制的严正性。此外，祭祀原始至上神的时间、场地和方式等，各民族也不一致。值得注意的是，有的民族的原始至上神还较多地保存着较为古朴的面貌，如独龙族的“格孟”，有的渗进了人为宗教的因素，如壮族的“布洛陀”等。原始的善与恶的观念往往也在原始至上神的身上体现出来，虽然在它们的身上善是其主要的一面，但是恶的一面每常也有所表现，因为原始至上神能制造灾祸，人们无法避及。善与恶、好与坏常是具体地共存于同一事物之中，不像后来的人为宗教的教义那样将二者彻底予以明确的区分。最后，我们发现不少民族的原始至上神已经随着社会的变迁，演变成地域、村社或家庭中最大的守护神，人们对它们的祭祀也由以往的氏族、部落或家族的集体规模变成了家庭单独的自行祭祀了。

长时期来，我国学术界一向很少涉及有关原始至上神的研究，即便偶有谈及，也颇简略和含混，往往轻描淡写，不作深究。一些从事于民俗和神话研究的人，多半是从民族民间口头文学的角度来研究各民族神话中的原始天神形象的美学价值。原始至上神的研究在我国哲学、民族学、宗教学和历史学等领域里，似乎还是一片未被开垦过的处女地。学界长期囿于笼统地将所有的至上神误认为是阶级社会或人为宗教的产物，习惯于把至上神的形成和出现同一神教的信仰牢固地绑在一起，这实在是一个莫大的误解。比如有一种意见认为：“真正至高无上的神由众神中出现，也不可能是在原始社会末期，而应当是人类进入阶级社会之后。”① 此处“真正”二字的概念模糊。大凡每个民族都会认为自己信奉的至上神是真正至高无上的神，当然也包括原始至上神在内。

人类进入阶级社会的文明以后，古代宗教中的古代至上神的形成绝非是一朝一夕的事，它们必然是从原始至上神的观念信仰中汲取必要的素材，继承往昔原始至上神职能属性中的全部权威因素，用新的历史条件下形成的阶级、等级或国家的内容加以改造，才能逐步地造就出来，成为统治集团不可或缺的神权工具。当代一神教中的至上神当不例外。因此，阶级社会以来的各种至上神，其观念形态只能在原始至上神中去追溯它们的早期模型，只能在原始族群的社会生活土壤里从他们的传统生活方式中去发掘它们的胚芽。

（原载孟慧英主编《原始宗教与萨满教》，民族出版社2008年版）

① 秋浦：《当代人看原始文化》，中国经济出版社1993年版，第292页。

独龙族原始宗教田野报告

1982年5～8月期间，我和云南省民族研究所的几位同仁，共赴滇西北怒江州贡山独龙族怒族自治县的独龙族聚居地——独龙江做田野调查。此前，我做了一些有关独龙族的文献查阅工作，感到除了清末夏瑚受命于当局亲履独龙江流域巡视留下了《怒俅边隘详情》一文和人类学家陶云逵先生于20世纪40年代亲赴独龙江作了走访式的《俅江纪程》调查记录外，学界对于独龙族的调查从50年代中期进行到60年代初之后就停顿了20余年，其中对于独龙族的传统信仰材料尤觉单薄模糊，我准备将这次田野调查的重点放在原始宗教方面。

我觉得这次的田野调查是我迄今所经历过的最为艰苦的一次作业。语言的障碍是最大的困惑，所幸县里给我们配备的一老一少两位向导兼翻译是很尽职的，他们都是独龙族。其中一位约50余岁的叫约翰，在当地县文化馆工作，对本民族的语言与文化很是熟悉，也有研究，曾经创制了一套用拉丁字母拼写的独龙文字，这是他的一大贡献，但是他的汉语讲得不太熟练；另一位20多岁的年轻人叫齐建仁，刚从云南民族学院中文系毕业，汉语流畅，写得一手漂亮的汉字，但对本民族传统文化的了解显然不及约翰。通过他们两人的配合，使我们的调查进行得比较顺利，一定程度地减少了因为语言不通造成的困难，我们是非常感谢他们的。

独龙江位于云南省西北角高黎贡山的西麓，处在喜马拉雅弧形构造的大拐弯部位。这条自北而南异常凶猛湍急的河流，源自于西藏东南端的两条悬注如瀑的可罗洛河和马碧里河，于独龙人居住的熊当村以北汇合成独龙江，向南奔泻至国境线上的钦兰当村，西入缅甸北部的恩梅开江，最后流入印度洋。在我国境内，独龙江干流总长211.3公里，夹岸悉尽绵延重叠的高山，海拔一般多在三四千米以上，有3400多名独龙人散居在狭长而陡峭的独龙河谷两岸山地上。这条河谷每年12月下旬始，有近半年的时间被大雪封闭，与内地断绝来往，通常要到6月初才开山得以通行。这一带只有一条马帮行走的崎岖山路通往县城，不通车辆，步行须两三天。此地属于亚热带季风型气候，雨量十分充沛，植被浓密，从河谷到山顶，气候呈立体分布。严酷的自然环境和艰险的交通条件，制约着独龙族社会的发展，直至20世纪50年代初还停留在原始社会末期家族公社的阶段上。

这个极其封闭的社会，世代过着自给又不足的原始游耕生活，这一切反映到他们古老的所谓“万物有灵”的观念上，那就是人们比较普遍的相信自然界的精灵与鬼魂的存在和作用，以此来解释对于自然界的看法和对自然的崇拜；是不是由于家族或个人在强大的自然界重压之下显得过于渺小，在独龙族中间我们还没有发现有关祖先崇拜的观念或仪式，也没有发现偶体偶像的制作与膜拜。“神”这个观念似乎还没有从相关的观念当中分离出来。绝对贫困的艰难生涯，造成独龙族的人口一直处在高出生率、高死亡率和低存活率的状况之中，为此，他们的求生愿望就表现得特别的强烈。独龙人在精灵和鬼魂观念的支配下，盛行祭祀、巫师治病、驱砍恶灵、占卜算卦，并伴随一些类似巫术的活动。许多的宗教活动，无不是为了求生免死而为，从来没有发现他们有祈求富贵的仪式。

我们在这次调查中，了解到当时河谷两岸各村被人们正式称作巫师“南木萨”的约有10人，其中8男2女。他们之中有的是经过“文革”后重操旧业，有的是近些年才成为巫师的。我们逐一观察访问了其中的7位巫师（5男2女）以及其他的一些巫者（“乌”）和群众，兹分述于下。

一、灵魂观念

大凡人们的宗教性行为都是出于一定的信仰，受到一定的观念意识的支配。独龙人认为，世间的事物都有灵魂，特别是有生命的东西。但是对于那些显然是没有生命的物质，如果它们与日常生活关系密切，也往往被视为有生命的，例如石头。在独龙江中游地区拉佩村附近，沿河山道上布满了石头，其中有一块冒出地面约 1 米、宽约 50 厘米的黑色（中性岩）石头，上面有一个像是马蹄的槽印，其左前方一步之遥，有一个似人的脚印。约翰指着它告诉我，传说是过去有位从北边藏区来的喇嘛经过此地下马时留下的。这位有法术的喇嘛认为，独龙江地区的石头太多了，如果让它们都长大了，地上将全是石头，人怎么能够住下呢，所以他和他的马留下来的脚印与蹄印是为了不让石头长大。看来石头也是有灵魂的。我觉得这种说法可能是受到过北边西藏察隅县察瓦龙地区本教的影响，因为 20 世纪 50 年代以前，那里的土司每年都要到独龙江中上游来收税征物。但是，邻近的藏族地区的本教对于独龙族的原始信仰有哪些影响，是一个需要深入调查研究的问题。

独龙族中几乎人人都相信每个人或动物都有两个灵魂——“卜拉”和“阿细”。“卜拉”是每个个体赖以存活的“生命之魂”，它是由天上最大的一个“鬼”——“格孟”事先在天上安排好才层层下达在地上出生的。卜拉有其形状和个体特征。对于人来讲，本人的身材、相貌、性格和智愚状况，其“卜拉”也都与之相同，甚至本人穿换什么衣服，其“卜拉”也跟着穿换什么衣服，等等。每当睡觉的时候，人的“卜拉”却不睡觉，它经常离开人的身体外出活动，这是人做梦的原因。人在梦中所见所为，都是他的“卜拉”在外边活动的结果。“卜拉”的胆子很大，喜欢到处乱走乱游，它不怕“鬼”，但是又很容易上“鬼”的当，受“鬼”的骗。当格孟把某个人的“卜拉”收回去，被“鬼”弄死、吃掉，这个人就必死无疑了。人若要死，他的“卜拉”有时会在他的家宅附近的坟地上闪现，有时也会同死去的亲人一起吃饭或活动，这些情况，据说巫师是能够看见的。哪个村子里要死人，这个村子的正上方就会出现一团白云，白云旁边还会有两颗闪烁的星星，这是一种要有人死去的预兆（“木道尔”），说明将要死去的人的“卜拉”已经在天上死了。巫师们根据白云和星星下方对着的人家，往往预知或预言某家要死人，而且还根据白云和星星出现的时间，算出某人死亡的时日。独龙人认为，人的死亡总是其“卜拉”先死，隔一段时间人就死了。“卜拉”死后，它永远消失，既不复生也不转世投胎，从此不再起任何的作用。“卜拉”始终是同活着的生命共存亡。

对于动物来讲，尤其是家畜家禽，同人一样，也是有“卜拉”的。它们被捕杀或病死摔死，都是因为他们的“卜拉”事先已经死了的缘故。例如打猎，有的动物落入猎人们安下的套子，有的却逃脱了，有的却意外地被人碰见抓着了，有的虽然多次看见却怎么撵也撵不着；有的家畜家禽病了后来又好了，有的被送给别人宰吃了，等等，凡此种种，认为都是经天上的格孟将它们的“卜拉”的命运事先安排好了的，谁也改变不了。动物的“卜拉”也是同它们活着的个体共存亡。

人一旦死亡，紧接着就出现第二个灵魂“阿细”，即“亡魂”。动物亦然。阿细有形状和性情，对于人来讲，它的形貌、性情同其人的生前一样。它们没有福佑家族成员的作用，却经常作祟于人畜，贪食人间的酒肉，不断地要求世人向它们祭献，人们对于它们是惧怕的。特别是在人死后的一段时间里，为了不让死者的“阿细”滞留在家中和村寨作祟，家人一再向死者的坟地祷告：“这儿不是你在的地方，你抬上酒饭赶快走吧！去到你应该去的地方‘阿细默里’！”如果日后家人患病或是发生不幸的事故，通过占卜，算出是家族中的某个“阿细”前来作祟讨吃，一般是焚烧旧麻布衣物，在病人头上及周身绕熏一番。他们认为“阿细”不喜欢闻烧焦了的麻布的臭味，就跑回“阿细默里”去了。

“阿细默里”说是在地的另一面，大地的影子是“阿细默里”的所在之处。那儿几乎同人间一样，世间有的东西“阿细默里”大半都有，山、水、树和村寨，到处长着茂盛的蒿草（“得不留”），众阿细的住房都是用这种蒿草搭盖起来的矮小茅舍。猪鸡牛羊极多，满地都是畜禽的粪便，很不干净。这些畜禽的“阿细”生前属于谁饲养，死后也归谁所有。“阿细”在这里也种地、渔猎、采集和编织，有“阿细”的头人管理村寨的事务，排解各种纠纷。生前品行不好的人，死后在这里要受到“阿细”们的惩罚。“阿细默里”的全体阿细，同样是生活在自己已故的氏族或家族成员的亡魂之中；出嫁妇女们的“阿细”，也会回到自己的母亲氏族或家族已故成员的亡魂之中；生前是夫妻、父子、母女或兄弟姐妹，死后在这里仍然是一家人，一起生活；一个人生前所到之处和所行之路，其“阿细”也要再走一遍；一个人生前活了多少年，其“阿细”也活多少年。各“阿细”的年限一到，遂变成各色蝴蝶，先后飞向人间，靠采食花蜜和露水生活。漂亮的花蝴蝶是妇女们的“阿细”所变，单色的蝴蝶是男人们的“阿细”所变。蝴蝶死了，对于人的灵魂来讲，就再也没有什么了，永远不复存在。所以，照独龙人的理解，人的两个灵魂最终是要死亡的，什么都不留下，而且死人的亡魂从来都不认为具有庇护或福佑活人的功能，我想这是独龙族为什么没有祖先崇拜的一个主要的因素，这是独龙族灵魂观念的独特之处。

二、精灵与鬼的观念

根据汉族的通行的看法，认为“鬼”都是由死去的人变的，死者的亡魂往往被理解成鬼。独龙人却不是这么看的，他们认为人的亡魂“阿细”不是鬼，“阿细”就是“阿细”。独龙人所谓的“卜郎”，我的理解，应该是自然界里的精灵一类，但是他们在向我讲述各种“卜郎”时，往往借用汉语里的“鬼”来表达。我认为“鬼”和“精灵”（“卜郎”）应是有区别的。独龙人有着独特的“鬼”的观念。在他们古老的传说创世纪中所讲述的“鬼”，浑身毛茸茸的，犹如猴子一般，生性愚钝和残忍，最初是同人类混杂居住的，“鬼”不断地作害和残食人的婴孩，使得“鬼”的繁殖超过了人。天上的格孟发现以后，为了不让地上的人绝种，遂发了漫天的洪水，将人与“鬼”分隔开来，从此人看不见“鬼”，“鬼”却能看见人，继续干着害人的勾当，以此向人们不断地索要祭品。

独龙人平素最感不安的是他们生活在一个被众多的“鬼”或“卜郎”包围的世界里，陆地、水中和天上都有各种各样的“卜郎”，人们时刻都会受到它们的暗算。“卜郎”当中有好与坏、善与恶、聪明与愚笨、能力强与能力差的区别。除了某些巫师之外，一般人看不见“卜郎”，“卜郎”却能看见人，多是主动地找人作祟。

独龙人最惧怕的首推居于山崖、洞穴的“几卜郎”，俗称“崖鬼”，以及在山林里管理野兽的主人“仁木大”。传说它们曾经是普通的猎人，在山上打猎时与同伴们失去了联系以后变成“鬼”的。“几卜郎”善于变成各种东西，附在人体上，作祟其灵魂“卜拉”，让人罹患急重症而死亡，所以被认为对人的危害最大，人们对它的祭祀比较多，主持祭祀的必须是由另一种古老的世袭的巫人“乌”来进行。

其次是缠人致死的“德格拉卜郎”，据称这类“卜郎”中包括好几种“卜郎”。“新德格拉”能叫人被山里的滚木砸死；“龙德格拉”能使人被山上落下的石头砸死；“昂德格拉”能让人失足落水淹死或跳河自杀。此外，被毒蛇咬伤致死、刀箭误伤致死等，对于这些突发性的灾祸，每常认为是这一类的“卜郎”所为。

“瓦江卜郎”，又称“格申”。据说他们住在河边的石崖上，几乎到处都有，独龙人认为人撞着了它们要患急腹症一类的病痛。

“墨里卜郎”，说它们住在山林里，夜晚常发出风一般的吼叫。在山里砍柴、烧荒地常会受其伤害，也能让人遍体生疮。

“木龙卜郎”，俗称“路鬼”，说它们常于山道上徘徊，行路者撞着了它们，会失足跌倒，或不幸跌落河中。

“南卜郎”，说它们像一群到处乱飞的崖蜂，专事散布肺结核病。

“瑞卜郎”，说它们传播麻风病。

“格木卜郎”，说它们令人发高烧、头痛和呕吐。

“卜拉卜郎”，说它们像一种昆虫或小草的形状，通过人们进食时钻入人体作祟。

“阿郎嘎卜郎”，说它们夜里到处游荡，间或大叫几声，掠走人畜的活魂“卜拉”。

“克木尔卜郎”，说它们使房舍失火。

如此等等。这些“卜郎”或“鬼”被认为是经常加害于人畜的，是人们一切灾难的源泉。独龙人对于上述精灵或“鬼”的分类，实际上是对各种疾病或灾异的一种划分，他们运用这样的分类来减轻心灵中的紧张、不安、痛苦或疑惑的压力，解决现实生活中迫切需要解决的问题。

由于认为“卜郎”或“鬼”绝大多数是残害人畜，贪婪和反复无常的，它们总是不断地想吃人间的祭品，每当人畜患病，或者遭遇到不幸的事情，独龙人家庭中的成员就要通过巫师、巫人或有经验者，反复用占卜的方式算出是何种“卜郎”或“鬼”作祟，需要向它们祭供什么以及需要多少祭品等，完全遵照作祟的“卜郎”或“鬼”的意旨即卜示来祭祀。独龙人认为祭祀不能随便乱搞，特别是在祭崖鬼的时候。主祭人须通晓和念出各种“卜郎”或“鬼”的来历及其名称，他们必须是能够通达“鬼”或“卜郎”的巫师“南木萨”和巫人“乌”。

三、天的观念

独龙人认为天和地密切相连，地上的变化多是从天上来的，所以巫师们一向关心天上的情况。他们认为，从天的最高处到人间是多层结构的，而且每一层都各有其内容与称呼。居住在独龙江上游立木当村的南木萨孔千杜里说，从天上到地面共计有十层：

第一层称“南木年各若”，住着鬼的总头目“木佩朋”，又称“萨佩朋”。它的嘴里长有一颗硕大的如砍刀一般的巨齿，成批地嚼吃人畜的活魂。人的“卜拉”到了它的手里必死。

第二层称“木代”，是“格孟”居住的地方“格孟默里”，他秉承“木佩朋”的意志，创造出人类。“格孟”是巫师“南木萨”的朋友“南木”和人畜的总头目，既庇佑、赐福于人间，又决定所有人的生死命运。只要是一经“格孟”决定了的事情，就从天上层层下达到人间，那么，一个人的生与死就此铸成定局，无法改变了。

第三层称“南木郎木松”，是下界通过巫师“南木萨”为人治病的众“南木”居住的地方。

第四层称“南木嘎尔哇”，是打铁的人的亡魂“阿细”居住的地方。独龙语称铁匠为“嘎尔哇”。由此可见铁匠在独龙人社会中的重要地位。

第五层称“南木夺木里”，住着世间品行最好的人以及尚不会讲话的婴儿的亡魂，他们善良的“阿细”被“格孟”安排在这里。这儿的景致极美好，遍地盛开着永不凋谢的各种鲜花，庄稼长得也好，比地上早熟先收。

第六层称“大让不拉”，是地上人畜的灵魂“卜拉”常常误游到达的地方，同人间一样有房舍村寨。巫师可以通过他的“南木”把人间胡走乱串的人的“卜拉”从这层领回到人间。

第七层称“兹力木当木”，是“木卜郎”和“曾卜郎”等精灵或

"鬼"把人的"卜拉"掠来关押之处。巫师可用畜禽的活魂"卜拉"前去换回病人的"卜拉"。

第八层称"木达"，是众"卜郎"居住的地方。

第九层称"赫尔木"，是紧贴人间屋顶上的天，众"卜郎"下界到人间，都要经此而来。

第十层称"当木卡"，是各户的火塘。独龙人最敬重火塘，认为它是天的一部分。

其他巫师如住在上游地区熊当村的女"南木萨"克伦将天分为九层，每层的内容和上述大致相同，只有个别层的称呼不同而已。住在下游原独龙江公社所在地巴坡附近的"南木萨"木然当木廷老人却认为，从天到地有上、中、下三层。上层是"格孟"所住的天的最高处"格孟默里"，他创造了人，又用发洪水的办法，把世间的人和"鬼"分了开来。"格孟"一动不动地端坐在高高的木代山顶上，形貌似一威严的老人，有人曾经远远地望见过他。认为各民族或每个人都有"格孟"，世间人的各种命运，皆是"格孟"事先在天上安排好了的。他给我们讲了一个例子。早两年的一个晚上，乡政府巴坡放映电影散场后，一些群众返回西岸经过一条细窄的竹篾吊桥时，桥突然断塌了，30多人中只有一个姑娘摔进独龙江里，其他的人都平安无事。木然当木廷说："这是'格孟'保佑的结果。"独龙人平时非常信奉"格孟"，视他为自己的主人，自己则是他的牲畜，任其处置。

天的中层是"木达"，众"南木"就住在这层的东、南、西、北四个"鬼"门里。他说，"鬼"当中分"南木"和"卜郎"两种。众"南木"受"格孟"的派遣下到人间，通过各自寻找到的巫师"南木萨"，指点他们为病人治病，挽救他们的活魂"卜拉"。但是，在治病救魂的本领方面，"南木"中有强弱高低之分。"卜郎"却是专门祟害人畜活魂的坏"鬼"、恶"鬼"，总是向人间各家索要祭品。"卜郎"上不去也到不了"格孟"居住的地方，更不敢见"格孟"，"格孟"不一定都知道"卜郎"们干的坏事。"木达"这一层有三个天门，每个门里藏有天药。如果打开第一道天门，就能取出"色尔久底"天药；打开第二道天门，能拿到"窝尔久底"天药；第三道天门里藏有非常珍贵的"森登底"救命药，病情十分沉重者用了此药，可望得救。可是第三道天门很难打开，“森登底”天药不易得到，本领大的“南木”可以得到，本领小的就拿不到。“南木”的本领实际上指的是巫师们的能耐。“木达”这层的众“鬼”当中，有一个“鬼”的头目，称“南木森木柔”（独龙语“柔”含有“根子”的意思），它同“格孟”是朋友的关系。“南木”若想从第三道天门拿出“森登底”天药，需要“格孟”同“南木森木柔”互相商量，如有一方不同意，这救命药就取不出来。

“木达”以下是下层即人间“恰义当木”。木然当木廷说，从中层“木达”到下层人间，当中隔着一座又高又陡的大山（“南木那卡”），有能耐的“南木”能够翻越过这座大山，来到人间，没有能耐的“南木”是翻不过来的。

在独龙人的心目中，认为人间各户的火塘同天直接相连，是从天到地的系统组成部分。每个家庭都有一两个火塘，过去一个父系大家庭往往有好几个火塘。火塘被认为是一家之中最大的主人。火塘上用来烧水做饭的铁三脚架或放置的三块石头，是珍贵而神圣的，每当饮酒吃肉，老年人常要在铁或石的三脚上边洒放些酒肉，以示敬祭格孟。人们对于火塘立有禁忌，诸如不可用水直接泼火；壶水涨沸时要立即拿开，防止溢出的水浇熄火塘；不可将脚伸进火塘；睡觉或出门时要把火塘边的木柴码齐，有余火的木柴不得乱搁乱放；更不可随便乱拔乱处置石三脚等。这些禁忌的规定虽然是为了不冒犯天上的神灵而为，但在现实生活中的实际的意义或作用当是很显然的。

独龙人及其巫师对于天际的情景以及从天上到地面的多层结构的想象是丰富的，他们将天的观念同灵魂和精灵或“鬼”的观念结合在一起，构成了独龙人的一个非常具有自己特点的宗教观念体系。

四、巫师及其宗教活动

据我所见，独龙族的巫师当前主要有两种：“南木萨”和“乌”，20世纪50年代以前他们是由家族长或头人兼任的。

"南木萨"当中男者居多数，女的不多。女"南木萨"独龙语称为"南代木那木"。人们说过去的一些女"南木萨"在治病、砍鬼、占卜和预言等方面是很厉害的，她们都是很有能力的巫师。凡是成为"南木萨"的人，不论男女，也不管生理上有无特异之症状，更不管其家境身世如何，只要是被"格孟"派遣到人间的"南木"看中了，彼此交上了朋友，愿意为族人"治病"者，即可成为"南木萨"。

以往，"南木萨"的出现具有神秘色彩，许多"南木萨"的自述都是在年轻时期就成为巫师的，当初他们并没有这方面的心理上的准备。其中绝大多数人是首先看到一些奇异的景象，此后复又显现，这些往往被视为"格孟"的使者"南木"所为，即天上的"南木"有目的前来寻找他们做朋友（当巫师）的先兆，这种先兆现象就是人们通常说的所谓"神迹"或"神示"。以下我将此番调查的有关巫师的个案材料分述于下。

（一）几个"南木萨"的有关调查

木然当木廷

木然当木廷是个年约70多岁的"南木萨"（男），住在下游地区巴坡附近的江西岸木然当木村，曾经为当地许多的群众、基层干部和小学教师治过病。20世纪50年代初期参加过云南省民族参观团，到过昆明、南宁、北京和东北各地参观了三个月，受到过周恩来总理等中央领导人的接见。他在家里众兄弟当中排行第二，比较聪敏，是个好猎手。他说，有一年他一共打到了30多只麂子。现在他家里的竹篾墙上，还挂着不少被他猎获的野牛、大羚羊、岩羊和麂子等野兽的头骨。

他是在年轻的时候（已婚）成为巫师的。"文化大革命"期间，本地孟登木生产大队长肖拉子（此人1980年也成为"南木萨"，情况见后）认为他搞迷信活动，带人抄了他的家，没收了他从事宗教活动的铃铛和从缅甸换来的野牛皮腰带等法具，并且批判了他，他的"南木萨"活动中断了十几年。在对他做心理调查时，我们问他生平最恨的人是谁，他毫不犹豫地说，最恨肖拉子。

这个瘦矮、驼背然而行动较敏捷的老巫师，自1980年以来，自动恢复了他的“南木萨”的活动。近两年，他至少两次沿河谷而上，步行到上游熊当村一带，应邀为族人治病。其间，他通过本地群众了解到这一带哪些人见到了“南木”认为可以搞“南木萨”的活动；还有哪些人过去就是“南木萨”，长期来没有活动现在可以搞了；哪些“乌”现在也可以搞祭崖鬼的事了。并说，有了“南木”的人不搞“南木萨”会短寿的，搞祭“鬼”的人不搞祭“鬼”会死的，等等。凭他的资历经他的鼓动，上游迪正当村的孔千杜里重新操起“南木萨”的旧业来；近年成为“南木萨”的孟国民和杜娜等，也在他的支持下开始了“南木萨”的活动。木然当木廷在独龙江无人不晓，在进行传统的宗教活动方面，是个颇有影响的人物。

据他的回忆，他在年轻时成为“南木萨”，是因为他在山里曾经先后三次见到了“南木”，他称之为“尼”的一种“鬼”。它们都是来自天际的不同的方向，有的从西边来，也有的自东边来，一共出现4个，有男也有女，长得同人一样，很好看的，但是一会儿就不见了。他说南木善于变化，能变成各种东西，有时变成一个漂亮的少女，有时又变成鲜艳的雀鸟，甚至还能变成一张桌子，等等。最初两次碰见它们时都没有说话，第三次遇到时，“南木”才对他说：“我们是‘格孟’派来交给你的，来找你做朋友，为大家治病。”

木然当木廷对于多次见到前来找他的“南木”这件事并没有向外人道及，独龙人认为，这种事情是不可以随便乱讲的。他感到对于“格孟”派来的“南木”是不能拒绝的，遂接受了“南木”的要求。但是他没有当众宣布自己已成为“南木萨”，或举行什么仪式一类，说他会为人治病，只是在家里的窗户下或火塘边经常放一碗自酿的粮食酒，祭祀他的“南木”，因为他的四个“南木”是喝酒的，每次招它们前来都要“摆酒”。众人见到他经常摆酒祭鬼，便知道他见到了“南木”或“南木”已经多次来找过他了，自身已经有“南木”了。从此他便成为能治病的“南木萨”。这是独龙人成为“南木萨”的惯例做法，他们做任何事几乎从不渲染。消息一经传开，病人家属或患者就不断地来请他治病。

木然当木廷所见的四个“南木”是他终身的朋友。这四个“南木”皆自报了姓名，它们是：纳木隆吉布拉，女性，从独龙江东边来，是个头头，治病最有本领；萨尔翘热马，男性，也是从独龙江东边来；纳木尼热马杜季，女性，从太阳出来的方向来的；王泌地色，男性，从独龙江西边来。它是个“斯恩棒”，即“传话的”，木然当木廷总是通知它去叫来其他的“南木”，解决诸如病人治疗等问题。木然当木廷认为，人生病有两种情况，一是由于饮食衣着不当，患者可去医院治疗；一是“鬼”作祟于人，包括医院久治不愈的重病，这就需要“南木萨”请来他的“南木”携带天药和医疗器械前来医治，或者，“南木萨”用祭“鬼”、骂“鬼”或砍“鬼”等方法来为病人治好病。各个“南木萨”的治病方式大同小异。病人来不了的，他就亲自去患者的家里。他让病人躺在火塘旁，有的让他们坐在一块麻布毯上。这时他一边喝酒（根据巫师所宗的南木是否喝酒，如果他们的“南木”从不喝酒，就改为喝茶）一边听取病人及其家属口述病情。此时要点燃松柏枝，将自己和病人周身以及屋内各处绕熏一番，以求洁净，否则南木们就不来。有月经在身的妇女不可在场，要规避，便于“南木”降临。之后他系上一根老旧的野牛皮腰带，其上缀有贝壳一类，这条腰带是他用了一头母牛从缅甸换来的。他在喊请他的“南木”降临之前，要摆一碗干净的酒祭他的“南木”。凡属祭祀用酒，都是由没有月经在身的妇女煮成，否则要犯禁忌的。这些安排停当后，他开始朝着自己的“南木”所在的方向摇铃。每次根据病人的病情，需要一个“南木”就喊来一个，遇到危重病人时则将四个“南木”都喊来“会诊”；有时“南木”带来的药不怎么好，他就叫它们回到天上取来好药。他说，“南木”每次从天上翻山越岭地往来他都能看得见，因为他有一副“南木”交给他的特殊的眼镜——“南篾”。

在替患者治病以前，他要漱口、洗手，察看病人，摸一摸患者的身体。用手象征性地接过“南木”递给他的天药，握拳滴几滴在病人的头顶上，观察药物在病人身体内运行的情况。倘若药物直接从病人的肛门里流出，则此人无救了；假如药物流到体内某处停住，发出只有“南木萨”能够听见的咕噜声，他就用手放在所谓发出响声的部位探摸几下，或作出接住某物之状，用嘴向该部位轻吹一两口气，认为就是药到病除了。治病结束，他的“南木”自动离去，返回天上，下次需要治病时，再摇铃喊它们来。

他说他用这种方法曾经治好了许多人，但是也有的病人经他多次医治无效而死了的，那是因为他们的活魂“卜拉”已经死了，没有办法挽救。他又说，今春巴坡小学的王老师在山路上因积雪滑倒后被人背到卫生院。后来有两位老师来请他给治一治，他去看了，认为王老师的“卜拉”还留在山上受冻，快要死了。于是他打发他的南木把王老师的灵魂领回到本人的家里，王老师的病也就好了，最近王老师还亲自登门送了些茶叶给他，作为酬谢。说到这里，我们此行的通译齐建仁告诉说，去年暑假他从昆明回到独龙江省亲，途中患了肠胃炎，由于连日赶路没有服药，日显严重，途径巴坡附近的村子，正遇木然当木廷为人治病，他抱着好奇的心理想试一试，木采用滴天药的办法给他治，两天后居然痊愈。他认为“南木萨”治病中的谜需要研究揭开。

木然当木廷在为病人祭祀“卜郎”时，必先占卜，以期知道是何种“卜郎”在作祟。如果算出是人们最惧怕的“几卜郎”时，则需延请专门祭祀几卜郎的“乌”来祭祀。祭祀“卜郎”时，病人家属用荞面捏成小鸡或家畜，连同小米、酒等食物一起放在竹篾盒（“苦其”）内，木然当木廷摇铃、熏烟，并叫来自己的“南木”，端起“苦其”上面的祭物，在病人头上绕圈，并且念道：“现在已经算着你了！给你的东西全抬去吃掉，你让病人好起来吧！”在祭祀“木卜郎”时，将祭品放在屋外的木架上，木然当木廷要向四野大声呼喊，召唤作祟病人的“卜郎”前来吃祭。

“你自己生了病怎么办?”老巫师回答说：“我每次生病的时候不需要摇铃喊‘南木’来，只要两三天不吃饭，我的‘南木’就会知道，它们自动给我送药来，我的病就会好起来的。”

“你为大家治病收不收他们的报酬?”“我从来不主动向病人要东西要钱的。病人治好了，都是自愿送些零碎的东西，比如背索、竹篓、竹筒，有的也送点钱。按照我们的习惯，不收他们的东西，他们会难过的。如果送的东西多了，像鸡和鸡蛋等，我也不过意，反过来我也送给他们一些东西。有事情时大家互相送点东西，这是老辈人立下的规矩，大家都是这么做的。”

木然当木廷对于精灵和鬼魂世界的存在和作用是笃信不移的，每问必答，言谈侃侃。

肖拉子

肖拉子住在巴坡，是个约50岁的男南木萨。20世纪50年代以来，曾经担任过乡长和生产大队的党支部书记。“文化大革命”期间带领了几个人抄了巫师木然当木廷的家，没收了他从事宗教活动的法具，并且还批判了木然当木廷。然而，据他亲口给我讲述，他在1979年7月31日的傍晚竟然见到了“南木”，而且接受了“南木”的要求，成为一名据说是治病颇有本领的“南木萨”。肖在开始时就对我们讲：“我是个共产党员，我不是不相信共产党。‘南木’找来了，我没有办法。我对不起公社卫生院的医生，对不起科学。我确实没得办法！”

他说：“1979年7月31号天刚黑的时候，邻居马八恰给同他的老婆来我家玩。我就坐在我睡觉的铺板上，面向火塘，他们坐在我的对面。当时，我的老婆和女儿也都在家。突然，我感到眼前上方明亮起来，出现了三个男人和一个女人。都是长得很漂亮的年轻人，穿的像是喇嘛的衣裳，颜色像雀鸟身上好看的羽毛一样。男女的前额光亮，带着漂亮的帽子。他们各自带了一把金光闪闪的金凳子坐着。他们出现以后，我家里的东西好像全都不见了。‘南木’对我说：‘我们是来找朋友的。’并说了各自的姓名。我就问：‘你们是找我们大家还是找哪一个人做朋友？’‘南木’说：‘谁能戴上我们给他的眼镜看见我们，谁就是我们要找的朋友。’我对马八恰给说‘南木’来了，马说他看不见。‘南木’接着说：‘只有你一个人看得见我们，你就是我们看中的朋友。你要替人治病，药和工具我们样样都有。你替人治病的时候就摇铃喊我们，我们会来的，病人需要的药和工具，你伸手我们拿给你。我们每趟来不要酒，你也不要喝有月经的女人做的酒。’说完各自抬起凳子就不见了。‘南木’对我说的话只有我一个人听见了，屋里其他的人都看不见听不见。”事隔十几年后，回忆起肖拉子当年说的这番话，我想起西方哲学家鲁道夫·奥托（R. Otto，1869—1937）所言，宗教是人类“与神圣者（the numinous）的相遇”①。肖和他的“南

① 转引自［澳］加里·W. 特朗普《宗教起源探索》，孙善玲等译，四川人民出版社1995年版，第121页。

木”相遇，颇觉神奇，这大概是许多宗教信徒共同的一种经历。

肖拉子的四个“南木”是：勒马甲格色尔，女性；本代杜力色尔，男性；王泌达日久木，男性，从西边来的。还有一个男性的“南木”，它没有介绍自己叫什么名字，以后也总不见来。

当时，马八恰给夫妇同肖都住在巴坡，他们把肖见到了“南木”这件事传了出去，马是独龙江地区见多识广最老的长者，约 90 岁，曾经当过头人，20 世纪 50 年代初期做过第四乡（孟登木）的乡长，在独龙族中有较高的威望。肖拉子利用马八恰给夫妇来访的机会，宣布自己见到了“南木”，按独龙人的说法是“暴露”了，这是耐人寻味的。

肖拉子成为“南木萨”后，最早来请他治病的是一位独龙族女人，她的一个约三岁的孩子病得厉害。肖从火塘边他睡铺旁竹篾墙上挂着的旧麻布挎包里取出铜铃铛，点燃松柏树枝，一边摇铃一边熏一熏四周。他的“南木”不喝酒，所以他每次替人治病都不摆酒，只摆一碗清水祭其“南木”。那一次他的“南木”来了两男一女，并告诉肖，这个小孩得的是肺炎（“克尔马”），加上拉肚子。肖漱口洗了手，用嘴凑在患儿的胸部吮吸，据肖讲，他隔着肌肤从这个病儿胸部吸出些黑色的水液来，吐在自己的手掌心里，经在场的人看过以后，倒进了火塘。肖经常为人家治肺结核、肺炎、胃病和关节炎等病，治病的程序如同木然当木廷，也是先熏烟辟邪，摇铃叫来他的“南木”，接过“南木”的天药，滴进患者的头顶，察看药在病人体内运行情况。他说，人体内的各个部分此时他都能看得见，重要的是要找到病根。病根在开始的时候，多是像灰黑色的石头一样的东西，这种石头如果在病人身上还没有化开，南木萨是可以一次拿出来的，如果已经化成末子扩散开了，说明病情转重，需要多次用嘴隔着病人的皮肉吸出来，一直到吸干净病人方能恢复。

据曾经被肖拉子治过病的或亲眼目睹他治病的人讲，凡是患有胸肺疾病者，就诊前脱光上衣，肖漱口、洗手后用握成拳头的右手在病人头顶上滴下像水银般的天药，但是，除了“南木萨”以外，其他任何人都是看不见这种水银般的天药的。在天药滴下的时候，有的病人说，头顶好像有一点凉意，伸手摸一摸自己的头顶，头发却是干的，没发现有什么东西。之后，肖用手触摸病人的身体，当摸到胸部的病根处，他一手轻轻敲击病人的背部，另一手放在病人胸下接着，用嘴轻轻地朝着病根部位吹几口气，再用拇指和食指挤捏病根处的肌肤，一块像黑炭似的石子落在肖的手上，他展示给在场的人看，随即抛进火塘中焚烧掉，有人闻到一股稍臭的气味。从病人身上取出的任何东西，都被看成是危险物，不能染手，更不能保留，要赶紧火化。至于被取出石头的病人，整个的治疗过程丝毫没有异样或不适的感觉。

肖在为肺结核患者治病时，如果认为患者的病根已经化成水沫扩散开来，遂将一只手的中指、无名指和小指握紧，伸开拇指和食指呈八字形，将食指抵在病人胸部的病根处，嘴凑在伸出的拇指上，对之吸吮，隔着病人的肌肤，据称就把患者胸肺上淤积的黑色水液吸了出来，吐在自己的手心里，让在场的人观看，再倒进火塘中。

我觉得这种治疗的方法最为奇特的地方，就是隔着病人的肌肤，不用任何的器械就能从人体里取出或吸出石块或其他的东西来。我想，这就是一种巫术了。“巫术”和“魔术”（magic）在英文里有时是使用同一个词。

孟登木村武装干事杨某是个约30岁的年轻人，长期患有肺结核病，比较消瘦，曾经住院三个月，未愈。去年11月来到肖家求治，肖从他的胸部吸出些黑色的水液和碎沙石来。据肖说，杨平时饮食不注意吃了大蒜，所以又犯病了。第二次杨又来治病，肖又从他的胸部吸出些黑水来。肖嘱咐杨，以后不要干重活，不要乱吃东西，要忌食腐烂不干净的肉，不能吃生烤肉，凡是开红花的植物不能吃，糯包谷、有角的动物如牛、羊、羚羊和麂子的肉、乌骨鸡及其鸡蛋都不要吃，更不能吃老鼠肉，吃了这些最容易犯病。

下游西岸山地上的马帕拉村有个老女人叫德塞义当木，她瘫痪了两年，不能劳动。去年9月，请肖拉子看病，肖认为这是卜郎用绳索捆住了她的身子，所以不能动弹。他通过他的“南木”象征性地替她解开身上的绳索，从她的一个膝关节里，取出了一根约10厘米长的细小绳子。据该村当时的目睹者告诉我，被肖拉子取出的绳子细短，呈黄绿色，两端拉扯时似有弹性，不是橡皮筋，也不是棉麻线，更不像是塑料绳，不知道是个什么，从来没有见过。后来这个老女人居然不再瘫卧在床，而且很快同常人一样能上山劳动了。这次我们去马帕拉村时见到了她，她和同村的人一起从地里干活回来，下午我们一块儿吃了午饭。

肖拉子认为，一个人有心脏（“舍”）和脉搏（“崔”），人生病是同心脏和脉搏的跳动有关系，如果心脏不跳动，血也就不活动了，人就会死的。血是从心脏里流出来的。他根据这个道理，多次为他的病妻和两个女儿治过病。我曾对肖讲，我患胃病多年，经常疼痛不适，想请他给治一治，但是他马上拒绝了。他说：“有些一般的病，可以去医院吃药打针治好的，这些病，‘南木’是不给治的，只有在医院治不好的时候，‘南木’才同意治。”又说：“我自己生了病，不用摇铃，我的‘南木’会知道，它们会带来药给我治病的。”

“你的‘南木’每次来，你都能够看见和听见它们吗？”

“是这样的，我每次都能看见它们，听见它们对我说的话。它们每趟来，都穿着各种不同颜色的衣服，有红、黑、蓝、绿、黄，很好看的。它们带来治病的东西，都同医院里的一样，有刀、钳、镊，还有棉花和纱布等。替人治病的时候，它们穿上白衣服，非常的干净，很讲究卫生。在治传染病时，‘南木’全身罩在一个像是白纱一样的帐子里，同外边隔开。每次治病前，‘南木’告诉我，这个病人能治或是不能治，是活或是死。有一次，我正在上肯丁村为人治病，山下的下肯丁村有一个生重病的孩子的父母跑来找我，要我为他们的孩子治病。我在去他们家的路上，‘南木’就告诉我，这个孩子不能治好了，结果就死了。”

最近，肖拉子听说上面有指示，不准搞迷信活动，但是仍有人不断地请他去治病，他不敢去，就在家里熏烟摇铃，叫他的“南木”去病人家里医治，他本人不亲自去。今年四月，孔目村有人来叫他去为一个病儿治病，他就采用上述的方法，自己不去，叫他的“南木”去病儿家治病。据他说，这个病儿已经好了。下肯丁村有个姑娘因为她的父亲病了来找他，他也采取同样的办法。姑娘临走时，肖对她说：“你父亲的病不要紧，我的‘南木’已经去了，会好起来的。”从肖的住处巴坡到病人所在的上游地区下肯丁村，约有大半天的路程。后来得知，当这个姑娘回到家中时，其父的病确实好了些。

肖拉子还搞预言。据住在中游地区的布卡旺克演老人讲，去年肖拉子对他说，他身后有个黑糊糊的东西老是跟着他，叫他小心点。果然今年4

月，老人在他居住的学哇当村后的山里，遭遇到熊的袭击，他的右手腕被咬了一口，左半边脸皮被撕抓坏了变了形，流了许多血。老人认为肖拉子事先对他讲的话确实灵验了。

关于为人治病收取报酬的问题，肖拉子说："都是病人自动送点东西，如背篓、背索，有时也送来一只鸡。我从来不向病人要东西。我收下这些东西时，都是按照'南木'的意思，'南木'叫收我才收下。收下的东西，以后我还得用别的东西如茶叶、自家煮的酒送还给病人。这是我们人的习惯。有时也收些钱，那也是'南木'的意思。有些钱是病人的亲友当场凑的。钱如果给多了，'南木'叫我退回一些，大家也接受。'南木萨'是不能多拿的。"

肖拉子给我的印象是一个比较精明能干的人，说起话来声音低柔而且比较慢，时不时地朝地上吐口水，看得出来他在思考我的提问。

孟国民

住在下游马帕拉村的孟国民年仅29岁，是目前独龙江地区最年轻的男"南木萨"，读过一两年小学。孟国民用汉话对我讲，解放前夕，他的父亲住在缅甸木斗木旺东地方，因为那边经常闹地震，就迁回到独龙河下游河东的巴坡住下，那时他还没有出生。他的父亲是孟氏族的人，母亲是孟库氏族打色家族的人，他们生了9个孩子（6男3女），他排行是男的第三。他10岁时辍学，帮助家里干活，13岁去了贡山县木器厂当工人，18岁时结婚，妻子是马八恰给的小女儿，婚后有4个孩子（3男1女），现在最大的孩子9岁，最小的只有两岁。家中有8个人，弟妹各一人同他一起生活，加上妻子，共有4个劳力，种了三架多"火山地"（即"刀耕火种"地）的包谷，还包种了一亩半的水稻。他说，因为孩子小，生活很困难。"文化大革命"期间，他们住在巴坡时，村子里连续病死了20多个人，大家都不敢再住下去了，1975年以后，才陆续搬迁到现在河西岸马帕那村来住。早几年，他的父母亲、哥哥的两个女儿、岳母以及同村的亲友又接连着死了，家里的生活确实困难，他就在1980年退职回来帮助家里搞生产。

孟国民初次见到"南木"约在1979年夏天的一个午后，那天是在贡山县木器厂的宿舍里，他同一个工人关上了房门喝着白酒。不久，他感到身边出现了一群艳丽的“太阳鸟”（“纠尔吉”，即锦鸡），但同他一块儿喝酒的人却无此感觉。他坚持对我说，当时他没有喝醉，人很清醒。之后一连几天，他总是觉得这些鸟不断出现，围着他飞来飞去叫个不停，令他心烦。后来每逢初一、十五日的晚上，他都听到“纠尔吉”鸟的飞叫。他当初想，这些鸟一定是“鬼”变的，不吉祥。第二年，他从县城返回独龙江下游的家中，把这件事告诉了肖拉子，并请他为他驱赶这些讨厌的鸟。肖熏烟摇铃叫来了他的“南木”，“南木”告诉说，千万不能砍死这些鸟，它们是天上“南木”变的。当年的年底，一天下午，孟国民在家中先是听见一阵鸟叫，接着在他的上前方显现出一座寺庙，庙墙上并排端坐着7个女人，个个长得非常漂亮，衣服穿着也都很讲究，像是缅甸人的打扮。它们作了自我介绍以后就对孟讲：“你可以搞‘南木萨’了，‘南木’的眼镜你也有了。你要是不搞的话，家中或村子里的人还要出事情。”孟对“南木”讲的话很恐惧，他把这个情况首先告诉了妻子，然后又告知了他的内兄和岳父马八恰给等一起生活的家人。他们都没有反对他当“南木萨”。但是，孟国民对我讲：“我被‘南木’看中了，不得不干‘南木萨’，我没有办法。我如果不干，家里还要死人，以后的生活就更加困难了。我自己知道，像我们这样的年轻人干上这一行，以后的前途也就完了。”

孟国民成为“南木萨”后，他的胞兄为他买来了一个崭新的铜铃铛，但是每次摇铃，他的“南木”都不见来。随后，他用一只活鸡从一个赶马帮的“马脚子”那儿换来一个旧的铜铃，推说此铃铛一摇，他的“南木”即至。

孟国民的七个“南木”全都是女性，计：王泌吉木松，约40岁，是个头头，从西边来的；夏尔蒙松，约18岁；夏尔劳木松，约18岁；色蒙松，约18岁。以上四个“南木”主要是替人治病的，其他三个“南木”的名字他没有讲，只说它们是上面四个“南木”的伴儿（“南木若”）或是“传话的”。这些“南木”声称是喝酒的，所以每次叫它们来孟都要摆酒祭祀之。

1982年春天孟国民成为“南木萨”之后，他的“南木”要他为它们修一条从天上直接到达他家的“天路”。孟去找肖拉子帮忙，请肖的“南木”协助修天路。肖就对他说：“我的‘南木’不喝酒，你的‘南木’是喝酒的，你去找木然大斗（木然当木廷之别名）商量这件事，他的‘南木’是喝酒的。”于是，孟先在自己的家里摆了酒祭祀其“南木”，动身前往木然当木廷的家中。木同意给予协助，也给自己的“南木”摆了四碗酒，供置在火塘睡铺上方的竹格子（“赫尔美”）上。孟对木讲：“我的‘南木’的酒你不消摆了，我家里已经摆上了。”之后，这两个一老一少的“南木萨”于火塘边相对而坐，彼此交谈不多。据在场的人说，他们两人似乎并未谈及为“南木”修筑天路的事，只是谈了些无关紧要的话。他们认为，修路的事只限于此二人的“南木”之间互相交谈，别的人是看不见听不见的。孟国民事后对我讲，他和木然当木廷当时相对坐在火塘边上的时候，木同他的“南木”对话孟全都知道，因为孟的“南木”把这一切都告知了孟。他还讲，如果我们在议论别的任何一个“南木萨”时，虽然他们不在场，可是，他们的“南木”可以听到并会转告给他们的。大约一个小时之后，木然当木廷说，天路已经修好了，并且还嘱咐孟说：“你有几个‘南木’？你要好好地教育你的‘南木’替人治病，不要随便胡来乱治。”当晚，孟在木家歇宿，翌日返回。

天路修好以后，孟国民的“南木”每次应其铃声到来时都要穿上干净漂亮的衣服，几乎每次来要换一套不同颜色的衣服，其中有白、蓝、红等颜色，非常好看。它们的身上背有各种的药物，还有一套能取出人骨头里的石头的工具。药是分别放在竹筒和玻璃瓶子里，到来后，就将这些药一一放在随身携带的凳子上。主要的药有“谢尔苏底”“木尔苏底”“南门底”，还有最厉害的“森登底”，像水银一样，重危将死的病人只要给他们一点点，就能得救。“南木”的药也有各种颜色，有的是单独使用，有的要掺配着用，都是经“南木”的手（实际上经孟国民之手）虚拟性地放进病人的口中的。

“南木”常嘱咐孟国民说：“你老婆来月经的时候你不要替人治病，女病人来月经时你也不要给她们治病，不要用有月经在身的女人煮的酒祭我们。祭‘南木’的酒你们不要喝，喝了会头昏得病的。”他的“南木”每次治完了病都要说：“搞完了，我们回去了。”

孟国民为人治病主要在孟登木地区。有一次他应邀去到南边迪东村治疗一个患了肺结核的病人，在病人家中的一个大簸箕上摆了酒，并且放上一件病人穿过的新衣服。他面对簸箕坐着，一会儿，只见一大群鬼蜂子被他的“南木”从病人身上撵了出来，歇在簸箕上，绝大多数都死了，只有少数一两只向上飞脱掉。孟说，这些鬼蜂子很厉害，飞到哪里就拉屎撒尿，人如果吃了它们的屎尿，它们就会钻进人的骨头里产卵，让人染上肺结核病或麻风病。

他的一个内兄患有胃病，有一回孟国民为其治病。他接过“南木”带来的天药，滴进患者的头顶里，用食指抵在病人的腹部，对之吹气，然后隔着肌肤吸出些像草叶或小虫形状的黑色的东西来，丢进火塘烧了。但是，据他的内兄对我讲，他的胃病并没有被治好。

孟国民讲，“南木萨”能够预知某人将要死去。他的“南木”能事先告诉他哪些人将要死了，但是不能随随便便讲出去，人家听了会难过的。他的岳父马八恰给就对他说过：“你们搞‘南木萨’，见到了的就好好替人家治病；没有见到的，就不要乱讲，也不要随便收人家的东西。”这里所谓“见到”或“没见到”指的是“南木”。

1982 年 6 月上旬，他的 3 岁的侄儿阿普及岳父马八恰给先后死去，孟国民说他事先都知道，只是没有对别人讲。阿普先是患肺炎后转疟疾死于卫生院。侄儿病危的那天早上，他的内兄接到卫生院的电话，赶往马帕那村，见妹夫孟国民同阿普的母亲正蹲在地上卜算阿普的病是否见好。地上摆了碗水，孟指着阿普穿过的一件衣裳说：“阿普的卜拉没有了！”待到阿普的父母赶到卫生院时，阿普已经死了。阿普下葬不久，孟国民回忆说：“有一天，我看见阿普的‘阿细’同他的祖父马八恰给的‘卜拉’在一块儿吃晚饭，阿普的‘阿细’在吃完饭以后还把剩下的饭装进自己的口袋里走了。那时我就知道，我的岳父快要死了。”马八恰给病死于当年 6 月 24 日。孟国民的内兄作为一个公社的干部向我谈及上述的事的时候，他认为：“对于‘南木萨’，我们是半信半疑的，我的态度是既不赞成也不反对。”后来我发现，接受过一定教育的人持这种态度的，在当地干部群众中是比较普遍的。

在谈及木然当木廷时，孟国民认为他是个很厉害的“南木萨”，常指使他的“南木”害人，举了三件事：（1）20世纪50年代以前，木然当木廷要娶孟国民的姑妈孟芹当小老婆，孟家族的人不同意，木得知后不满地说：“我要的人你们不同意，小心等着，你们的姑娘要在你们的手上‘化掉!’”后来孟芹果真死了。（2）约在1977年，木20多岁的儿子要想娶孟国民的妹妹为妻，遣来媒人说亲，遭到了全家人的反对。孟国民对着前来的媒人骂道：“以前木然当木廷要我的姑妈嫁给他，我们没有答应，他叫他的‘南木’害死了姑妈。这次他的儿子要我的妹子，我们还是不答应。要是我的妹子死了，我们要找到他的头上的!”第二天上午大约11点钟媒人走了，孟国民的母亲去山泉边洗衣服。山泉距他家很近，可以直接望见。他的父亲因为有事走出房门去喊她，忽见一块三角形的石头从山上落下来，击中他母亲的头部，在抬往卫生院的路上他母亲就去世了。（3）孟国民的父亲久患气管炎病，孟曾去找肖拉子帮助治一治，肖说：“我的‘南木’不要酒，如果摆了酒，你的父亲用了我的‘南木’的药，浑身会烂掉的，你去找木然当木廷吧。”孟请来了木然当木廷，木正在摆酒请其“南木”的时候，他的父亲气绝身亡。孟国民认为这是木然当木廷的“南木”害死了他的父亲。

孟国民等人还向我们介绍过去有些“南木萨”曾在一起比赛法术，看谁的法术大谁就是最有本领。他们在地上并排放置两把锋利的砍刀，刀刃朝上，南木萨们赤脚在刀刃上踏行；有的还将砍刀在火上烧红，用舌头舔刀，看谁的双脚和舌头安然无恙，谁的本事就大。在熊当地方东岸的山崖上，有一处一百多公尺的崩塌陡崖，相传这是过去此地的一位“南木萨”显示其法术所致。

“你是个年轻的‘南木萨’，今后打算继续替人治病吗?”我问。孟国民犹豫地想了一下说：“我的‘南木’王泌吉木松最近对我讲：‘你为大家治病不要收东西，以后也不要到别人家去搞了，病人到你家里来，可以替他们治一治。今后的形势会有变化，你会被批判斗争的。’所以我不收别人的东西，以后也不到外边去搞了。”他在说这番话的时候，看得出来思想上是有矛盾的。后来我在昆明得知，孟国民已经放弃做“南木萨”了。

孔千杜里

居住在上游地区迪曾当村的孔千杜里，是一位年近70岁的老人，年轻时就成了“南木萨”，替人治病、砍鬼，还擅长唱民歌。“文化大革命”期间他中断了“南木萨”的活动。他说：“‘文化大革命’当中，人也怕，鬼也怕，我的‘南木’不来了，我经常生病不舒服，胃疼，手上生疮。这两年落实政策，我的‘南木’也来了，我又搞起了‘南木萨’，身体好了，也不生病。”

他说：“我是在小时候第一次见到了‘南木’的。那是个傍晚，我跟着父母到邻居家去玩，半路上先是见到两个天蓝色的东西在眼前晃动，像是隔着一层渔网看不太清楚。后来，大概是‘南木’给我安上了眼镜，我看见两个长得很漂亮的小孩，穿着天蓝色的衣裤，还扎着腰带，朝我走来。当时我心里非常害怕，几乎吓昏了，也没敢对别人讲。这次见到的可能是‘雄麻’，不是真正的‘南木’，后来才见到了‘南木’。”所谓“雄麻”，可能是藏区原始宗教——本教中的一种“鬼”。

孔千杜里有10个“南木”：南木辛吉木，女性，是个年岁很大的老太婆，算命很得力；代龙，女性，专事从天上换回或夺回被“卜郎”掠去的人的“卜拉”；佩拉涅木（南木马的扣），男性，粘帕拉吉木（南木马的才），女性，它们两个拿回代龙换回或夺回的人的“卜拉”，护送回人间；坎木拉郎吉松，男性，坎木拉朝吉木，女性，它们两个专门拯救溺水将死的人（“坎木拉”是一种在江边吃鱼的鸟）；乔治吉木，女性，专治重病；龙色尔帕马，女性，持刀杀鬼；南木恰吉木，女性，帮助提刀拿武器；代季吉木，女性，带引“卜郎”前来受斩杀。

孔千杜里的“南木”分工细致。他讲，人们生了什么病，他就请什么“南木”来治。他的8女2男的“南木”当中，以南木辛吉木和代龙两个女“南木”治病最为得力。他在为病人寻找是何种“卜郎”作祟时，这两个“南木”能把所有的“卜郎”的名字无一遗漏地一个一个念下来（实际上是孔千杜里在念），作祟的卜郎往往逃不脱。他说这两个“南木”常住在他家的屋梁上，别人看不见，唯独他能够看见它们。孔说：“我的‘南木’为人治病不取石头，所以我也没有从病人身上拿出过石头。”他又讲："不是所有的病人都能治得好。我们都是天上的'木佩朋'和'格孟'的牲口，它们什么时候想吃我们就什么时候杀我们。天上杀定了的人，'南木萨'是治不好这种病人的。"

他的"南木"当中有三个女"南木"是专门砍杀"卜郎"的，主要是砍杀"德格拉卜郎"。"德格拉卜郎"是让人死于不同方式的"卜郎"的总称呼。开始的时候，这类"卜郎"常遣使"热萨莫仁"变成个陌生的年轻漂亮的小姑娘，采取鬼恋人的方式，时常出现在青年男子的睡梦之中，彼此相爱做共枕"夫妻"，如此这般，这个被缠住的年轻人就逐渐衰弱消瘦和多病，最后被各种"德格拉卜郎"害死，如死于郊外从山上落下的飞石滚木，或落水溺亡或自杀等。凡是被"德格拉卜郎"缠住的人，多称"自己已经有'德格拉'了"，他们每常于山道上走动时，总觉得身后有跟踪自己的脚步声，回身探视，又毫无所见，故而终日惶惶然，遂请"南木萨"为其举行砍杀"德格拉"的仪式。这类仪式有的是在本人家中举办。届时，让被"卜郎"缠住者坐在一群姑娘当中，彼此佯作调笑戏谑状，以便诱使"热萨莫仁"嫉愤而来。这时"南木萨"已叫来了他的"南木"，偕同巫师的助手，身藏砍刀，悄然爬上屋顶，等"热萨莫仁"从天际下到屋内必经的屋顶处，抽刀斩杀之。"热萨莫仁"来临时被砍杀的情景，只有"南木萨"能够看见。据巫师说，有些"德格拉卜郎"的脖子上挂着项链，"南木萨"挥刀砍下去，有时会听见斩断项链的声音。但是这种"卜郎"很狡猾，身子很轻捷，不容易砍中它。另一种砍杀的仪式是在郊野进行。我曾了解到孔千杜里为其侄儿立昂千在山里砍杀"德格拉"的仪式。

立昂千年约30岁，身材高大魁梧，已婚有子。其父孔千朋色尔是孔千杜里的哥哥，是个擅长占卜的巫人，他曾经多次算出"德格拉"已经缠住他的儿子立昂千，将来会遭到不幸，这次他们事先约定在立昂千外出的归途上砍杀"德格拉"。约半个月前，立昂千同村里的人一块儿远行采挖贝母等药材，在他返回的路上，在预先约定好的地方留宿一夜，派同行者先回村通知，待翌日他的叔父前来砍杀总是跟在他身后的"德格拉"。选择这个时机和地点砍杀，据说有两个好处：一是经过半个多月的艰辛路程，人走累了，"德格拉"跟着也会疲惫不堪，砍杀时不易逃脱；二是尽量不让卜郎跟着他窜进村子，祟害他人。

是日上午的仪式分成两部分，先是在孔千杜里的家里为村中的两位病妇治病，然后再去郊外砍杀“德格拉”。9时许，立昂千的父亲已将屋内北墙下距离地面一人多高的横板上收拾出一块地方，铺上了一层青松枝，放置大簸箕一个，内中放了6个斟了酒的小白瓷杯，其下的木地板上铺放一层青松枝，上面平放着一块干净的叠成四方形麻布毯，麻布上搁着一个铜铃铛，这是“南木萨”的专座。专座的前面，从屋梁上悬挂下一个双面的皮鼓，鼓距离地面约50厘米高。这个仪式首先在室内进行。

仪式开始时，孔千朋色尔先击鼓数下，就着火塘点燃青松枝，在供置酒杯的簸箕上下方绕熏，口中喃喃地念叨：“‘南木’，好好治一治病人吧！你们一定要好好地治，把跟着立昂千的‘德格拉’一定砍死吧！不要让它再缠住我的儿子吧！……”此时，孔千杜里站立在青松枝铺垫的地板上，脸朝北摇铃，逐个哼念起他的“南木”们的名字，浑身作轻微的抖索状，表明他的“南木”已经到来，而且正在进入他的身体。然后，他盘坐在麻布毯上，边频频小声敲鼓，边低首闭目轻声吟念。据说这是“南木”们在说话。两个得力的“南木”先说话，其他的“南木”按各自作用之大小逐个依次讲话。它们每次来都要自报名字；“南木”的头头说出病人的病因，需要怎么治；有的“南木”还讲出天上“南木默里”的种种情况以及村子一带最近将要发生的事情，如某人的“卜拉”已经被某“卜郎”掠往天上关押在某处，正在受罪，需要“南木萨”的“南木”去营救，用祭品将它换回来交还给本人，等等。这些念词古奥难懂。其间，孔千朋色尔不断地用冒烟的松枝和“树巴”（一种阴燃生烟散发出微香的树枝，据说“南木”喜闻此味）在供祭酒物和巫师四周反复绕熏，口中念念有词；其他在场的家人或邻居围坐在火塘边喝酒，大声地交谈，自由走动出入，各行其是，并不注意巫师的祈祷或念词。

此时两位邻舍的病妇，其中一人患眼疾，她带来一只用作仪式的小猪崽，放在脚边，她们一直蹲在巫师近旁的右侧，接受孔的“南木”的治疗。巫师在闭目击鼓吟念了约半个小时以后，侧脸朝向两位病妇“哧”“哧”两声，表示“南木”已经给她们治了病了。巫师再小念片刻，治病仪式结束，来到火塘边吸旱烟，同大家一起饮酒，两位病妇抱着猪崽出门回家。大约一刻钟后，孔千杜里复回原座，击鼓叨念一番，准备同一位年轻的助手一起去郊外和立昂千会合，砍杀“德格拉”。

立昂千的妻子拿了一勺包谷酒递给孔千杜里，孔起立接过酒勺，一手拿着一支松枝，面朝北，对为他的引“鬼”带路的“南木”喃喃念道：“酒你也吃了，你可以去了。”打发它先行开路。他双手向上，虚拟性地捧接“南木”交给他的出征砍“鬼”用的靴子和战衣，转身先给一直站在他身后左侧的助手穿上。助手先后抬起左右两脚，巫师逐一为他从脚下套上靴子，再接过战衣和腰带，给助手披系一番，并在其左肩头和腰部做了个打结扎牢的动作；巫师也按照这一程序，给自己穿戴好。这一切的动作都是虚拟的象征性的。孔千朋色尔将两件专用的麻布毯递给他们，各自披在身上，胸襟前的两端辍合处用小竹签别住。袒护在两肩的毯子，据称是象征蝙蝠的双翅，时张时闭，可以迅速飞往远方。二人披挂就绪，在原地来回移动双腿，表示立即出征。“南木萨”的助手腰藏砍刀一把，巫师手持铁矛扎枪（“新格楞”）一支，于上午11时许出门向西翻山。行了约3公里的山路，与在此等候的立昂千相遇。孔千杜里突然高举起扎枪，助手迅即奔向立昂千朝他的身后猛砍数刀。据说，下刀砍杀时需要特别仔细小心，切防误伤误杀了跟在立昂千身后的本人的“卜拉”。立昂千背着行装，独自快步回村，中途不得回头或停留，防止未被砍死的德格拉再度跟寻他。他回到家中同常人一样，坐在火塘一侧，吸烟喝酒，同家人团聚聊天。未久，巫师及其助手相互跟随着下山回村。这时，孔千朋色尔拿着点燃的松木枝从家中出来，迎往村边的山脚路口，替他们周身上下绕熏一番。然后，助手走在前面，巫师在中间，孔千朋色尔举着松木枝跟在后面，一同返家。回到屋内，巫师仍坐在原地频频击鼓，口念片刻，起立，先替助手再为自己解脱下靴、衣和腰带，逐项向上托去，并且一挥手，表示将出征的战装交还给“南木”。孔千朋色尔在一旁仍用冒烟的青松枝频频绕熏。至此于下午3时左右，砍鬼仪式结束。众人围坐在火塘的四周，喝酒、吸烟、闲谈，主人开始准备晚饭。

当日下午5时许，参加上午治病仪式的老妇之一来找我们说：“‘南木’没有治好我的眼病，你们有药就给我一点。”我遂为她点了些消炎眼药水，第二天她来说眼睛不疼了。

克 伦

住在上游雄当村的克伦，是个年约40来岁的女巫师，文面，1980年始成为“南木萨”。她属强荣氏族，丈夫迪曾王朋是姜木雷氏族的人，是个“乌”。他们生过10个孩子，其中6个都在出生后不久就死了，两个稍长大后病死，目前只剩下12岁、10岁的两个孩子。全家四人都干农活，承包了4亩旱地，还有一些属于开荒的山地。1981年搞副业煮香樟树脂，收入了100余元，用到了现在（7月份）。他们平时最困难的就是缺零花钱。

这个身材矮小、瘦弱、说话低缓而腼腆的女巫师，说她在当娃娃的年岁上见到过“南木”，是一些非常漂亮的人，此后她就生病了。据我了解，独龙河上游的一些村子都有小孩见到“南木”的传说。巫师孔千杜里是一个，后面将要介绍的龙元村的巫师德梅当木甸也是一个，这次在雄当村我们了解到雄当小学有个10岁的男孩李自强曾说他看见过“南木”，当我们反复询问他时，他总是害羞不语。旁边的成年人讲，可能他是乱说的。

克伦记得，当年在她病卧的木枕头上，出现了许多戴着帽子的小人来往活动，后来太阳光照进了她的屋里，病也就好了。到了1978年的一个晚上，她又一次地见到了“南木”，共有6位，3男3女，几乎每个月来一次。她没有理睬它们，也没有向外人“暴露”过这件事，当时只是觉得这种事“搞不得”。1980年雄当村生产队长李文发的妻子病重，请来木然当木廷治病。那时候克伦也经常生病，不能下地干活，顺便也请了木然当木廷为她治病。木就对她说：“你已经有‘南木’了，你不暴露所以才生病。你们这里的‘卜郎’很多。以后你再不暴露搞‘南木萨’，你会死的，或者你家中有人要死。”克伦害怕了，遂暴露成为“南木萨”，从此病也好了，也能下地干活了。这里所说的“暴露”，是指公开搞“南木萨”的活动。之后，她的“南木”每个月来两次，都在农历的初一、十五或三十日。克伦的“南木”计：王泌廷松，男性；木雄出木，女性；朋色尔南木，男性；旦杠成龙，男性；龙色尔帕马，女性；戴季求木，女性。

克伦讲，她的“南木”是继承了强荣氏族的“南木萨”——南木森的“南木”，南木森是个被族人视为很厉害可怕的“南木萨”，被人追赶跳河而死。强荣氏族或家族的“南木”只传给本氏族或家族的人，有时隔一两代人才传给，不传外氏族的人。此外，她讲每逢自己病了，她的“南木”不能为她治病，要叫别的家族的“南木”给她治病。克伦所谈的“南木”的承袭和“南木萨”的继承是在氏族或家族内部进行，以及自己的“南木”不能为自己治病等情况同我们调查了解的男“南木萨”的说法，有明显的不同。

克伦讲，她的六个“南木”当中，王泌廷松和木雄出木是治病的两个主要的“南木”。它们专门从天上把卜郎们掠去的病人的卜拉领回到人间交给患者本人，它们对于治痢疾很得力。据她说，这两个“南木”经常驻守在她家的屋梁上，她去到哪里它们就跟到哪里，时时守卫着她。她指着约一人多高的室内南梁上，悬系着用彩色纸絮和布条装饰的树枝说：“你们看不见，我能看见它们。”在她的极其简陋的居室内，西南角上用铁链挂着一个双面的皮鼓，已被火塘的烟火熏黑，鼓面直径39厘米，厚8.5厘米，内装从河边拣来的小石子数枚，摇之嘎嘎有声；一个铜铃也放在这里靠木墙横搭起的木板上，其下是她睡觉的铺板。

克伦说，王泌廷松时常穿着一件很漂亮的天蓝色的衣服，但它的脸长得像猴子一样，它能变成各种雀鸟，在屋内到处飞动。木雄出木长的是个女人的相貌，头发像汉人姑娘的长辫子盘在头上，穿的是很好看的白色衣裙，一直拖到脚背，有时也穿天蓝色的裙子，但没有戴项链珠子、耳环和手镯。她说她的“南木”的穿着打扮既不同于独龙人也不同于北边西藏察瓦龙地区喇嘛的“南木”，它们跟天神一样。木雄出木随身携带一根黄亮铮铮的铁镞，专杀传播流疫的“卜郎”，这种“卜郎”长得像猪一样，一抖动身子，病魔如同猪毛或羊毛一样地飞进人的身体里，人就拉痢屙血。“南木”就用它的铁镞杀戮这种“卜郎”。她说，对于这种“卜郎”，平时只要不去惊动它，人是不会得病的，但是有的“南木萨”存心不良，经常放出这种“卜郎”来作祟。克伦的其他四个“南木”除了能治痢疾等病以外，还能砍杀“卜郎”，治被山上的石、木砸伤打伤或从树上摔伤等外伤病。她的“南木”不能从病人身上取出石头一类的东西，但是它们时常携带着天药，如贵重的“森登底”，专治那些将要死去的人，让他们呼吸顺畅；还有“色尔久底”，能治生疮、骨头疼痛、发高烧等内外疾病。近年，她治好了四个病人，其中有一个病孩，他的父母拿来了病孩的衣服和帽子，叫克伦看治。克伦摆酒、摇铃、击鼓、熏烟，请来了王泌廷松，说这个娃娃病了，你给看一看。这个“南木”对她说，这件事它早就知道了，这个娃娃的卜拉在外边跌伤了，他的卜拉已经被崖鬼“几卜郎”拿去了。于是，克伦请来了其他的三个“南木”，骑上崖鬼最害怕的龙，并带上祭“鬼”的活鸡的“卜拉”，终于把病儿的“卜拉”换回，领来交给这个孩子，从此病就好了。至于用来祭“鬼”的鸡，由于失掉了自己的“卜拉”，即使关养喂食，也不能久活，更不能下蛋，故在仪式后由鸡的主人杀吃了。

克伦近年曾经为本村的一位小学校的教师李某砍过“德格拉卜郎”。据这位23岁的男青年讲，有一个女“德格拉”缠他多年了，是个从来也没有见过的好看的小姑娘，常在梦中与他相会交欢，他常感周身乏力不适，怕有不测之祸，遂请克伦为他砍“鬼”。克伦先在李家举行仪式，请来她的“南木”。在仪式进行之前，安排李同该村四位年轻男女，有意识地穿上漂亮的衣服，带着乐器笛子，从本村雄当步行到下游龙元村，再匆匆回到雄当。他们沿河上下往返走了约30余公里，边走边唱独龙族的调子，还吹奏乐器，以此引诱跟踪在李身后的“德格拉”，尽量不让它发现有什么破绽。李有意识地让自己走得疲惫不堪，这样紧跟其后的“德格拉”也被认为走得很累乏了，便于砍杀。在他们事先同克伦约定好了的雄当半山腰上，李将手中拿的竹竿于路边的地上划了个圆圈，牢牢地插在圈内。说是紧跟着他的“德格拉”总喜欢停歇在竹竿的顶端。克伦速命其助手抽刀砍去竹竿的上端的一节，大家返回村子。克伦在李家击鼓祈念了一番之后，象征性地替李解去被“德格拉”缠在他的手上和脚上的绳索，仪式到此结束。但是，李对我讲，砍“鬼”以后，他的自我感觉并没有怎么好起来的样子，可能那次没有能将“德格拉卜郎”砍死，准备以后再砍一次。关于天上“南木”的事情，克伦说，她的“卜拉”曾经顺着通天的木梯到达过“南木那卡”，即“南木山”，那是“南木”们住的地方，非常干净和漂亮，到处开满了香气扑鼻的鲜花，“南木”们住的房子有七八层楼那么高，有净亮的玻璃窗。那里住着“南木”的总头头，它们是一男一女，称之为“勒木拉”，它们根据人间的需要，造出一个一个的“南木”来。众“南木”是靠人间祭供的粮食、酒和牲畜的“卜拉”生活的，作为祭品的粮食和牲畜一旦被“南木”享用过后，就失去了“卜拉”，也就不能再成活下去，更不能传宗接代了。众“南木”在天上也读书学文化写文章，有“南木”的学校，学习治疗人间的各种疾病。由于各“南木”所学的不同，在治疗的方法上也各不一样。

克伦讲，“鬼”（“卜郎”）和“南木”是不同的，虽然统称它们是“鬼”，但是南木可能是“鬼”变成的“神”。她讲她说不准，没有听见老人们讲过。她认为“鬼”是由鬼官“卜郎波恩”来管理。“卜郎”或“南木”作祟人间的时候，或者“卜郎”“南木”各自内部产生了矛盾，或者二者之间有了矛盾时，“卜郎”向“卜郎波恩”告状，“南木”向“南木波恩”告状，即各自向自己的官告状。“南木波恩”常常惩罚那些作祟人间的“南木”，其方法是将它们禁闭起来，在它们四周用密插于地的竹签或竹箭（“阿扎尔”）围起来，但是，有些得力的“南木”能够跳过“阿扎尔”，继续出来作祟，有的却跳不过，或者被戳死在“阿扎尔”上。“南木”是通过从天上垂吊下来的铁索链子往返于天地之间的；人的“卜拉”是通过通天的木梯子上下于天地之间的。人和“鬼”走的路是不同的。至于人的生与死，克伦认为这是由天上的“格孟”来定的。凡是地上出生的人，他们的“卜拉”先在天上出生，然后层层下达，地上才会生出这个人来；“格孟”决定要死的人，它的命令也是层层下达，下到某家屋顶上（“赫尔木”），这个人就没有救了；如果病人的“卜拉”被“卜郎”掠到人间铁匠的卜拉住地（“嘎尔哇”），“南木萨”还有希望救活他们。克伦还讲，住在天上的众“南木”也经常交谈人间的事，她举例说：“我当初见到的‘南木’，没有理它，也没有对别人提起这件事，我一直没有暴露，可是这个找见我的‘南木’和木然当木廷的‘南木’在南木山上相遇，告诉了它，所以木然当木廷知道了，就对我说，你已经有‘南木’了，应该搞‘南木萨’。”

杜　娜

杜娜是独龙江上游迪曾当生产队队长之妻，约60多岁，1980年始成为“南木萨”。她的脸色苍白、虚弱，双目已经失明了。她对我讲的第一句话是："我的眼睛瞎了两年了，自己真正的眼睛是看不见了，但是'南木'给我的眼镜还是能够看得见的。"她是荣乌氏族的人，雄当村的齐孔克演是她的胞兄。她的祖父田增昆恰生前是这一带的头人（"卡桑"），清光绪三十四年（1908）夏瑚来独龙河巡视时曾经授给他委任状。田增昆恰是荣乌氏族的"南木萨"，据说他有八个"南木"（六男两女），他死后隔了父辈一代人，其"南木"全部由杜娜继承下来。杜娜说："我的'南木'是我的祖父死后传给了我。我们荣乌氏族的'南木'都是隔一两代传给本氏族里的人，不传给别的氏族。我死了以后，我的'南木'也照样是这么传下去的。"她把脸从面向火塘移向门口亮处，我们发现在靠近房门的屋梁上，用铁链子吊挂着一个双面的木边皮鼓，这处屋梁下靠墙的横板上，乱七八糟地放置着土陶罐食具；两个空酒瓶里插着几枝干枯的树枝，树枝上系着几片纸条，杜娜告诉说，这就是她的"南木"栖息的地方。

杜娜回忆说："我最初见到'南木'是在两年前，那是天快要亮的时候，我躺在火塘边的这个铺上，突然见到三个并排坐着的人，就在我挂鼓的地方，它们是两个男人和一个女人。女的向我说了一两句话：'我们到你这里来了，找你做朋友。你们要好好地讲究卫生，洗一洗澡。'说完后三个人都不见了。那时我正在生病，成天头昏。"

这事大概过了七八天之后，木然当木廷来到迪曾当村替人治病，住在杜里昆的家里。木对杜里昆说："杜娜有'南木'了，她要暴露做'南木萨'她的病才会好。你叫杜娜在家里摆酒，我对我的'南木'说一说，让我的'南木'告诉她的'南木'，她可以搞'南木萨'了。"杜娜是这么成为"南木萨"的。

杜娜的八个"南木"是：斯恩棒先，女性，是个头头，会算命；它派其他"南木"从天上能拿回病人的"卜拉"；登杠千松，男性，是前者的伴儿和助手。这两个"南木"经常守护在杜娜身边，她去什么地方，它们就跟着到什么地方；卡木拉南木，男性，专门砍杀"德格拉卜郎"和"热萨卜郎"；彭色尔南木，男性，是前者的伴儿和助手；木香松，女性，专治痢疾；南木坎杜，男性，是前者的伴儿和助手；王泌廷先，男性，治肚痛、头痛和周身不适；唐格鲁南，男性，是前者的伴儿和助手。

近年来，杜娜透过她的"南木"给她的眼镜看到，天上的"格孟"

已经决定附近将有三个人要死，可能还有得救的希望。她先后分别在这三个人的家里搞了“拉阿巴”的仪式，即是用这三家的活鸡的卜拉交给她的“南木”去天上，把这三个人的“卜拉”换回来，领到人间交还给本人。仪式结束之际，这三家各自用面粉捏了一些猪、鸡、牛、羊等畜禽形象，放在簸箕里，簸箕的四周插上树枝，系上几束纸条和布条，称作“拉达尔”，供置在村外，防止其他的“卜郎”乘机前来寻人作祟。杜娜告诉说：“现在这三个人都没有什么事，没有生病也没有死。”她还说：“每次搞过‘拉阿巴’以后，我没有拿人家的东西，只是在这些人的家里喝喝酒、吃吃饭。”但是该村的一些群众说：“杜娜讲的那几个人将会要死的情况准不准，还得要看一看。”

我们到达迪曾当村的那个晚上，有人跑来告诉说，上边的村子要搞“南木萨”活动，我们迅即摸黑赶至某家屋外，只闻屋内鼓声隆隆。因为事先来不及沟通，屋主人不同意我们进屋观看，只好在屋外透过两掌宽的木窗踮脚窥视，并用闪光灯相机拍照数张。见满屋是人，塘火通明，杜娜脸朝北背对着我们，口中念念有词良久，她的右手接过女主人递过来的一只白鸡，向上绕了绕。后来了解到这是她在为被她预言的三个人中的一个做“拉阿巴”换魂拯救仪式。大约经过半个小时，仪式结束，见一男人双手端着“拉达尔”走出来，后面跟着一个举火照明的男孩，朝村外去了。

德梅当木旬

德梅当木旬是个60来岁的男巫师，人们称之为“雄嘛”。他消瘦的尖脸上覆盖着一头乱蓬蓬的头发，看上去颇为精干。他住在靠近上游的龙元地方，是姜木雷氏族的人。

德梅当木旬自称在十一二岁的时候成为“南木萨”的，后来又成为“雄嘛”，主要是替人治病。他讲：“‘雄嘛’是天上‘格孟’所居住的‘木代’以下‘南木默里’山顶上来的‘喇嘛南木’。‘格孟’以下的主人是‘拉’，它是‘雄嘛’宗领的‘鬼’，如同‘南木’是‘南木萨’的‘鬼’一样。任何人都有‘拉’，否则就活不成，人间的各个山头上都有‘拉’在保佑。”

“我第一次看见‘雄嘛’的‘拉’是在河边上，先是一阵头晕，后来看见从水里跑出一条龙来，渐渐地变成了一个白生生的人，长得非常洁净，穿着红颜色的衣服，十分讲究和漂亮。它的左右两边各长出两只手，手上没有拿什么东西，身上背着药箱，跟西藏察瓦龙人装东西的办法一样。”“‘拉’像小小的人一样，它们的脑后也长有眼睛，时常监视着人间。”“因为‘雄嘛’和‘南木’不团结，不能一块儿共处，我的‘雄嘛’来了以后就对我原先的‘南木’说，你们回去吧，这里以后不要再来了！‘南木’没有说什么，转身就走了，再也不来了。”“雄嘛”撵走“南木”的情景，他说他是见到了的。“我没有‘南木’了，从此就成了‘雄嘛’”。

德梅当木甸有三个“雄嘛”的“拉”，都是男性，其中拉卡尔马巴、拉各多雄嘛，这两个治病很得力，也极讲究卫生，时时伴随着他，并叫他好好地洗一洗，洗得白净净的才行，但是不要用肥皂来洗。第三个是夏尔勒宝哲雄，能治各种病痛，但不能治痢疾。

他说他的祖父是“雄嘛”，父亲也是“雄嘛”。他的父亲第一次见到“雄嘛”的“拉”是在家中窗外的地里，突然走出来一只漂亮的公鸡，一会儿就不见了。他的父亲后来说，这只公鸡在当时这一带没见有人养过，认为是“拉”变的，前来找他，遂成为“雄嘛”。他的祖父、父亲到他，在家族的同辈兄弟当中都是排行第五，按独龙族的习惯均称呼为“甸”。他说：“我们姜木雷氏族的人有逢排行老五当‘雄嘛’的习俗，‘雄嘛’不传女只传男的；不传外氏族，只传本氏族的人。我的三个‘拉’是我父亲死后传给我的。”

“雄嘛”为人治病时，不摆酒、不敲鼓也不摇铃，只用一种称作“土萨”的香味树枝点燃熏一熏，嘴里念着自己“拉”的名字，它们就来了。“拉”给“雄嘛”的眼镜说是放在远远的地方就能看见东西，不像“南木”给的眼镜要紧贴在“南木萨”的眼睛上才能看得见。每次治病时，一定要见到自己的“拉”已经来了才能搞，不见不能搞。“拉”没有“南木”的三种天药，却有“松阿”药，是红色的，专治病重快要死的人，其他的病用黄色的药。德梅当木甸说：“我成为‘雄嘛’以后治好的第一个病人是阿里当木廷的儿子。我也从病人身上取石头和绳索。刚刚被‘卜郎’拴在病人身上的索子是可以取下来的，如果绑的时间太久或变得紧了，就取不出来。”

我在现场观察了他为一个男孩治病的情况。这个男孩裸着上体坐着，他先从孩子的头上滴药，然后用双手从下至上抚摩至腰部，再抬直孩子的双臂，对其手心上吹气，用嘴紧贴孩子的腹部吸吮，操作异常的熟练。

（二）几个“乌”的有关调查

肖荣南不拉

肖荣南不拉是个70来岁的男“乌”，住在迪曾当村姜木雷氏族的人。在他的父辈上，迪曾当姜木雷氏族有两个男“乌”：粘不拉荣郎（本人又是个“南木萨”）和齐年克鲁，均已亡故。肖荣南不拉在年轻的时候，有一回喝醉了酒，胡说乱道，还唱起了民歌，根据独龙人的传统看法，这种行为不是一般的酒醉，而是崖鬼“几卜郎”看中了他，附在他的身上或“卜拉”上，这种人酒醉时讲的唱的都是崖鬼的话。酒醒以后，他自己却莫名其妙。说是他在喝酒之前没有遇见什么怪事情，酒醉当中也不知道自己讲的唱的是些什么，是后来别人告诉了他才知道。他说：“我从来也没有见过崖鬼是个什么样子，每次酒醉或做梦也都没有见到过‘几卜郎’。”他大概在30岁前后，已经有了5个孩子。那个时候他的父亲病了，请粘不拉荣郎来治病，占卜算出是崖鬼“几卜郎”作害，要杀猪祭祀崖鬼。他先叫他病中的父亲拿刀杀猪，其父捅了猪一刀，猪没有死，接着粘又叫肖荣南不拉杀之，猪被杀死。肖说：“按照我们独龙人的习惯，只有成为‘乌’的人才能拿刀杀祭猪，别的人不能随便动刀杀祭猪，否则‘几卜郎’要找他们的麻烦，弄不好要死人的。粘不拉荣郎是个很有本事的‘南木萨’和‘乌’，他先叫我父亲杀祭猪，后来又让我来杀，这是他有意要我当‘乌’才这么做的。后来我就成了‘乌’。”从此，附近有人畜生病的，算出是“几卜郎”作怪，要杀祭牲，多来找他主持祭祀。

每次祭崖鬼，他都要喝个半醉，这在独龙人看来，给“乌”多多地喝酒，就是在给“几卜郎”喝。这时，他一边宰杀一边念道：“今天给你杀了猪，猪的‘卜拉’你快些抬上走，让病人好起来，这里你不要再来了。”祭祀“几卜郎”的仪式，往往选择病人所居住的屋外一块较干净的空地，临时搭一个竹木架子，铺垫上松枝或树叶，放上祭品，如猪肉、鸟雀肉、鱼肉、小米饭和酒等，每样一些。隆重的要视病情和卜示，有时须杀几头猪或若干只鸡，全依卜示即作祟的几卜郎的意思来定。祭祀崖鬼的时候，重要的是“乌”在仪式上要比较完整地讲述出崖鬼的来历，以及各种崖鬼的名字。然后念唱道：“今天我们算着你了，酒和肉一共算出了这么多，你都抬去吃掉！让病人（病畜）快快地好起来吧！”有时还得责备几卜郎几句：“你为什么要到这里来搞呢？你不应该这么害人！以后不要到这里来，再不要这么搞了……”乌一边念一边将簸箕里的祭品端起来，在病人（病畜）头上或身上绕圈圈。肖荣南不拉说：“‘乌’只管祭崖鬼，因为‘乌’是崖鬼变的，‘南木萨’不能祭崖鬼，他可以祭其他的‘卜郎’。”

肖荣南不拉回忆说，他曾经剽过一头牛来祭祀自己的崖鬼，这在当地是一件很隆重的事情。他将牛拴在一棵核桃树下，把装满了酒的竹筒放在地上排好，然后自己喝个半醉，讲起所谓的“鬼”话来，举起两米长的木杆铁镞，对准牛的心脏部位说：“牛是我的，杀了以后是你的，牛的‘卜拉’你抬了走，保佑我们平安过日子！”把牛剽倒，众人上来帮忙开膛破肚，全村人一起就地煮食，但要留下若干份，捎给没有来到的亲友。作为馈赠的肉，依照独龙人的习惯，都要连皮带毛地拿给对方，以示尊敬。

迪曾王朋

迪曾王朋住在雄当村，是迪曾当地方姜木雷氏族的人，女巫师克伦的丈夫，1981 年成为“乌”。他在年幼时生过一场重病，据称是土鬼“阿萨嘎卜郎”作祟，几乎丧命，后来本村的“南木萨”格鲁当不色尔把他治好了。1980 年以后，他在一次酒醉时说过“几卜郎”的“鬼”话，大家都知道这件事情。1981 年冬天，雄当生产队长桑几炯家要宰牛，就来找迪曾王朋，他在杀牛之前喝了不少的酒，动手杀牛的时候，他就“愈发地‘乌’了起来”（意即其行为较之平时显得疯狂），抢起铁锤（“都哇”）连连猛击牛头，牛毙倒地。此后，他又一次地酒醉说“鬼”话，大家认为他成了“乌”了，他自己也不反对，但是生产队长见此情景叫他不要再讲“鬼”话了，自那时起他也就不敢再乱讲了。克伦对我说：“我丈夫的‘鬼’可能是强荣氏族桑几炯的父亲雄当南木森（是个‘南木萨’又兼

‘乌’的人）的‘鬼’传给的。我的丈夫能够看见‘几卜郎’，我们又叫他‘几阿威’。”迪曾王朋成为“乌”的时间不长，他还没有替人家看过病祭祀过崖鬼。克伦认为“乌”讲的话常常是“几卜郎”的话，所以“乌”在平时不能随便骂人，群众也尽量避免同“乌”发生矛盾，否则会招来灾祸。

墨 波

墨波是个年约65岁的男“乌”，住在龙元地方，是姜木雷氏族的人。他的身材比较健壮，下身着一件旧式短裤，赤足，上身披一块破旧的麻布毯，系腰，双臂袒露，肩挎扁箩，腰挂砍刀，保持着独龙人往昔的一副传统的穿着样式。他说他先后生育过15个儿女。

墨波说，他的叔父达不森是个“乌”，他的哥哥皮色尔松也是个“乌”，于1967年亡故。第二年，他在一次酒醉之后不知不觉地说了一通“几卜郎”的“鬼”话，遂成为“乌”的。他说，“乌”多是在自己的氏族或家族中传继，常常是父传子、叔传侄或兄传弟，他的崖鬼就是他的亡兄所传。他说他以后死了，他的崖鬼也是传给自家的儿孙们，至于传给哪个人，要看崖鬼的喜欢，它看中了谁就找谁附体。“乌”一般不传给别的氏族或家族的人，各个氏族或家族差不多都有自己的“乌”。独龙人认为，在各类的巫师当中，唯独“南木萨”是能够看见“卜郎”和“南木”的人，“乌”一般是看不见的，包括他们所宗领的崖鬼“几卜郎”，但是墨波告诉我，他曾经在快要成为“乌”的时候，见过一眼“几卜郎”。他说：“‘求卜郎’（‘几卜郎’的又称）跟我们人一样，披着独龙毯，挎着扁箩筐，挂着砍刀，还戴有一顶黑毛线织成的帽子，帽顶上有一个绒球球。我们没有讲话，一会儿它就像雀子一样地不见了，以后再也没有看见过。”还说：“‘求卜郎’常住在大崖子上，它可能有‘卜拉’，也会老死，它跟我们人一样有老婆和娃娃，也有氏族（‘尼柔’）。”墨波最后说他还没有搞过治病、祭鬼和剽牛一类的活动。

在巫师当中，有的巫师本身既是“乌”又是“南木萨”，说是这种巫师不仅能见到“南木”也能见到崖鬼。人们一般都比较倾向于找“南木萨”治病，他们的声望似乎比“乌”要高些。“乌”和“南木萨”各司其职，各行其是，互不统属，更无组织。在众人的眼里，各巫师们有其本领或法术之高低，而这些所谓的本领和法术，均被看作是各个巫师们宗领的“南木”或“几卜郎”所具有的。不少独龙人对于“南木萨”的态度是：既相信和需要他们，又怀疑、害怕甚至反对他们，因为“南木萨”既能治病，又能制造灾难，他们预言某些人或畜的死亡或不幸，令人们深感恐惧和不安。有些巫师往往被认为不怀好意地暗中唆使他的“南木”去祟害他人或仇人，倘若被害一方通过占卜发现，就携带酒肉找上门来，迫使施术的“南木萨”为他们禳解或治病，有时要打骂他，直到杀死他。

独龙人愤怒地杀死“南木萨”的传说不少。据他们说20世纪50年代以前，独龙人年年生病的人很多，那时“南木萨”也多。有一年中游地区的孔目村来了九个“南木萨”，集中替群众治病。这九个“南木萨”乘机一块商量，互相约定不要把病人全都治好，让他们留下点病根，这样，巫师们就有机会吃到病人家的酒和肉了。众人得知后非常气愤，遂将这九个“南木萨”在西岸的孔美村全都杀掉了。之后，病人也全都好了，再没有人生病了。又说，50年代以前，上游地区的雄当和迪曾当一带有四个“南木萨”，都是男的。其中除了一个“南木萨”治病有本领受到欢迎外，其他三个皆被人杀害。比如雄当村的南木森，他是个“乌”又是“南木萨”，他的“南木”被认为经常作害于族人。谁家喝酒吃肉不送给他就不满意，谁同他交往使他不高兴，他就会让谁生病。他还常常预言某人要生病、受伤、遭灾或死亡等。有一回，阿巴义坚持认为是南木森的“南木”害死了自己的亲人，阿巴义持刀追撵，要杀死他，南木森惊惶地逃到山崖上，纵身跳进了独龙河。众人平时都很惧怕这位“南木萨”，认为他的“南木”太厉害了，这样厉害的人跳河死了是应该的。另一个叫南木萨朋的巫师，曾经为上游地区立木当村的阿巴荣朋的亲戚看病，后来病人也死了，阿巴荣朋认为是这个巫师的“南木”搞死了他的亲人，一气之下，把他杀了。上述的事件，不管其真实性如何，反映出独龙人具有这样的一种观念，无论是“南木萨”和“南木”，还是“乌”和“几卜郎”，巫师们的品格往往被认为是他们所宗的“鬼”的品格，人和“鬼”密切关联，二者常被视为一体，这是独龙人原始宗教观念中的一个较为突出的特点。此外，从这些传说中我们也可看出独龙人对“南木萨”的态度，特别是对于那些心术不正的巫师，人们往往采取极端的做法，将他们杀死。

巫师死后其继承的情况有两种："乌"往往是在家族或氏族内部继承，而"南木萨"已经突破了家族或氏族的继承；但是在上游地区巫师在家族或氏族中继承的现象相对较多些，在下游地区却相对较少，而在孔当以下的下游地区，不见有"乌"的存在及其活动。上游地区雄当村的肖荣南不拉是继承了他自己的姜木雷氏族粘不拉荣郎的"乌"职；龙元村的墨波是继承了他的亡兄皮色尔松的"乌"职。据巫师克伦说，她的丈夫迪曾王朋是姜木雷氏族的人，他却继承了他妻子强荣氏族的"乌"——雄当南木森的"几卜郎"，虽然他还没有替人家看过病祭祀过崖鬼，但这种跨氏族继承"乌"职的说法，在上游地区我还是第一次听见。迄今独龙河上游地区各个家族或氏族差不多都有自己的"乌"。独龙河下游巴坡地区的三个"南木萨"（木然当木廷、肖拉子、孟国民）以及上游地区立木当村的"南木萨"孔千杜里，他们四人的"南木"都是非家族或氏族所传继。但是，上游地区雄当村的女"南木萨"克伦是继承了自己强荣氏族的"南木萨"（雄当南木森）的"南木"；上游地区迪曾当村的女"南木萨"杜娜，是继承了她的荣乌氏族的祖父（南木萨）的"南木"；龙元村的"雄嘛"德梅当木廷是继承了其父的"雄嘛"职。这次田野考察我所接触到的十位巫师当中，其中有四位巫师的巫职不是从家族或氏族内继承的，有六位巫师是继承了自己所在家族或氏族内的巫职的。巫师的继承制度之变化，应结合独龙族父系家族制度的变迁来看。据20世纪50年代末云南省少数民族社会历史调查组（云南省民族研究所前身）的独龙族调查报告记载，当时整个独龙江地区的独龙族计有十五个氏族及其下属五十四个家族，一个自然村，基本上居住着同一个家族的成员，这些村子的名称一般也就是该地的地名，也是家族的名称，同时也是所有家族中的个人的名字，只是在每个家族成员共同的名字的后面按男女性别之不同加上男或女的"老大"、"老二"、"老三"等排行的不同称谓，以示区别。经过30年之后，我们发现一个村子只居住着一个家族的情况已经改变，经常是住着若干个家族，居住地的血缘关系已经涣散，绝大多数的村子业已成为一个地缘的组织。随着独龙族氏族制度的崩溃，家族的迁徙分散，巫师的继承不断地突破血缘的纽带也就成为自然的事情了。三十多年毕竟是一代多人的时间，但是这三十多年社会政治体制的巨大变化却是超过了以往的任何时代，即便如此，人们对于往昔血缘关系的记忆和表现，在社会生活当中似乎仍然是清晰而强烈的。

20世纪50年代前夕，独龙族社会已经出现了一定程度的贫富分化或剥削，但是还没有形成内部对立的阶级型社会，他们距离阶级社会还有相当一段漫长的路程。独龙族的巫师在社会上也没有形成一个专事以宗教职业为生的剥削阶层，他们和一般的群众一样，同样需要参加各种体力劳动而自食其力，没有任何的社会特权，也没有特殊的社会地位。

以上对十位独龙族巫师的观察与访谈，我感到由于我的介入和不断地提问，这些巫师的言谈及其有关的行为，可能会自觉或不自觉地产生某种程度的适应性改变，即是说和平时我不在场的时候，可能会产生某些不同，他们会不会向我这个外人掩饰了某些情况？至少“南木萨”在治病的时候，隔着病人的肌肤取出石头一类的东西，我始终没有亲眼目睹过。对于这一点，我是有所感觉的。但是，这些巫师们对于他们世代所信奉的鬼魂世界是如此的笃信不移，这从他们的言谈行为当中可以清楚地察觉到。他们对于鬼魂世界的理解与描述，运用了他们生活中的一切知识和想象，而且还不断地表达出人们在极其艰难困苦的境况中强烈的求生欲望。这是这些巫师们和当地群众给予我的最为突出的感受。此外，我的这些感受与反应同他们所确信的鬼魂世界，确乎存在着巨大的文化反差，这使我在自己的观察当中能不能始终保持客观，会不会影响到我的观察，即是将一些我的文化所给予我的知识不知不觉地渗入到观察之中，对于这一点我是没有把握的。我想，这往往是在调查研究民族民间传统信仰活动当中特别容易出现的问题。

五、仪俗活动

独龙族在传统信仰的支配下，于日常生产生活当中，长期保存着不少古老的仪俗活动，这些仪俗同样反映出他们原始宗教上的信念，而且已经成为这个民族文化的一部分。兹将其中比较普遍的或最主要的整理于下。

（一）“卡雀哇”年节

每年秋收以后到春节期间，独龙人多是以一个父系大家族或整个村寨为单位，集体举行剽牛祭天的仪式性活动，这是他们一年之中传统的隆重节日，称之为“卡雀哇”，由比较富裕的人户无偿提供祭牛。牛一向被认为是一种巨大的荣誉的象征，提供祭牛的人家殊感是一件无上体面的事。“乌”是整个仪式中的主角。

往昔，人们先用木刻传讯四方亲友，约期到达。届时，仪式开始，“乌”是全场第一个喝酒的人，而且要喝足，所饮之酒，须由没有月经在身的妇女煮制酿成才算洁净。他给祭牛披上一两块干净的麻布毯，牵着牛，先在提供祭牛的主人房舍四围绕三圈，口念祈保牛主人全家平安的祝愿话，再牵至举行剽牛仪式的场地上绕三圈。其间，有求于几卜郎的女人，将自己佩戴的项链珠珠挂到牛角上，以求来年全家和全村平安吉利。乌继续念道：“我们的地方几卜郎不要来，不要把病灾带到这里来……”将祭牛拴到一根粗大的树干上或现栽的木桩上，其上往往刻画些叉形的符号（“甲尔当”），牛要拴在符号的下面，表示这头牛是祭祀格孟和几卜郎的。乌和众人围绕着祭牛跳舞。剽牛之前，乌拿着刺矛（“木格楞”）对牛念道：“今天是个好日子，人都来了。牛杀了是你‘几卜郎’的，牛的‘卜拉’你抬着去。我们今年这么搞了，明年给我们好福气（‘卡尔其’），人和牲口都无病无灾，粮食多多的收，黄连贝母多多的挖，各种事情都顺遂，大家平安！”接着，“乌”背着个牛的头盖骨围着祭牛跳舞，大家跟随着跳。“乌”用刺矛朝着祭牛的心脏部位猛力刺插进去。有的“乌”在剽牛时对着祭牛（实际上也是对他的“几卜郎”）念唱道：“某人病了，如果他是在无意中撞着了你，我的‘木格楞’剽不进去；如果他不是撞着你，我的‘木格楞’就能剽进去。”剽牛具有一定的占卜意味。有的“乌”当场还这么讲：“今天我要来剽你，如果我是个有本领的‘乌’，一下子就能剽进去；如果我是个无能的‘乌’，你就像是块石头，剽不进去。”等等。在场者都很关心“乌”能否迅速剽倒牛，如果顺利地剽倒牛，预兆吉利，大家高兴地取酒大饮；如果剽牛不顺利，众人总会想到是崖鬼在作祟，于是乎大家一齐涌上来，刀砍斧劈牛。牛肉就地煮熟，每人分给一份，一起食用。这种重大的场合，依照习惯，若在肉食的分配上有漏人的现象，极会造成大家的不满。对于未能前来参加或因故未及赶到者，定要托人捎上一份带有皮毛的肉，而对于鳏寡孤独户或老年人，总是要多分给他们一些。

（二）祭“仁木大”

独龙人认为，山林里的各种野兽统归“仁木大”所有和管辖。传说它曾经是由一个正在山崖上追撵野兽的猎人所变，常居山崖中。也有个别年轻的独龙人称它们是“猎神”或“山神”。人们多是在冬天毒蛇较少的季节集体进山狩猎，往往先要向“仁木大”祭祷一番，仪式多由老年人主持。在地上铺一层青松枝或树叶，置一条麻布毯子，其上放有小米、酒或项链一类，也有的还放上用荞面捏成的各种野兽的形状。主祭人面对山林，端起簸箕上摆好了的荞面兽形，喃喃地念道：“今天我们来撵山，你给大家一些野兽吧！你是野兽的主人，不要舍不得呀！我们辛辛苦苦地来到山上，无论如何你要给我们一些。大家已经把小米、酒、毯子和珠珠给了你，这些不算少了，你都抬走……”仪式结束时，大家悉心察看摆在地上的酒筒，若有小虫落入，表示“仁木大”同意了大家的请求，已经把将要猎着的野兽的灵魂飘了下来了。也有的于祭祷之后，或将簸箕上的兽形一并放置在一棵树的枝桠间，猎人们举起弩弓射之，用以应验仁木大是否愿意放出它的野兽。这类仪式基于“交感巫术”的观念，如J. 弗雷泽在《金枝》中所言，“主要是一种原始的、几乎幼稚的满足人的基本需要的努力”，也是“一种更为有效地利用其资源的方法”①。表现出独龙人对于“仁木大”的敬畏和邀宠的态度。

（三）护谷魂

独龙人认为，每一颗粮谷的种子从播种、发芽、长茎叶、扬花、结籽到收获，周而复始，延绵不绝，全在于粮谷有它们的“卜拉”。粮谷的

---

① ［英］J. G. 弗雷泽：《金枝》，徐育新等译，中国民间文艺出版社1987年版，第87页。

"卜拉"一旦跑走或死去，它们的生命过程就要终止，这是很令人恐惧的事。他们说，各种鸟兽都要吃粮食，跟人一样，"卜郎"们不分白天黑夜，总是变成各种各样的虫、鸟、兽前来偷吃粮谷，作祟粮谷的"卜拉"，被它们祟害过的粮谷，其"卜拉"不是被弄死了就是被吓跑了。于是人们相应地采取一系列的防范措施，比如，粮谷正处在发芽或结实的阶段，往往在地边或草丛中放一两筒酒，再插上一把砍刀，意思是"卜郎"们来了，请你喝酒，若是作祟庄稼，小心砍刀。或者在作物地上用醒目的白线拦护成网，有的于树上、地里吊扎起一两个草人，端着弩弓，随风摇晃，变成雀鸟的"卜郎"见了，就不敢轻易前来。特别是在粮食成熟的季节，全家人搬来地边，日夜守护防范那些变成猴、熊、老鼠一类害兽的"卜郎"来此偷吃粮谷。每年，他们将收获来的玉米，先连皮堆成堆，用劈成两半的竹片交叉插在地上，竹片上面挂上些玉米，主人家对之反复祷告："今年我们一共收了这么多的包谷，'卜郎'们不要到这里来，不要搞我们的包谷!"然后大家动手撕剥玉米皮，用背篓背回建在附近专门用来储粮的小竹楼里存放，待到玉米晾干后才集体用木棒击打脱粒。此时，必插刀于地，再一次地作如上的祷告。为防鼠患，常在支撑粮仓的 4 ~ 6 根栽入地下的木柱上，绑上整张光滑的芭蕉叶，木柱上下围扎以数条多刺的荆棘，柱脚四周的地面上密插尖竹签，让偷粮的老鼠难以爬上木柱，即便爬上去，也会滑落下来摔在竹签上被戳死。

（四）保命延寿

独龙人的婴儿长至周岁，为了祈求"南木"保佑婴儿的"卜拉"平安无恙，其父母要请"南木萨"来家里为婴儿做"卜拉鲁"的仪式。"南木萨"先摇铃、击鼓和熏烟，叫来了自己的"南木"。婴孩的父母把作为祭品的酒、小米、兽肉或荞面粑粑等每样取一点放在簸箕里，簸箕的四周插挂上各色纸条的小树枝（"拉达尔"），很郑重地端给"南木萨"，巫师接过簸箕，在婴儿的头上绕几圈，再举起托给他的"南木"送到天上，不停地祈祷说："今天我们搞'卜拉鲁'，这些东西都归你们了，你们抬去天上，让这个娃娃平平安安地长大吧！娃娃的'卜拉'是'格孟'给的，他的'卜拉'现在又小又嫩，你们不要伤害他，别的'南木'和'卜郎'

也不要随便来。让娃娃的身子长得像大树一样结实，他的‘卜拉’像山上的石头一样硬吧！”

独龙人妇女的一生中有三个时期要请“南木萨”为她们先后举行三次的祭“鬼”保命延寿的仪式，称为“木索哇”。第一次的仪式是在婴儿时期举行，情况大致如上述；第二次的仪式是在出嫁后首次回娘家的时候举行，为了防止夫家氏族的“鬼”缠住她，来到娘家氏族害人；第三次的仪式于老年时期举行，多是经过占卜，认为自己的寿命不长了才请“南木萨”来做。所祭的是天上的“格孟”和“木佩朋”，祈求它们不要随随便便地杀吃掉自己的“卜拉”，让自己的“卜拉”平平安安地活得长一些。祭祀的时候，择小竹一两根，将其表面削成树花花，称“新息尔”，再把祭物如鸡、荞面粑粑等用绳子拴吊在新息尔上供起来。“木索哇”的仪式只限于为妇女们举行。

在这个以男子为中心的父系社会里，男人们祈求命长的愿望较为强烈，经常是动员全村的人来参加保命延寿的祭祀仪式“苏拉乔”。祭祀的对象是对于男人们生命威胁最大的“苏拉卜郎”，它是包括好几个方面的“卜郎”的一个总的称呼。其仪式不一定要由“南木萨”来主持，有经验的老年男人、懂得祭仪的一套规矩、会念祈祷词的人也可主持。仪式开始时，在求保命延寿的当事人家中火塘里先烧燃一背箩的青松枝，于屋外插一根长竹竿，上面挂着新织的麻布毯，其下附近的地面上，放一个簸箕，内置荞面捏成的岩羊、山驴和麂子等动物形状的祭品，地上还摆有五六个装满清水的碗。主祭人端起水碗祈祷：“‘苏拉’、‘苏拉’，你们喜欢的东西，今天我们全都给了你，就是要你不要伤害这个人，让他的‘卜拉’好好地活着，寿命长长的，一直活到他的头发胡子全白！”然后逐个地把水碗递给祈求保命延寿的人，由他一个接一个地将水碗平抛出去。水碗落地，若是碗口朝天，则为命长；反之，碗口扣地碗底朝天，则命不长。这时，全村的人自动地围聚在当事人的周围，他本人身背弩弓和箭筒，手拿砍刀蹲在众人当中，他的前后左右还要用数把砍刀插立于地，表示向“苏拉卜郎”们示威，众人准备用自己的身体和刀箭来护卫他的“卜拉”和生命，不让“卜郎”们来祟害他，夺去他的“卜拉”，以此祈求命长。“苏拉乔”的仪式只限于为男人们举行。

（五）天 判

往昔，独龙人如果丢失了粮食、牲口、铁锅或钱物，或者发现了不该有的性关系等事情，并指控是某人所为，如被告拒不承认，原告又不肯罢休，遂到族长或头人（“卡桑”）处申诉，提出用传统的“捞汤锅”的“天判”（“克尔大”）方式解决。族长或头人一般都是先行调解和劝阻。在双方始终争执不下，而且被告方为了表现自己的清白也同意进行捞汤锅时，双方才举行这种古老的靠天裁判的仪式；如果被告不愿意捞汤锅，社会舆论会认为此事是他所为，他才不敢接受天判的。

仪式举行之前，由原告提供一口铁锅，在丢失东西的地方，架火煮沸锅中的水，并加进蜂蜡，锅下的火塘里放上些石子，让它们烧红，双方的家族或全村的人都来观看，由族长或头人主持仪式。开始的时候，原告和被告双方都要对天（“格孟”）、地、山诸“卜郎”起誓。原告率先举起手说，我因为丢失何物或因何事搞“克尔大”，认为是某人所为，但是他始终不承认，如果确实是他干的，“格孟”有眼，让他的手烂掉。被告也举起手发誓，某人说我偷了他的东西，我没有干，“格孟”你是见到的，保佑我的手不烂掉等语。这类仪式，按照习惯，被告人因故可以委托本家族的人代他执行捞汤锅。如果赢了，这口锅或其他的东西归捞汤锅者；输了，则由被告负责承担赔还失主之物。这种规则在外人看来好像是一场赌博。双方起誓以后，被告要以极其敏捷的动作徒手从火塘中取出灼热的石块丢进锅里，再从沸水锅中拿出这块石头丢在地上，并向主持人和在场者展示其手。如果三天内他的手没有因烫伤而红肿发炎，证明此事不是他所做，他算胜诉，原告提供的这口用作仪式的锅，归被告人所有；如果手被烧伤烫坏，说明此事是他所为，他是败诉，应该悉数赔还原告所失之物。有时，双方还得按事先讲定的条件办，如被告胜诉，原告应以所失的粮食或财物之双倍赔偿给被告；反之，如原告胜诉，被告应以原告所失的粮食或财物之双倍赔偿给原告。如果在起誓或下手捞汤锅之前，被告人胆怯了，放弃了捞汤锅，此时，又没有本家族的人愿意代替他捞，那么，表明被告人已经认输，他要向原告加倍赔偿他的失物或损失。独龙人讲，真正偷拿的人是不敢参加“克尔大”的。

约在50年前，龙元地方举行过一次规模较大的“克尔大”仪式。原告人是姜荣氏族的色卡尔松。他曾经将收获来的芋头堆放在地边，后发现被人偷了，他怀疑是本氏族里最穷的达尔克鲁偷的，遂告到“卡桑”肖郎朋处，认为这件事一定要搞“克尔大”才能解决。肖一再劝阻未成。色卡尔松于一个晚上通知了村里的有关人家，说是第二天要在他的芋头地边搞“克尔大”。那天村子里所有的较穷的人户都到场参加了。曾经参加那次“捞汤锅”的妇女泽不拉对我说：“遇到这种事情躲着不参加，就会被人家怀疑是偷盗的人。”她讲，那些生活比较富裕的人家，很少有人会怀疑到他们，所以他们可以不参加，别人也不会说什么。当天参加“捞汤锅”的有泽不拉等8位被怀疑的妇女。泽不拉还讲，因为各户地里的粮食多是由各家的主妇管理，涉嫌最大，男人们不负责看管粮食，所以遇到这种事情他们一般不参加“捞汤锅”。

是日，色卡尔松在他的芋头地边烧了一大锅滚水，加放了黄蜡，还丢进了两块“半开”（旧时云南使用的银圆）说是送给“格孟”的，求它帮助找到偷芋头的人，并在锅底下烧了一大堆的石头。那天，几乎全村的人都来了，卡桑向众人述说了事情的原委，接着原被告双方各自起誓，8个妇人逐个从锅下的火堆中快速地拣出烧红的石头丢进锅里，她们又都准备了一些小米，献给“格孟”，祈求保佑。泽不拉说：“在捞锅中的石头以前，先朝锅里撒一把小米，小米下沉时，赶紧伸手捞石头，如果小米滚浮上来，暂时不要去捞，再撒一把米赶快伸手捞上一块石头。”她说锅里的滚水并不烫，但比平时煮猪食时用手在锅里搅拌要烫些，认为这是“格孟”在保佑好人。结果那天8个女人的手都没有被烫伤，色卡尔松认输，说错怪了她们，事后他杀了一头猪，分别送给这8户人家，并向她们说：“这事就这么了啦，大家不要再说什么，也不要记我的仇。”后来经过了解，他的芋头是被外村人偷的。

（六）葬　俗

独龙人认为，任何人死亡以后都有其亡魂“阿细”，“阿细”们住的地方是“阿细默里”，在那儿，众“阿细”将生活同死者生前一样长的年月，然后化成蝴蝶飞向人间而永远消亡。但是，人刚死，其“阿细”总是恋及家人或亲友，舍不得断然离去，不时地跑回来，这时，家人或亲友一方面要伺候好它，同时也要打发它早些离开，免得祟害活人。独龙人根据这个观念来安排他们的葬俗的。

人死了以后，首先要通知各处的家族成员和亲友，全村的人都来看望哭泣，并摸一摸死者的身体。大家帮忙将死者移至屋内中间放平，用水洗抹全身，换上件好一点的衣服，用麻布毯裹好，停放在死者生前的睡铺上，大家轮流守护在死者的身边。这期间，家中的火塘要昼夜烧得明旺，不能熄灭，防止外边的卜郎乘机前来祟害活人。

处理尸体的方法，在死者居住的房屋的地板上掀开个大窟窿，尸体从房底下运出去，忌讳从人进出的门抬出，这也是为了避免“卜郎”乘机入室之故。凡是正常死亡的老人，均是埋葬在自家房前屋后宅地的近旁，认为远葬亲人是一件于心不忍的事情。请来“南木萨”，经他指点，先挖好一块不深的长方形圹穴，底垫木板，四周围插上木板拦护。男女的葬式，皆头朝北、脚向南，死者脸对着东方太阳出来的地方。下游孟登木一带的葬式是仰身直葬；上游迪曾当一带有侧身直葬的习惯，整个尸体朝向东方，背对西边，上下游葬式相同的地方，都是头北脚南，保持同独龙河自北而南的流向一致。入殓时，先用点燃的松枝于尸体四周熏一熏，以求洁净，将死者生前用过的物件诸如碗筷、烟具、项链、手镯、耳环、刀、弩、箭包或旧衣被等，一齐放入简易的木棺内，盖上木板。有的棺木四周做有木楔拴牢。棺盖的四角上压四块石头，再填土浅埋之，不堆成土冢，坟顶与地面一般平齐，烧草一蓬。将酒肉饮食在炭火上烧灼出香味来置于坟上，据称死者亡魂“阿细”喜欢闻食有香味的食物。下葬后一连数天，几乎餐餐都要向死者供饭，称之为死人喂饭。下葬当天的一段时间里，大家都很重视查看坟面上有否人或兽的足印走过。这种脚印，说是有经验的人才能看出。若是人的足印，朝足印走向一直往前方看去，距坟地最近的人家近期可能会死人；若是野兽留下的足印，朝足印走向前往，近期可以打到野兽。坟地不立标志，三天后搭盖一个一人高、用四根树干支撑的简易的单披茅棚，称为“阿细克演”，棚内挂一个小藤箩（“吉亏”），内中放有供死者用的饭菜，藤箩上插着“拉达尔”，风吹动“拉达尔”的纸条和布条，象征着死者的亡魂已经欢欢乐乐地去了。

下葬后的七八个夜晚，坟地上要插一把刀，家人亲友要在坟地彻夜烧火守护，并准备一篓沙石，守护者不时地向四周抛掷，防止“卜郎”前来作害。下葬三天之后，据称死者的“阿细”要回来。这天，请来的“南木萨”举行撵亡魂的仪式“达布”。届时杀猪鸡供于坟头，“南木萨”一手持供亡魂行路的棍杖，另一手端着“拉达尔”，口中念道：“你已经死了，在‘格孟’那里你像摘黄瓜一样地被摘掉了！这里不是你在的地方，你去吧！酒、肉和饭都给了你了，不要来家里捣乱，你好好地回到‘阿细默里’，让大家都平平安安！”如果第一次送撵亡魂不久，死者的“阿细”复又回来，还要再撵一次。仍供食品于坟地，“南木萨”叫死者家属拿着木棒，在坟地四周和家屋门前房后各处敲打赶撵。“南木萨”骂撵亡魂道：“你怎么又回来了？为什么还不走？吃的喝的全抬给你了，你赶快走吧！快些走吧！‘阿细默里’才是你在的地方！”通常经过两次这样的仪式，亡魂就不会再来了，除非日后家中有人生病，卜算出是自家的“阿细”前来讨吃作祟，则于死者坟地上祭供点酒和饭即可。独龙人向来没有扫墓和祭祖的习惯。

对死于流疫的人才实行火葬。因为这类人的“阿细”被认为是最可怕的，找到了谁谁就会同他一样地病死，所以都是将死者及其全部衣物架放在一层层搭叠好了的木柴中间，从四角点火，边烧边用木棍翻动，以便烧透燃尽，骨灰弃之不管，三天后请“南木萨”来举行撵魂的仪式。

（七）占　卜

对于一个认为是被鬼魂包围或主宰着的世界，人们经常保持着小心翼翼与提防的心情。独龙人对即将发生或正在进行的事件，总是渴望着探知其结果究竟如何，对于不幸的自然灾祸的降临，则总是深怀不安地去探寻其原因，以求能够按照鬼魂的意志行事，竭力避免灾难。因此，占卜就成了了解莫测的鬼魂世界的一种手段，也是他们内心世界同鬼魂世界相联系的一种方法。一些老人习惯于每事必卜，他们做起来异常认真和有耐心，每次采用一种方法占卜时，事先都将要了解事情的好或坏、是或不是、可以或不可以等结果假设出几条来，逐一卜之。对卜得的结果，往往还不够放心，再采用其他的方法占卜，反复多次地卜算和验证，直到当事人认为卜示的结果多数是一致了，方才罢休。占卜者除了“南木萨”和“乌”之外，不少场合是由懂得占卜的当事人自己来做。独龙人占卜的方式较多，绝大多数是行之简便，其中常见的占卜方法如下：

（1）水、酒卜：除了本文前面已经提到的狩猎祭仪上查看酒筒内有无昆虫落入和用水碗平抛在地卜人的寿命等以外，其他的有用水或酒一碗，平放在地上，静观碗中水纹的动向，若水纹朝占卜者这边动，则吉；反之，则凶，或者肯定与否定，行与不行等。

（2）刀卜：称为“夏孟”。将砍刀之刀柄系上一根麻绳，占卜者蹲坐在地上，双手各拿着绳线之一端，以极慢的速度从地上轻轻提起，察看悬空而动的砍刀的摇摆状。如果卜问猎事：即当事人在山隘、树丛或洞穴附近设下的捕兽机关“得瓦”，是否已经套住了野兽，若刀前后摇摆，表示已经套住了野兽，可以前往取回；若刀左右摇摆，表示还没有套得。问病因：将病人的衣服、帽子（帽顶朝下，帽檐朝上）或项链、手镯一类贴身的东西放在地上，卜者提刀问是否“几卜郎”作祟，刀前后摇摆则是，左右摇摆则不是，或者逐一地问是否其他的“几卜郎”作祟，一直问到是为止。问在外的亲友是否归来，刀前后摇摆则即将到来，左右摇摆则还没有归来。这种卜示表达的方式和我们平时点头称是、摇头为不是的习惯是一致的。

（3）蛋卜：称为“卡列孟”。占卜者用右手握住碗中的一个鸡蛋，逐一提问，每问时稍微用力地紧握一次鸡蛋，如果鸡蛋握碎了，则表示问着了，鸡蛋不碎就是没有问着。这一占卜方式对于卜问者具有很大的倾向性或选择性，因为他每问时手的握力不可能都是一样的。

（4）鸡卜：称为“卡孟”。占卜者使右手紧紧地捏住鸡（雄雌皆可）的脖子，边捏紧边问，当鸡气绝致死时，左手抓住鸡的双脚，上下来回摇动数次，猛撒左手，观鸡脚挣扎蹬动的情况，以其双脚是否相碰来定卜。他们把鸡的右脚称“阿不让”，代表卜问者一方，鸡的左脚称“阿亏”，代表所问的人和事。如果有客人来自远方，主客双方准备交一辈子的朋友，主人就捉只鸡来占卜，如上述操作，鸡的双脚相碰，则可交；不碰则不可交。若鸡的双脚相碰时右脚先搭在左脚上，主人要多送礼物给客人，反之，左脚先搭在右脚上，客人要多送礼物给主人。此外，问病人是何种

“卜郎”作祟、问渔猎收成、问婚姻能否缔结、问在外的亲友能否到来等，均按此理，即以鸡的双脚相碰的情况来得知。

（5）谷卜：每年8月中旬以后，将收获的小米舂出来，放在一个大簸箕内，把小米的表面用手抹平，一般在晚上将簸箕轻放到火塘上方的竹架子（“赫尔木”）上，不再移动它，待翌日晨轻轻取下簸箕，仔细观看小米上有否野兽的足印，如果有某个动物的足印，则预兆近期能捕获某种野兽。据称这种卜兆需要有经验的人才能看出或分辨出来，比如“南木萨”等。

过去，独龙人在选择地方搭建住房之前，也须占卜。取石板一块，就地置于火上灼热，建房主人在灼烫的石板中央放置两三粒谷子，口中念道：“我们准备在这里盖房子，是凶是吉看你的！”谷粒受灼而炸动，若蹦出石板落在地上则凶，即此处“卜郎”多，不宜在此建房，须另找地方，易地再做卜问，直到炸动的谷粒仍留在石板上为止，即认为于此建屋是吉，这里的“卜郎”不多，将来住在这里不会死人。

（6）竹卜：一种卜法，称为“莫若里孟”，多是由男子来占卜。卜者于火塘边，削出两根细竹签，各长约50厘米，其中的一根代表卜者一方，即“我方”，另一根代表被问事情的一方，即“他方”，将这两根一般长细的竹签并齐靠拢，将它折断成长度大体相等的三份共六根，每份两根，“我方”与“他方”皆一一配好，不能弄错。占卜者边做边念要占卜的问题。然后，取一份放在拣夹火炭用的竹夹子（“阿帕”）上，两根相距约两厘米。代表我方的一根要靠近卜者一边。再从下面点火烧竹签，察看这两根燃烧着的小竹签在火夹子上移动的情形，若是两根竹签相碰，则所卜之事得到肯定的回答；若是两根竹签始终不相碰，则得着否定的回答。此法共卜三次为止，欲再卜将失效。

第二种用于择地烧山时在地边插搭一小竹架，并排放上小木棍若干，翌日查看木棍若未被移动，则于此地烧山为吉；如木棍有被移动的现象，则此处不宜烧山种植，须另择地占卜。

第三种竹卜的方法称为“其特弄孟”。取竹竿一根，削截成和占卜者双臂向左右水平伸直（从左中指经胸前到右中指）一样的长度，由另一人将竹竿作水平方向横举到胸。卜者提一个问题就伸直双臂贴着竹竿去量一下，若手臂的长度和竹竿的长度一般长，则得到了肯定的答复，若不是一般长，则得到否定的答复。独龙人通常用上述三种比较简易的竹卜方法，卜问渔猎、农事、副业、婚姻、生育、交友、疾病和生死等项。

（7）叶卜：称为“肖维尔孟”，是独龙人占卜中比较复杂的一种。“肖维尔”是一种草本植物，四季常绿，其叶面长且宽，长约50厘米，由叶蒂到叶尖有6条柔韧的纵向茎脉。占卜之前，取叶一张先行加工：卜者左手拿住叶蒂部分，右手顺着叶之茎脉，从叶蒂到叶尖悉尽撕抹去叶面，留下与叶蒂相连的叶茎6根。6根叶茎与叶蒂的天然联系不可弄断。卜者于已经分离开的6根叶茎之尖端，各打一个小草结。占卜时，卜者把叶茎展开来在火塘上熏一熏，之后，左手捏住叶蒂，右手将6根叶茎任意交错并拢，缠绕在左手上握住，露出6个草结。每占卜一次时，卜者一边口念所卜问之事，一边用右手任意选择两个草结捏住它们，再展开全部的叶茎，察看被随意选定的这两根表示不同意思的叶茎相遇后会出现什么样的结果。连续再占时，方法均如上述。

6根叶茎，从上到下，前3根代表所卜问的对方，称为“当木强”；后3根代表卜问人这一方，称为“当旁”。每一根茎叶各有名称，各代表一定的意思或说法：

（1）第一根称“默里”，代表被卜问的地方或走失的牲口以及“卜郎”所在的地方等；（2）第二根称“阿古”，代表被卜问的人或动物的“卜拉”等；（3）、（4）第三、四根合称“阿增”，即中间的意思。但第三根属于被问及的对方，第四根属于卜问者一方；（5）第五根称“顶崩”，代表卜问者或病人的“卜拉”；（6）第六根称“克木”，代表卜问者的家人。

占卜时，6根茎叶每次两根相遇，约有15次情况，即（1）（2）、（1）（3）、（1）（4）、（1）（5）、（1）（6）、（2）（3）、（2）（4）、（2）（5）、（2）（6）、（3）（4）、（3）（5）、（3）（6）、（4）（5）、（4）（6）、（5）（6），每次能够得到一种卜示的结果或解释。

比如，卜问：A 病人是否系某种“卜郎”作祟？（每次占卜时先假定某个卜郎卜之）B 是否能找见走失的牲口？C 是否套、捕着野兽或鱼？D 亲友是否到来？E 其他。

一般地讲，卜示的结果多属于肯定的或否定的两种情况，然后加上占卜者的附会之言。那就是在15次的卜示当中，至少有9次是肯定的或倾向于肯定，但是其中有两次可能属于未卜中，需要再卜；至少有6次是否定的或倾向于否定。属于否定型的卜示，都是前3根“当木强”中的任何两根相遇，即（1）（2）、（1）（3）、（2）（3）；或者都是后3根“当旁”中的任何两根相遇，都会造成卜示的否定，即（4）（5）、（4）（6）、（5）（6）。除此之外，其他任何两根相遇，都可能造成肯定型的卜示，但有时针对某人某事也会有未卜中的情况，如（2）（5）、（2）（6）。肯定型的卜示如下：

（1）（4）：事情有希望。

（1）（5）：A卜问者或病人是所问之“卜郎”作祟；B卜问者能够找见走失的牲口；C卜问者能够套捕着野兽或鱼；D亲友正在路上朝自己走来。

（1）（6）：A家人将要被某“卜郎”作祟；B走失的牲口正在路上游荡，一时还找不到，以后会找到的；C鱼、兽正在游荡，一时还抓捕不到，以后会抓捕到的；D亲友正在外地他乡，一时还不能到来。

（2）（4）：事情有希望。

（2）（5）：A未卜中，需要再卜；B卜者将找见走失的牲口；C卜者在山里下的套子或在河上放置的鱼篓，将要套捕着野兽或鱼；D亲友即将到来相见。

（2）（6）：A未卜中，需要再卜；B家人很快能找见走失的牲口；C家人已经套捕着野兽或鱼；D亲友很快到来同家人见面。

（3）（4）、（3）（5）、（3）（6）：事情有希望。

叶卜在习惯上只能连续占卜9次，若9次都没有得到满意的结果，“肖维尔孟”就失效了，需要另外采用其他的占卜方法。通常，最普遍的卜问，病人是否是被最凶恶的“几卜郎”作祟，若连续用此法卜了9次都无结果，则可以认为病人不是“几卜郎”作祟，无须叫“乌”来祭祀“几卜郎”，要叫“南木萨”来治病。独龙人的叶卜体现了一种排列组合的逻辑思维方式。

六、结　语

1982 年 5 ~ 8 月我去独龙河谷做田野调查，为时不长，重点在独龙族的原始信仰与崇拜方面。这一田野报告的初步结果显示出存在的问题不少，许多情况和现象都还限于“只知其然而不知其所以然”。因为对于独龙族的原始信仰与崇拜的调查仅仅限于在河谷内部的了解，未能将这些问题同周边地域对河谷地带有影响的藏传佛教特别是本教联系起来一并考察，当然还包括缅甸边境上的某些族群的传统宗教活动等。由于是孤立地考察了独龙河谷内独龙族的原始信仰与崇拜，我到现在也未能明白独龙族中的“南木”和“南木萨”、“拉”和“雄嘛”、“几卜郎”和“乌”三个信仰系列的源流何在，它们为何有此区别，三者是怎么一种关系，独龙族的信仰活动中有哪些是接受了本教或其他信仰的内容或形式，等等，我不能予以明确的回答。我想，欲了解上述诸类问题，必须扩大田野调查范围与空间，弄清楚西藏察隅地区特别是邻近独龙河谷的察瓦龙地区有关族群的传统信仰情况，以及与河谷接壤的缅甸边境上有关族群的传统信仰情况，对于境内滇西北地区的景颇、傈僳、怒等民族的传统信仰也须做些比较研究，了解上述地区与民族的传统信仰同独龙族的原始信仰有着什么样的联系，这些问题都是有待于深入调查的。

通过对独龙族原始宗教的田野考察，目前可以获得如下的几点粗浅的认识：

第一，对于万物有灵观独龙人有自己独特的理解，他们不认为灵魂是可以永生的，正相反，认为灵魂也要消亡，没有投生或转世之说。一个人先后拥有两个灵魂——“卜拉”和“阿细”，二者虽无联系，却是同人的生和死的自然现象紧密地结合在一起，用以说明生与死等自然的现象，并将它们扩展到整个的自然界。他们还认为死者的亡魂“阿细”不是鬼（“几卜郎”）。而作害人间的各种“几卜郎”，实际上全是自然灾祸的具体化、人格化和神秘化产物。虽然也听说过人变成鬼（“几卜郎”）的个别传说，但是，它们是由活着的人所变，绝非死后成鬼的。他们坚持认为

"鬼就是鬼，'阿细'就是'阿细'，'阿细'同鬼不一样!"这种执着于具体事象的鬼魂观念，同发展到比较高级和抽象思维阶段上具有复杂功能的所谓"灵魂不灭"的观念，显示出它们的原始性质，这就为进一步探索人类的灵魂或鬼魂观念提供了一些线索。

第二，独龙人对于天的观念是朴素的，是他们将地上人间的事物搬移到天际的一种构想。但是，我已经注意到构成这些观念的某些外来因素，我认为独龙族的原始信仰不能完全排除周边民族宗教文化的影响。巫师"南木萨"崇信的"南木"、"雄嘛"崇信的"拉"，这些名称和叫法，显然同西藏察隅县察瓦龙地区喇嘛教的神灵名称有关联。20世纪50年代以前，独龙河流域的中上游地区（孔当及其以北），一直被察瓦龙的藏族土司视为自己管辖的领地，每年都有土司府的官员来到独龙江中上游地区收取贡赋和进行实物交易，不少独龙人与察瓦龙地区也常有往来，他们或被当地土司抓去当农奴，或被迫前去服劳役。我虽然没有机会到达过西藏东南边缘的察瓦龙地区，然而，我依稀感觉到藏族古老的本教传统在这些山川地貌异常险峻、交通极其不便的周边地区可能有比较多的文化积淀，它们在独龙人原始宗教的一些观念活动中得到了一定程度的保留和体现。

第三，独龙族的巫师据目前所见主要有"南木萨"、"雄嘛"和"乌"三种，充当巫师者，男女兼有之。50年代以前的巫师，大都是在年轻时当任巫职为族人举行治病仪式的。他们成为"南木萨"，当初并没有什么心理准备，也非出于自愿，按照他们的说法，只是天上的"南木"找来了，不得已而为之，否则违背了"南木"的意愿，自己和家族定会遭到不测。没有听说"南木萨"要经过其他老资格巫师对他进行训练的事，他们所做的宗教仪式，全凭平时从小的耳濡目染；"南木萨"常行砍鬼仪式时有其助手在侧协助，但这类助手日后是否会成为"南木萨"，也未听说过。

三种巫师分别宗领"南木"、"拉"和"几卜郎"，独龙人经常将"南木萨"和他所宗的"南木"视为一体。"南木萨"在治病的时候，没有任何实质性的药物、医疗器械与医疗措施，他们的徒手操作却被说成是其"南木"携带来的天药和医疗器械在为病人治病，因为"南木"附在"南木萨"的身上，通过他的嘴和手等来传达"南木"的意志，"南木萨"似乎是个被动的工具；"南木萨"治完病也被说成是"南木"的意思，"南木”说：“搞完了，我们回去了！”这时“南木萨”结束治病的仪式，“南木”离开“南木萨”的身体，回到天上。在我看来，“南木萨”的所谓治病，是在利用他们想象中的天药一类的东西，替人作虚拟性的象征治疗或救护人们的“卜拉”而进行煞有介事的治疗、驱赶、砍杀“卜郎”等活动。我认为，不管独龙族的巫师们在幻觉的支配下，是否看到了他们的“南木”、“拉”或“卜郎”，这似乎并不重要，重要的是巫师们较之常人具有比较丰富的想象力，这是事实。由此我们可以看出，人类原始宗教的观念性活动应是启迪和发展人类想象力并赋予事物以象征意义的最早的一种手段或文化样式，不仅如此，在独龙族的原始宗教里，我们还发现当代宗教中“神秘主义”的早期形式。各种巫师往往被视为是他们所宗的“鬼”的化身，“人神合一”，这在巫师们从事仪式性活动特别是“南木萨”的治病活动时，表现得尤为突出。

三种巫师当中，“南木萨”和“雄嘛”的宗教职能主要是“治疗”除去“几卜郎”作祟以外的其他各种“卜郎”们造成的各类病害、主持日常宗教性的仪式活动，而拯救人的“卜拉”是他们的一项经常性的重要工作；“乌”则仅仅是专事祭祷崖鬼“几卜郎”来祛病消灾。如果说前二者已经具有初步的医药治疗疾病的观念，其意识活动常处于主动的地位，那么，后者还只是限于被动地祭祀来祈求安吉而已，没有涉及任何医药治疗的观念因素。此外，“南木萨”的承袭已经出现了突破氏族或家族血缘界限的趋势，这在下游孟登木地区较为明显，而上游地区的“雄嘛”和“乌”多半还限于氏族或家族内部传继。不少独龙人认为，“南木萨”的本领大，而且办法多，因此找他们治病除灾的人也比较多；相形之下，“乌”的门庭比较冷落，人们只有在祭祀“几卜郎”的时候才去找他们，所以社会上出现了少数的“乌”又兼“南木萨”的现象，这在上游地区比较突出。这些现象是不是显示了“乌”很可能是独龙人往昔社会里较为古老的巫师之一，“南木萨”似乎比“乌”要进了一步，“雄嘛”在某些方面好像兼有两者的一些特点。这就不难看出，长时期来独龙人巫师在演变过程中的一些特征。

巫师“南木萨”虽然是常人，但人们往往不是这样理解的。他们认为作为一种“鬼”的“南木”的本领、品格直接决定着或支配着“南木萨”

本人的本领或品格，这是人们评价巫师的主要的标准。即便是这样，“南木萨”不仅没有借此在社会上为自己谋取某种的特权，有的时候他们会遭到一些不满群众的攻击甚至杀害，这是因为“南木”和“拉”既有替天行善解除病痛、挽救生命和免除灾难等功能，又有祸害人间的“鬼”（“卜郎”）的固有品质，巫师们也就同样地具有这两重性质。于此，我们不得不注意到独龙人对于天的两重相互对立性质的观念，即具体表现在多半是至善的“格孟”和至恶的“木佩朋”同时居住在天之高层，同时作用于人间，这是不是独龙人长期处在自然界异己力量的重压之下于尚不发达的意识里的一种直觉式的反映呢？我感到巫师们的“南木”和“拉”有逐渐被独龙人抬升到类似“神”的趋势，而对于像专门祸害于人间的崖鬼“几卜郎”或“德格拉”等，它们永远是“卜郎”，前者生活在天上，后者常居于地面。通过这类事实的考察，这就为进一步研究宗教观念中从鬼到神的演变提供了一些线索。

第四，独龙族的原始宗教观念，主要是对于精灵或鬼魂的存在与作用的信念，这些观念是日常支配着人们的自然界中各种自然力因素的幻想的反映，他们一一被赋予了人的品格和意志，并且加以神秘化。他们的传统信仰活动，最为充分地反映出作为人的生存本能的强烈意愿，在这种求生愿望的推动下，人们世世代代在苦难中挣扎着、期盼着。我认为这是一切原始宗教具有的本质特征。

“宗教偏见的最深的根源是穷困和愚昧。”① 1982 年夏季，我在独龙河谷做田野调查，深感这里是我所遇到的最为贫困的地区，不仅贫困面广，而且贫困程度深，一些独龙族老人一生也没有穿过一双像样的鞋子。我想，我们既然看到宗教和迷信是一个全社会性的、历史性的问题，它的产生、演变或消亡又必须是依靠于一定的社会物质文明与精神文明的条件，如果我们忽视或无视于这些必要的社会条件，仅仅是采取急功近利、简单粗暴的行政命令方式，企望一下子就改变广大人民群众千百年来对宗教的信念与态度，实践已经证明是愚蠢的，无济于事的，甚至起到相反的负面作用。对于这类问题，我们只能采取科学的态度和做法，反复进行深入实

---

① 《列宁全集》第 28 卷，人民出版社 1956 年版，第 163 页。

际的调查研究，根据宗教的本质特征来科学地分析它们，正确地认识它们，我觉得这是每一个政府工作人员应有的素养。但是，更为重要的是必须从各民族的实际情况出发，努力地发展经济，提高社会生产力，不断地改善各族人民的生活状况，极大地普及全民教育、医疗卫生制度和推广科学与技术事业，逐步地丰富提高各族人民的物质文明和精神文明生活的水准，包括大力提高全体信教群众的宗教素质，从根本上彻底消灭贫困和愚昧，这是一个漫长而艰巨的历史性任务，也是我通过对独龙族社会历史调查所获得的主要认识。

（1983 年稿，原载袁晓文主编《藏彝走廊中的独龙族社会历史考察》，民族出版社 2008 年版）

中国北方民族的“萨满教”

西方的宗教人类学界对于“萨满教”的研究存在着两种意见，一种认为“萨满教”是属于从北欧的斯堪的那维亚半岛横跨欧亚北部的草原、沙漠、森林、沼泽和雪山地域，东到北美洲的渔猎游牧各族的一种原始的传统信仰活动，其中以操乌拉尔语系、阿尔泰语系各族信奉的“萨满教”比较典型，因为操满－通古斯语的族群称其巫师或法师为“萨满”，人们遂沿此称谓“萨满教”。“萨满”具有泛灵信仰，崇拜自然界精灵和祖先，从事神迷的神灵附体与精灵交流的活动，相信灵魂能飞翔，求得精灵的守护与控制、医治病痛、祈福族人等，其活动具有强烈的集体性心理治疗作用。持这种意见者，多为俄罗斯和北欧的学者。另一种认为“萨满教”主要是一种神迷的技术而不是一个单一和统一的宗教，“萨满教”存在于许多不同的宗教的、文化的背景中，在非洲、东南亚、大洋洲和前基督教的欧洲都发现了类似的“萨满”现象的行为要素，所以遂将“萨满教”不加区别地用于许多地区民族民间的传统信仰上，泛称“萨满教”。当代不少西方人特别是美国人，从印第安人的“萨满”神迷行为中受到启发，纷纷参与这种神迷活动或做咨询，用以锻炼身体，或治疗心理疾病。①

泛“萨满教”化的现象，说明了“萨满教”反映出来的仪式性的观念行为应是古代世界信仰系统中的一种基础性的文化因素，表现出原始宗教作为后来宗教基础的普遍性与适用性。但是，我比较倾向于第一种意见对“萨满教”的界定。“萨满教”形成于比较特定的自然生态环境和地域

① ［英］F. Bowie：《宗教人类学导论》，金泽等译，中国人民大学出版社2006年版，第218－232页。

文化的土壤里，它应是有别于世界其他地区的原始类型的宗教，因此，将“萨满教”一词泛指世界其他地域内具有不同自然生态条件、社会历史环境与不同文化背景下的民族民间传统信仰活动，可能是没有什么实际意义的，只能在学术上造成混乱。

中国学界习惯用“原始宗教”和“民族民间信仰”来表述，但也有问题，“原始”一词似乎过于宽广、模糊。“原始宗教”若是用来指所谓“史前”时期的宗教信仰与活动，倒也是贴切的，只是它的寿命太长时间跨度太大了，及至近现代那些残存于阶级社会重重包围之中的少量甚至个别的原始公社的族群，还坚持着他们传统的原始信仰活动，但是，这些信仰活动已然程度不同地渗进了所谓“文明社会”和“文明宗教”的因素与内容，它们同“史前”时期里的“原始宗教”已经不可同日而语了，故有人曾提出“后原始宗教”之说，用以表明它同“史前宗教”的历史区别，也有人将它们视为具有民族的、地域性特点的“民族民间信仰”。中国学界从来没有因袭西方人将“原始宗教”泛称为“萨满教”的习惯。

中国古代北方诸部落族群如匈奴、乌桓、鲜卑、柔然、高车、突厥、肃慎、挹娄、秣褐、契丹和女真等都信奉过“萨满教”，《史记》《后汉书》《周书》以及《元史》等古代文献皆片断地记载过这些族群的信仰活动与仪俗。12 世纪中叶，南宋徐梦莘在《三朝北盟会编》一书中，首次以“珊蛮”二字记述了女真人的“萨满教”。在我国阿尔泰语系的北方各民族当中，属于突厥语族的维吾尔、哈萨克、柯尔克孜族，蒙古语族的蒙古、达斡尔族，满 – 通古斯语族的满、锡伯、赫哲、鄂伦春、鄂温克族，以及朝鲜族等，历史上都普遍信奉过“萨满教”。其中，鄂伦春、鄂温克、达斡尔、赫哲族及部分蒙古人等，其“萨满教”的信仰活动一直延续到 20 世纪 50 年代。本文所述侧重于这部分民族的“萨满教”，从中可以看出“萨满教”的地域文化特征和原始宗教演化过程中的一些规律性的东西。

近现代的“萨满教”是一种以崇奉祖先为主体的原始类型的多神教，它大约形成于漫长的原始社会氏族部落制时代。泛灵信仰和对自然、图腾、祖先等崇拜以及伴随的巫术都囊括在它的全部宗教活动之中。所信奉的神灵极为广泛，有人、动植物、天象和许多无生命的自然现象。神灵的集体性和参与宗教仪式的有血缘关系的人们集体的崇拜活动，以及降神附体、跳神驱灾、施展巫术等行为，显示出“萨满教”信仰的特色。这些宗教活动的主角是巫师“萨满”。“萨满教”在很多的族群当中，一般均没有成文的、系统的经典教义，没有公认的创始人和较为固定的宗教组织，也没有寺庙一类的建筑，更无统一的、规范化了的仪式活动，它多是通过巫师们的口传身授，世代嬗递下来，成为以往氏族制度或部落社会重要的精神支柱，这些都表明了“萨满教”的原始性质。原始公社解体和阶级社会的确立，“萨满教”就显得越发地不能适应而日趋衰落了，在近现代的许多民族社会当中，它们皆程度不同地被藏传佛教、东正教和伊斯兰教等取代或融合，而在中国东北或华北地区的一些农村里，它又以变异了的形态和封建迷信活动相结合，长期苟延残存下来。“萨满教”是研究原始社会、族群集团及其文化形态和演变的社会活化石。

信仰与崇拜

“萨满教”的信仰是构筑在比较复杂的灵魂观念之上的，其显著的特点是普遍认为世间的各种物体皆有灵魂，各种灵魂和精灵几乎都有其来历、称谓、形态、性能、生活方式与处所；自然界和人间社会的种种变化，也都是由于各种神灵的存在与作用，从而给人们造成各种祸福。赫哲人相信人有三个灵魂：一个叫“斡仁”，同人的生命共始终，人的死亡被认为是该灵魂永远离开躯体而消失，它是生命之神所赋予的；另一个叫“哈尼”，人在清醒时的思想和在梦中所见所为，是该魂暂时离开躯体和其他灵魂交往的结果，人死以后它会变成鬼，留在世间作祟；第三个叫“法加库”，该魂系转生之神所赐，人死亡以后它立刻离开其躯体去投生。上述三种灵魂的形状，均被想象成颇似人形，却分量极轻，人们只能闻其声而不见其形，以此来解释人世间的各种现象。①

阿尔泰人和雅库特人用“腾”“苏内”和“库特”的称呼来表示灵魂

① 凌纯声：《松花江下游的赫哲族》，载国立中央研究院历史语言研究所单刊甲种之14，1934 年，第 102－103 页。

与生命，认为它们存在于血液和心脏中。“腾”一旦离开人或动物的躯体，就会造成死亡；“苏内”为人所特有，使人有思想、意志和感情的活力，人在睡眠时它也能暂时离开身体而四处游荡；“库特”能附在任何的物体上，给无生命的东西以感觉、情绪或意志。羊栏马厩里有了它，牲畜就会兴旺，如果它附在牧人的鞭棍上，病魔或恶狼就不敢前来袭击畜群。

“萨满教”具有一个共同的基本观念，认为人的灵魂特别是死者的亡灵能够同自然界的各种生灵、神灵或鬼魂交往；亡灵善于附在人的身上或者其他事物上，使其发生变化，造成种种的影响。这类观念又同人们的世界观密切关联。“萨满教”对于宇宙的观念，认为世界分成上、中、下三界，上界是天，为众神所居，这些神灵具有超自然或左右自然的能力；中界即人间和动植物所在处；下界是所谓的阴间，为亡灵和大小魔鬼所居。这是一个善与恶、福与祸、光明与黑暗的世界，人类夹在中间，受着神灵赐福和魔鬼布祸的深刻影响。唯独巫师“萨满”能够通达上下两界，疏通三界之事，以此来解释自然界和人间的各种现象。这种观念曾经充分地反映在一些民族民间的神话传说当中。

对于自然界的直接崇拜是“萨满教”最古老的宗教活动。

火，是广泛而直接地受到崇拜的自然对象之一。火对于严寒的北方地区有着特殊的意义，被认为是最神圣、最洁净、最亲切的，任何“萨满教”的仪式都离不开火，它是仪式的中心。祭祀时各种祭品都得首先献一点给火神。在雅库特人的宗教仪式上，认为只有用燧石取的火才是最圣洁的；阿尔泰人对火祈祷说：“你是太阳和月亮的一部分。”他们认为火来源于天界，最洁净，能洗涤一切的污秽，驱赶魔邪，卜问休咎等。鄂温克人的新娘嫁到夫家，第一件事是叩拜夫家的火，把自己主动地介绍给夫家的火神。鄂伦春人称火神为“斡透巴尔坎”，传说她是个老太婆，谁要是得罪了她就点不燃火；他们禁用铁器或尖棍捅火，禁止往火里吐痰、泼水和倒脏东西，每次进餐或饮酒之前，习惯往火里先扔点酒肉敬奉火神。

山，曾经是一些氏族或部落祖先们的居所或起源地，山以其固有的独特形态每常引起了人们的想象与崇敬。古代突厥可汗每年都要同部落首领们去到祖先生活过的山洞杀牲祭祀。① 鄂伦春、鄂温克猎人认为所有的禽兽都由山神“白那恰”豢养，平素能打到什么野兽和猎获多少，全凭山神的意志。“白那恰”经常在山林里游荡，人们入山行猎，须禁绝喧哗，力避触犯山神，为求狩猎好运，猎人们常在林间的大树上，削刻出一尊脸形似人的山神像，过往此处皆要叩拜，敬烟酒，往山神的嘴上抹一点兽血或油脂，表示敬献。

蒙古人有祭“敖包”的隆重风俗，常于草原的高地上，垒以众多的土石，插上树枝，点火焚香，敬献祭牲，巫师或喇嘛常于此举行宗教仪式。“敖包”往往被装饰成人工的山林，以代替往昔祖先的住地——圣山。内蒙古西部巴彦淖尔盟阿拉善旗的蒙古族牧民，过去每年至少要祭祀一次“敖包”，认为“敖包”神就是旧时的贺兰山神，其画像或塑像是一位长须的老人。以往蒙古族中每个氏族或部落几乎都有自己的“敖包”，其上住有各自的守护神。“敖包”是宗教仪式和各种集体活动的场所，是一种神圣的象征，人们平时经过这里定要下马，或洒祭酒食，叩头祈祷，或添土垒石，剪下马尾鬃毛及各色布条，系于“敖包”，以求安吉。

崇拜日月星辰、风雨雷电等自然现象，也是“萨满教”极其古老的内容。鄂温克人认为，太阳出来的地方，有位白发老太婆，她的乳房硕大无比，所有的小孩都是她赐给的。鄂伦春人每年春节向太阳神“德勒钦”叩拜，农历正月十五日要向月神“别亚”磕头，并认为北斗星赐人以灵魂和延寿。鄂温克人说，风是北边的一位老太婆（风神）煽动大簸箕所至。鄂伦春人说，横越过刮旋风的地方就会触犯风神，招来抽风或口眼歪斜。雨神同龙王爷联系在一起，它的身上有无数的鳞甲，每片鳞里装有一百多挑的水，下雨就是龙王洒水。达斡尔人每年开网打鱼，均要祭祀龙王，祈求渔业丰收。赫哲人说，雷电是“雷公”“闪娘”所为，雷公捶打砧子，响雷击魔，闪娘在一旁配合，用镜子照妖。鄂伦春人忌讳走近雷击的树木，否则会触犯雷神招来病痛。每当夏季多雨影响出猎时，猎人们见到彩虹当即跪拜，祈望止雨放晴。“萨满教”对于大自然的崇拜，显然是同人们的生产生活活动密切交织在一起的。

---

① 《周书·突厥传》。

在许多渔猎民族中，对动物的崇拜是突出的，认为影响或主宰人的命运往往是动物界的各种神灵，它们分别主管捕鱼、打猎、养牲，甚至繁殖、天气等，尤其是人畜患病。每遇困难或灾害，经占卜，遂向某种动物神灵祈祷，向它们的神偶献祭其爱吃的东西，以求禳解。“萨满教”供祭的动物神偶像有动物的本形，也有画制成人形的，这之中表明了人们在观念形态上的某种演变。鄂温克人和鄂伦春人的熊神，是用熊崽皮缝制成的一雄一雌两个偶体，多用来庇护驯鹿和族人；鱼神系松木雕成的雄雌两鱼，保佑捕鱼丰收；鹿神是桦树皮剪成的雄雌两马鹿；蛇神有用白铁皮剪成15套有角的长蛇，保佑不患重病。可能从外界传入的所谓“狐仙”，据称是个善于变化又善于作祟附体让人发高烧胡语或精神错乱的恶神，鄂伦春人和达斡尔人在原先崇拜狐神的基础上，将它们变成了人形，画在纸或布上，加以祭祀。赫哲人的狐仙像，是在白布上绘有一个穿黄色长袍马褂的男子和一个穿蓝色旗袍的女人，两边各站立着一个童男玉女的小仆，一般都供在屋内的西北或正北方，或者用木板搭建一个小神龛，供于菜园里，逢农历初一、十五日上香磕头，祈求家宅安吉；家人患病，则杀鸡、猪献之。“萨满教”的各种神灵偶像多用石凿、木雕、草扎或用兽毛编织而成，也有彩绘在兽皮、树皮或纸、布上的，种类样式繁多，它们一经祭祀，就具有了神圣的性质，或置于游猎帐篷内的尊贵之上方、家宅门楣、专用于祭祀的西墙上，或挂在野外住地近旁的树上，迁徙、行动时随身携带，普遍禁止妇女接近或触摸。“萨满教”神灵偶像的制作和供置的一个最大的特点，多是数个一组，成群而列，常是一雄一雌、一男一女，两两并列，明显地表现出神灵的集体性。同动物界的神灵相比，植物界的神灵为数很少，几乎是微不足道的，这同亚洲严寒的北部地区世代从事渔猎或游牧的族群生活有着相当紧密的关系。

人类在动植物崇拜的基础上，把同自己的生活关系至为密切的物种特别是那些比起人类的本领高出许多的动物视为自己神圣的亲族或祖先，以为彼此有着传说上的血缘关系，这几乎是原始宗教由广泛而单纯的动物崇拜发展到具有原始分类意义的图腾崇拜阶段上曾经比较普遍拥有过的信念与做法，“萨满教”也具有这种观念。鄂温克、鄂伦春人同亚洲北部的一些土著族群一样，对于熊这种猛兽异常敬畏，有着不少的传说，他们认为熊是自己的先人，往往用对上辈人的称谓称呼熊。在弓箭狩猎的时代是禁忌猎捕熊的，后来，随着枪支弹药的传入，猎熊的风气渐开。但是唯独猎熊有一套仪式，每当猎到熊后，就地肢解，割下熊头，猎人们向熊头叩祷、祭祀，将熊肉背回来，在氏族或部落中集体餐食，最后还要像处理人的尸体一样地风葬熊骨。这种特殊的仪式性行为，只是限于熊。朝鲜族有将喜鹊视为祖先的传说；满族中有乌鸦救其祖先的说法，在旧时“萨满”祭天和祭祖的仪式上，在竖立的神竿“索罗”之顶端，穿有猪肉或猪的内脏，供乌鸦啄食；鄂温克人的氏族曾经用鹰、水鸭、杜鹃和布谷鸟等来命名；达斡尔人在大型宗教仪式上供祭十二个“杜瓦兰”神，它们是盘栖在十二种植物上的十二种动物。这可能是往昔氏族或部落图腾的一种标志。沿着有关民族对于动物崇拜的线索，可以追溯出遥远的图腾崇拜的历史积淀。

在“萨满教”庞杂的神灵体系中，祖先神灵业已构成了崇拜的主体，其他崇拜的遗俗已经沦为祖先崇拜的附属物。许多民族的族群都有自己氏族或部落的祖神。鄂伦春人称氏族祖神叫“阿娇鲁巴如坎”，指氏族内亡故的曾祖父以上的男性祖先，受到全体氏族成员的共同祭祀。鄂伦春、鄂温克、赫哲、满、达斡尔和蒙古等民族对于祖神的称呼，几乎都有着语言学上的语音相近或同源的特点。这些民族当中的氏族“萨满”，多称之为“阿娇鲁萨满”，意即祖先们传下来的、根据祖神意志选定的本氏族“萨满”，他们宗领了本氏族的全部祖神，举行宗教仪式时，常恭请自己氏族的祖先神灵降临和附体，在同魔鬼进行仪式性的交战时，“萨满”拿着他的单面皮鼓当坐骑，在郊外场地上，应着急促的鼓声，凭借祖神的力量与魔鬼战斗。

20世纪40年代以前，鄂温克人的社会中，除了各有其氏族祖神“阿娇鲁”外，每个父系大家族（“乌力楞”）均有自己家族的祖神“舍卧克”，往往夫妻同在一个家庭里却各自供奉自己的家族或氏族的祖神。他们认为，家族祖神源出于氏族祖神，所以要服从于氏族祖神，不能违抗；在神像的供置上，氏族祖神总是置于家中最显要、最尊贵的地方。他们和鄂伦春人祖神的偶体偶像一样，绘制得颇有特色，通常是在一块蓝布上，左边画一太阳，右边绘一月亮，日月之间用灰鼠皮剪贴成两道犹如分开的眉毛，其下排列着五个金色的女人和四个银色的男人，底部画有两条首躯相对的龙。这类祖先神像的象征性含义是：无论白天和黑夜，骑龙驰骋的氏族男女祖灵们都在注视和庇护着自己族人的子孙，他们有着超自然的巨大力量。但是“龙”不是鄂温克人文化当中固有的，龙的出现当是与清代朝廷的影响有关。祖灵神像另外的特点是成双配对，有用木刻制成的男女两人，身着鹿皮或驼鹿皮衣服，悉似鄂温克人猎人装束；有的男性祖神是一个由松木雕成的面具，用熊毛做胡须，女性祖神有用桦树皮或白铁皮剪成的人形，缝在绿布上。人们将祖灵神像一并放在圆形的皮囊里，同时还放进祖神们喜爱的小鼓、抓取驯鹿用的笼头和皮绳、用于骑乘飞翔的整个嘎黑鸟的皮，以及伴随或供其使唤的熊、蛇、灰鼠和保佑驯鹿繁殖的“阿隆”等动物神偶。于此可见，在鄂温克人的神灵系统中，动物神灵已经降至祖灵的附庸地位。这些装在皮囊里的神偶，被看成具有辟邪驱魔的巨大法力，每次祭祀时都要取出它们，逐一往祖灵神偶神像的嘴上涂抹兽脂兽血。古代的突厥人也有类似的习俗：“突厥事祆神，无祠庙，刻毡为形，盛于皮袋，行动之处，以脂酥涂之。或系之竿上，四时祀之。”① “萨满教”作为一定区域内的游猎游牧文化，当有其历史传统的延续性。

在漫长的原始社会里，“萨满教”根据生产生活的需要，先后创造出无数的神灵。对于大自然界的各种神灵，多赋予它们人格化的想象，有意志、愿望和情欲，也有善恶之分；对于祖先神灵，除了具有人的社会属性外，同样地被注入了超自然的属性，逐步进入崇拜的核心。各类神灵各具其功能，各主其事，各行一方，彼此大体是平等的，很少统属，这应是原始社会中的氏族成员间平等关系的具体反映，构成了“萨满教”信仰与崇拜活动中的重大特点。

“萨满”——人和神的中介

“萨满教”的巫师在不同语族的族群当中有不同的称谓。阿尔泰、维

① ［唐］段成式：《酉阳杂俎》，中华书局1981年版，第45页。

吾尔、哈萨克等民族称他们的巫师为“卡姆”；西伯利亚的雅库特、布里亚特以及蒙古人等称男巫师为“波额”、女巫师为“奥德根”；达斡尔人称他们为“雅德根”；古代突厥人称男巫师为“萨满”、女巫师为“乌谷有”；鄂伦春、鄂温克、赫哲人统称他们为“萨满”。按满－通古斯语，“萨满”一词之含义有激动不安或疯狂乱舞之义，还包含有占卜算命及预言的意思。尽管各民族对于“萨满”有不同的称谓，但一致认为“萨满”是人和神的联络人，是同祖神通话、交往并传递神灵信息的使者，人间世界和神灵世界是靠他们沟通维系的。旧时，“萨满”多是由族群部落的头人兼任，享有较高的社会威望。因此，关于“萨满”的来源，各相关民族都有许多的传说，其中不乏同氏族或部落的祖先有关。布里亚特人的“萨满”传说原是一只会说话的大鹰，因为受到天界神灵的派遣，下界庇护族人，娶了该族女子为妻，生一子，即是最初的“萨满”；雅库特人和通古斯人均有“萨满”的祖先是神鹰后裔的传说；鄂温克人、鄂伦春人、达斡尔人、赫哲人和锡伯人“萨满”的神帽上，往往站立着一只鹰的形象，其神袍或披肩上常饰以鹰的图案；“萨满”跳神时每常模仿鹰的飞翔、鸣叫或低头啄肉吃血的动作。但是据鄂伦春人白依尔氏族的说法，他们最早的“萨满”是著名的氏族祖先头人根特木尔，具有极其高超的狩猎本领和勇敢精神，他死后成为庇护子孙的神灵，所遗法衣上的许多铃铛、铜片和布块飞向各地，变成了许多的“萨满”，后世“萨满”所宗领的各种神灵，大都是他请来的，而且在氏族或部落内世代相传。此外，直至近现代，国内外许多民族中的“萨满”多有妇女担任，她们通神的法力往往被说成比男“萨满”高强。东北亚和堪察加地区的雅库特、楚克奇和吉里亚克人的男“萨满”中，存在一种穿着女装的现象，他们在主持宗教仪式时，常装扮成妇女的模样，头戴女发，身着女装，有的在胸前还挂上乳房样的东西，模仿女子步态动作或说话声音，即使在平时，他们之中也不乏喜欢穿戴女子衣物、学做妇人活计等现象。这些现象仅仅用性倒错的心理习性来说明恐怕是不够准确的，我认为应该从“萨满教”产生的久远的历史时代中去考虑，可能要全面些。

从我国东北地区几个民族的情况来看，一般是每一个氏族只有一个祖传的氏族“萨满”被视为正宗，仅限于在氏族内传承。氏族“萨满”的产生，既不经选举，更不委任，大多数无世袭的做法，全凭该氏族的祖神意旨。通常，氏族内的老“萨满”死了，经过若干年月，氏族祖灵或亡故“萨满”的灵魂便会附在本氏族某个成员或者已故“萨满”弟妹的子女们身上说话，氏族新“萨满”就这样被确定了下来。若是女“萨满”，其出嫁后须将自己氏族的神灵全部请到夫方氏族中去；她死后，其所宗的神灵要悉数回到自己的氏族中来，她生前的神衣和法具也得送还本氏族，交给后继的氏族“萨满”。

成为“萨满”的人大抵有如下的情况：长期重病不愈或者突患疯癫，这往往被看作氏族内新“萨满”出现的征兆，因为祖灵或已故“萨满”的亡魂看中了他们，用病痛和发疯来折磨之，逼迫他们允诺当“萨满”，方能痊愈。此外，婴儿出生时的异常现象，亦视为祖神的意旨，只有他们的亲人代为允诺日后长大当“萨满”，婴孩才能成活。内蒙古辉索木地区的鄂温克人有这样的风俗，老“萨满”死后三年左右，他们的子女或近亲中便会有人发疯，疯者常以已故“萨满”的口吻向族人宣布，说自己已经死了多年，尸骨已烂，现在要从氏族里找一个最好的人接替自己，并说这个未来的“萨满”的血液如何的纯洁、骨头如何的洁白，应该继承本氏族“萨满”的职务等。于是，族人请来外氏族的“萨满”引导和训练他。内蒙古莫尔格河地区的鄂温克人中传说，一个出嫁多年突患疯病的妇女，成天在郊野奔跑不息，她向其夫透露自己将要成为“萨满”，并以口吞猎刀来施弄巫术。其夫请来“萨满”，供祭妻方氏族的神灵，后来这个妇人便成了“萨满”。大多数的巫师都是在年轻时当上“萨满”的。内蒙古鄂伦春族自治旗木奎地区的一位七十多岁的女“萨满”说，她十一岁时得了重病，请“萨满”来长期为她跳神治病，十五岁时方许愿当“萨满”，后跟随老“萨满”学习跳神等宗教业务三年，十八岁正式成为“萨满”。

新“萨满”在老“萨满”的带领下，要经过授神领神、跳神训练，熟记祭神祷词，掌握本氏族或部落祖神和世代“萨满”的名字，以及本氏族或部落的来历传说等，熟悉了这些宗教或历史知识以后，才能取得主持宗教仪式的基本资格。

领神仪式是新“萨满”登上宗教舞台的重要步骤，这类仪式多是结合族群传统节日来进行。鄂温克人、鄂伦春人或达斡尔人常于春季举行“奥米那楞"盛会，邻近的各氏族、部落的人均来赶会，一连数天，异常热闹。会上，新"萨满"在神鼓的敲击声中，跟随老"萨满"边跳边唱，众人在场伴唱，一直跳到新"萨满"神志不清，方被认为其宗领的神已附在他（她）的身上，产生效应。此时，新"萨满"要当众逐一背诵出本氏族一长串的祖神和世代"萨满"的名字，族内的长老们根据其背诵的情况，判断他们是氏族正统的"萨满"还是非正统的"萨满"。辉索木地区鄂温克人的新"萨满"常以祖神的口气向族人保证，自己将竭力保护自己的氏族像桦树、松树一般茂盛常青；有的"萨满"声称，如果有族人不尊敬他，便把他们的婴儿炒着吃掉！这时，众人边叩头边说，我们氏族只有你一个，你需要的一切我们供给，怎敢不敬等，遂将已故"萨满"的神衣神帽和法具一一授给他。锡伯人的新"萨满"在领神仪式上要作登刀梯的表演。赫哲人中的老"萨满"为新"萨满"举行授神仪式时，逐一念出神灵的名字，当新"萨满"听见某一神灵的名字时，双肩颤抖抽搐不已，则表明该神灵已附在新"萨满"的身上，为其所宗。

我国东北地区几个民族的"萨满"在从事宗教活动时，都有一套用于仪式的神帽、神衣和法具。现以鄂伦春人的"萨满"服饰为例，描述如下：

神帽：多用铜或白铁条做成帽架，架顶安置一副鹿角，拴有垂至腰背的各色布条绸绫，两角间塑立着一只铜鸟，为"萨满"所领之祖神；帽架内套缝黑绒帽罩，两侧有布带系于下颌；神帽前沿缀坠珠串和黑色丝绥。但是，新"萨满"在三年内只能用红布包头，三年以后才有资格戴上神帽。神帽上的鹿角叉数表示"萨满"的资力，角叉越多则资格越老。

神衣：用驼鹿皮、鹿皮缝制成无领的对襟长袍，长约 1.3 米；前襟领口正中到底摆，对称地缝有大型铜扣，左右两襟各钉有小型铜镜约 30 个，中间有一个大型的护心镜，背部钉上铜镜 5 个，其中的一个大型者为护背镜。长袍前片左右下摆及袖口，横缝有刺绣花样的黑绒各 3 条，每条钉缀有小铜铃铛 10 个。神衣上加套黑底镶红边的披肩，其领围和胸襟两边匀称地缝有海贝约 360 枚，两肩缀饰彩色绣带若干，并缝制雄雌布鸟各一。腰部系神裙，其上缝坠着兽皮或布条约 24 条飘带，在这些飘带和围腰上，以彩色丝线极其精美地刺绣出日月、树木、花草及飞禽、鹿、蛇、蜥蜴、狐狸等动物。此外，尚有皮制的神鞋、袜和手套等物，上面刺绣着龟、蛙等及其他爬虫小兽。这些动植物图案显示出自然界的神灵同“萨满”的亲密关系，而“萨满”犹如是在众神庇护下的一个威风凛凛的武士，整套装束由于神衣饰有众多的附加物，其分量不轻。

神鼓：是不可或缺的通知神灵降临、附体的法具，又是“萨满”于想象中奔驰于天际和阴间的骑乘。其是用柔软的桦木条弯成圆圈制成，直径约 70 ~ 80 厘米，以兽皮蒙成单面鼓，鼓面上绘有动物或表示方位等图案；鼓圈上钉有 3 个小铁环，系着皮条用以手持。鼓槌用细藤条裹以兽皮制成。

神杖、神刀：木质或金属的神杖下端用白铁皮包住 4 楞尖状杖脚，上端饰有铜人，铜人嘴里有活动的轮钱，挥动时发出响声。神杖和铁制神刀的木柄上，讲究缠以蛇皮，它们都是同鬼神交战的武器。有的“萨满”还备有 108 颗念珠，祈祷时挂在肩上。

“档士”：是“萨满”用来记录自己宗领神灵数目的法具，是一根四楞木棍，每一楞大约代表一个方位，其上刻有不少缺口，每一缺口即表示一个神灵。这种刻木记神的做法当是一种非常古老的记事方式。据称凡是被刻在“档士”上的神灵，都永不离去，同“萨满”终身为伴，供其调遣。“档士”末端系有各色的皮条或布条。

在氏族和部落制时代，“萨满”的宗教职能与活动都是围绕着全体氏族或部落成员的生产与生活或部落间的战斗而进行的。他们主持各种大型祭仪，祈求生产丰收、出战胜利；为族人跳神驱鬼治病消灾；为亡人送魂安葬等等。随着时代的变迁、“萨满教”的衰落与演变，各类大型的宗教聚会活动极少举行，但跳神治病消灾一项却一直延续了下来。“萨满教”认为，人畜患病是鬼神作祟、灵魂欠安等，要延请“萨满”来跳神。所谓跳神，是通过通达神灵的“萨满”之口，了解患者招罪了何种神灵，需祭献何物等；或者“萨满”于想象中骑乘飞禽走兽奔赴阴曹地府，寻回病人的灵魂，让病人得以禳解。“萨满”所谓的治病，一般很少给药，也无医疗措施，主要靠跳神。“萨满”的跳神仪式是“萨满”通神的唯一方式，神灵附在“萨满”的身上，使他们处在一种明显的精神恍惚或歇斯底里的疯狂状态之中。一次跳神的仪式，通常包括请神、降神、附体、神言、神去等几个步骤，其间往往穿插着一些带有巫术因素的“萨满”同恶魔凶神作战的虚拟情景。“萨满”把为族人举行宗教仪式视为义务，一般不收或收取很少一点报酬，平素他们同样需要参加生产劳动，自食其力，没有什么特殊的权利。

近代祭祷禳祓仪式

“奥米那楞”是“萨满教”传统的大型祭祀祖灵的隆重仪典。届时全体氏族或部落成员聚在一起，祈祷免灾添福、人畜兴旺、农牧业丰收，有时也为氏族的新“萨满”登场举行领神仪式。鄂温克人、鄂伦春人和达斡尔人等多在春季举行此仪典，故又称“四月会”，届时人们携带牛羊、兽肉、粮食和大量的白酒，连续狂欢数日。

内蒙古额尔古纳河畔于山林里饲养驯鹿的鄂温克人在祭祖仪典上，将祖神的偶像悬挂于树梢，东西两侧分别挂上代表日月、大雁和布谷鸟等木制品各一，树间拉上皮绳，系上驯鹿和驼鹿等兽头、喉舌、心肺、肾脏及其四肢与尾巴，兽头朝向祖灵神像；祭品中禁忌被认为是不祥的四爪兽，如虎、猞猁等。祭祀场地附近的树干上涂抹兽血。草原上的鄂温克人常于农历八月举行此仪典，把场地有意识地装饰成林区景象，摆上丰盛的祭品，人们纵情地歌舞、赛马、摔跤和交结情侣。“萨满”们穿戴好神衣、面具，到各户去跳神驱邪纳吉，各家主人向他们泼酸奶，以讨吉利。达斡尔人在聚会的第三天要举行“库热”仪式，届时“萨满”将本氏族男女老幼集中在一处，于人群外围绕以皮绳，连续三次将皮绳收紧又再放松，若皮绳的长度每次都有所增加，即认为是人畜兴旺的征兆，众人从这根皮绳下钻出来，可免灾祸。当夜的祭祀，“萨满”要模仿飞禽的动作和鸣叫，进行吃血仪式，将牛羊的血涂抹在众神偶像的嘴上，以求福佑。

求“乌麦”：在古突厥语中，“乌麦”一词含有胎盘之意，雅库特人认为它是一种吉祥的小鸟，供奉“乌麦”神能使人畜兴旺。额尔古纳河畔的鄂温克人小孩患重病时，认为病儿的灵魂去到了另外的一个世界，须以驯鹿、犴等作祭品，延请“萨满”为之举行求“乌麦”的仪式，抓回病孩的灵魂。于夜间跳神前，杀一头黑色的驯鹿当作“萨满”前往寻回灵魂的乘骑。跳神后，帐篷内熄灭灯火，“萨满”在黑暗中拿着鼓作往返奔跑状，四处找寻病儿的灵魂，之后点灯察看“萨满”的鼓面，如果有小孩的头发，表示病儿的灵魂已被找回，这时病儿的父母赶紧取回头发，用洁净的布包好，夹在腋下或垫于自己的臀部，不让它飞掉。次日再杀一头白色的驯鹿祭祀祖神“玛鲁”，将象征小孩灵魂的“乌麦”用木刻制成小鸟形状，同“玛鲁”神像一并缝在小孩衣服的背后，以求安吉。

丧葬：鄂伦春和鄂温克人是将装有尸体的简易棺木架放在大树上的枝桠间，是为“风葬”。丧仪中，举行“萨满”送魂的仪式。扎一草人，系上多根细线，身着白色孝服的家庭成员或其他的亲人，每人各牵一线，“萨满”也手握一线念咒祷告，叫死者勿恋家人旧地赶快离去，遂用神棒将线一一打断，并将草人尽力远抛，认为死者的灵魂也就随之远去了，然后进行风葬。赫哲族下葬送魂时，做个穿有衣服的小木人，用以代表死者；家人点香烧纸上供，请“萨满”来跳神，宴请亲友三天。第三天时，“萨满”朝远方射箭三支，为亡灵指示往阴间去的方向。

巫术与占卜：鄂温克、鄂伦春猎人每遇出猎不利，就要举行具有一定巫术意味的仪式。猎人用柳条编制成鹿或驼鹿的模型，置于平时供奉神像的位置上，以弓箭或卸掉弹头的猎枪朝模型射击，在场的氏族或家族成员纷纷说：“打中了！打中了！”猎手们随即佯装着为猎物剥皮掏取内脏，放在棚架上祭祀。在野外猎场有月亮的夜晚，置一煮肉食的空锅，猎人们对月叩祷，次日清晨察看锅内有何种兽毛，这就预示着可能猎获何种野物。冬季如果遇到难以猎获经济价值高的细毛兽时，便请“萨满”来祈求家族祖神“舍卧克”赐给好运。

额尔古纳河畔山林里的鄂温克人，每逢干旱时节，将一只死啄木鸟放在水面上，鸟嘴朝天张开，经祭祀之后挂在树上，用以祈雨；如果下雨过久，则取松树枝条倒绑在细木杆上，再用薄木片一端穿孔系上绳线，快速摇动，发出类似风的声响，认为可以吹散乌云，止雨放晴。生活在草原上的鄂温克人，往昔对待盗贼或仇人的一种方法是尽量打听到他们的姓名和年龄，便请“萨满”来念咒语，其时，用莜面做个正三角形的“查格多勒”，放置在一个红木盘上，在尽量不被对方发觉的情况下，朝着被诅咒者的方向扔去，认为施以这样的巫术“扎特哈”便可以使得对方遭到不幸。如果被对方发觉，也可采用同样的方式报复。此外，在信奉“萨满教”的诸民族或族群当中所盛行的占卜，方式也颇为繁多，如枪卜、骨卜、筷卜等，多为卜问是何种神灵作祟致病，或问狩猎的机遇如何等。内蒙古辉索木地区的鄂温克人有一种叫做“笊篱姑姑”的占卜，可能是从汉族地区传入的，主要用来卜问病人触犯何种神灵，需用什么祭物，以及卜问凶吉休咎等。

没落中的“萨满教”

原始社会的氏族制度是产生和培育“萨满教”的土壤。随着原始社会的解体、氏族制度的崩溃、人们血缘关系的涣散，以及阶级和国家的形成，作为这种古老社会精神支柱的“萨满教”自然日趋倾圮衰微，走到了它的历史的尽头。恩格斯说：“古代一切宗教都是自发的部落宗教和后来的民族宗教，它们从各民族的社会和政治条件中产生，并和它们一起生长。宗教的这些基础一旦遭到破坏，沿袭的社会形式、继承的政治结构和民族独立一旦遭到毁灭，那么与之相适应的宗教自然也就崩溃。”① 鉴于我国北方各民族或古代族群共同体的社会发展进程与具体的历史条件之不一样，其“萨满教”经历的情况及其演变方式也不尽相同。

公元8世纪以后，维吾尔、哈萨克等民族放弃了“萨满教”，信奉了伊斯兰教，从多神信仰转向一神教。在13世纪和17世纪初，先后登上我国历史舞台的蒙古族和满族，其民族的上层首先接受了藏传佛教和汉传佛教，以适应他们社会经济和政治结构中历史性的变化，这些变化包括了意识形态里的宗教信仰方面，而这些变化都经历了民族的内部与外部长期反复的斗争才逐渐实现的。值得注意的是，在这个历史性的变化过程中，“萨满教”中的有关信仰也跟着相应地演变。蒙古、满等民族信奉的天神

① 恩格斯：《布鲁诺·鲍威尔和早期基督教》，载《马克思恩格斯全集》第19卷，人民出版社1963年版，第333页。

“腾格里”，原是作为自然界的一个神灵受到崇拜，“元兴朔漠，代有拜天之礼，衣冠尚质，祭器尚纯。”① 随着社会的发展，天神逐步从平等并列众神之中擢升至突出的重要地位，以至无一事不归之于天。天神集自然的、社会的属性与功能于一身，具有主宰一切的意义。蒙古铁木真在草原上称“汗”，曾借助于身边的“萨满”阔阔出以天神的名义庄重宣布，命铁木真为“成吉思汗”的帝王称号②，遂完成其统一草原各个部落和扩张地域的大业。此时，“萨满”作为整个社会里的祭司阶层，以神权领袖的身份，由当初向族人尽其社会义务而逐渐走向了职业化，由原先的自食其力变为脱离生产劳动，蜕变成具有特权的统治阶级的一部分——宫廷“萨满”，高踞于社会之上，拥有相当大的权势，全然失去了原来的性质。满族的“萨满教”很早就有拜天的习俗，但只是望天下拜而已，后来才有设竿祭天，以至在宫廷内设立专门的“堂子”，跳神祭天，在“国家”观念的支配下祭祀社稷诸神。“国家起自辽沈，有设竿祭之礼。又总祀社稷诸神隻于静室，名曰‘堂子’”③ 清初，每次征战前后，都要举行祭天神的隆重仪式，天神擢升至群神之上的突出地位。然而在民间仍然保留着用神竿祭天，或者在大树上刻绘一张人脸权当天神而祭之，用以祈福消灾，可见民间的天神还保持着较为原始古朴的一面。进入阶级社会以后，有关天神观念的演变应属于现实世界里帝王集权统治的一种象征性的表象。“萨满教”中关于天堂和地狱的宿命观的形成，造成了进一步围绕天神天意来定夺人生与世事的观念。

直到20世纪50年代前夕，我国北方的一些尚未跨入阶级社会或阶级分化不甚明显的民族族群，他们世代信奉的“萨满教”同样经历了多方面的变化。首先，往昔氏族或部落频繁的集体祭祀祖先诸神灵的大规模宗教活动已经越呈寂寥，各项宗教活动不再是公共的事情，祭祀的规模日趋缩小，多半限于家族尤其是在小家庭内部自行进行。“萨满”服务的对象既有血缘关系的族内的人，也包括那些没有什么关系的外族人，其日常的宗教活动主要是为患病的人畜跳神禳灾，或为丢失财物者指示寻找的方

① 宋濂等:《元史》卷七十二《祭祀志》，中华书局1976年版，第1781页。

② 《多桑蒙古史》上册，中华书局1962年版，第59页。

③ 《啸亭杂录》卷八。

向等。

其次，“萨满教”的衰落还表现在“氏族萨满”不断减少。20世纪以来，鄂伦春、鄂温克、达斡尔和赫哲族当中，有些氏族里中断了20~30年以上才产生一个新的“萨满”，有的则久已绝嗣，非氏族传承的非正统“萨满”和巫者以各种名目不断出现，他们分别取代了氏族“萨满”的职能。他们之中的一些人不再穿神衣用法具，也较少有跳神附体的活动。比如，鄂伦春人中一个氏族里如果同时出现了两个以上的“萨满”，按习惯，其中除了一人可能被认为是祖先传下的氏族“萨满”外，其他均被认为是外氏族的神灵附在本氏族的这些人的身上。人们对于二者的鉴别，主要是听取他们背诵其所宗领的祖先神灵的名字，由族内有经验的老人来判断或认可。非氏族“萨满”被称作“德勒库”或“多尼”，意即无根游荡，俗称流浪“萨满”，认为他们死后的灵魂也是到处游走，寻人附体，不能回到自己的氏族里找继承人。由于流浪“萨满”和氏族“萨满”各自宗领的神灵不同，神灵之间互不相通，所以在宗教仪式上“萨满”请神时也不可互请。此外，鄂伦春人社会当中出现的其他各种巫人有专职化的倾向，如通一点法术、治一些小疾病，但已不搞跳神附体，仅是向神灵高唱祈福消灾祷词的“巴克其”；专门为天花患者祈祷神灵的“屋托钦”；专事祭祀仪式的“察尔巴来钦”，以及只会从事占卜的“阿嘎钦”等。人们认为这类“萨满”巫人的法术本领或名声要比氏族“萨满”逊色多了。在赫哲族中，跳神医治时疫的“阿合马法”，自称是“神的奴才”；专为亡人送魂的“达克苏特亦”，既不治病更不跳神；“巴奇兰”和“巴尔西”只能治一般的小疾病；还有仅向神灵击鼓祷告替人向神说情的“弗力兰”，等等。上述各种职能，以往全部属于氏族“萨满”一人，现在随着氏族制度的瓦解，“萨满”的宗教职能也跟着逐一地分解了。过去“萨满”为族人做宗教仪式是其义务，一般不收或少收酬谢，后来往往收取较多或较好的报酬，尤其是收取族外人的报酬，如牲畜、粮食、衣物或钱财等，遂成为定例，有的“萨满”甚至以神灵的名义索取财物，具有明显的剥削的性质。这一切都是旧时氏族或部落制度的解体崩溃、人们之间血缘关系涣散了而走向地缘关系的一种反映。

最后，“萨满教”的衰落还反映在神灵世界的演变上。原先古老的神灵渐渐地被赋予了新的概念与含义，或者创造出新的神灵，或者邻近的阶级社会宗教中的神灵被渗透进来，形成了一个新旧神灵互相并存的局面。鄂伦春人信奉的“吉雅其”神，原是管马匹繁殖的，马匹的多寡标志着贫富的程度，其神像是在一张四方形的兽皮上用马尾编织成两个人脸的形状，挂置在帐篷内祖灵神像“玛鲁”的位置上，后来该神变成了财神爷，几乎每个家庭都供奉“吉雅其”神；他们祭祀的马神“昭路巴如坎”是近百余年马匹传入后沦为个体家庭所有才出现的事。相传有一老妇曾经苦于自家的马驹每每死亡，难以成活，旋得一梦，祖灵启示她做个马神来祭祀，她照办以后，其马驹个个成活，这件事情被传开了，于是户户皆供祭马神，其神像是在一块兽皮上画四个人形，雄雌各两对，用兽皮马尾编缀的也有。17 世纪末，清朝政府将鄂伦春人编入“布特哈”八旗组织，利用和挑选少数上层在地方机构中当差，这些鄂伦春人在外族的影响下也信奉起多种的衙门神，其神像都是一群清朝官吏装束的模样。在一些半牧半农的民族中，还出现了身世贫苦的神，它们曾是社会上底层的劳苦群众。辉索木地区鄂温克人供奉的“哈音”神，传说是一对穷苦的老夫妻，生前一直吃着最差的饮食，穿着最烂的皮袄，他们死后成了神，多被穷人所供祭，寄托了穷苦人民的希望；“卓日”神原是个奴仆，终身替人家养牛挤奶，因年老而不幸摔死，也被立为神灵，在一长方形的木板上画出个老人和带犊的乳牛，是其神像，人们每遇家中饲养的乳牛患病不出奶时，就对“卓日”神像祭祀一番。这类神灵的出现不是偶然的，它们反映出族内私有制度的发展、剥削压迫的加重、贫富分化日趋明显，以及阶级社会的形成。至此，没落中的萨满教同它原有的面貌，已经相距越来越远了，在现今，往昔的萨满教在这些北方民族的社会生活当中，也越来越成为一种历史的传言了。

（原载《史前研究》1984 年第 4 期）

鄂伦春族的原始信仰与崇拜

世代游猎于我国东北大小兴安岭里的鄂伦春族，20 世纪 40 年代末还处在原始社会狩猎公社的历史时期。他们的物质文化与精神文化都颇具原始游猎民族的特色，尤其是宗教信仰活动以及众多的古老而神奇的传说，引人入胜，给我们展示出一个非常值得研究的神灵世界。这个构筑在现实生活基础上的神灵世界，曾经长久地被他们恪信着，而奠定对这个世界的信念的灵魂观念，更是被他们笃信不移。考察鄂伦春人的原始信仰与崇拜活动，对于了解原始宗教一般的历史过程中的一些主要崇信阶段、特点以及发展演递的关系，可能会有一定的帮助。

鄂伦春人信仰萨满教（Shamanism），这是一种源远流长、具有特定文化地域的原始类型的多神教。在我国西北、东北及华北地域内操阿尔泰语系的突厥、蒙古、满－通古斯等语族的许多渔猎、游牧和农业的民族，都曾经信奉过它。有足够的证据表明，北亚、北欧以及北美的许多土著民族当中，也都奉行过萨满教。萨满教几乎囊括了原始宗教在信仰与崇拜各个重大历史阶段上的主要的内容，人类历史上早已消失了的有关宗教早期形态的一些事物，在萨满教里仍然程度不同地可以寻见。这个曾经遍及三大洲的原始宗教，是以“泛灵论”作为信仰基础的。大体上讲，它既没有完整系统的教义或成文的经典，也没有寺庙或统一而严格的仪式活动规范，更无具体的受到各地信奉者共同确认的创始人或缔造者，但它却是以往氏族及部落社会全体成员普遍拥有的精神世界。这个古老而简朴的信奉众神的宗教，往往伴随着一些巫术活动，通过口传身授、耳濡目染的方式嬗递下来，一直流传至当代。

鄂伦春人信仰的萨满教，比起许多民族或在历史上早已消失了的古代族群共同信仰过的萨满教最大的不同之处，在于后者早已经结束了原始社会的历史时期，先后跨进了农奴制或封建地主制社会，他们从事游牧或者农业的经济活动，分别接受了伊斯兰教、佛教或基督教（东正教），放弃了萨满教，以适应其经济和政治生活领域里的历史性的变革。作为往昔氏族或部落社会里的精神建筑——萨满教，逐步地让出了自己的历史地盘，或者依附在上述宗教之下，于僻远的民间社会苟处一隅。然而鄂伦春人的萨满教尚未经历过如此巨大的历史性的变化，它依旧保持着自己较为古朴的面貌，长久地滞留在我国东北兴安岭腹地的原始密林之中。为了便于把握问题的基本脉络，我的考察，是从鄂伦春人当代最主要的崇拜对象入手，再逐步地往前追溯的。

祖先崇拜是当代最主要的崇拜

祖先崇拜之所以成为主要的崇拜对象，在于生产的发展，社会的结构及其运作的功能多是构筑在人们以往血缘关系的细密划分与复杂的亲属制度的确认上，以及氏族、胞族和部落组织制度较完善的发展上。

在鄂伦春人信奉的众多神灵当中，祖先神灵是最普遍、最重要、占据主导地位的一种崇拜。每一个老氏族几乎都有自己的祖先神灵。他们对祖先的通称是“阿娇鲁”，对神灵叫“巴如坎”，“阿娇鲁巴如坎”即祖神，指氏族内曾祖父以上男性的祖先。

久传不衰的民间传说，往往成为一个族群甚或民族祖先崇拜的重要依据。流传在鄂伦春人当中最著名的祖先神灵是柯尔特依尔氏族的头人毛考代汗和白依尔氏族的头人根特木尔，这两个氏族是游猎在今天内蒙古境内大兴安岭里的多布库尔河、阿里河和托河地区世代联姻的古老氏族。传说这两个人具有超人的狩猎本领，箭术百发百中，而且力大过人，是鄂伦春人当中最聪明、最勇敢的优秀猎手。

有一次，毛考代汗同根特木尔互比气力，大家选中山脚下的三块巨石，要求一口气把三块巨石从山脚背到山顶，再从山顶背到山脚。结果两人都不费什么气力地办到了，不分输赢。他们又定下在游猎帐篷（“仙人柱”）的门缝里比赛箭术，让对方骑着快马，从帐篷的门前连跑三次，看谁的箭射得准。结果两人都射中了对方，不分胜负。

有一天，毛考代汗和根特木尔一起出猎，遇到一只驼鹿伏卧在山林里。他们俩都想显示一下各自的技艺，当即打赌说，谁能将一小块磨刀石轻放在这只驼鹿的背上而不惊动它，然后由另一个人取回来，照样不惊跑驼鹿，谁就是好汉。两人谦让了一番后，毛考代汗先将磨刀石悄悄地放在了驼鹿的脊背上，像影子般地溜回到原处，驼鹿没有发觉；轮到根特木尔前去取回驼鹿身上的磨石，他也是毫无声息地像影子一样行动，轻手轻脚拿起了磨刀石，刚离开驼鹿才三步远，驼鹿发觉动静惊跑了。原来毛考代汗多长了个心眼，他在放磨刀石的时候，有意往磨刀石上蘸了点口水，唾沫沾在驼鹿毛上，待到根特木尔拿起石块时，这才惊跑了驼鹿。

又有一回，毛考代汗的妻子被早年鄂温克人的一支“特格”人的头人牛牛库春抢走了，毛假装成一个瘸子，拄着棍子来到“特格”人的住地，其妻见了便知道丈夫的来意，就对“特格”人说：“这个人是我们‘乌力楞’（早先指出自一个男性祖先且住在一起的父系家族，后来演变成混居在一处的有血缘关系和无血缘关系的若干户人家）的‘吐嘎钦’（专事做饭的人），是个可怜而善良的人，留下来给大伙儿做饭吧！”“特格”人信以为真，便将他留了下来。在一次出猎当中，毛考代汗趁夜间众人熟睡的机会，射死了一些“特格”人，带上妻子和“特格”人饲养的驯鹿回到了自己的部落，从此毛考代汗和“特格”人结下了冤仇。

毛考代汗虽然夺回了妻子，却没有机会同牛牛库春较量一番，有些遗憾。这一天，他前往“特格”人住地找寻牛牛库春，发现牛正蹲在山坡的一块巨石上，毛悄悄绕到他身后射去一箭，箭离弦“腾”地响了一声，牛闻声立即向上跳了一下，箭从他的脚下穿过，回头一看，原来是仇敌毛考代汗来了。俩人各自躲在大树的背后，互相对射，你躲我闪，谁也射不着谁。毛就想出一计，同时射去两支箭，牛躲过了一支却没料到紧跟着又来了第二支，结果中箭而死。

“特格”人总想着复仇，他们趁毛考代汗外出打围的时机放火烧了他的帐篷，又把他的妻子抢走了。正逢毛考代汗赶到，只见“仙人柱”烧成了一堆灰烬，妻子被“特格”人押上一条桦皮船朝下游划去。他抄近道翻过一座小山，跑到桦皮船前头的小树林里，趴在草丛里学布谷鸟叫，暗示妻子用锥子扎穿船底。妻子听到了鸟叫，知道丈夫已经赶到，就照着他的暗示做了。船舱灌进了水，“特格”人不得不靠岸，搬船倒水，去林子里找松树油脂来补漏。毛考代汗趁忙乱中射死了两个看守，把妻子又夺了回来，拔腿就跑。“特格”人发现了，边追边射箭，毛考代汗满不在乎，边跑边拾起了很多的箭，“特格”人眼瞅着撵不上了，只好让他们跑了。

“特格”人一心要杀死毛考代汗，一伙人便摸到他新架起来的“仙人柱”近旁埋伏下来，待到半夜，一拥而上地把毛考代汗捉住了，牢牢地将他捆绑起来，背回“特格”人的住地。“特格”人的“萨满”主持宗教仪式，四周站满了举弓拉箭的“特格”好汉，等待“萨满”发出射死他的信号。毛考代汗见势一下子挣断了全副的绑绳，双手拍膝，纵身往上一跳，就从“仙人柱”透天的烟孔里蹦了出去，蹲在附近的林子里。他把脑袋藏起来，装成像是个半截树墩子的模样，一动不动。“特格”人四处寻找，只见林子里有个黑乎乎的东西，顺手射去一箭，却毫无动静，就没再理会。第二天的清早，方才发现“树墩子”没有了，地上留下了一点儿血迹，“特格”人这才明白又受了毛考代汗的欺骗。这个传说是很著名的，情节也很引人入胜，所以流传很广，清楚地反映出往昔氏族或部落复仇的一些生动的情景，而这类复仇活动的传说，往往又同杰出的祖先事迹联系在一起。

至于传说毛考代汗会见清朝皇帝的情景，更是被描述得绘声绘色。说是毛考代汗看到他们居住的地方很不太平，常年互相残杀，就同一帮鄂伦春人徒步去到北京见皇帝。皇帝接见时，他们既不下跪更不磕头，惹怒了皇帝，下令要砍死他们。毛考代汗抢先一箭，射死了正要举刀的官兵，随即双手拍膝，嗖的一声腾空跃上了宫墙，拔箭要射皇帝，满朝文武大惊失色，纷纷劝他息怒讲和，他随手将箭向空中射去，落在城外40里的地上。皇帝要试试他究竟有多大的本事和气力，准备了两头并排站着的又壮又大的牛让他射。毛考代汗毫不费力地拉了个满弓，一箭便射穿了两头牛。皇帝甚为惊讶，封他为民族领袖，命令拿出许多官帽子任他挑选，还赐给他一张烙在马皮上的官印证书，说是圣旨圣谕，传给子孙后代，据此治理地方。毛考代汗为了找出个坚固的顶子，把那些玉石、翡翠或玛瑙的石头顶子都一个个地敲碎了，末了，只挑了个铜顶子的“佐领”的官帽，所以后来鄂伦春人为朝廷当差，没有一个人的官衔是超过“佐领”的。

从上述的传说，可以看出当初被鄂伦春人奉为氏族祖神所具备的品格和条件是什么。这类以现实生活为题材的传说，主要的是反映了祖先和社会的关系，可是在另一些传说当中，情况却有所不同。《嘎仙洞和窟窿山》里的毛考代汗被传诵为以智慧和箭术战胜山中魔王满盖的英雄。满盖是鄂伦春人许多传说中常被描述成长有九个脑袋、无数双眼睛和耳朵的庞然怪物，还说它有三个灵魂。但是，毛考代汗决心要战胜它。他大胆地向满盖挑战，先自报家门是鄂伦春部落的首领，茫茫兴安岭的主人。满盖听了哈哈大笑，问他长了几个脑袋。毛考代汗提出条件说，如果满盖答对了他提的问题，而且箭术也超过自己，他就承认满盖是兴安岭里的首领。他问，兴安岭上有多少座山峰？草甸子上有多少条河流？满盖抓拍着自己的大脑袋，不是答不上来就是全答错了。毛考代汗又提出谁能将对面山顶上的石头三箭三中，就是赢家。满盖摇着大山药蛋般的脑袋连声说这个容易，却三射三空，毛考代汗三射三中，还把山顶射出个大窟窿来，这就是窟窿山的来由。长着九头十八只眼睛的恶魔比不上一头两眼的人。满盖认输，垂头丧气地退出了兴安岭。

关于嘎仙洞还有类似的传说。在内蒙古自治区呼伦贝尔盟阿里河镇东边十余里的地方，有个很大很深的天然洞穴，说是很早以前洞里住着个吃人的妖魔满盖，人们被它糟蹋得无法生存下去。有一个鄂伦春人的英雄叫格斯尔恩都，为此愤愤不平，他骑着马来到嘎仙洞地方，要同满盖一决高低，看谁的箭法准、气力大，谁就留在这里。愤怒的格斯尔恩都一箭就把嘎仙洞的大石门射穿了，满盖敌不过他，仓皇地逃到海外去了。后来，猎人们害怕满盖再回来，就在石门上刻下格斯尔恩都的像，妖魔每当想要过海作害时，远远望见这位民族英雄的像就不敢接近他。从此，这里的人民过上了太平幸福的生活。在鄂伦春人众多的传说里，常赋予魔王满盖以野猪的形象，实则它是险恶的自然界的一种象征。这类传说，主要是反映了祖先和自然的关系。

综上所述，鄂伦春人的祖先神灵，生前多是氏族或部落生活的杰出的组织者，强有力的领袖人物，他们生前都经历过社会的、自然的严峻考验，鄂伦春人相信，只有他们强大的灵魂才能够庇佑自己族人和子孙们的生存与发展。

鄂伦春人信奉的祖灵“阿娇鲁巴如坎”是由两个词组合起来的，“阿娇鲁”一词有“根子”的意思，“巴如坎”有说是“佛陀”之意，后者的说法如果属实，那么，鄂伦春人的“巴如坎”一词，有可能是借用蒙古族藏传佛教的称谓。“阿娇鲁”的称呼，曾经是对自己母亲氏族上辈人的总称，过去在称呼这些人时，常冠以“阿娇鲁”，到了后来才专指氏族内早已亡故的曾祖父以上的男性祖先，而对于氏族内活着的长辈，不再称“阿娇鲁”，只是对于自己氏族里活着的“萨满”还保留着冠以“阿娇鲁”的称呼。“阿娇鲁萨满”和“阿娇鲁巴如坎”都是属于氏族里流传下来的巫师和祖神。

各个氏族的祖神从来互不统属，亦无贵贱高下之分；人们认为祖先神灵同活人一样有喜怒哀乐、有情欲、意志、愿望和需求，每当它们的要求得到满足而欢喜高兴时，就能施福给自己的族人，人畜平安、渔猎丰收、诸事顺遂；反之，倘若无意之间得罪了它们，懈怠了对它们的祭祀，或者触犯了氏族的禁忌，祖神就会作祟降下灾祸。通常人们生病，就认为是祖灵附在病人的身上，使他们痛苦难受；出嫁的妇女患病，也常认为是娘家氏族的祖灵来找她们的麻烦，需要通过跳神，向这些祖灵祈祷、许愿以求病愈，病愈后供上兽肉鲜鱼等祭品。

每个家庭都是把自己氏族祖神的偶体偶像挂置在“仙人柱”内尊贵的“玛鲁”（老人专席）上方，“玛鲁”原是专指氏族祖灵的一种比较具体的称呼。其他众多的神像神偶，均放在桦皮做成的小匣子里，挂于各家“仙人柱”后边不远的树上，或者立一个三叉木杆，其上用桦皮搭个小棚舍，加以供置。这些放置神偶神像的地方，严禁妇女涉足，她们总是被视为不洁净的，极易触犯祖灵。每年春秋时节整个“乌力楞”的人迁徙时，各家男主人都要把神偶神像背绑在身边，去到新的地方。各氏族的祖先神像，多数是画在布上，一般绘制得比较粗糙简陋，很多时候是请附近的达斡尔人彩绘的。这些鄂伦春人的祖神形象，几乎一律都按照达斡尔人的标准来绘制，穿着袍子马褂，头戴清朝的官帽，四周画有日月、星辰、山川、鸟兽、植物和花卉，有些祖先还端坐在厅堂上的供桌前，两旁还候立着仆人小童一对；所有的男性祖先都有配偶，他们的嘴上也都抹有兽血，这是在祭祀时弄上去的，表示祖神们已经多次歆享过子孙们贡献的牲礼了。

17 世纪中叶以来，鄂伦春人的氏族制度渐次地崩溃瓦解，整个氏族或部落共同举行祭祀“阿娇鲁巴如坎”的大型仪典，以成为传说，其热烈的场面只是片段保存在老人们的口头上。往日在这类庄严隆重的集会上，氏族长或氏族“萨满”要向族人背诵长长的族谱，用以明确集团成员之间的亲属辈分关系；届时，大家在山林的空地上围火而坐，以大量烈性的白酒和兽肉来祭祀祖先，人们还戴上面具边唱边跳舞蹈，和祖灵们通宵达旦地一起欢娱。然而很久以来，祭祀“阿娇鲁巴如坎”已经变成在各个家庭内部举行了。他们习惯于每年农历的除夕、四月狩猎季节和八月中秋节向氏族祖神隆重祭祀三次，到时把祖神的画像挂在露天的木架上，朝向太阳，下方挂置各种木制的小神灵，它们被认为是管理日月、星辰和各种飞禽走兽的。将一整张连着兽头兽尾的大兽的皮、兽头朝向神像披挂在木架上，置于供台下方。若遇捕鱼季节，要献上鲜鱼；由年长的男性率领全家，用一种比较固定了的腔调反复唱着祷词：“求神保佑，人马平安，孩子大人不生病，出猎顺利，多打野兽。让我们一年内丰衣足食，过上太平年吧!”他唱一句，大家和唱一遍，然后一齐跪下磕头，将野兽心脏里的血或大鱼脊椎上的血逐一抹在众神的嘴上，他们认为这种血是干净的。平时出远猎或出远门归来，不仅要向家中的老人叩头辞行或请安，更须向“阿娇鲁巴如坎”的神像磕头请安，并贡献猎物。

鄂伦春人认为，不是任何人都能和祖先神灵直接来往打交道，唯有本氏族的“萨满”一类的人才具备通达神灵的特殊本领，他们是人和神的中介人，是自己氏族祖灵的代言人。他们宗领了本氏族历代“萨满”传习下来的全部祖神“阿娇鲁巴如坎”，能够同这些祖先神灵对话甚至寒暄家常。这类的“萨满”一般不世袭、不推选、不委任，全是凭借祖神的意旨。从他们成为“萨满”的经历来看，或是在出生时就具有某种奇异的现象，或者长期患病，后来竟然痊愈存活了下来，或者突然发疯，一度言行反常，等等。人们认为这是祖神看中了他们，特意折磨他们或着意在保护他们，让他们许诺日后成为为族人服务的“萨满”的缘故。进而认为，这些人是祖神特别中意、乐意庇护并经常向他们提供帮助的对象。由于祖神选中了他们，经常降神附在这类人的身上，通过他们的嘴向子孙们说话，回答族人的请求。所以，人们每遇病痛、灾难或困惑，总是请“萨满”跳神，向祖神询问，是何种神灵作祟，禳解的办法及贡献何物等。“萨满”是他们社会里很受尊敬而且是不可或缺的人物。

充当氏族“萨满”者有男也有女，女“萨满”出嫁死后，其宗领的各种神灵，依旧回到自己的氏族中来，寻人附体，找继承人。新“萨满”在其他老“萨满”的训练下，熟悉跳神等一系列的宗教业务，掌握本氏族历代祖先神灵的名字，三年以后，方可以独立活动，为本氏族或外氏族的人服务。他们之中绝大多数都不收或很少收取报酬，同样是自食其力的劳动者，没有什么特权。每个氏族只有一个氏族“萨满”，认为他们通神的本领最大。氏族当中若出现了其他的“萨满”，多属于二三等的角色，称之为“德勒库”或“多尼”，意即没有“根子”到处流浪的“萨满”，他们常被认为是外氏族的祖神附在本氏族成员身上所造成的，其本事和名声不及氏族内的正统“萨满”。这类“萨满”的出现，显然是氏族制度的瓦解、氏族血缘关系涣散的结果。此外，能和神灵交往的巫师还有“巴克其”，他们不跳神，也不搞神灵附体，只是向神灵吟唱祷词，为患了一般疾病的人祈求禳解或降福；“察尔巴来钦”也属专事供奉祷告神灵的巫者；还有一种巫人称“屋托钦”，是专门同令人患天花的神打交道的，患者通常要请他们来祈祷，而且许诺病愈后也担任“屋托钦”的巫职，才有希望恢复健康。这些巫者当然比不上“萨满”有本事，其宗教地位也不及“萨满”。

关于“萨满”的来源，鄂伦春人有自己的传说。很早的时候，有个能呼风唤雨、叫人起死回生的老太婆，是一位四方闻名的“萨满”。有一次国工的儿子病了，召她进宫治病。“萨满”对国王说：“王子的灵魂不在了，我去阴间把它找回来，需要九天的时间。”说完倒在地上，像是死去一般，她的灵魂直奔阴曹地府。待到第九天的早上，心急如焚的国王见儿子仍是气息奄奄，于是大怒，以为“萨满”欺骗了他，遂下令挖了个九丈的深坑，把“萨满”扔了下去，埋压上许多土石。这时，“萨满”的灵魂从阴间回来了，久久寻不见自己的身体，无法依附，就像鸟儿一样在空中盘旋。当她知道自己的身子被埋压在深坑里时，施展了法术，顿时天上乌云密布，风雨雷电大作，把深坑里的土石炸个粉碎。由于坑挖得太深了，没能把她的身子震出来，可是她穿戴的法衣上的装饰物如布条、贝壳、铃铛和铜镜却纷纷飞了出来，散落在各地，这些物件一一变成了很多的小神灵。此后，地上的“萨满”才渐渐多了起来，但是他们的本领已经远不如前了。类似的说法较多，但其来源多半出自于同一个母题。比如传说早年氏族首领兼“萨满”的毛考代汗和根特木尔死后，他们的法衣与法具也变成了许多的神灵，飞往各处，变成了流传于世的“萨满”。

在往昔的氏族社会里，“萨满”的职能一定是很多的，无论在生产还是生活的各个方面，他们日夜辛劳地为族人祈福消灾，成为这类社会的一种巨大的精神支柱。鄂伦春人认为人畜生病，主要是触犯了神灵，是这些神灵在人畜身上作祟的结果。我们在实地调查中发现，鄂伦春人中间出现过多少疾病，也就会有多少种神灵。有些疾病显然是从外地流传进来的，那么，造成这类疾病的神灵也定然是从外地传入的。他们还相信，凡是让某种疾病消退痊愈的神灵，往往就是令人罹患这种疾病的祸首，当他们说某神能够治愈某种疾病时，即意味着某种疾病就是由某神造成的。平时鄂伦春人提到较多的神灵有：

“毛鲁开依达力”，即旋风神，管治抽风病；“根求鲁阿狄尔”，即风神，管治疯病；“阿路狄达力”和“塔力路兰”，即雷神，管治高烧胡语；“敖律”或“乐莫勒”，即汉族地区传来的“狐仙”，常附人体，叫人昏迷胡语；“胡路斤哈达尔”，即黄鼠狼神，令人生病或发疯；“额古都娘娘”或“额尼音”、“尼其昆娘娘”、“额胡娘娘”，分别管治天花、麻疹和伤寒，据称这三位娘娘曾经是人间的三姐妹，生前为人治病，死后成了仙女；“德勒库达日依尔”，管治周身疼痛；“乌仁达哈尔”，管治昏睡不醒症；“奥毛西莫尔”，专治小孩疾病等等。

这些常见的疾病及其神灵，有的是人变的，有些是动物变的，有的是自然界中的风雨雷电所变，几乎都有它们来历的传说。它们彼此共存，互不统属，既不是生活在天堂般的巍峨宫殿里，也不是起居于上帝为它们建造的花园中，它们居无定处，同鄂伦春人一样地终年在山林里游荡，昼夜在人们的周围徘徊，等待着人们对它们的祭祀。平时人们忌讳随便提到它们的名字，否则，神灵们会应声而至，捉弄活人。

在鄂伦春人异常艰苦的游猎生涯之中，凡遇病痛缠身，总是求助于神灵，请来“萨满”跳神，寻找病因，触犯了哪位神灵，并许愿病愈后定然奉献它们所需要的祭品；对于垂危病人，有时请来两个“萨满”，昼夜不停地为病人跳神。跳神是“萨满”最主要的通神方式。

跳神的仪式是传统的，一般是：请神、降神、附体、神言、神去，其间往往穿插有寻魂、驱鬼的一些过程。跳神多在夜晚进行，认为这是恭请祖灵降临的较好时分。先选择住地附近的一块收拾得比较干净的场地，因为神灵们不喜欢污秽的处所。场地两头若没有树，则各埋上一两棵树，两侧插上些柳枝，其上挂有各色的布条或纸条，围成个圆形的场子，中央燃起一堆篝火，点上香草。届时患者全家或整个“乌力楞”的人围坐在四周。“萨满”穿戴上神衣、神帽或神靴，它们或者是氏族“萨满”所遗，或者是自己备办的。无领的神衣为兽皮对襟大衣，狭长过膝；圆形的披肩或领围的底边常缝有十几条短绶带，每条绶带上用彩色丝线刺绣出动植物或各种吉祥如意的图案，也有的披肩或领围呈方形，缝缀有与肩平行的一二十排互相对称的白色小贝壳；神衣前后挂有大小不等的一二十个铜镜，其中以护心和护背两镜较大，用以照射妖魔一类；有些神衣的底襟上，整齐对称地缀上三排小铃铛；神衣的肘、袖口和底襟缝缀着各色图案的兽皮或刺绣；神裙在肚围处连缀着十几条色彩绚丽的长飘带组成，肚围上有的用彩色丝线刺绣出击鼓的“萨满”，四周绣有树和动物等，飘带上刺绣出各种象征性的图案，有汉族习惯的“寿”字和“万”字，神裙系在后腰上；神帽顶端向上伸出一对多叉的鹿角，鹿角叉的数目标志着“萨满”的资历，越老角叉就越多，有的神帽上饰以如大鹰展翅的铁叉，两端系有各色细长的布条，纷披在后；神帽的前沿垂有黑丝绶或珠帘，用以挡住“萨满”的大半个脸。每次跳神时，“萨满”都要拿着兽皮蒙制的单面大鼓，鼓面上常绘有代表东南西北四个方向或者是野兽一类粗犷的图案，还得拿着“萨满”登记自己神灵的木制“档士”，“档士”系四楞木棍，每一楞上刻有一组缺口，而每个缺口即代表被他（她）宗领的某一方面的神灵，这些被宗领的神灵一旦刻在了“档士”上，就不再离去，专门为该“萨满”调遣服务。

漆黑的夜，呼啸的山林、跳跃的篝火，忽明忽暗地映照着一张张焦急期盼的脸庞，还伴随着病人痛苦的呻吟。全副披挂的“萨满”登场了。左手持鼓，右手执鼓槌，盘坐在被称为“塔了兰”的专门位置上，眼睛半睁半闭，接连打了几个哈欠后，开始击鼓，这是通知祖神降临的信号。鼓声由弱到强、由慢到快，随着这种节奏，“萨满”的嘴哆嗦起来，脸也歪了，双目垂闭，浑身打抖摇晃，牙根咬得咯咯作响。有人拿着一团烧红的火炭，放在“萨满”的脚前，为下降的神灵引路。人们认为，神灵附体是一件很痛苦也很恐怖的事情，此刻置火炭于“萨满”的脚前，为的是避免神灵找错人附错体。“萨满”哼起低沉的曲调，鼓声时紧时松，表示神灵开始附体了，在其双臂经过一阵紧张地抖动或抽搐之后，“萨满”渐渐地似乎失去了知觉。神灵附体过程之长短及其情状，往往因人而异。此时鼓声戛然而止，“萨满”全身激烈地抖动起来，在神衣上的铃铛、铜镜、贝壳等相互撞击摩擦的铿锵声响伴奏下，“萨满”引吭高唱。其间每唱一句，在场者跟随其腔调伴唱一遍。鼓声时大时小有节奏地敲着。祖先神灵已经附体于“萨满”的身上，借“萨满”之口询问：“何事请我?”病人亲属或“萨满”的助手当即回答，因某家某人生病等。“萨满”站起来边唱边击鼓，不停地来回跳跃转圈圈。这时“萨满”通过氏族的祖神，逐一恭请其他众神降临，探询病因。这段时间里什么神请来了，什么神不请自到，都是从神情恍惚的“萨满”的口中得知的。对于久请不至的神灵，“萨满”还得做出奔驰或飞跃状，表示去到遥远的地方亲自将它们接来；有些神灵很谦逊客气，说自己的能力不大，管不了也治不了病，请另找高明；但是，有的神灵脾气特大，怒气冲冲地说：“你们干吗来惊动我？我不能看病!”对于这类的神灵，“萨满”或者尽力挽留，或者听其自便。有的时候，众神来到一处，彼此之间也有一些寒暄，这一切都是通过“萨满”之口于现场讲出来的。该请的神灵一一到齐之后，“萨满”逐个向它们请安，询问病人冲犯了哪位神灵。这时，被认为作祟病人的神灵开始传话，承认病人生病是它所为，还说出是什么原因，需要供祭何物等等。一般到这里，跳神的仪式就可结束。但有时作祟的神灵非常凶顽，掠走病人的灵魂，不让其康复。这时，“萨满”就要和祖神一起，于想象之中出征沙场，同凶神拼杀决斗，抢回所掠之魂。只见“萨满”在场地上双脚用力跺地，蹦跳不已，急速旋转，张开双臂作上下飞翔状；使出浑身的力量，不停地挥动着两臂，东击西挡，嘴里发出扑哧扑哧的急促声，情状异常的紧张。有时，“萨满”在奋战中力不能支而昏厥倒地，需臾，助手扶起“萨满”，挣扎着再战不懈，极其认真。其时，有的年老的“萨满”要休息片刻，立即有人将装好了的旱烟向他（她）递过去，或是把酒、茶水放在鼓面上，让其饮用。如此这般地反复战斗数个回合，直到凶神败北逃逸，“萨满”抢回患者的灵魂，这才精疲力竭地在原地停了下来，逐个送请诸神。“萨满”跳神的时间长短不定，需视病人症状和作祟神灵的情况，短则半小时左右，长的要跳两三个晚上。“萨满”跳神治病从不给药，也无实质性的医疗措施，一次没有跳好的，可以再跳。从跳神现场所见，“萨满”和众人表现出来的虔诚信念和狂热情绪，每每反映出原始宗教的活动总是伴随着人们集体主义的精神，和强烈的求生愿望的情绪相交融。

鄂伦春人平时请教神灵、探知祖神意旨的一个较为普遍而又简易的方式是占卜的活动。倘若患一般的疾病，或是出猎中突然病倒，暂时请不到“萨满”时，就采用“卜人”（“阿嘎钦”）的占卜方法，卜问触犯了哪位神灵，须供何物方能禳解。卜法是将猎枪筒上绑一把朝上的猎斧，绑斧一端搁在病人的衣物上，卜问者右手紧握枪柄，盘腿而坐，逐一祷告祖灵或其他神灵，每念出一个神灵的名字，举一下枪，如果枪托轻轻地被举了起来，那么，被念着的这位神灵即是患者在无意之中触犯的神灵。于是大家赶忙一齐向这位作祟的神灵跪叩祈祷：“某某神啊！请你不要见怪，更不要生气，把你的气和让病人生的病统统都收回去吧！请你可怜可怜这个人，让他很快地好起来吧！如果他打着野物，一定给你供上！”

出猎中假若一连几天都打不到野兽，饥饿中的猎人是非常焦急的，他们通常要进行骨卜。大兽的肩胛骨被认为是通达神灵的，卜者先向兽骨祈祷，再放到火中烧灼，取出观看兽骨上裂纹的走向或位置，求得祖灵的帮助或暗示。几乎不少的猎人都能掌握骨卜的方法。依照习惯，凡卜问灵验的，事后定要践诺上供，不灵验者就不必上供，选择另法再卜。联系到殷代的甲骨占卜，可以寻见这类古老的占卜方式在北方族群文化上的渊源关系。

在漫长的原始社会里，占卜是一项比较普遍的预测未来或事情结果的活动，反映出原始人关注自身族群或个人的命运，即使在今日发达的文明社会当中，这种活动仍然流行于世，用以求助于冥冥之中的神灵指示自己莫测的命运而聊以解惑自慰。占卜活动在远古人神杂糅的时代，可能存在着一个人人都可以随时和鬼神交往的时期，不一定要凭借巫师的中介，只是在对于卜象或卜示的理解与解释上，巫师们要比一般人的知识和经验丰富些，他们有可能成为这方面的权威，特别是他们被视为祖灵看中或喜爱的人，但是他们终不能垄断这项活动。

在鄂伦春人的信念中，还表露出对于各类梦境以及死后世界的解释上。同许多原始民族一样，以为梦是人的灵魂暂时脱离躯体出游，或是鬼神在人的头脑里作祟，或者是祖先神灵在向子孙们预兆凶吉祸福。他们多从现实生活里对各种事物的直感经验中根据事物的外在情形与性质来施展联想，加以推测和解释。其中，一种是所谓的“顺释法”，即梦见好事兆吉，反之则兆凶。如：梦见喝酒，预兆能打着肥胖的野兽；梦见朝日出的方向走，预兆自己的病快要好了；梦见骑马奔跑，预兆要刮风；梦见得到枪支，预兆自家的马匹繁殖快；梦见“仙人柱”被大风掀倒或失火，预兆全家要生病。另一种是所谓的“反释法”，即梦见坏事兆吉，反之，好事则兆凶。如：梦见马死了或受伤流血，预兆出猎会有好运，能够打着值钱的野兽；梦见悲哀愁苦，预兆要发生喜欢、高兴的事情；梦见深水预兆将有好事，浅水则预兆将有坏事；梦见穿漂亮的衣服，预兆将要生病；梦见同家人团聚，预兆家中将要有人死去；等等。

鄂伦春人不管梦见什么，也不管兆吉还是兆凶，均认为这是祖先神灵的暗示或发出的警告，不可违拗。旧时他们就是以这类的观念来看待和解释他们的世界和命运的。

鄂伦春人对于人的死亡怀有恐惧，尤其惧怕死人的灵魂。一个人死了，认为他（她）的灵魂永远离开了其躯体，人们就要忙着打发死者的亡灵迅速去往另一个世界，不要留在世间作祟。他们先用一块布或白纸蒙在死者的脸上，好让其灵魂附在上面，不至于胡走乱游，并请“萨满”来做送走亡灵的仪式。即扎一个草人，系上多根绳线，死者家属和子女各牵一根线，“萨满”也牵着一根，并对草人祷告，请亡魂不要挂念，早早离去，保佑子孙后代，然后用“神棒”打断所有的线，把草人朝远方尽力扔去，这样，死者的灵魂就能远离而去了。如果来得及做棺材，当天就抬出去架在树上风葬或者土葬。简易的棺木里放置死者生前穿用过的衣履、帽子、饭盒、烟具等物，如是妇女，则放入她使用过的熟皮工具和针线盒一类的物件。死者骑用过的马要杀掉，剔除全部的马肉，仅留下连着内脏的马头马尾，将它覆盖在骨架上，有的还放上马鞍，置于死者的棺木下；或者将殉马去其骨肉连头带皮地披挂在一根斜插在地面的树干上，马头作上仰奔驰状，好让死者的亡灵骑着它升向天际，风葬的象征意义正在于此。至于死于非命的人或死于难产的妇婴，鄂伦春人认为这些人的灵魂会变成凶恶的鬼魂来危害族人，他们是不能升天的，所以必须火化之。但是，天堂里的生活究竟是个什么样子，一般猎民谁也说不清楚。

鄂伦春人从来不是笼统抽象地认为人世间的事情都是污秽的，从来不认为自己的灵魂是有罪的，因而也就不存在向神灵忏悔的行为，也就无所谓拯救罪孽深重的灵魂的问题。在他们朴素的信念中，亡灵归宿的“天国”，不是什么黄金遍地的极乐世界，也不是等级森严的社会。在《恩都利“萨满”》的传说中，一个自称游历过阴间亡灵世界的“萨满”，详述了那儿的情景。她发现那里几乎同阳世一样，有山水、树林和草甸子，还有一座大城市，阎王爷就住在这儿。她进了城，大街上很是热闹，路旁的房舍都很矮小，像进出“仙人柱”一样还得低头弯腰。沿路她碰见很多死去的熟人，也有好多陌生人。同熟人们见面，彼此问答寒暄，他们递给她烟抽，总觉得抓不着烟袋杆，好像是个捉摸不定的影子。她同握有“生死簿”的阎王爷交涉完事儿以后在返回阳世的路上，看见了许多奇怪的事情：一个生前寿数未到而上吊自尽的女人，遭到一群人的殴打；一个妇人生前损人利己净爱说别人的坏话，死后被人用铁圈穿舌拉着走；一个女子耳朵上吊着个大铁环被人扯着跑，因为她生前爱淘气，不听老人的话；木板上钉着个生前行为不好的女人，从中间被锯成血淋淋的两半，她生前的两个死去的男人手中各拿着她的一半的血身子；一个生前生私生子又自己将其弄死的女人，正在嚼吃自己的死小孩；一个生前乱抛月经布死后一块一块地吞食自己血布的女人；一个生前不爱惜食物死后在苍蝇乱飞的垃圾堆上拣吃剩饭的女人；等等。这个萨满在阴间所见到的全是在受罪的妇女，显然是渗进了封建礼教社会的道德伦理的观念，展示出妇女们的一个苦难深重的悲惨世界，其意义全在于教育社会成员，不要触犯以男子为中心的社会传统习惯与禁忌。

近一个半世纪以来，鄂伦春人的狩猎生产普遍地使用了外间传进的马匹和枪支，逐步淘汰了过去沿用的弓箭和扎枪等原始的工具，狩猎生产有了长足的发展；狩猎的组织规模也逐步缩小，早先由全体“乌力楞”家族成员共同出猎，变成了各个小家庭每次出猎自由结合和解散的狩猎小组“阿那格”出猎；猎物消费的办法，相应地由整个“乌力楞”按人平均分配变为每次按参加狩猎小组的实际人数来平分，首先是指成为商品的那部分猎物，如鹿茸和细皮毛等。此外，短期内的个体狩猎也从集体狩猎当中游离出来，猎获物全归自己。这些变化随着鄂伦春人对族外社会联系的加强，在外界商品经济的刺激下，加速了族内部分猎物商品化的私有过程。长期居于传统支配地位的公有制被动摇，缩小了自己的地盘，马匹的私人占有推动了族内外马的租借和买卖关系的出现，反过来又促进了整个社会私有制的发展。这一系列的变化，反映在鄂伦春人的神灵世界当中，出现了前所未有的代表和保护私有制的神灵，进而较快地在人们的信仰上取得了异乎寻常的位置。这些神灵之中，有的是过去的老神灵重新被赋予了新的内容和意义，有的是从外间传入的，更有被新创造出来的。

被鄂伦春人称之为财神的“吉雅其”神，几乎每个家庭都像对待祖神一样的供奉着，它的偶像是在一尺见方的狍皮上用马尾鬃毛编缀成两个并列的似人脸轮廓的形象，然而绝大多数鄂伦春人户敬奉的财神，并非是为了年年收进许多的钱财，主要还是祈望猎业丰收、人畜平安。

猎业生产中，马匹的多少直接影响着猎获物的多寡，进而影响对外的交换，因此，鄂伦春人认为马匹数量的多寡是他们贫富的标志。马成了最主要的财富。马可以在族内外借或租，收取一定的报酬；结婚时的彩礼和嫁妆、排解纠纷赔偿损失都用的是马匹。20 世纪出现的“昭路神”是保佑马匹繁殖和马驹成活的神灵。它的由来，传说过去有一家人的马驹连连死亡，这家的老妇于夜间得一梦，梦见一位老太婆告诉她，要想马驹不死，须在家中供奉一个管马的神，即是在一块兽皮上画四个人，每逢下马驹时挤些马奶上供，下狍崽的季节，抓个小狍子祭祀马神，这样马匹才能繁殖。老妇醒来后把梦中的事情告诉了家人，大家照着这样做了，以后她家的马驹个个成活，这事传开后，各家都供奉起“昭路神”来。另外，过去崇拜的草神“楚卡巴如坎”，后来演变成了马匹在野外患病时朝它祷告祈求病愈的神灵，专门向它供奉野鸭和细鳞鱼，还为它配了个副神“克伊德恩”。

17 世纪末，清康熙朝廷把鄂伦春人编入布特哈八旗的“打牲部”，利用其氏族组织和首领人物来实现其统治。19 世纪末叶，随着沙皇俄国对中国的不断入侵，清光绪朝廷加强了对鄂伦春人的控制和利用。在这段历史时期里，鄂伦春人当中产生了“衙门神”。传说过去有一位为清廷当差的鄂伦春人得了病，请来萨满跳神，萨满说，病人触犯了官府里的“衙门神”，应该向该神上供，从此衙门神发展到 12 种之多，成了为清政府当差的鄂伦春人经常供奉的神灵。这是清廷在鄂伦春地方设置佐领以后的产物。随着鄂伦春人同外界联系的加强，他们又创造出诸如“库吞”一类的“城市神”，管治从外地传进的疾病。上述这些变化和一些新神灵的出现，都是发生在祖先崇拜的阶段上，同鄂伦春人社会的发展变化联系在一起。

鄂伦春人的祖先崇拜是基于对鬼神观念的信念，这一观念是构筑在萨满教复杂的灵魂观念之上的，通过各种传说，集中地反映出祖先神灵具有超自然、超社会的多种功能：人的灵魂不死不灭，可以转移，可以附着到它们能够附着的一切活人的身上或事物上，造成对这个人或这些事的变化，进而产生对人和事的种种影响，这是当代各种原始宗教类型所具有的共同的基本信念或特点，为后来的阶级社会里的所谓“文明宗教”所继承和发展。鄂伦春人祖先崇拜的主要特点，表现在氏族“萨满”的承袭及其一系列的宗教活动上，随着氏族制度的崩溃瓦解，氏族“萨满”的一些宗教职能逐渐被非氏族‘萨满’所取代，但是，主祭氏族祖神仍然是氏族“萨满”的专职，其他名目的“萨满”不可越俎代庖。凡此种种，不难看出，祖先崇拜不可能是原始宗教较早的崇拜形式，它基于的复杂的灵魂观念也不可能是原始宗教较早的信仰。

图腾崇拜可能是祖先崇拜之前的产物

人类从混沌的动物世界里走出来，当着他们逐渐意识到相互的血缘联系进而确立了彼此之间的亲属或辈分的关系时，人们就会很自然地追溯起自身的来源，冥想起自己的祖先来。这个时代大约不会晚于氏族社会形成的早期。

然而，谁是自己的祖先？从鄂伦春人祖先崇拜这条宗教意识的潜流往上追溯，我们发现他们曾经有过对于动植物普遍崇拜的时期，甚至将某些动植物和自然物同自己的祖先意识联系起来进行崇拜，进而成为自己氏族或部落的一种标志或称谓，在鄂伦春人的一些传说或仪俗当中，可以发现一些例证。

传说中的洪水时代，人们四处离散，有一个鄂伦春人携带的一只猫变成了个女人，和他同居，繁殖了后代；有说狐狸帮助人咬死了怪兽，保住了鄂伦春人的性命；又说往昔瘟疫流行，许多氏族的人都死绝了，有人把孩子装在桦皮篓子或藏在地洞里，他们的后代才又兴旺发展起来，人们就用桦皮篓、地洞或石头来作为这些新氏族的名称或标志。从柯尔特依尔氏族里分化出来的“红盖千”（“红盖”为桦皮篓，“千”为人，意即“桦皮篓人”）；从白依尔氏族分化出来的“布勒吉依尔千”和“昭伦千”，则分别是“被埋过的人”及“石头人”的意思。虽然这还不足以说明图腾与祖先的关系，但是在人们的观念上，已经道出了人和氏族的繁衍同自然界偶发性事件中某些特殊的东西有着异乎寻常的密切联系，而这类联系在长久的传说过程当中，不断地被夸大、被神秘化了。

在鄂伦春人众多的神话传说中，熊是长期为他们所敬畏的一种猛兽。直到现在，鄂伦春人还保持着对熊的特别称呼，叫它“雅亚”和“太贴”，即是祖父、祖母之意，或者叫作“阿玛哈”、“额尼亚哈”即大爷、大娘之意，也有称作“阿堤日坎”，即老爷子，更有将熊称作舅舅的。用人的称谓来称呼某种特定的动物，甚至将它们视为自己的长辈或先人，确实是耐人寻味的，这在许多中外民族志的材料里也是不乏其例的。

鄂伦春人讲，在很早以前，有一个鄂伦春妇女到深山密林里去采野果，她的右手腕上带着个漂亮的红手镯。回来的时候天黑了，她在山林里转来转去迷了路，怎么也走不出这片林子，后来她变成了一头熊。几年之后，她的丈夫来到这一带打猎，瞧见林子里有一头熊正爬在树上吃野果，就把它打死了。当猎人从前肢下刀准备剥熊皮时，猎刀却怎么也插不进去，他仔细一瞅，原来是自己失踪的妻子戴的红手镯，从此人们认为人能够变成熊。

另一则传说，进一步道出了人和熊的特殊关系。有一天，一个正在山林里狩猎的鄂伦春人发现地上有一些熊的脚印，他猛一抬头，看见前方的树墩上好像坐着个穿大皮袄的人，背对着他在打盹。他心想，这里已经有人打猎，不要惊扰人家。正准备转身离开，突然，那“人”站起来，歪着头，伸出黑鼻子，张开大大的红嘴巴，露出了尖尖的黄牙齿，打了个哈欠，还伸开一双毛乎乎的爪子。猎人看清楚了，那不是人，分明是一头黑母熊。他迅即举起了弓，拉满弦，“嗖”的一声，射在黑熊背后的树上。熊听见了弓箭的响声，回转身不慌不忙地朝前直立着走来，还用它的前爪挡着光，望了望四周。这回它发现了猎人。猎人的第二支箭又飞了出去，正好射在它举起的前肢上。熊火了，拔出箭掰成两截，朝着猎人直扑了过来。猎人慌忙一闪，躲在一棵松树的背后，熊扑向松树，猎人急忙上树，黑熊三摇两撞地把这棵树给推倒了，猎人的一条腿压在树干下，动弹不得。熊见了这般情形并不伤害他，围着受伤的猎人转悠了半天，蹲下来用屁股挪动了一下树干，松开了猎人压在树干下的腿。可是他站不起来了，这头母熊就像人一样地把猎人背了起来，朝着它居住的树洞走去，将猎人安顿在树洞里的草窝上，又衔回了一些草根和草叶，嚼碎了敷在猎人受伤的腿上，还找来许多的野果和野蜂蜜，给猎人充饥、解渴。猎人的伤势一天天地见好了，从此他俩就同居起来，不久母熊生下个一半像熊一半像人的小崽。猎人整天在树洞里养伤，母熊带着小崽外出觅食，好像是一个家庭。母熊每次外出，总是用大石头把树洞堵好，不让猛兽来伤害猎人。

猎人始终没有忘记他的家乡，日夜思念着“乌力楞”中的亲人老小。这一天他的腿完全好了，趁着母熊和小崽外出找食的工夫，推倒了堵在洞口的石头，爬了出来，试了试腿力，差不多和过去一样地有劲儿了。他迅速从树洞上边取回了弓箭，朝着太阳升起来的地方跑去。出了林子来到江边，恰好碰到一个在江上放排木的人，他大声招呼排工靠岸，就跳上木筏顺着水势向下游漂走了。

猎人离开树洞不久，母熊和小崽就回来了，发现猎人走了，弓箭也不在了，再闻闻草窝，似乎还有点热气，心想猎人不会走远，赶紧领上小崽嗅着猎人的脚印一直跑来江边。只见猎人已经上了木筏往江心漂去。母熊非常愤怒，一边喊叫，一边沿着江岸追下去，猎人不理睬它。它气极了，抓起小崽撕成两半，一半扔向江上，自己却搂着另一半坐在岸边的石头上大哭了起来。这则饶有兴味的传说表现出鄂伦春人与熊的关系，甚至有的猎民认为鄂伦春人就是由熊变来的。

上述两则传说，前者认为熊是人变的，后者认为人（熊崽）是熊变的，人和熊可以互变互生，这依稀是远古图腾崇拜基于的一种信仰。在鄂伦春人看来，熊同山林里的动物不一样，其外形很像人，它们不仅能够直立起来行走，还会像人一样地用前肢搬动石头、攀树干和摘取枝叶、野果，掏食野蜂蜜等，每当发现异常情况，有时会站立起来左顾右盼，甚至用前爪遮光瞭望，并且还觉得熊的生殖器官长得同人颇为相像，特别是雌熊的。至于它们的凶猛性格和非凡的力量，更是令人敬畏不已。鄂伦春人还传说熊和老虎一类的猛兽都有“灵性”，能够通达天上的星星，预知人间将要发生的事情。这就把熊一类的猛兽神秘化了，同自然界其他的所谓有灵性的东西联系了起来。

鄂伦春老人们说，很早以前他们是不猎熊的。那时使用弓箭、扎枪打熊，时常遭到伤熊的猛烈反扑，猎人们为此丧生或致残的不少。19 世纪末叶，快枪普遍传入使用以后，好的猎手能够让熊一枪就致命，危险减少了，猎熊的风气渐开。鄂伦春人或鄂温克人每当猎到熊以后，都要举行集体餐食熊肉以及将吃剩下的熊骨进行风葬的仪式，从中不难看出这项古老的遗俗所反映的信念。往日猎人们在猎到熊后，就地剥掉熊皮，割下熊头，用草包捆好，支在树杈上，或用树枝临时搭个架子架上熊头。老年人率领全体在场的人向熊头一齐跪下，像是对待亲人一般地给熊装上旱烟，向它敬献、叩头，喃喃地说：“爷爷！（或奶奶）你睡着啦？不要责怪我们，不是我们有意伤害你，是误杀了你（或是俄罗斯人杀了你），不要生我们的气吧！多多给我们‘玛音玛音’（福气）!”大家再次磕头，点燃草包熏熊头，让熊的灵魂远去，不要跟随他们。熊肉用马驮回来。当猎人们进入自己的住地时，口中发出“嘎嘎、呱呱”的喊声，“乌力楞”里的人听见这种声音，便知道是猎着熊了，大家很自然地围聚在一起，搬柴架火共同煮食熊肉。人们一边吃，一边不断地发出“嘎嘎、呱呱”的声响，意在模仿一群乌鸦吃熊肉，而不是鄂伦春人在吃它。众人特别注意把吃剩下的全部熊骨悉数汇拢，最忌乱扔或被猎狗叼食，集中放进柳条包裹里，由四个男人抬向附近的树林，一群跟在后面的送葬的人，佯装伤心、哭泣，犹如给自己的亲人送葬一样。熊骨放置在树上，像安置人的尸体进行风葬，老人们向熊骨再次念祷，祈求保佑，整个的仪式就结束了。这个只限于熊的丧葬仪式的古俗揭示了：鄂伦春人与熊的关系非同一般，熊的灵魂和祖先的灵魂一样，同样地可以给族人赐福或招来祸灾。

人类早期图腾的观念表现出来的事实有二：一是早期的人类将他们生活领域里的动植物作了最初的分类，把这些被分类的物种分别作为自己氏族或部落的一种标志；二是在灵魂观念的支配下，把现实生活中认为和自己的族群息息相关的动植物特别是动物视为有血缘的关系而加以崇拜，相信和自己具有同一崇拜的人群都是源自于这个被崇拜的对象。这个对象就是我们通常说的“图腾”。信奉这个图腾，能够使自己族群的成员获得和继承图腾物的某些特有的品质，又能永远受到它们的庇护，这就产生了许多的神话传说流传于世，并且形成了一系列的祭祀仪式与禁忌，用以区别另一些具有不同图腾崇拜对象的人群。我认为，这是古代图腾崇拜的世界所遵循的共同的信念，由此发展出一整套异常复杂的图腾制度和图腾的文化来。

图腾崇拜观念的本身就已经注入了祖先观念的含义了。图腾崇拜唤醒了人类对于自身崇拜最早也最朦胧的意识，吹响了对于人的崇拜的号角，它是后来进入祖先崇拜阶段的前奏，为祖先崇拜的到来铺设了道路。民族志的材料显示出图腾崇拜是氏族外婚制的一种标志。在氏族社会的早期发展阶段上，图腾崇拜对于促进氏族社会内人们共同体的形成与团结，改造以往原始群团的混杂松散状态，对于维系和巩固新兴的氏族制度和人口的繁衍发展等，无疑地起过积极的历史作用。

考察图腾崇拜和祖先崇拜最基本的差别在于：前者崇拜的对象主要是动植物或无生命物，其中动物是大量的，后者崇拜的对象主要是人；二者共同之处都是把崇拜的对象视为同自己的氏族集团有血缘上的联系。人类由崇拜自然界的动植物或非生命的东西逐步发展到崇拜自己社会中的人，这个变化，反映了人类意识到自己的存在、力量、意志和作用，人同一般动植物或非生命物有别。这应该视为人类在向大自然展开长期的谋生活动的过程中，渐次地改变了自己在自然界里低微的位置。这个具有深远意义的变化，也在鄂伦春人另一些传说中留下了印记。被誉为“百兽之王”的喜勒特很是一个本领非凡的英雄人物，他经过艰苦卓绝的斗争，终于赢得了兴安岭上百兽的朝拜，纷纷请求他授予每一种野兽的名称，众兽都拥戴他是自己的主人。我认为，这则传说显示了人类运用分类和对比的方式同动物界作了彻底的划分，鄂伦春人的这则传说很具有代表性的。

远古时代的人类总是带着他们的图腾崇拜的各种传统的信念进入祖先崇拜阶段的，因而在祖先崇拜的早期，经常掺杂着图腾崇拜的遗迹，在他们的神灵世界里出现过半兽半人或半人半兽的怪异形象就是证明。黑龙江省呼玛县的鄂伦春人，传说玛尼阿依尔氏族的祖先孟沙亚拉长有一双驼鹿蹄的脚，附近还有一个魏拉依尔氏族的祖先加各达汗，其人头顶上长有一对鹿角。这两个人都以跑得快、蹦得远、气力大和箭法准而驰名四方。加各达汗原想掠夺孟沙亚拉“乌力楞”的人，后来他发现孟沙亚拉比自己的本领高强，就放弃了侵略的念头，结姻修好，双方的女子都嫁给了对方的男子，两个氏族成了世代联姻的亲戚关系。透过这些充满幻想的怪异的祖先神灵的传说，是不是可以说它们揭露了这两个不同崇拜阶段的一种联系？

在图腾崇拜的历史时期，原始人类从动物界的繁殖活动中特别是人类自身繁衍的过程中，发现了生殖的现象，从而在他们的不发达的意识里造成了一个极其漫长的生殖崇拜的时期。人们把自己族人的兴旺同自然界的繁茂非常具体地和生殖崇拜联系在一起。可能是首先对于女性生殖器官的崇拜，它是生命的孕育、降生和繁荣的象征，往后才是对于男性生殖器官的崇拜，认为它们不仅同样具有生育的特殊功能，而且成为后来父权的象征，独占了生殖崇拜的鳌头。考古学方面的材料有着许多的例证。

从鄂伦春人的柯尔特依尔氏族分化出来的尚不成熟的车车依尔氏族，有过这样一段传说：有个猎人的妻子死了，他就把亡妻的生殖器官割下来放在桦皮盒里（桦皮盒一般也是用来装神像的），这个猎人每次出猎回来，都要打开桦皮盒看一看（往日鄂伦春人每次猎归到家都习惯向祖神叩安），他的第二个妻子死了，照旧这么做。这个传说的片断，或许是透露出鄂伦春人历史上曾经有过生殖崇拜的情形。

图腾崇拜往往同生殖崇拜有联系，因为在许多民族关于人类或祖先起源的传说中，几乎都有人和动物相婚配产生了后代的说法。生殖崇拜伴随着极为漫长的图腾崇拜和祖先崇拜的历史时期，一直延续到阶级社会。作为一种迷信或习俗，到处都有崇拜性器官的残迹，而且迄今人类社会发展的每一个历史时期或阶段，于各地区各民族族群当中生殖崇拜的遗俗，差不多都含有自己特定的文化意义。郭沫若认为“大抵宗教实起源于生殖崇拜”①。事实上，人类在意识到生殖现象之前，可能已经有了比生殖崇拜更为古老、更加原始的崇拜——自然崇拜。

自然崇拜可能是最早的崇拜

通过对于鄂伦春人信奉的各种神灵的考察，我们发现在他们的信仰里还存在着一个更加广阔的神灵世界，这就是对大自然本身的直接膜拜。

按照鄂伦春人的看法，他们所能看到的或触及的自然界中每一件事物，几乎都是有灵的，只是那些对于他们的生活至关密切、影响又特别大的事物，才赋予“神”的意义，而整个的自然界都是各种各样的神灵自由栖息和纵情驰骋的天地。

对于日月星辰和风雨雷电的崇拜是人类普遍经历过的自然崇拜的对象。鄂伦春人长期生活在寒冷的北方高纬度地域，太阳周而复始的运动，它的温暖、光明和威力，给人们和大地的感受自然是足够神奇的。他们称太阳叫“得勒钦”，每年农历正月初一，都要朝它跪拜祷告，祈求赐福给他们；月亮周期性的盈亏圆缺，更能激发他们的想象。由于山林里的大多数野兽都有昼伏夜出的习性，夜晚或清晨是狩猎的最好时刻，所以猎人们认为月亮是陪伴他们夜间打猎的神灵“别亚”，每年农历正月十五日均要朝月亮叩拜祈祷。如果接连数天打不到野兽，饥饿的猎人于月夜在山里放置一口空锅，跪在锅前向月叩拜，翌日赶忙查看，如发现锅内有什么兽毛

① 郭沫若:《中国古代社会研究》，人民出版社 1954 年版，第 273 页。

一类，那就是预示着将会打到什么野兽。至于日食的出现，人们是很恐惧的，以为灾难就要降临，大家竞相敲响能够敲响的东西，老人们还不停地朝天叩头祈祷。

在星辰中最受崇拜的是北斗七星，以为它们是夜夜守护着人们的神灵，称之为“奥伦”神，老人们也有的称之为“长寿星”，认为它们保佑人们健康长寿。关于“奥伦”神的来历，有一段生动的传说。古时候在鄂伦春地方有一对夫妻，丈夫经常虐待妻子，妻子只好逃走，她路过“奥伦”（搭建在山林里的一种储放粮食衣物的仓库，构筑在四根木柱上，离地一人多高，用木梯上下，其上覆盖或捆绑有桦树皮），想爬上去拿点吃食，丈夫拿着弓箭追来了，她又着急又害怕，这时“奥伦”突然拔地而起，往天空飘去。凶恶的丈夫朝她射了一箭，箭射在“奥伦”的一根柱子上，妻子幸免于难。相传北斗星座的四个角就是“奥伦”的四根柱子，其余三颗星是“奥伦”下边的梯子，四个角中倾斜了一个角，那是被追来的男人用箭射歪的，这个女人后来就变成了“奥伦”女神。

每当鄂伦春人看见天际变幻莫测的绚丽的彩虹时，相信那是雨神“莫都尔”（又称“龙神”）和虹神的居处。每值夏季或早秋天气，频繁的大雨妨碍出猎，猎民们往往跪在山野里，朝天祈祷雨神或虹神，希望雨止天晴，方便出猎。他们很是惧怕风神“毛鲁开依达力”和“根求鲁阿狄尔”，若是正从刮旋风的地方经过，就会触犯风神，患嘴歪眼斜的抽风病，甚至会发疯，要赶快上供狍肉或鹿肉等猎物，祈求风神息怒与宽恕。每遇雷电交加，便认为是雷神“阿路狄达尔”和“塔力路兰”在作威发怒。平时最忌讳踩着雷击木或从雷击的树木旁经过，认为会触犯雷神，招致发高烧、心口难受等病痛。

鄂伦春人对于能够食用的野生植物常是怀着感激的心情来看待，认为这些花草树木或果实都有着善良的灵性。他们的传统舞蹈“红普嫩”是两人一组相对而跳，边跳边转圈儿，每转一圈相互拍一次手，做出摘取野果的动作。从这个古老舞蹈的动作里，可以窥见人们对于野生植物怀着的一种崇敬的态度，它们很可能是属于以往宗教仪式中的一个片段。值得留意的是，在鄂伦春人的衣、帽、手套、烟荷包、香囊以及大量的桦皮制品上，刺绣或刻画出各种植物的茎叶、花卉等图案，都是非常美妙生动的。

妇女们是采集植物的能手，象征着吉祥如意的美好植物，如此广泛地被采用和表现在鄂伦春人的生活当中，这绝非是一种偶然的现象，它势必同崇拜自然的观念有关。

同生活息息相关的动物，鄂伦春人更确信它们是神灵的化身。比如分别管理自身物种的鹿神“乌布力安”、狍神“底布千卡文”和鱼神“卡勒威”等，人们欲猎获这些动物，经常要祭祀这些动物的神灵。有些被认为能够影响人间祸福或生命健康的动物，诸如凶神类的狐神“敖律”或“乐莫勒”、黄鼠狼神“胡路斤哈达尔”以及虎神“乌塔其”、狼神“嗡”和熊神等，人们在提到它们的时候，时常表现出一种敬畏的神情。这些长久地被鄂伦春人崇拜着的动物成为“神”（“巴如坎”）当有一个漫长的历史演变的过程，它们当初并不是作为“神”来被崇拜的，也不是被当作图腾物加以敬奉的，这从它们现存的称呼中可以得到证实。它们多是产生在最为古老的自然崇拜的阶段上，那时，人们对它们采取直接膜拜的方式，出自于一种更为原始的宗教意识或者是一种发展极为初级的观念。只是后来这些被崇拜的动植物或其他自然物经历了极其漫长的自然、图腾和祖先崇拜的历史阶段，随着社会的发展，宗教意识和灵魂观念日益复杂化，尤其是社会上出现了“神”的观念以后，人们才将往昔崇拜的各种自然物赋予了“神”的概念或称呼，不断地注入了适合于人们现实生活需要的新的含义或解释。神就是这样逐渐在人们的观念中被升华被造就出来的。神一旦为人们所确认，其原有的自然形态就有可能蜕化成人的形态，赋予其人格化，用人的形象和意愿来理解和塑造它们的神偶神像。上面列举的鄂伦春人动物神灵的偶体，多半是用松木加工成中间稍凸的简单人形，用猎刀削刻出头、嘴、鼻和眼睛，眉眼有时是画出来的，而且一律给它们穿披上和自己大致一样的狍皮、驼鹿皮制作的衣服。有趣的是鄂伦春人把这些神偶都配上对，男女成双地放在一起，照他们看来，神灵也是要生育后代的。神偶神像的制作，谁会制作谁做，不分男女，一旦制作好了，经过祭祀，就具有了神圣的意义，从此放置在各家的桦皮盒子里，长期收藏起来。这些神偶神像的嘴上，沾满了用兽脂兽血多次祭祀的痕迹。

众多的自然界的神灵之中，几乎都不及火神“欧透巴如坎”和山神“白那恰”对于鄂伦春人的生活产生那么重要的影响，它们受到最为频繁的祭拜。火，向来是鄂伦春人感到既亲近又神圣的东西。早年无论走向何方，都要带上火种“包毫库特”，这是一种寄生在桦树上的比较干硬致密的菌类，点着火后能够慢慢地阴燃不灭，将它插在棍棒上，斜别在身后，无论游猎迁徙到哪里，都会留下一堆堆篝火的灰烬。他们关于火的传说和禁忌是比较多的，其中最流行的一种说法是：过去有个玩火的小孩被火灼伤了手，他的母亲生气地用猎刀将火乱捅了一阵后火熄灭了，当天她怎么也点不着火，第二天她搬到另一处地方住下，仍然点不着火，她的妯娌告诉她回到原来的住地去看看，还有没有余火。她去了。只见一堆大火正在熊熊燃烧，火旁边还坐着个老太婆，满脸是血。她前去问个究竟，老太婆生气地说：“是你昨天把我弄成了这个样子的!”这个妇女恍然大悟，原来是自己把火神的脸给弄伤了，赶紧跪下求饶。老太婆斥责了她一顿，告诫以后不许再这样做了，妇女回去后这才点着了火。这个传说应是一篇警世文，在鄂伦春人中间几乎是家喻户晓的。

火神没有神像，燃烧跳跃的火焰本身就是火神的化身或象征。鄂伦春人向来禁止乱扔火、玩弄火、用铁器或尖锐的棍棒捅火，禁止用脚踩火或往火里吐痰、便溺、泼水和倒脏东西，也禁止用会蹦炸出火星的木柴来烧火。每次进餐或饮酒之前，都习惯往火里先扔一点儿酒肉，表示敬奉给火神。清末民初，在黑龙江地区较早定居务农的这部分鄂伦春人当中，有崇信灶神“居拉西其”的，据说此类神灵是从外地传入的，但它的影响远不及火神“欧透巴如坎”。

关于山神“白那恰”的传说也是多种多样的。有的说它能变成一只老虎，有的说它会变成一个老头儿，但是都认为“白那恰”能够帮助人们打到许多的猎物。鄂伦春猎人以为每次进山狩猎，无论打到或者打不到野兽，打到什么野兽以及打多打少，全凭“白那恰”赐给的运气。这个被奉为专管猎业的神灵，据称日夜在山林里走动，居无定处。人们进山打猎，都禁绝高声喧哗，力避触犯了“白那恰”；凡是路经古老的树木或高大的陡崖，或是望见一片弥漫着的白雾，听到杂沓的回声，都认为“白那恰”就在近旁，定然跪下，轻声向它祈祷，祝愿多赐好运。猎人们往往在山岭路旁的大树上，用猎刀简单地削刻出一张似人的“白那恰”脸形，每逢经此皆要朝它叩拜、祝祷，敬烟献肉，往它的嘴上摁抹一层又一层的兽脂兽血。他们坚持认为，只有不忘对“白那恰”的祭祀和禁忌，打猎方会顺利，否则即使野物近在眼前，也会一无所获。

鄂伦春人在对大自然崇拜的过程中，创造出的无数神灵，大都具有鲜明的自然属性。人类依赖于自然界，在世代相继的谋生活动中，把自己的智慧、力量和全副的热情都作用于大自然，而大自然却反过来将自己的巨大的力量无情地作用于人类，这就在原始人类尚不发达的头脑里形成了最初的幻想或抽象，把整个自然界生动的实体看成同自己一样，有感觉、有意志、有情绪，将自然界的各种事象赋予人的品格甚至是人的形象，认为它们都是些有灵性的东西，进而将自然界神秘化，这就有可能产生了最为原始的宗教观念——“灵”，形成了最早的崇拜——自然崇拜。

问题讨论

对于鄂伦春人原始信仰与崇拜的考察，我们可以获得如下的几点认识与假设:

第一，鄂伦春人世代逐兽而居的游猎生涯，是培植其原始信念的土壤，被他们创造出来的神灵世界所显示的种种特征，只有在他们的原始游猎生活方式中才能得到较为合理的说明。他们的神灵世界同他们的现实社会一样，其中既没有富足的人，也没有穷困的人，更没有阶级的对立和奴役，在平等并列的众神之上，还没有形成主宰一切的上帝。这些都是鄂伦春人社会生活的现实反映。

第二，鄂伦春人的原始宗教同不少信仰萨满教的民族大体一样，大致都经历过从自然崇拜到图腾崇拜再到祖先崇拜这样三个重大的原始信仰与崇拜的历史阶段。众多繁杂的崇拜都同一定的观念与信仰相联系，每一种崇拜的样式几乎都基于一定的信仰，各种的信仰与崇拜均有其内在的关联，都有一个由此及彼、由简单到复杂、由具体到抽象、由低级阶段到高级阶段演递发展的历史过程，呈现出原始宗教信仰与崇拜的阶段性和继承性。每一个阶段上，皆有一个占主导位置的信仰与崇拜，其他的信仰与崇拜都围绕着它们旋转，前一个阶段的信仰与崇拜为后一个阶段的信仰与崇拜准备了条件。

处在原始宗教最早阶段上的自然崇拜，是基于一种尚不发达的灵魂观念，即“灵”（spirit）的观念与信仰。随着人类社会生活领域的不断扩大，被意识到的自然界的事物愈来愈多，才逐渐将“灵”的观念推及整个自然界，把整个自然界看成是有灵的世界，这就形成了“万物有灵”的观念。泛灵观念的出现，标志着灵魂观念已趋成熟，灵魂的功能日趋复杂：灵魂有其形态、性状和生活方式；灵魂不灭，按其意图可以转移，可以附着在人体或各种事物上，对人或自然界施加种种的影响。这样的观念，为图腾崇拜的到来开创了道路。

图腾崇拜是一个承上启下的重大崇拜阶段。在它的到来之前，自然崇拜阶段上的各种自然物，于人们的观念意识上还比较简单而且直接，还没有意识到人类自身的来源和将氏族的血缘关系同被崇拜的自然物作了分类进而联系起来，还没有将它们作为氏族的祖先和对氏族组织的一种标志来划分和看待。我以为这正是自然崇拜和图腾崇拜的分水岭。

对人的崇拜可能最初发生在那些氏族或部落杰出的首领人物身上，他们超人的品格与能力长久地为人们所拥戴和崇拜，这种情绪一旦进入意识之后，通过世代传说的演绎，灵魂观念遂演变出对于鬼神的信念，认为已故祖先或亲人的灵魂变成了鬼或神，由鬼魂的生活方式和鬼神的功能作用导致出现阴间和阳世两个不同的世界，这就揭开了一个祖先崇拜的历史时期，一直延续至今。由于鬼神观念的确立，使得古老的自然崇拜与图腾崇拜的信念就同以祖先崇拜为主体的信念交织在一起，并且围绕着祖先崇拜来展开，组建成了万物有灵论的庞大的信仰体系，这些都较为充分地反映在鄂伦春人的萨满教的宗教活动中。人类正是依照着这样的造神运动的方式或轨迹，替自己树立起一个又一个的信仰与崇拜。

第三，原始宗教中的一些观念和阶级社会里的许多宗教虽然有着千丝万缕的联系，但是，我们在分析与评价原始宗教的历史作用的时候，不可以也不应该和阶级社会里的宗教等量齐观。在荒洪的远古时代，人类社会在各个方面都是那样的低下、简陋、困难和不发达，人们世世代代在生与死的边缘上异常艰难地、不懈地挣扎着、奋斗着，不可能出现比原始宗教的信念更发达更为先进的思想，更不可能出现后来的无神论的思想。原始宗教是原始人长期同自然界作艰苦的求生斗争活动中形成的，它是原始人类共同拥有的信仰或世界观，又是他们用以适应大自然的一种精神武器。诚然，原始宗教在今人看来是极其荒谬的，它直接毒害着人们的身心。如果我们将原始宗教放到它形成的那个远古时代里去考察，就有可能看到它们的另一面，即它们曾经锻炼了原始人类的观察与思维的能力，加强了原始群团的内部维系，尤其是许多族群珍异的原始文化的因素，往往通过原始宗教得以流传至今。我想，我们在具体研究原始宗教的历史作用时，是不是应该采取这样的态度或考量，才比较符合于人类社会历史发展的实际情形呢？

（原载云南省民族研究所《民族学报》1982年第2期）

“影视人类学”：社会文化人类学的新方法

人对于自己、社会和世界的了解和认识，多是凭借着视觉和听觉进行的。这个原理被运用到影视人类学上，就具有了科学的方法论的意义，成为直接观察、记录和研究人类社会及其文化行为的一种方式。

一

“影视人类学”（visaul anthropology）直接的意思是“可视的人类学”或“影像人类学”，也有人将它译做“视觉人类学”，唯感不足的是忽视了与图像同步的“听觉”系统，而“声像同步”的“视听”做法正是人类学所重视的一种观察和记录客观世界的方法。我以为在没有更好更确切的译名之前，仍用“影视人类学”的译名为宜。据知，“visual anthropology”一词是1985年由保加利亚的一位人类学家阿森·巴列克齐（Asen Balikci）教授应邀来我国进行学术访问交流时介绍给我国学界的。

“影视人类学”是根据人类的视觉与听觉的心理反应和期待等特征，运用电影或录像、录音等技术手段，于实地摄制记录有关人类学民族学内容和性质的影视片。对于这种影视片的摄制理论与方法、技术与标准、分析与评论、分类和社会传播效应等方面作系统的研究，以及通过这种影视片对于人类社会与文化行为进行形象直观式的教学及研究，完善社会文化人类学的田野参与性观察与研究的手段等，这些就构成了“影视人类学”的主要内容。在这里，民族志和人类学记录片的摄制是“影视人类学”的基础或核心，是社会文化人类学研究的手段之一，它能够提高基础观察的质量，使描述性的民族志学达到更高水平（P. 霍金斯，1981）。

对于人类学影视片历来有不同的称呼，我的理解有三种，这主要是根据影视片关注的内容和表述方式的不同而产生的。（1）“民族志影视片”（ethnographical film），专门于实地通过必要的调查研究来拍摄记录某个或某些民族的族群社区生活情状与文化事象的传统样式，一般只作现场客观的如实记录和反映，很少甚至没有摄制者的解说或评论，而是把评说交给观众去做。这类民族志影视片的客观性集中表现在相信和尊重观众的自我理解与判断上。有的学者视民族志影视片为一种社会的文化模式的“体现者”（E. D. 布里加德，1975）。（2）“民族学影视片”（ethnological film），其内容比一般民族志影视片要广泛些，除了如实地记录反映民族的事象外，往往加上摄制者或研究者对影视片内容带有一定学术观点的分析、解释与评论，有的还将不同时期、不同地区民族的社会文化事象予以选编，进行纵向或横向的对比性研究。有的学者认为民族学影视片是向人们解释属于另一种文化的人们的行为（W. 戈德施米特，1972）。民族学影视片的内容与表述方式十分强调“民族学性”，它更接近于学术著述，有比较严密的逻辑结构，有时还附有见证性的结论。（3）“人类学影视片”（anthropological film），一般的习惯泛指民族学影视片或民族志影视片。然而有的学者认为，人类学影片虽然将民族志的内容视为最重要的内容，但还不是它的全部内容（P. 霍金斯，1996）。随着当代人类学理论的发展，它日益成为一门研究人类行为的科学。长期以来，人类学被理解为一门研究人类自身及其创造的物质文化、精神文化和制度文化的起源或来源、发展类型与演变的综合性学科，但在今天，它主要侧重于人类文化全貌性的剖析与解释，通过对民族或族群文化的多样性研究，从中试图概括出有关人类行为与观念的通则或建立某种文化的模式。此外，对于某些地区族群文化的现状及其命运的关注等，都是这门学科现今发展的一些主要趋势和特点。人类学影视片摄制的范围也随之日趋宽广，几乎包括了人类学有关分支学科的所有领域，成为不同于其他影视片的一个独立的片种。

“影视人类学”作为社会文化人类学的一门边缘性的分支学科，它在当代人类学、民族学和影视学的理念与方法的指导下，以跨文化的比较研究的观点，将各地各类社区的族群群体中具有不同社会历史传统的文化之征状、行为方式与技术样式等，经过摄制者必要的实地参与观察、体验和研究，忠实地摄录下来，如实地予以反映，起到记录、保存、传播和研习之作用，其本身不仅是一种研究的方法，也是一种研究的成果。不少学者坚持认为，人类学影视片可视为社会文化人类学的一种"科学文献"，它用真实具体而连续活动着的系列形象画面，作出比较客观的生动表述，是一个可以被用来"阅读"的"文本"（text）。

人类学影视片需要建立起一个影视人类学的基本的科学标准和艺术标准，以规范其摄制的活动。但是，由于人类学影视片的摄制多半是属于个人的行为，注重个人的观点和艺术风格，各家认识不一，彼此也较少合作，故在目前还难以形成比较一致的公认标准，甚至包括影视人类学的定义等。法国著名的影视人类学家让·胡许（Jean Rouch，1916—2003）曾著文主张不要急于给这门年轻的学科下定义，以免束缚它的发展。这也是一种认识。然而，我觉得，科学的纪实性、摄制者的参与性、学科的理论性和艺术风格的求实性等，应是人类学影视片具备的基本特点与要素。质言之，"真实性"是科学性的基础。人类学电影也曾被称之为"真实电影"（cinema verite），它所记录和反映的事象必须是原本生活在其自然状态下的进行样式，不容许拍摄者或局外人的任何人为干预、主观设定或编造，这是人类学影视片摄制的极为重要的理念或原则之一。

关于人类学影视片摄制的理论与方法，通常主要包括：有关题材内容的选择、拍摄的方式方法、剪辑的技巧、影视语言和多媒体的运用、解说词（含字幕）和音响等处理、结构与节奏、艺术表现风格、版式等。至于不同类型的人类学影视片的定义与分类、人类学影视片的历史发展、人类学影视片的分析评论、科学性与艺术性的标准及其关系、人类学影视人才的培养及相关影视档案机构的设置与合作交流、观众心理及人类学影视片的社会功能与应用等，都是影视人类学研究的范畴。

二

长时期以来，在田野工作中的人类学家和民族学家们习惯于重视和依赖被观察访谈对象的口头讲述和回忆，比较忽视或无视于对眼前正在进行着的社会人文事象的声像记录，这在过去可能是受到影视技术条件的诸多限制，从而把人类学民族学局限在仅仅用文字符号来记录和表述的一种地地道道的“口头科学”（M. 米德）上。据知，二战以前出生的西方人类学家们，比较倾向于否认电影是一种“严肃的”记录与表现的方式，他们基本上不承认电影能够成为民族志资料的可靠源泉。① 但是，影视人类学近一个世纪的实践，已经从根本上改变了那种仅依赖于口头和笔头的并不完善的记录和表述方式，为研究者和观众展现出直观真实而且可以反复重现的鲜活形象与活动场景，尤其是能够永久保存并且可以复制的那些业已消失或正在消失的田野资料。显然，用影视的现场直观式记录比起书面文字资料要准确生动有效得多，其传播速度与传播层面也远胜于后者，它对于更准确地观察和扩大田野作业的范围，以及深化田野研究具有重要的意义。

20 世纪 60 年代以来，世界上有越来越多的人进入到影视人类学的学科行列中来，全球性学术机构“国际人类学与民族学联合会”所属的 18 个相关的专业委员会当中，“影视人类学委员会”是其中之一。1973 年 9 月在美国芝加哥召开的第九届国际人类学与民族学大会上，与会者通过了《关于影视人类学的决议》，认为“电影、录音带和录像带在今天已是一种不可缺少的科学资料的源泉。它们提供有关人类行为的可靠资料，研究者们可以运用新的理论对此进行独立分析……它们传播信息不受语言的约束。它们能将我们正在变化着的生活方式的各种特征保存下来，留传给后世。我们所处的时代不只是一个变化着的时代，而且是同一性增强而文化大量消失的时代。为了阻止这一过程，同时也为了纠正这一过程可能导致的人类的短视行为，按现存的多样性和丰富性记录人类遗产就非常必要。”② 这一认识，已经被越来越多的学者所认同。

二战结束以来，世界上许多曾经是殖民地或半殖民地的国家相继独立，纷纷开始了现代化的进程。这一进程将不可避免地淹没大量的民族传

---

① ［意］P. 基奥齐：《民族志电影的起源》，知寒译，载《民族译丛》1991 年第 1 期。

② ［美］P. 霍金斯：《影视人类学原理》，海牙 1975 年版，第 483 页。转引自《民族译丛》1991 年第 1 期。

统生活方式及其传统文化，人类学家是最早也最深刻地感受到这种文化变迁的巨大震撼。芝加哥会议以后，国际影视人类学委员会发起了国际民族志影视十年规划，其主要的目标是选择表现整个人类文化范围的不同方面的一个样板，摄制 60 种不同文化类型的人类学影视纪录片，加以保存和研究，并将每项研究的全部影视片拷贝送回原有的文化群体中，以获得这些民族自己的鉴别和支持等。① 20 世纪 70 年代以来，随着声像同步录制技术的进展，影视人类学在国际上的许多方面与场合都有了很大的发展，人类学家与民族学家已经把全球民族志电影拍摄计划和倡议建立人类文化影视档案的战略构想，正式提到国际会议的议事日程上来了。

三

人类学和电影都产生于 19 世纪中叶以后，成熟于 20 世纪 20 年代，而影视人类学的历史几乎和电影史同期发端。在 19 世纪末，法国的一位病理解剖学医生瑞格脑（Felix-Louis Regnault）用计时成像的摄影方法，把不同人的各种动作多次成像地记录在早期的胶片上作比较研究；1898—1899 年英国剑桥大学的人类学家哈登（Dr. A. C. Haddon，1855—1940）率领一支探险队，远赴澳洲托雷斯海峡（Torres Straits）进行人类学考察，他随身携带了一台卢米埃尔式的电影摄影机，拍摄了一些田野作业的资料，也使用了最早的蜡筒录音设备，可惜这些声像资料没能保存下来。我认为这一年应该视为民族志电影的开端。

民族志电影发展中的一个里程碑，是一位美国地质探矿工程师出身的弗拉尔蒂（Robert Flaherty，1884—1951）摄制的《北方的纳努克》（"Nanook of the North"，1922）。由于探寻铁矿，他在加拿大哈德逊湾东海岸因纽特人（Innit）活动地域里生活了十余年，参与观察了他们家庭异常艰辛的游动的渔猎生活，实地拍摄了这部成功的无声纪录影片，被认为是

① ［保］A. 巴列克齐：《民族志影视片与博物馆——历史及概况》，关学君摘译，载《民族译丛》1986 年第 2 期。

"默片"时代的经典之作，开创了纪录片之先河，"纪录片"（documentary）这一术语即始于该片。P. 弗拉尔蒂虽然未经过正规系统的人类学民族学的训练，但这部影片却在许多方面都具备了民族志田野作业的要素，甚至有所创新。他很重视拍摄工作必须取得当地人的理解和信任，让被拍摄者参与影片的设计。他还常在夜晚冲洗出胶片放映给被拍摄者看，听取他们的意见，这种被称为"现场反馈"的做法，使整个的影片更趋真实感人。

1936—1938 年，美国文化人类学家米德（M. Mead）和贝特森（G. Betson）通过在印尼巴厘岛上的田野考察与拍摄人类学电影，首次将人类学纪录片视为研究工作的一种方式方法。他们论述了民族志电影的特点，把它同一般的纪录片作了区分。有的影视人类学家认为这是当代影视人类学的形成时期。美国的影视人类学在近半个世纪当中获得了一系列的进展，主要在于政府部门将人类学影视片列入教学大纲，使得一批接受过文化人类学专业训练的摄制人员，能够运用影视的手段来发掘和说明人类学的一些课题，并确立了深入摄制的标准。人类学影视片在教学与研究的公众博物馆中被广泛地运用，形成美国影视人类学发展的一个特点。

以让·胡许为主要代表的法国人类学影片，在电影艺术风格上形成了实验性的特色。J. 胡许经过 40 多年（1946—　　）的不懈努力，拍摄了 120 多部影片，多数是有关非洲的民族志影片，其中有不少影片的艺术评价很高，呈现出强烈的个人风格，它们无论对于电影或是民族志在创作观念与方法上，都有较深刻的启发和激励。1960 年，他和一位社会学家合作摄制了同步录音的纪录影片《夏日纪事》，他们采用的"参与式拍摄"方法，使拍摄者和被拍摄者、研究者和被研究者同时出现在影片的画面之中，形成了一种思想与行为的互动关系，从而把更多的观众吸引到整个社会所关注的问题上来，形成了一种强有力的社会舆论的导向。

德国人类学影视片一向注重传统文化的摄制，强调纪实的严谨性，主张维护科学性和学术性的尊严，艺术性应当为学术服务。20 世纪 50 年代初，德国就建立了人类学影片档案库，属于世界上较早建立影视人类学档案库的国家之一；1959 年，哥廷根科学电影研究所提出了人类学电影摄制的规则与标准。此外，英国的民族志影视片一向很受欢迎，人类学家和摄影师合作，摄制出一批如《消失的世界》大型的系列纪录片等。日本大阪的国立民族学博物馆设立的民族电影研究中心，摄制和收藏有世界各地民族志影片2415种、录像资料948种，建有一套由电脑操作的影视传播系统，研究人员和观众坐在各自的小放映间内，通过遥控装置可以自由选择要看的影视片。前苏联的影视人类学活动似不及西方国家活跃，其摄制的人类学影视片，同他们拥有的众多的民族学资源和丰厚的文化历史传统不成比例。但是，新的一代从业人员大都具有良好的文化素养与专业修养，他们摄制的人类学影视片，多能表现出他们较高的审美观。

四

中国民族志影片的摄制起步于1957年，已经有40多年的历史了。20世纪50年代中后期，国家主要领导人曾多次指示，为了配合民主改革和社会主义改造，对于我国少数民族的社会性质和现状应尽快组织作抢救性的调查。遂由全国人民代表大会民族委员会出面主持，有关省区成立少数民族社会历史调查机构，进行了八九年（1956—1965年）的田野调查，先后编辑出版了五套少数民族社会历史丛书。在这次空前规模的民族调查研究当中，电影作为一种记录的手段首次被引进到这项工作之中，这就开创了中国影视人类学的事业。

中国影视人类学的兴起是同当时国家的政治工作任务相联系的，其摄制活动是有计划、有目的、有组织的集体行动。早期摄制的影片，当时称为“少数民族社会历史科学纪录片”，共21部、123本（每本放映约10分钟），涉及中国16个少数民族。这些影片的内容都是属于民族志方面的。其中记录原始社会及其残余的有11部、奴隶制社会的1部、封建农奴制社会的3部，其他关于家庭婚姻的有2部、文化艺术的4部。影片的内容都是以当年的田野调查资料为依据，有不少民族研究者和民族工作者参与了这项工作，同电影工作者协作共同摄制的。这批影片在记录和反映我国前资本主义社会诸形态方面，大体上都能从实际情况出发，尊重事实，不同程度地表现出这些民族社会与文化的历史特点，具有保存和研究的学术价值。但是，毕竟是早期的起步时代的作品，时代的社会意识形态的东西比较明显或强烈，影片的表现手法比较单一或雷同，总的看来还不够成熟。这些早期人类学的影片从未在国内公开放映，都是作为内部资料用于科研与教学的。

20世纪80年代中国的改革开放政策推行以来，电视事业突飞猛进，按理，中国的影视人类学得到了一个发展的良机，然而，事实并非理想。这一时期，随着国内外科学与技术的进步和发展，影视器材日益精良和便于操作，影视业深入到社会生活诸多领域，尤其是国内外经济文化交往频繁，各地掀起了旅游的热潮，其中的一些焦点，往往对准了颇具吸引力的民族传统文化与习俗方面，这就形成了属于旅游风情拍摄性质的商业浪潮，国家电视台几乎每天都在播放这方面的节目，其中的质量参差不齐，但是这类影视片的艺术表现手法，却比以往任何时期都具有多样性。这同影视片已经不再是由政府部门统一策划组织有关，多数是由有关单位摄制的，也有属于社会团体的赞助，所以有着比较广泛的社会性；影视片在拍摄的题材、结构和表述方式等方面，比以前有了不少的突破；综合性地反映社会形态的影视片大量减少，专题性和系列性地记录反映我国有关少数民族或社会群体现实生活的内容占了大部分。从整体上看，到20世纪末，有关高等院校、研究单位、电视台和少数音像企业摄制的人类学影视片多具有较好的质量，这些影视片在忠实地反映中国新时期里社会生活的广度与深度方面，不乏比较卓越的表现，其中有一些作品在国际上多次获奖。但是，这方面毕竟是为数很少的。许多从业人员都没有受到过人类学民族学专业的训练，他们摄制的有关人类学性质的纪录片，往往表现出明显的不足；50年代形成的民族志电影专业人员队伍，由于受到“文化大革命”的巨大扫荡，基本上已经不复存在，影视人类学学科的断层难以弥补，加上整个体制存在的落后性问题以及摄制经费等种种的困难，这就有形无形地束缚了中国影视人类学的发展。

前瞻中国影视人类学的道路漫长，任务繁重。首先，要做好扎实的基础性工作，改变封闭作业的格局，创造各种机会不断加强学者与纪录片人的交流与合作，彼此互补长短，严防“影视官僚化”的作风，努力实践。其次，在摄制中，既要注意抓紧抢救记录正在消失的文化，又要把重点放在积极反映正在变化着的社会与文化，特别是要悉心关注普通老百姓的生活。因此，需要经常深入到各地各个群体中间，参与他们的实际生活，不断地发掘新的题材和研究的课题，分出类型来进行专题研究和拍摄。再次，加强影视人类学理论方法的学习和研究，积极补课。有关单位应组织力量，系统地译介出版国外影视人类学的动态与成果；另一方面，开展对我国人类学影视片的分析评述工作，探索适合于我国具体情况的摄制标准，用以提高摄制和研究的整体水平。电视台有必要辟出纪录片专栏，系统地介绍国内外优秀的人类学影视片，这项属于文化普及工作之意义，远远超出了学科本身的范围。需要指出的是，我国从事人类学民族学教学与研究工作的大部分机构，还没有同影视人类学发生实质性的关系，一些设有人类学民族学专业的高校，尚未开设影视人类学的有关基础课程，许多学者和教师对于运用影视的手段还比较陌生；系统培养影视人类学专业人才的工作，似尚未列入有关部门教育计划的议事日程。凡此种种，都亟待大力改进和加强我国人类学民族学的教学与研究工作。

人类学影视片启示着我们，只有正确地认识各民族的过去和现在，才有可能正确地引导他们迈向现代化。人类学影视片还告诉我们：人类的过去和现在是在怎样的自然环境、社会条件下创造了自己的历史和文化的，又是如何地适应时代的发展、社会的变迁以及文化的冲击，一步一步地走向未来的。文化，通常是在不断地经历了内外的冲击当中前进的。此外，我们还发现，人们通过这类影视片不仅观察到他人的行为和自己的行为，而且能够较好地理解别人和了解自己，分享我们这个多彩世界上的丰富多样的文化，透过对不同文化的对比，产生对于异文化有鉴别的欣赏或吸收能力，不断地促进各民族之间的相互学习与交往，增进和睦相处与团结合作。作为一门新兴学科的影视人类学，为我们提供了观察研究问题的新的方法和视野，它在推动学科的发展、建设我国社会主义精神文明的过程中，以及在提高国民的整体素质方面，将会发挥出独特的作用。

（原载《中南民族学院学报》1997 年 17 卷第 3 期）

影视人类学理论与方法探讨

利用电影摄影机和录像设备来观察记录以及保存人类学民族学的田野资料，极大地丰富和完善了那种只靠口头和笔头搜集记录田野资料的传统做法，为田野作业开辟了一个非常广阔的观察研究天地。但是，作为一门边缘性学科的“影视人类学”，迄今还没有公认的定义和研究方法。据一些影视人类学家的见解，认为人类学电影是“电影语言和科学的严肃结合”（J. 胡许）。电影这门艺术，有其自身特点的表述方式，主要是运用镜头画面的“蒙太奇”有机组接，以表现视觉形象内容的一种艺术样式；作为人文、社会科学的人类学、民族学或社会学，也有其学科所规定的特点。人类学和电影相结合，就是科学和艺术的结合。这种结合当然要体现出二者的特点和优长，才能相得益彰，如果只强调突出某一方面的内涵而不顾及甚至损伤了另一方的特点，则这种结合至少是不成功的。有的学者认为“民族学电影就是用影视手段来表现民族学原理的影视片”，不是二者的简单相加（K. G. 海德）。关于影视人类学的定义有过许多争论，目前国际影视人类学界有一些学者比较倾向于不要急于下定义，主张“其边缘性的状况能够持续相当一段时期，使得这一年轻的学科不至于落入固定僵化的学科规范之中，或者不至于发展成枯燥的官僚主义学科”。①

① Rouch，Jean：The Camera and Man，see Paul Hockings Editor：Principles of Visaul Anthropology，Second edition，Mouton de Gruyter 1995，p. 97.

一

一个多世纪以来，人类学领域里虽然先后出现了许多学派或流派，充斥着各种各样的理论和争论，但是，对于影视人类学来说，我们必须知晓和掌握的是当代人类学（社会文化人类学）关于文化的基本观点，因为“文化”（culture）是这门学科最为核心的问题。

“文化”是人类所具有的特殊品质，正因为人类具有文化，才同动物界有了本质的区别。人类具有两重的属性，即“生物性”和“社会性”。20世纪60年代以来，当代人类学出现了以文化的观点来观察人类行为的理论。人类的行为虽然以生物性为基础，有着许多作为人的共同的属性，但是，也存在着大量的因为社会的、历史的、文化的或环境之不同，生活方式的不同而形成的相异性，这些都是属于观察研究的范围。文化人类学表明，不同的文化对于行为和性格的塑造差异很大。当代人类学家在这些异同当中，试图探求文化的特质、模式、变迁的规律，并给予科学的解释，是研究的主要层面。当代人类学对于文化的参与观察研究具有全貌性（holistic）、透视性（perspective）和解释性（explanatory）的特点。一个社会及其文化，犹如一个经历了漫长岁月的复杂机体，其中各个部分是环环相扣接的，欲了解某一族群社会和文化，就必须从它的各个方面进行观察研究，以取得一个较为整体性的认识。在这个认识的过程中，需要观察者跳出自身的母体文化的囿范，用客观求实的态度、平视的视角看待其他文化和民族或种族，不管被观察研究的群体的社会与文化发展的状况与程度如何，都不带任何偏见的平等对待，找寻其中的异同及文化的通则（nomothetic），这种称作“跨文化比较方法”（cross－cultural comparison method）是当代人类学文化观的一大特点。这种文化观和研究方法的特点主要在于，体质人类学家和人体解剖学家们把通过人类进化史的大量研究所提供的数据资料的事实作为理论依据，认识到世界各种族、民族在体质、智力和创造性等方面，具有人的本质上的一致性，没有优劣之分。因此，我们的任何观察研究，必须毫不犹豫地全面彻底清除一切种族歧视和文化偏见。

文化人类学家倾向地认为，人类的行为模式是由许多风俗习惯形成的，而社会人类学家则倾向于由众多的人际关系所组成。文化人类学比较注意不同民族的生活方式是如何形成又如何传递给下一代；不同民族或族群如何整合他们之间的关系；人们是如何产生众多的超自然的观念与信仰来祈求他们想得到的东西。总而言之，一个人从出生到死亡，是如何认识自身的文化，如何适应和运用文化，包括外来的文化，各个民族都有着不尽相同的社会化进程的行为模式。从这些不同民族行为模式的比较研究当中，我们发现，每一个自然环境、文化环境和社会历史传统不同的民族，早就各自形成了一套生活方式和价值观念，每个民族都有价值选择的方向，即价值取向（value orientation），作为各自行为取舍的标准。因为标准不同，才行为各异。各个民族的生活方式和价值观，几乎都是一个自成系统的文化整合丛，而每个民族对于自己的文化传统多是非常看重的，也是属于他们文化价值观当中最为重要的东西，所以欲了解和说明一个民族或族群的文化和行为，只有用该民族族群自身的观点和价值取向去观察了解才具有意义，如果轻易采用别人的或其他民族的观点和标准去观察了解，就不可避免地经常会产生许多的偏见或误解，这就是文化人类学家说的“文化相对论”（cultural relativism）的观点。

当代人类学家认识到，每个民族的文化是一个自成体系的完整系统，在我们自己的文化系统之外，世界上还存在着众多的文化系统。我们可以讲习惯于哪一种文化或不习惯于哪一种文化，但是不可以说我们自己的文化是最好的，他人的文化是最不好的。我们不应该根据自己文化的好坏标准来评判他人的文化。文化都是在各自的环境、传统和深厚的生活土壤里一代一代生长出来的，它们适用于本民族本地域的生活。因此，在不了解他人文化发生的背景条件及其文化特质的情况下，硬要把自己文化的一套东西作为“先进的”“优秀的”强加在他人的文化之上，这是相当危险的。对于各民族文化采取科学的、客观的、平等的态度，这是当代人类学提供的和异民族异文化相处之道的基本观点，被视为是对于文化理论的一个重要的贡献。

文化的差异古来有之，是客观存在的事实。当代人类学提出了一个共同的目标：在不断地深入对于全人类文化与行为的异同的研究过程中，既要了解他人的文化，也要了解自己的文化，通过知己知彼的比较方法，懂得了别人的和自己的文化，才具备对异民族异文化进行阐释的资格。此点对于影视人类学的理论建设尤为重要。

当代人类学正处在一个充满了文化撞击和文化震荡与变迁的世界性潮流之中，文化上的共同性在逐渐增多和加强，这一趋势在第二次世界大战之后已经愈加明显。二战后的世界是一个不断分化又不断地重新组合的世界，原始社会的遗存几乎荡然无存；西方的殖民地社会正在全面消失，代之而起的是先后出现了一系列新独立的国家和民族；前资本主义的民族与社会纷纷进入发展中的阶段，皆以不同的方式从传统型社会朝现代化的目标前进，往日传统社会的关系正在被一种新的社会结构关系所取代；随着民族意识的成长，相继出现了为自身的权益而采取激烈行动的独立运动，备受歧视压迫的种族、民族、阶层和妇女，成为这类独立平等运动中的一部分。整个世界的政治、经济和文化关系都处在重新调整当中。面对着如此剧烈变动的时代，人类学的传统理论与方法已经愈加显得不能适应了。人类学究竟应该怎样地去观察、描述和分析日益混杂不清的文化？怎样对待那些业已散碎或变异了的理论呢？一些学者们提出，需要立足于当代与未来，创立新的观念模式，重新认识和估计现今变化着的世界，人类学的研究需要有一个全新的见解，呼唤一种新型的能够反映当前不断变化着的世界的民族志的描述，这就产生了一种构建现今人类学的尝试，这个问题至少在 20 世纪 70 年代就被提出来了。我们认为，跨世纪的人类学既需要发展，也需要继承。影视人类学的建设与发展和人类学的趋势息息相关。我们需要关注当代人类学的各种理论方法的探讨及其发展动向，并且通过影视人类学的实践，从一个方面来帮助推动当代人类学的前进。

二

20 世纪 70 年代以来，围绕影视人类学的讨论主要集中在：人类学影视片摄制的理论、方法与技巧；影视人类学的研究方法；人类学影视资料的价值和文化保存、再现及传播；影视人类学和公众生活及教育；影视人类学向分享人类学（shared anthropology）靠近等。在摄制的理论与拍摄实践方面，以科学性和艺术性的争论最为突出，反映了人类学民族学的科学性与影视学的艺术性之间的矛盾与冲突。

迄今人类学影视片的摄制大大超过了理论性的研究，致使人们怀疑影视人类学是否称得上是一门独立的学科。不少的学者认为，人类学影视片仅仅是一个内容独特的片种，或是包含有大量的人类学民族学信息的影视片。他们只习惯于运用文字符号来建立学科，表现研究的成果，对于电影摄影机、声像同步的摄像机等手段的使用多不精通，对此往往采取比较保守的态度。他们怀疑在田野作业中运用影视手段的科学性。

对于影视专业人员，通常多是强调运用视觉艺术的特点，通过画面形象与影视语言说话，注重于艺术构思和表现手法，讲究个人的艺术风格等。人类学民族学学者和影视工作者这两种不同职业或专业的人一起合作，往往是以各自所熟悉和习惯了的方式来对待和处理人类学影视片的摄制，在科学性与艺术性的问题上，常会发生明显的矛盾。从事于科学研究的人，总是透过具体的事象进行综合、归纳和概括，偏重于逻辑思维或推理，习惯于运用抽象的概念、术语及文字符号来比较严密地表述事物的逻辑过程或特征；而从事于影视艺术创作的人，常常是受到具体的形象与情绪的感染与激发，注重于事物形象的艺术塑造和情感抒发，侧重于运用形象来思维。这是他们之间的主要区别或矛盾。

在影视人类学中强调科学性是主导、艺术应该为科学服务的意见认为，影视人类学存在着观察和理解事物的两种不同方式，这就是科学研究与审美意义之间的矛盾与冲突。“在影视民族学中，影片只是工具，民族学研究才是目的。”“必须首先并且要不断地强调民族学性一定要优先于电影摄影的艺术性，当民族学的要求与电影摄影的要求发生冲突时，必须以民族学的要求为主。”指出“影视民族学最重要的属性在于影片具有民族学的活力”。持此说法的美国影视人类学家海德（K. G. Heider）还认为，科学性与艺术性的矛盾是人为因素造成的，主张“影视工作者要从民族学角度，即从科学的角度考虑问题；而民族学工作者则必须从影视的角度，即形象的角度考虑问题”①。双方互相渗透，互为对方增添光彩。持类似观点的J. 茹比也主张民族学影片要尽量符合科学的民族学标准，认为，无论在方法上及资料的搜集分析上，都要具备科学的逻辑和理论的含义。影片作为沟通的媒介与技术，必须将科学的论述传达出来。他觉得大多数民族学电影均未能达到这种标准和效果，虽然这类影片都可供人类学研究分析，但不应随意地为它们冠上“民族学电影”之名。②

持相反观点者首先对于“科学性”提出了质疑。20 世纪 80 年代西方人类学界掀起了对书写民族志的文学性风格推崇的浪潮，认为民族志是一种作品，首先值得提倡的应是它的文学性或美学的价值，而不是所谓的科学性。这一思潮认为，人类学作品应该以文学作品的美学情趣或审美标准来要求，不应该以是否合乎科学标准来评价，因为所谓的科学性标准，在他们看来往往是一种先入为主的观念。指出科学所要求的客观，总是尽可能压制作者和研究者的情感流露，使这种个人的情感不得不深藏起来，而人类学家于田野作业中所产生的丰富而生动的经历与体验，多半只能写进那些不一定能够公开出版的他们的调查日志当中。C. 格尔茨（Geertz）曾经在检视了一些著名的人类学家诸如 B. 马林诺斯基、埃文斯 - 普里特查、R. 本尼迪克特和 C. 列维 - 斯特劳斯等人撰写的民族志后认为，这些著作中的理论力量如今已经消失，但人们依然乐于阅读它们，原因就在于这些作品具有一种特殊的文学风格，令人难以忘怀。因此，他认为民族志的文学性格和人类学家的作家角色是不容忽视的。③ 我们认为，民族志当中确乎存在着文学性和美学的因素，这些因素原本寓于各民族丰富多彩的文化之中，产生于不同文化相互交流和碰撞的过程中，这是事实，人类学家民族学家对此不可能没有自己的深刻感受和激扬的情绪。问题在于民族志究竟是以科学的描述为主还是以文学的描述为主，人类学家民族学家是以科

① ［美］K. G. 海德：《影视民族学》，田广等译，中央民族学院出版社 1989 年版，第 24、25 页。

② Ruby, Jay: Is an Ethnographic Film a Filmic Ethnography? see Studies in the Anthropology of Visaul Communication, 2〔2〕: pp. 104 - 111。

③ Geertz, Clifford: Works and Lives: the Anthropologist as Author. , Stanford University Press, California.

学家的角色出现抑或是以文学家的角色出现。如果二者兼得，当然极佳；如果强调应以文学为主，那么，人类学民族学和文学及其二者的作品又有什么本质上的区别呢？

上述思潮还涉及民族志的写作究竟是给谁看的问题。在殖民主义的时代，人类学家以西方学术界所关心的理论问题带到殖民地的田野中去印证，出版的民族志主要限于学术界阅读和研究讨论。C. 格尔茨认为，现今殖民主义的时代已经结束，民族志的研究者、被研究者和读者三者之间的关系也应有所改变，被研究者不只是被描述的对象，读者也不只是被动地被告知，今天的民族志应该使得三者之间能够有所对话和交流。形成于殖民主义时代的人类学理论在后殖民时代已经不再适合了，民族志的写作要注重风格和美学，把一个群体的意识切实地传达给其他人群。① 在民族志写作的革命浪潮中，出现了许多新的写法，尝试用更自由、更合乎人性和更具有艺术的审美价值与风格情趣的书写方式来著述出版新的民族志，以摆脱所谓的“科学”紧箍咒的束缚。

书写民族志发生了如此重大的变化，对于影视人类学不无影响。20 世纪 80 年代以来，西方学术界出现了反对人类学影视片以科学性为优先考虑的主张，要求摆脱科学性对于民族志的桎梏，从以往的科学性的规格当中解放出来，使人类学影视片成为一种“分享的人类学”“人性的人类学”的理论。②

这方面有一定代表性意见的如 I. C. 贾维（Jarvie），他说：“我对于以电影作为科学性人类学传达工具之价值甚表怀疑。”他明确地反对把电影作为表现某种理论的需要的工具来看待，认为人类学的知识如果是为了顺应某种理论的需要而展现真实（reality）的话，那么，影片的表现势必要受制于理论与思想的束缚，在这种条件下的表现是难以获得长足进展的。他指出，人类学影视片的摄制者与人类学家的目标可能不同，前者主要是处理具有想象力的视像，后者则以精确的科学态度审慎从事，二者如果勉

① Geertz, Clifford: Works and Lives: the Anthropologist as Author., Stanford University Press, California.

② 胡台丽：《民族志电影之投影——兼述台湾人类学影像实验》，载台湾《“中央研究院”民族学研究所集刊》1991 年版，第 71 期。

强地凑合在一起，双方都不会满意，这在实际上对于民族志没有什么贡献。①

影视人类学的历史显示，同人类学电影一起成长的纪录影片，70 多年来的发展已经大大地超过人类学电影。20 世纪 50 年代以后，一些人类学电影的摄制者有意识地将纪录片的美学原则和文学观念吸收到自己的影片当中。新的尝试引出了新的风格与创新，促进了人类学电影的发展，其中以法国的民族志电影摄制者、“真实电影”（cinema verite）的开拓者 J. 胡许的影片为其代表。他采用不同的标准和方式来处理和表现书写民族志和民族志电影。对于书写民族志，他采取了严谨的科学研究方法，而对于民族志电影，则采用大胆的文学性的个人情感的抒发。显然，这种分别对待的做法，并没有真正地解决人类学影视片的科学性与艺术性相互协调的问题，因此，有关二者的关系和标准的争论，仍将在长期的实践中继续下去。

三

有关人类学影视片的摄制标准至少可能存在着三种意见，主要取决于它们的用途和观众。一种是用于学术研究与教学，其科学性占据首要的位置，而且其中多数是非商业营利性的人类学和民族志影视片；二是供大众观赏娱乐，其艺术性占据首位，多数是商业性质的风情旅游影视片；三是用于社会文化教育或政令宣传，以指导与规范人们的行为。我们认为，对于第一种标准的影视片，即人类学或民族志影片，应该注意改进那种一味强调科学性或学术性而忽视影视艺术特点的偏向，克服那种单调乏味的平铺直叙，或者是生硬刻板搬弄，偏向用以印证某种理论观点，甚至不惜削足适履地框套于无所关联的现实生活；对于第二种标准的影视片，不宜一味地强调艺术风格和个人情怀的主观抒发而不顾及基本的事实，造成对现

① Jarvie, I. C.: The Problem of the Ethnographic Read., see Current Anthropology, 24〔3〕: pp. 313 –325, 1983.

实的歪曲或损伤，因为艺术上的过分渲染，经常会偏离了客观事物的原貌或属性，对观众造成误导；对于第三种标准的影视片，也需要考虑到人类学民族学的一些基本原理和方法，恰当地予以运用。不管是哪一种摄制的标准或方法，纪实性和求实风格都应是人类学影视片必须坚持的基本原则。

现今的世界与社会确有许多从未有过的现象和课题正等待着我们去观察记录和深入研究，影视人类学和当代人类学的研究一样任重而道远。但是，对于大多数的人类学民族学学者来说，能够具备既精通本学科的原理方法又深谙影视技术操作修养的人是不多的，影视摄制者又只是熟知影视艺术和拍摄技巧，却往往缺少有关人类学民族学的理论知识，所以双方的合作势在必行。

在我国，影视人类学和人类学影视片对于大多数人还是个比较陌生的学科和片种。人类学影视片除了记录保存民族或族群的传统生活样式以及文化技术知识用于教学和研究之外，应该尽可能地深入生活、发掘题材，特别是今天充满着无穷变化的鲜活生活，选择和运用各类素材与拍摄方法来不断地拓展它的生命活力，让社会上更多的观众参与进来，关注人类的行为和文化的命运。人类学影视片综合和积累了人类传统的知识、经验与感情，我们需要把这种属于全人类的珍贵财富作为一种信息传播开去，努力做到雅俗共赏，让不同的观众能够通过这类影视片找到各自关注的东西，包括已经失去了的和能予寄托的，以启发今后的生活。

（原载《思想战线》1988 年第 1 期）

民族志电影的“重塑”方法

为了演绎和展现往昔的一段历史题材故事，舞台上和电影中很早就采用了“重塑”历史事件的表现方法。为了描述和阐释一个地方群体在受到外来文化传入之前的传统生活方式，西方纪录片早在20世纪20年代就通过电影来“重塑”文化。二者的重塑，都旨在恢复并重现已经从现实生活中消失了的场景与人物活动，但是它们的性质、功能、目的和做法却有着根本的不同，主要在于：前者属于戏剧故事片范畴，后者属于纪录片范畴；前者注重艺术的美学创造，后者专注于社会文化事实的科学再现；前者多用于娱情，后者常用于文化的抢救、保存和教学与研究；前者可以虚构一些内容情节或杜撰出一些任务，后者却绝对不可以；前者主要由职业演员扮演，后者全然是该文化的主人在原地作复述式的演示；前者要面对的市场具有商业性，后者多是非营利性的，等等。这些区别仅仅是相对而言的。①

在人类学的电影史上，用“重塑法”（reconstruction）即“重建”“重构”或“复原”拍摄来描述和阐释地方群体业已消失了的生活方式，一般地讲，可以推溯到罗伯特·弗拉尔蒂（Robert Flaherty，1884—1951）于20世纪初期拍摄的《北方的纳努克》（Nannok of the North，1922）一片，以及他在太平洋萨摩亚岛拍摄的《摩阿那》（Moana，1923）和在英国西

① 法国人类学电影大师、“真实电影”（cinima verite）类型的开拓者尚·胡许（Jean Rouch 1916—2003）开创了“民族志式虚构”的电影，诸如《非洲虎》（Jaguar 1954）、《我是黑人》（Moi，un noir 1957）等。这类影片，都是他经过长期的民族学参与性田野观察研究而获得的民族志作为基础，编成故事拍成纪录型的电影。为的是打破学院式的教条与科学性的束缚，寻求更自由开放、更具艺术性与反思性的新民族志（胡台丽2003），让观众共享人类学的价值，深入思考“真实”，并且探触到虚构的、超现实的领域（Paul Stoller 1992）。本文不拟涉及这方面的内容。

北端拍摄的《亚兰岛人》(Man of Aran，1934)，都不同程度地运用了重塑法；伊恩·邓洛普(Ian Dunlop)和人类学家罗伯特·童金松(Robert Tonkinson)在1965年澳大利亚拍摄的《荒漠人》(Desert People)；阿森·巴力克齐(Asen Balikci)在1963—1965年加拿大东北部拍摄的《耐茨力克爱斯基摩人》(Netsilik Eskimo)系列影片，都使用了重塑文化的方法。我国早期的21部人类学影片(当时称“少数民族社会历史科学纪录片”)摄制于1957—1980年，对16个少数民族(人)的社会历史形态及文化习俗用重塑法进行了大规模的整体性拍摄①。上述人类学或民族志影片在重塑拍摄方面都各具特点，这些特点除了摄制者自身的因素外，大都同他们所处的时代和社会有关联，分析和比较这些人类学影片的重塑方式，对于进一步认识和评价这一方法是有意义的。

一

被誉为纪录片经典之作的《北方的纳努克》，拍摄者R. 弗拉尔蒂是一位出身地质探矿的人，他虽不是人类学家，但他的影片含有人类学的内涵。他少年时代生活在美国密执安与加拿大矿区和印第安人毗邻地区，曾跟随其父勘察矿藏，对于严寒极地的探险生活并不陌生。1910年他受雇探查哈得逊湾的矿床，六年中做了四次野外踏勘，其间附带拍摄了一些因纽特人(爱斯基摩)的生活影片，从此迷恋拍片，遂产生了将电影运用到地理和历史教学上的想法。一战结束后，西方影界以实地拍摄的探险旅游片备受欢迎，充斥异国情调的文学作品也广受青睐。弗拉尔蒂看到这一时期花样不断翻新的旅游探险片后，“我逐渐形成了一个想法，就是如果拍

① 1957：《凉山彝族》《佤族》《黎族》；1959：《额尔古纳河畔的鄂温克人》；1960：《西藏的农奴制》《新疆夏合勒克乡农奴制》《景颇族》《独龙族》《苦聪人》；1962：《西双版纳傣族农奴社会》；1963：《鄂伦春族》《大瑶山瑶族》；1964：《赫哲族的渔猎生活》；1965《永宁纳西族的阿注婚姻》；1966：《丽江纳西族的文化艺术》；1976：《僜人》；1978—1980：《苗族》《清水江流域苗族的婚姻》《苗族的工艺美术》《施洞苗族的龙船节》《苗族的舞蹈》。其中全面反映社会历史形态的计16部，专题性的计5部。

部影片来描述爱斯基摩人如何在荒凉贫瘠的北方为生存而斗争，未必没有价值。”① 他的第一部影片《北方的纳努克》就是选择了一户因纽特猎人家庭在冰雪覆盖的荒原上其艰难的生存情状，这样一个富于人类学哲理性的严肃主题还贯穿于他的其他影片中，这就大大有别于当时纯粹的甚至虚构的旅游探险影片，显现出纪录片真实性的价值。R. 弗拉尔蒂强调的是“发现”，认为“所有的艺术都是探险行为。所有艺术家的工作最终都在于发现”②。每当选定题材后，他都要在那里的居民中生活一两年，深入细致地观察研究他们的生活方式，注意听取他们的意见并及时改进。他的影片没有泛泛地描述或不知所云之处，每个场景和细节都有较明确的内容，且交代得清楚明白。为了体现他的构思，他的拍摄策略是选择有鲜明个性的普通人，将他们置于一系列自然界艰险条件下来展示人物的行为和精神面貌，其间采取了重塑法来表现主题。作为影片的主人公纳努克，他在影片的重塑方面起到关键性作用。R. 弗拉尔蒂选择他和他的家庭作为影片的主干线。影片在猎海象、海豹和搭建冰屋等场景采用了重塑法。他拍摄的第一个场面是去远海的海象岛猎海象。当时步枪已经传入，纳努克为了表现猎人的勇猛，主动用往日传统的鱼叉猎取海象，成为影片中最惊险的一幕。纳努克并不以此为满足，提出更加危险的用鱼叉猎取凶猛的北极熊的提议，并亲自示范猎熊的过程。但是他们艰难跋涉了近两个多月，终未寻见熊，其间遭遇暴风雪，生死与共地熬过了饥寒交迫和迷失路途的极为危险的日子。此外，纳努克在冰窟窿里猎捕海豹，多次滑跌在冰上，在后援者的帮助下才拖出海豹，却是死的，这是重塑的场景，内中不难看出集体协作的重要性。因纽特人的冰屋都比较狭小，光线很暗，弗拉尔蒂决定搭一座较大型的，而且敞开一半，让光线充足些。建冰屋的技艺过程、纳努克和两个妻子及孩子们在冰屋内睡眠起居的情状，都作了重塑。这些重塑比较巧妙，不了解者不一定能认出。R. 弗拉尔蒂“在此片中吸收了故事片的手法，却将它们运用到纪实场景的题材上，又将它与真实的人和事结

① ［美］R. 弗拉尔蒂：《我怎样拍摄〈北方的纳努克〉》，陈梅译，载单万里主编《纪录电影文献》，中国广播电视出版社 2001 年版，第 394 页。

② ［美］弗朗西斯·R. 弗拉尔蒂：《一个电影制作者的探索——罗伯特·弗拉尔故事》，季丹等译，载单万里主编《纪录电影文献》，中国广播电视出版社 2001 年版，第 226 页。

合了起来”①。这部将纪实与重塑相结合的形式新颖的影片，对纪录片产生了深远的启蒙影响，后人尊他为“纪录片之父”。《摩阿那》是美国好莱坞出资拍摄的，据称远没有《北方的纳努克》享有盛誉。该片也用了一些重塑法。弗拉尔蒂一直想拍摄到西方文化传入以前当地社会与文化的原始状况，故在该片的拍摄中，他要求村民都穿上本地传统的“夏波”服装，对西方传教士多年禁止的文身活动也作了复原拍摄。热带海岛的诗情画意是该片的主要格调。他的第三部影片《亚兰岛人》的题材是他在30年代美国经济大萧条时期携眷去欧洲寻找机遇的途中偶然发现的。在海轮上他同一位爱尔兰人聊天，这位旅客说因为他的故乡亚兰岛上没有耕地，所以人们不得不在岩石上寻土造地来维持生活，这一严酷的事实很可能触动了他的灵感。

《亚兰岛人》采用了较多的重塑法，重点层面是描述19世纪末岛民常年寻土造地和在惊涛骇浪中航行捕鱼的活动，并通过一个三口之家来重塑传统生活的样式。这个家庭中的父母亲和十来岁的孩子是从不同家庭里挑选出来的。这个简陋的家庭点的是海兽油的灯，鸡养在屋梁上悬挂着的鸡窝里，羊却饲养在灶边，人们须从远处用小船运来炭泥作燃料。在这个孤独而贫瘠少土的海岛上，男人们先要费力地凿碎石灰岩的表层，用爬犁平整地面，再四处从岩缝里寻抠出珍贵的土，一点点地运回地里；妇女们到海边捞取海草作肥料，她们背着又湿又重的大捆海草，攀越峭崖，铺到薄薄的土层上种植土豆；渔民们成群地乘小船出没于狂风巨浪的海面上。这些平凡单调的劳作都是在令人胆战心惊的自然险境中展现出来的。R. 弗拉尔蒂在亚兰三岛生活了一年零八个月，经过深入的观察体验与构思，用重塑法将岛民的生存样式与汹涌澎湃的大海的关系刻画得淋漓尽致，把古老的生活方式与险恶的环境融为一体，充分体现出人与自然的生存奋斗的主题，产生了震撼的效果。

然而对于这部影片的评价，有毁有誉，其中的批评多来自于人类学家。影视人类学家A. 巴力克齐对于影片中的造地和收集海草的场景认为是“采用了虚构，加以夸张和歪曲……《亚兰岛人》不是一部民族志地方

① ［美］埃里克·巴尔诺：《世界纪录电影史》，张德魁等译，中国电影出版社1992年版，第36页。

文化的有效重塑”①。人类学家麦森格（John C. Messenger）20 世纪 60 年代中期在亚兰岛做过田野调查，认为影片里岛民捕鲨是 R. 弗拉尔蒂创造的新习俗，“为了使影片符合于他预先的构想，让画面达到美学效果，他严重地曲解了大量的当地习俗”，还指出 60 年代中期的岛民觉得这部影片将他们当作野蛮人来描述是荒谬可笑的，而且当地的天气状况并非像影片中所表现的那么严峻可怕②。英国著名的纪录片人约翰·格里尔逊（John Greelson，1898—1972）无理地指责弗拉尔蒂，说他为什么不去反映当时亚兰岛的地主制社会③，却去表现人与自然的搏斗，等等。事实上，上述人类学家全都没有亲眼见过拍片时的亚兰岛，所言皆是事隔三四十年的后话。无论如何弗拉尔蒂毕竟不是人类学家，当时他拍的片子必须考虑商业价值。在这部影片中他成功地将“重塑”与“纪实”这两个人类学电影的拍摄方法完美地加以结合运用，创造了一个值得借鉴的拍摄模式。

二

1965 年由导演 I. 邓洛普和人类学家 R. 童金松（顾问）合作在澳大利亚拍的《荒漠人》，是一部比较成功地用重塑法拍摄的人类学影片。长期来大量西方移民带着他们的文化全面持续地进入澳大利亚，当地古老的土著文化几乎消失殆尽，只是在其西部的沙漠地带，偶尔能寻见少数土著家庭尚维持着传统的生活方式。影片的摄制者受到人类学理论的驱动，在人类学家参与指导下，重塑了澳大利亚土著传统的生活模式，这对于早期人类学家关于澳洲土著的描述，起到了部分补充的作用。

摄制者从一个海岛传教站找到了一个土著家庭，邀请他们携带往日的

① Balikci，Asen，Reconstructing Cultures on Film，Principles of Visual Anthropology Second Edition，Paul Hockings ed.，1995，Mouton de Gruyter.

② Balikci，Asen，Reconstructing Cultures on Film，Principles of Visual Anthropology Second Edition，Paul Hockings ed.，1995，Mouton de Gruyter.

③ ［美］埃里克·巴尔诺：《世界纪录电影史》，张德魁等译，中国电影出版社 1992 年版，第 36 页。

工具等物，重返沙漠过一段传统式的生活。影片拍摄了他们在荒漠上的日常活动：猎小动物、收集野生植物、搜寻水源、吃东西的习惯、儿童的游戏以及睡眠的姿势等。把该家庭成员平素琐碎的活动分别作了非常详细而平实的拍摄，没有追求所谓戏剧化的效果，然后将它们编在一起，试图使观众得到一个有关澳洲土著原始文化的整体概念。

从人类学的角度看，各镜头、场景的部分内容单独地不能说明多少问题，只有将它们按照这个特定文化的逻辑结构组织在一起成为一个整体时，方能看出各部分的事物和各种行为之间的内在联系，看出人们在特定环境与条件下活动的相互关系，这是该影片的一大特点。但是，影片的不足处是仅通过一家人的孤立地重塑活动，没有其他家庭群体的存在，就看不出他们之间的联系，因此这种文化的整体性也难以体现出来。此外，A. 巴力克齐评论说："按照弗拉尔蒂的习惯，这种整体性是要通过主要'演员'来体现"，即是"他将他的主人公放在一系列极具地方特色且高度戏剧化的事件中进行拍摄，从而对当地文化做了鲜明而深刻的诠释"，"然而I. 邓洛普毕竟不同，他未能充分开掘出他的主角的个性，因此他的主角就不具备纳努克的人性的深度。"① 这恐怕是人类学电影重塑拍摄中存在的比较普遍的现象。

1963—1965 年，A. 巴力克齐受托在加拿大东北部用重塑法摄制了《耐茨力克爱斯基摩人》系列影片，这项任务是用于学校的社会科学基础教材"人类，一个研究的过程"的一部分。

他在20 世纪50 年代末东耐茨力克因纽特人中作过人类学的田野工作，调查发现20 世纪以来该地区经历了若干次的西方文化传入，其中1919 年来福枪是最重要的传入，这对于以渔猎为生而终年流动的因纽特人的狩猎技艺与组织、猎物分配制度、部落生活方式和宗教信仰等，都发生了深刻的变化。在他的调查中还收集了1919 年以前有关因纽特人家庭周期性迁徙活动的大量翔实资料，这为重塑拍摄打下了基础。在拍摄之前，他做出了两项基本的决定，即影片重塑的时限定在来复枪传入该地区之前和拍摄

① Balikci, Asen, Reconstructing Cultures on Film, Principles of Visual Anthropology Second Edition, Paul Hockings ed. , 1995, Mouton de Gruyter.

题材应以每个宿营地周期性的迁徙路线为主要线索。

他们把重塑传统生活方式拍摄的意图反复向当地因纽特人解释清楚，参照弗拉尔蒂挑选主要“演员”的做法，挑选了一位在传教站宿营村定居的头人及其家属作主线，并将该家庭和大多数社区居民的活动联系起来拍摄。最初他们没有意识到这项重塑拍摄的艰辛和长期性，没有拍摄剧本，拍摄计划也不很明确。他们是从夏天捕鱼季节在石块垒成的堰坝上开始拍摄的，人们穿着驯鹿皮的衣履，用传统的鱼叉刺叉鲑鱼和鳟鱼，随着狗拉雪橇的迁徙队伍，拍摄了冬季猎民守候在冰窟窿旁利用海豹浮出呼吸的短暂时机用鱼叉猎取；夏末秋初在美洲驯鹿经过的重要地带，猎户们集体把驯鹿撵到狭窄的湖面上，以独木舟堵截，再用扎矛刺杀；还拍摄了部落社区里分配猎物的传统方式等。这位50来岁的头人在整个重塑拍摄中起到了领导的作用，他挑选其他成员参与拍摄，对年轻人则传授因纽特人过去的传统知识，同时在选择宿营地和组织狩猎活动等方面，他几乎成了一位“导演”，是他在重塑因纽特人传统文化的生活方式。A. 巴力克齐说：“在这里，人类学家的角色反倒是次要的了，即是帮助后勤工作，以及扮演一个在爱斯基摩人和摄影师之间的中介人。”① 在这种情境中，人类学家专注于拍片的纪录过程，经常考虑着下一步将要拍什么。他们不断捕捉题材，在现场评估各项活动的意义，以及这些活动和其他活动同传统文化的关系等。这要取决于人类学家对当地文化的了解和认识程度，才能及时做出必要的判断与选择。

《耐茨力克爱斯基摩人》系列影片在重塑拍摄上的一些做法值得重视，即重塑文化多是由因纽特人自己按照传统样式自主完成的，其间人类学家没有干预和指导他们社会活动的进程，他们只是对题材作了必要的“选择性的综合”（A. 巴力克齐）。“重塑不是意味着以任何的方式告诉爱斯基摩人如何做，相反地，我们所有的努力都是通过镜头抓住他们行为的自发性和自然性。”② 这就比上述影片的重塑拍摄更符合人类学电影科学性的要求。

① Balikci, Asen, Reconstructing Cultures on Film, Principles of Visual Anthropology Second Edition, Paul Hockings ed., 1995, Mouton de Gruyter.

② 同上。

三

20 世纪 50 ~ 70 年代，中国社会正进行着一系列社会主义运动，边疆一些少数民族经济发展滞后的地区也在开展“民主改革”运动，历史上形成的传统生活方式经历了深刻的变化。在这个社会大变革时期，国家领导人提出在全国开展对少数民族社会历史的调查，旨在从社会发展史的唯物史观角度实地了解记录各少数民族旧有的传统社会形态与现状，作为科学研究和制订民族政策的参考，也有抢救文化资料的意义。这项历时近 9 年（1956—1965）的调查，是由中央到地方各级民族事务委员会与统战部门主管的，先后在有关省区成立了 16 个少数民族调查组，约千余人次参加，其中包括民族研究机构的学者、高等院校的部分师生、文化部门及相关省区的少数民族干部。其间，电影作为一种记录手段，首次被运用到这项全国性的田野调查中。

我国早期摄制的 21 部人类学（民族志）影片，不少是采用重塑法集中记录反映 20 世纪 50 年代以前各少数民族不同的社会形态面貌，其中包括残存的原始社会家族公社和农村公社、奴隶社会和农奴社会，它们是人类历史进程中活的例证，具有很高的认识价值和研究价值。摄制这类影片，很多部分需要重塑，当时既无经验更乏借鉴，而且那时我国还不能生产电影胶片，全靠进口，其困难程度可想而知。有关民族学者和电影工作者（“八一”电影制片厂和北京科学教育电影制片厂）携手合作，承担起这项异常艰巨的任务。

这些早期人类学影片的取材，都来自于民族学者和民族工作者多年深入实地做的田野调查和研究，这为重塑拍摄提供了比较充分的材料。据了解，21 部人类学影片的实地拍摄，几乎都有当年参加调查的民族学者参与拍片工作，事先也都有较详细的拍摄剧本或提纲。笔者于 1963 年协助过《鄂伦春族》一片的拍摄，此片编导兼摄影杨光海先生（云南大理白族）根据剧本还写出更为具体的分镜头剧本和影片解说词。拍摄前的组织动员十分重要，先通过当地鄂伦春族干部向定居点的猎民讲解拍电影是怎么回事，这部影片就是要记录和保存猎人在定居之前的游猎生活，让子孙后代知道老一辈人的艰辛，让全国各族人民了解鄂伦春人。影片是按照一年四季的游猎活动作为主干线索展开拍摄的。我们将参与拍摄的猎民分成“固定”和“临时”两种，所谓“固定”者是作为一个家族公社（“乌力楞”）的成员多次出现在影片的许多场景中，这些猎民多数对往昔的游猎生涯比较熟悉。我们特别重视老人们的意见，有些场景如氏族会议等是在他们的建议安排下重塑拍摄的。在拍摄每一场景前，导演先选定拍摄场所，我们则向参与者讲解该场景的拍摄内容和意图，听取猎民的意见，分别安排演示者的角色以及准备好有关道具等；开机实拍之前，我们还得全面检查现场环境中的人与物，防止不属于20世纪50年代以前的事物混入其间。实地拍摄的过程中，我们强调参与拍摄的猎民一定要根据他们习惯了的方式行动，在本民族的生活环境和文化氛围中通过必要的自我复述来演示往日的生活，我们一般不作特别的要求和干预。当年我们称这种方法为“复其原貌”的拍摄。

对于复其原貌的拍摄，我们认为这是一种社会历史的复述或再现的纪实过程。强调这种影片的纪实性与科学性，主要指坚持田野调查的事实，严格依据以往社会生活的实际情形，尽量如实展示事物的原本形貌和特征，即它们原来是什么样就怎么样复原和拍摄，这么做是可以达到近似于事物的原来形貌的。这就要求事件、环境、背景、人物、衣饰、用具和全部行为活动等许多场景，都须遵照已经了解到和掌握到的社会与文化曾经普遍存在过的事实，逐项认真复原，如实拍摄。我国早期的其他民族志影片的重塑拍摄，大体上也采取了这种模式。现在看来，这些影片重视共性反映而缺乏个性刻画，人物的鲜明的民族个性往往淹没在群体的共性之中，这是那个时代的社会产物。从这个意义上看，弗拉尔蒂对人物个性的描述是很有价值的。

我国早期人类学影片多是着重全面重塑一个民族社会的传统生活方式、社会组织与制度以及宗教信仰等内容，为了说明社会形态的特点，都采用了大量的解说词。50年代以来，一些民族社会经过初步改革，有关的社会制度、阶级关系等多已废止，有的生活方式与文化习俗消失较快，但是，这段历史毕竟距离拍摄时间较近，作为直接证据的社会各部分人士多还健在，许多往日的情景都能道及，而且那段时期社会生活的不少形貌特征，都还不同程度地延续了下来，存在于当时的现实生活之中，经过比较深入的观察了解，一般都能获得，对于一些事物的来龙去脉，也较易把握，这些都是当年重塑拍摄的有利条件。

通过上述列举的近半个世纪中外人类学若干影片重塑拍摄的情况与做法，可以发现它们各自具有的特点。非人类学家的拍摄，其重塑工作比较侧重于艺术的构思与表达；人类学家参与的重塑拍摄，其艺术性可能不及非人类学家影片的视觉效果，但在科学性内容的准确表述方面比较有保证。此外，文化重塑的拍摄有多种做法，一是根据地方文化特点以摄制者自主设计为主，如弗拉尔蒂的影片；二是以人类学家指导为主的设计，如《荒漠人》；三是以参与拍摄的当地人的自我设计为主，如《耐茨力克爱斯基摩人》系列影片；至于中国早期人类学影片，民族学者和摄影师的设计指导作用是显然的，其重塑拍摄多以调查报告的文本为依据，内中虽然有现场纪实的拍摄，但更多的还是重塑拍摄。实践表明，人类学电影的摄制如果仅拘泥于文本的设计安排，虽是忠实于传统的文化重塑，但对于拍摄现场出现的各种生动的发现或信息，如不及时地予以足够的重视和捕捉，那就等于脱离了被重塑的原有的文化土壤，拍出的影片势必会缺乏生气和动人的视觉效果。

综上所述，人类学或民族志影片的重塑拍摄对于如下各点之做法，可能是比较重要的：（1）先须大致确定影片所要反映的上下时限、题材范围和内容的主干线索；（2）不拘泥文本的拍摄，摄制者须用足够的时间在拍摄地做参与性观察（participant observation）和研究；（3）必须坚持在原地现场拍摄；（4）向参与拍摄的当地人清楚交代拍摄意图并吸取他们的意见；（5）拍摄时十分尊重当地人按其自己的行为样式自主行动，不干预、不指导他们行为活动的自然流程。这些做法也适用于纪实性的拍摄。

（原载《民族学评论》2006 年第 2 辑）

后　记

本书收集了我在20世纪60年代到现在从事民族学（文化人类学）研究与教学所撰写的文章。我在这40多年里，先后曾经对甘肃省的保安族、内蒙古自治区和黑龙江省的鄂伦春族以及云南省的独龙族、景颇族、傈僳族和彝族等做过系列的田野调查。从业已发表的论著中，选出18篇论文及田野研究报告，每篇文末都注有写作年代和发表处，近年经多次修订或补充编成这本文集。文集按对田野调查有关理论方法探讨、民族志实地考察研究、宗教及民族民间信仰研究，以及对于影视人类学方法论的探索的顺序排列。这些文章多来自于田野调查，在一定程度上记录了我在民族学领域里的学术思考与教学实践，也在一定程度上反映出撰写这些文字的20世纪80～90年代边疆民族社会和文化在变迁中的一些特点与意义，为我国边疆地区的开发建设提供第一手背景性资料。

我是学历史出身的。在长期的田野调查中，我经常是带着一定的历史眼光来观察、描述和分析有关民族和族群社会现状的，被我记录下来的许多现象，日后自然会成为这些民族和族群社会历史的一部分。“因为历史是打开未来之门的锁钥，而理解昨天能够使我们自主地创造明天。”（M. A. Kishlansky）这还在于“如果人类学家描绘某一社会某一时期的面貌是可信的，那么此种描绘必然会具有一些预测未来发展的潜力。……如果一位人类学家对某一社会的描述，无法对此社会的未来发展提供任何的解释时，我们的确有理由感到不安”。所以，如英国当代社会人类学家Ioan M. Lewis在上述引文的同书序言中所说：“时间因素就成了一项重要的背景资料，透过它才能使我们分辨哪些现象是暂时的，哪些现象是持久的，因此我们才能正确地评估摆在我们面前的现象究竟有何意义。”① 这就是为什么一些历史人类学家在撰写论文时，常感笔端分量沉重的原因。

我在多年的人类学、民族学的教学中所撰写的这些被选入本文集的文章，不是从抽象的理论概念出发，而是从调查来的事实出发，往往是针对一些年轻人学习人类学的具体问题有的放矢，为的是给大学生、研究生和基层干部提供深入调查研究的一个比较正确的观念和规范的做法与知识。

人类学的许多理论，往往只是时兴一时，却不能管用一世，因为作为一种理论总是有它的局限性。我想，还是应当尊重事实，弄清事实，不从抽象的理论着手，而从已经掌握到的事实出发进行研究，这对于大多数人是适宜的，也是有益的。

这里，我要特别致谢云南省文史研究馆的领导，没有他们积极的推荐，本书难以面世；我还要衷心感谢本书责任编辑冯峨和负责出版事宜的陈曦等同志，她们为本书出版付出了很大的辛劳。这就让我深深体会到：一本学术著作的出版，不仅仅是作者个人的事，而是许多同仁们共同努力的结果。

我觉得学术研究中的一家之言，有时难免会有所偏颇或谬误，所以请读者不吝批评和指教。

蔡家麒

2011 年春于昆明知得斋

① ［英］Ioan M. Lewis：《社会人类学导论》，黄宣卫等译，台湾五南图书出版公司 1985 年版，第 3－4 页。

图书在版编目（CIP）数据

蔡家麒学术文选／蔡家麒著．—昆明：云南大学出版社，2014（2015 重印）
（云南文库·学术名家文丛）
ISBN 978－7－5482－1815－9

Ⅰ．①蔡…　Ⅱ．①蔡…　Ⅲ．①民族学—文集—　Ⅳ．①C95－5364

中国版本图书馆 CIP 数据核字（2013）第 303160 号

出 品 人：周永坤
统筹编辑：柴　伟　陈　曦
责任编辑：冯　峨
责任校对：范　娇　何传玉
封面设计：郑　治

书　名	蔡家麒学术文选
作　者	蔡家麒　著
出　版	云南大学出版社　云南人民出版社
发　行	云南大学出版社　云南人民出版社
社　址	昆明市翠湖北路 2 号云南大学英华园内
邮　编	650091
网　址	www. ynup. com
E-mail	market@ ynup. com
开　本	787mm × 1092mm　1/16
印　张	19.75
字　数	300 千
版　次	2014 年 5 月第 1 版　　2015 年 8 月第 2 次印刷
印　刷	昆明卓林包装印刷有限公司
书　号	ISBN 978－7－5482－1815－9
定　价	58. 00 元